黑龙江省哲学社会科学研究规划项目（12B014）
黑龙江历史文化研究工程资助项目（CBZZ2102）

孙文政 著

金代上京路研究

中国社会科学出版社

图书在版编目(CIP)数据

金代上京路研究 / 孙文政著. —北京：中国社会科学出版社，2021.8
ISBN 978-7-5203-8442-1

Ⅰ.①金⋯ Ⅱ.①孙⋯ Ⅲ.①东北地区-地方史-金代 Ⅳ.①K293

中国版本图书馆 CIP 数据核字(2021)第 094800 号

出 版 人	赵剑英
责任编辑	宫京蕾
特约编辑	刘淑秀
责任校对	杨　林
责任印制	郝美娜

出　　版	中国社会科学出版社
社　　址	北京鼓楼西大街甲 158 号
邮　　编	100720
网　　址	http://www.csspw.cn
发 行 部	010-84083685
门 市 部	010-84029450
经　　销	新华书店及其他书店

印刷装订	北京君升印刷有限公司
版　　次	2021 年 8 月第 1 版
印　　次	2021 年 8 月第 1 次印刷

开　　本	710×1000　1/16
印　　张	21.5
插　　页	2
字　　数	366 千字
定　　价	108.00 元

凡购买中国社会科学出版社图书，如有质量问题请与本社营销中心联系调换
电话：010-84083683
版权所有　侵权必究

序

在孙文政先生的新作《金代上京路研究》即将付梓之际，嘱我为之作序。这一辽金史学术著作的问世，我特别高兴，并由衷地表示祝贺。

我认识孙文政先生是在松原召开的第八届中国辽金契丹女真史学术年会上，从2004年8月到现在已经17年了，当时他还是30多岁的青年人。记得当时他在齐化集团子弟学校工作，还不是专业研究人员，属于业余辽金史爱好者。在此后的中国辽金契丹女真史研究会举办的学术研讨会，他都能积极撰写论文参加会议。由于他的辽金史研究成果，得到学界认可，被当地政府调到齐齐哈尔市社会科学院工作。从此，我们的联系增多了，经常沟通辽金史学术活动及学术问题。他不仅自己热心学术活动，还善于培养青年人才。他在齐齐哈尔大学兼职讲辽金史课，培养了很多青年学生。他在组织学术活动方面很活跃，我知道组织策划过两次金长城学术研讨。2014年8月，我还受邀参加齐齐哈尔金长城学术研讨会。那次会议纯属民间举办，学术氛围较为浓厚，实属不易。孙文政先生很勤奋，近些年他先后组织编辑出版了《金长城研究论集》《金代上京路研究·蒲与路论集》《金代官印文献资料汇编》等辽金史方面学术资料，为辽金史研究做出了一定的贡献。参与编辑书稿的学生也得到了很好的培养和学术训练。培养、带动青年人的学术兴趣，是我们的责任和义务，这方面孙文政研究员做得很好。

孙文政研究员从一个辽金史爱好者，成为一名专业研究工作者，并且取得了很好的成绩，除了自己坚持研究以外，还为辽金史的研究做了大量的基础工作，汇集学界的同人与学生，不断地积累与搜集辽金史料并编辑出版，为辽金史的研究提供了很大的方便，得到学界认同。目前在国内辽金史学界，没有像他搜集到这么多的辽金史料。史料是历史学的基础，李大钊曾说过"历史学是以历史为研究对象，记载、总结和解释人类社会发展过程的科学，史料则是人类在社会实践活动中遗留或保存下来的各种痕迹、实物和文字资料"。史料虽不等于历史和历史学，但没有史料就没有历史学。我国著名历史学家周谷城说"离开史料历史将无从研究起，历史自身虽不是史料，但只能从史料中寻找而发现出来"。孙文政先生在搜集辽金史料中不断拓展研究空间，他的一些学术观点，有独到的见解，对辽金史研究特别是地方史的研究是有贡献的。虽然有的学术观点和认识还需要进一步讨论，但不失为一家之言，得到同行专家和学界的认可。

《金代上京路研究》这部学术专著，是以金代上京路行政区划为视角，运用历史学、民族学、考古学等方法，对金代上京路建置沿革，以及政治、经济、军事、文化等方面内容，从整体上进行了全面的分析和研究，克服以往学界以当代行政区划研究的弊端，特别是把今俄罗斯、朝鲜等国境内金代上京路历史文化遗存，纳入研究范围，阐述了金代上京路发展的历史过程，认为女真人从军事民主制转换为猛安谋克制、勃极烈制转换为三省六部制的根本原因是社会生产力发展的结果。论证了金代上京路的历史地位，认为女真人自觉汉化促进了民族融合与发展，为中华民族多元一体做出了应有的贡献。总之，这部学术著作使广大读者对金代上京路有了全面、系统的认识和了解。

辽金史的研究近年来取得了很大的进步，还有很多问题没有得到解决，特别是地方史的研究，还有很大的研究空间，如遗留在今天东北各地的辽金古城遗址，大多都不知道文化性质及其族属，这些还都需要深入研究。希望孙文政先生继续努力，为辽金史研究做出更大的贡献。是为序。

中国民族史学会辽金暨契丹女真史分会会长　韩世明
2021 年 3 月 8 日

目　　录

第一章　绪论 …………………………………………………………（1）
　第一节　研究内容及意义 ……………………………………………（1）
　　一　研究内容 …………………………………………………………（1）
　　二　研究意义 …………………………………………………………（2）
　第二节　研究现状、存在问题及动态 ………………………………（2）
　　一　研究现状 …………………………………………………………（2）
　　二　存在问题及动态 …………………………………………………（7）
　第三节　研究思路及方法 ……………………………………………（8）
　　一　研究思路 …………………………………………………………（8）
　　二　研究方法 …………………………………………………………（8）
第二章　金代上京路设置沿革及行政区划变迁 ……………………（9）
　第一节　设置沿革 ……………………………………………………（9）
　　一　会宁府设置沿革 …………………………………………………（9）
　　二　蒲与路设置沿革 ………………………………………………（12）
　　三　胡里改路设置沿革 ……………………………………………（15）
　　四　恤品路设置沿革 ………………………………………………（16）
　　五　合懒路设置沿革 ………………………………………………（18）
　　六　曷苏馆路设置沿革 ……………………………………………（21）
　　七　肇州设置沿革 …………………………………………………（24）
　　八　隆州设置沿革 …………………………………………………（27）
　　九　信州设置沿革 …………………………………………………（29）
　　十　乌古迪烈统军司设置沿革 ……………………………………（31）
　第二节　行政区划变迁 ……………………………………………（38）

  一　太祖太宗时期行政区划变迁 …………………………（38）
  二　金熙宗时期行政区划变迁 ……………………………（40）
  三　海陵王时期行政区划变迁 ……………………………（43）
  四　金世宗时期行政区划变迁 ……………………………（46）
  五　金章宗时期行政区划变迁 ……………………………（47）
  六　金末行政区划变迁 ……………………………………（50）

第三章　金代上京路政治研究 …………………………………（52）
第一节　金初女真部族 …………………………………………（52）
  一　女真部族形成 …………………………………………（52）
  二　上京路分布的女真部族 ………………………………（55）
  三　女真部族社会结构 ……………………………………（65）
第二节　金初的孛堇、勃极烈制度 ……………………………（70）
  一　孛堇、勃极烈制度的建立 ……………………………（70）
  二　勃极烈制度的发展 ……………………………………（73）
  三　勃极烈制度的废除 ……………………………………（76）
第三节　金初上京路猛安谋克制度 ……………………………（78）
  一　猛安谋克制度的形成 …………………………………（78）
  二　上京路分布的猛安谋克 ………………………………（80）
  三　猛安谋克迁移 …………………………………………（89）
第四节　上京路国家行政机关 …………………………………（95）
  一　上京路国家直属机关 …………………………………（96）
  二　上京路国家地方机关 …………………………………（103）

第四章　金代上京路经济研究 …………………………………（117）
第一节　上京路经济政策与经济状态 …………………………（117）
  一　上京路经济政策 ………………………………………（117）
  二　上京路经济状态 ………………………………………（120）
第二节　上京路的税收制度 ……………………………………（121）
  一　税收管理制度 …………………………………………（121）
  二　牛头税制度 ……………………………………………（123）
  三　两税制度 ………………………………………………（124）
  四　资产税（物力钱） ……………………………………（125）

五　其他杂税 …………………………………………… (126)
　第三节　上京路的农业发展 ………………………………… (129)
　　一　上京路农田分布及生产工具 …………………………… (129)
　　二　上京路农业发展规模 …………………………………… (132)
　第四节　上京路的工业发展 ………………………………… (134)
　　一　上京路矿冶开发 ………………………………………… (134)
　　二　上京路铸造业发展 ……………………………………… (135)
　　三　上京路手工业作坊 ……………………………………… (137)
　第五节　上京路的商业贸易 ………………………………… (141)
　　一　金初货币应用与市场体系建立 ………………………… (141)
　　二　上京路内外商业贸易 …………………………………… (144)
　　三　上京路商业管理机构及其制度 ………………………… (146)

第五章　金代上京路军事研究 ………………………………… (152)
　第一节　金初军事机构的设置及制度演变 ………………… (152)
　　一　金初军事机构的设置及特点 …………………………… (152)
　　二　金初军事制度的演变 …………………………………… (156)
　第二节　上京路与反辽破宋战争 …………………………… (157)
　　一　在上京路境内的反辽战役 ……………………………… (157)
　　二　上京路与破宋战争 ……………………………………… (165)
　　三　上京路在反辽破宋中的作用 …………………………… (166)
　第三节　金与蒙古的矛盾与战争 …………………………… (168)
　　一　金与蒙古之间的矛盾 …………………………………… (168)
　　二　金与蒙古之间的战争 …………………………………… (169)
　第四节　海陵王迁都对上京路的影响 ……………………… (172)
　　一　政变与迁都 ……………………………………………… (173)
　　二　迁都对上京路的影响 …………………………………… (177)
　第五节　弘吉剌部叛金与东北路长城的修建 ……………… (180)
　　一　弘吉剌部叛金附蒙 ……………………………………… (180)
　　二　东北路长城的修建 ……………………………………… (182)
　第六节　耶律留哥、蒲鲜万奴叛金及上京沦陷 …………… (185)
　　一　耶律留哥叛金 …………………………………………… (186)

  二 蒲鲜万奴叛金 …………………………………………（188）
  三 上京路被蒙古军占领 …………………………………（189）

第六章 金代上京路文化研究 ……………………………（191）
 第一节 上京路文化传统及汉化过程 ……………………（191）
  一 女真族文化传统及其变化 ……………………………（191）
  二 女真族的汉化过程 ……………………………………（194）
 第二节 女真文字的创制与儒学的传播 …………………（197）
  一 女真文字的创制 ………………………………………（197）
  二 儒学在上京路的传播 …………………………………（199）
 第三节 上京路文学与艺术 ………………………………（202）
  一 上京路的文学 …………………………………………（203）
  二 上京路的艺术 …………………………………………（208）
 第四节 上京路教育与科举 ………………………………（231）
  一 上京路的教育 …………………………………………（232）
  二 上京路的科举 …………………………………………（240）
 第五节 上京路的建筑 ……………………………………（245）
  一 上京路城镇建设 ………………………………………（246）
  二 上京路房屋建筑 ………………………………………（249）
 第六节 上京路的宗教 ……………………………………（251）
  一 上京路萨满教 …………………………………………（251）
  二 上京路佛教 ……………………………………………（253）
  三 上京路道教 ……………………………………………（255）
  四 上京路宗教文化遗存 …………………………………（257）
 第七节 上京路的民俗 ……………………………………（260）
  一 饮食习惯 ………………………………………………（260）
  二 服饰习俗 ………………………………………………（262）
  三 居住风格 ………………………………………………（265）
  四 交通特色 ………………………………………………（266）
  五 婚姻礼俗 ………………………………………………（268）
  六 丧葬习俗 ………………………………………………（270）
  七 岁时礼仪 ………………………………………………（271）

第七章　金代上京路姓氏、婚姻家庭及人口 (273)

第一节　上京路女真人的姓氏 (273)
一　女真人的姓氏基础 (273)
二　女真人的姓氏分化 (274)

第二节　上京路女真人婚姻与家庭 (276)
一　上京路女真人的婚姻 (276)
二　上京路女真人的家庭 (279)

第三节　上京路人口变化 (282)
一　上京路人口分布 (282)
二　人口迁移与变化 (284)

第八章　金代上京路历史地位与贡献 (286)

第一节　上京路在金朝社会发展中的地位 (286)
一　上京路是女真族发祥地 (286)
二　上京城金初国都后期陪都 (288)

第二节　上京路对金朝社会发展的作用 (290)
一　女真族在上京路完成了封建制过渡 (291)
二　女真族在上京路完成了帝王制转型 (292)

第三节　上京路对中华民族的历史贡献 (299)
一　奠定了祖国东北边疆基础 (299)
二　促进了中华民族融合发展 (301)

第四节　上京路对金朝的历史贡献 (305)
一　上京路为女真族建国奠定了基础 (305)
二　上京路为女真族汉化提供了条件 (305)
三　上京路为女真族发展提供了物质基础 (306)
四　上京路为女真族培植了文化根基 (307)
五　上京路为女真族培养了大批人才 (309)

附录　金代上京路职官表 (311)

参考文献 (329)

后记 (335)

第一章

绪　　论

金代上京路是女真族发祥地、金源内地，金朝最大的地方行政建置。金代上京路管辖一府，即会宁府；五路，即蒲与路、胡里改路、合（曷）懒路、恤品（速频）路、曷苏馆路；三州，即肇州、隆州、信州；七县，即会宁县、曲江县、宜春县、始兴县、长春县、利涉县、武昌县；一招讨司，即东北路招讨司。金代上京路幅员辽阔，管辖今黑龙江省绝大部分地区，还包括今辽宁、吉林、内蒙古自治区部分地区，以及朝鲜北部和俄罗斯远东部分地区。金代上京路是金朝的大本营，为金朝社会发展做出了重要贡献，在金朝历史上具有十分重要的地位。

第一节　研究内容及意义

一　研究内容

金代上京路研究是以金代上京路行政建置整体视角，全面、系统地对金代上京路展开研究。研究具体内容为金代上京路建置沿革，以及政治、经济、军事、文化等方面。在系统梳理已有资料的前提下，详细考证发生在金代上京路的历史事件及其历史过程。既研究发生在金代上京路地域内的历史，也研究由金代上京路对金朝全国产生影响的历史事件和社会制度。例如：金初制定的猛安谋克制度及其一些规章制度，虽然不是单独针对金代上京路制定的，但是这些典章制度是金朝国都在金上京会宁府时期制定的，发源于金代上京路，因此纳入金代上京路研究范围之内。在全面阐述金代上京路政治、经济、军事、文化的基础上，论证女真族自觉汉化对中华民族形成的历史贡献；论证金代上京路在金朝历史上的地位；论证金代上京路对我国疆域形成的贡献，以便学界对金代上京路有一个全面、系统的认识。

二 研究意义

本书从金代上京路整体建置出发，对有关金代上京路一系列学术问题开展研究，既有利于推动相关学术研究，回应国际学界相关学术争论，也有利于人们对中华民族多元一体的认识。从金代上京路整体角度，开展系统研究，填补学术空白。克服以往学界仅从某一方面研究的弊端。以往关于金代上京路的研究，虽然在不同层面有许多研究成果，但是还没有做到全面、系统的思考。金代上京路地域空间范围广阔，涉及今天中俄、中朝历史关系问题，在中国、俄罗斯、朝鲜学界存在一定的认识分歧，通过对其系统研究，有助于更好地把握俄罗斯、朝鲜学界在探讨中俄、中朝边界问题上的认识，阐明中国学界的学术观点，进而获取我国边疆问题国际学术话语权。充分把握学术前沿，探讨关键性问题。有关金代上京路长期以来存在的一些争论问题，例如：金代蒲与路治所存在三说，一说今克东县金城古城，一说今兰西县榆林镇古城，一说今富裕县大泉子古城。胡里改路治所也存在争议，一说今依兰县北古城，一说今依兰县小城子古城。本书研究力争在长期存在争议的问题上有所突破，阐述自己的学术认识，提出自己的学术观点，从而推动金史研究走向深入。此外，本书力争揭示金代上京路政治、经济、军事、文化等社会发展规律，研究成果可为有关部门在文化遗产保护和旅游产业发展上提供理论依据。

第二节 研究现状、存在问题及动态

一 研究现状

1. 国内研究现状

国内对金代上京路的研究始于清代。张缙彦《域外集》记载："去此百里有东京城者，金、辽之故地也。"[1] 高士奇的《扈从东巡日录》记载："东南十五里曰火茸城，金之上京会宁府也。"[2] 吴江、吴振臣、南荣《宁古塔纪略》记载："有金之上京城，临马耳河，宫殿基址尚存，殿前有大

---

[1] 张缙彦：《域外集》，黑龙江人民出版社1984年版，第3页。
[2] 高士奇：《扈从东巡日录》，吉林文史出版社1986年版，第114页。

石台，有八角井，有学田碑，仅有天会纪元数字，"① 阿桂等《盛京通志》记载："城西南六十里，瑚尔哈河南岸，即金时上京会宁府故址。"② 《宁古塔地方乡土志》记载："旧东京城：在城西南七十里胡尔哈河之南，周围三十里，四面七门。内城周围五里，东西南各一门，内有宫殿旧基，则金时遗址也。"③《吉林外记》记载："会宁府在宁古塔城西南。"④ 以上皆认为宁古塔城为金上京会宁府。叶秉诚《金会宁考》认为，"以会宁府在宁古塔之西南，今考宁古塔滨于瑚尔哈河，即今牡丹江之南。而东京古城，又在其支流沙兰河之南，所谓金史之海古勒也。北盟汇编之阿术火也。大金国志之草地黄沙也，均无一而合者也"。⑤ 对宁古塔成为金会宁府城提出质疑。阿桂《满洲源流考》记载："金自始祖四迁至此，后为上京，故地实与今阿勒楚喀拉林河源相近。"⑥ 认为"金之上京，当在色出窝集左右"。⑦ 杨宾《柳边纪略》与《满洲源流考》持相同的观点，认为"宁古塔西南六十里沙阑，南有旧城址……皆指为金之上京"，⑧ 这里虽对宁古塔城为金上京会宁府提出了质疑，但认为金上京会宁府"应在色出窝集左右"。⑨ 清光绪十三年（1887 年），吉林知府曹廷杰通过实地踏查，佐以《金史》《松漠纪闻》《三朝北盟会编》《奉使辽金行程录》等文献，认为"金之上京会宁府，据《金史》及《松漠纪闻》、《北盟会编》、许亢宗《奉使行程录》所载道里考之，本即今阿拉楚喀城南四里白城故址"，⑩ 纠正了《元一统志》《明一统志》以来记载金上京会宁府设在宁古塔城之误。民国金毓黻到阿城考察后，认为"女真一族，起于东北一隅之会宁府"。⑪ 朱希祖《金曷苏馆路考》，对金上京路遥制的曷苏馆路治所

---

① 吴江、吴振臣、南荣：《宁古塔纪略》，见杨立新等整理《吉林纪略》，吉林文史出版社 1993 年版，第 87 页。
② 阿桂：《盛京通志》，辽海出版社 1997 年版，第 804 页。
③ 岳西本编：《宁古塔地方乡土志》，见辽宁省图书馆编《东北乡土志丛编》（全一册），第 782 页。
④ 萨英额：《吉林外记》，吉林文史出版社 1986 年版，第 134 页。
⑤ 叶秉诚：《金会宁考》，《国立四川大学季刊》1935 年第 1 期。
⑥ 阿桂撰：《满洲源流考》，孙文良、陆玉华点校，辽宁教育出版社 1988 年版，第 78 页。
⑦ 阿桂撰：《满洲源流考》，孙文良、陆玉华点校，辽宁教育出版社 1988 年版，第 182 页。
⑧ 杨宾：《柳边纪略》卷 1，吉林文史出版社 1993 年版，第 18 页。
⑨ 金毓黻：《辽海丛书》（一），1985 年版，第 242 页。
⑩ 从佩远、赵鸣岐：《曹廷杰集》，中华书局 1985 年版，第 163 页。
⑪ 金毓黻：《宋辽金史》，乐天出版社 1972 年版，第 59 页。

及设置沿革进行了考述。①

新中国成立以后，由于考古事业的发展，研究者利用考古资料结合历史文献，对金代上京路所属的府、路、州、县进行研究，取得了丰硕的成果。由原来对金代上京路治所的研究，扩展到其所管辖各个路、府、州、县的建置沿革研究，研究触角逐步扩展到金代上京路政治、经济、军事、文化等多方面领域研究，使金代上京路的研究，空前繁荣。从20世纪50年代到21世纪初，先后代表性的学术专著有4部，分别是朱国忱《金源故都》，②该书分五部分对金代上京进行了研究。尤其对金上京位置的确定、几次扩建、上京南北城问题、皇城和宫殿的建设及其毁废与复建等进行了研究。景爱依据多次实地考察，结合文献对金上京城建设沿革、规模、建筑结构、行政建置以及社会、经济活动、交通等全面细致的研究形成《金上京》一书。③ 白玉奇《大金国第一都》，④ 虽是通俗读物，但从女真崛起建国、伐辽灭宋、海陵迁都、世宗东巡上京等，全面介绍了金上京的政治、经济、文化等辉煌历史，对普及金史很有意义。王禹浪《金代黑龙江述略》，⑤ 介绍了金代上京路黑龙江境内的金代古城遗址及出土文物，论述了黑龙江在金朝时期的发展轨迹。除上述4部研究专著外，学者们对金代上京路隶属的府、路、州、县进行研究，先后有多篇论文问世，例如：许子荣《金上京会宁府遗址》，认为"基本保持了女真淳朴简约的传统风俗，它对研究金代社会历史具有重要价值"。⑥ 阎景全凭多年考古调查，撰写《金上京城亲查记》一文，对上京路故城外城墙、城门、马面、角楼之遗迹，南北二城的营建⑦进行了详细论述，并提供了第一手珍贵资料。这一时期对上京路所辖的路、府、州、县研究较多。例如：董万军《曷苏馆路治所考》，认定"盖县九寨乡五美房遗址应为辽代曷苏馆女真、金代曷苏馆路治所在地"。⑧ 李锦萍、王金令《金代曷苏馆路治所的

---

① 朱希祖：《金曷苏馆路考》，《地理杂志》1932年第1期。
② 朱国忱：《金源故都》，北方文物杂志社1991年版。
③ 景爱：《金上京》，生活·读书·新知三联书店1991年版。
④ 白玉奇：《大金国第一都》，黑龙江人民出版社1997年版。
⑤ 王禹浪：《金代黑龙江述略》，哈尔滨出版社1993年版。
⑥ 许子荣：《金上京会宁府遗址》，《黑龙江文物丛刊》1982年第1期，第63页。
⑦ 阎景全：《金上京城亲查记》，见《辽金史论集》第九辑，中州古籍出版社1996年版，第29页。
⑧ 董万军：《曷苏馆路治所考》，《北方文物》1992年第1期，第47页。

考辨》认定,"盖州市九寨镇五美房村古城遗址,为金代曷苏馆路治所宁州"。① 李英魁《金代胡里改路》,"就胡里改路的治所和辖区、居民及其族属和农业生产等问题"② 展开了研究。华泉《完颜忠墓神道碑与金代的恤品路》:"推定移治后的耶懒路亦即恤品路的中心正在双城子地区。"③ 景爱《关于金代蒲与路的考察》,依据"蒲峪路"印模,认定:"位于克东县金城乡的金代古城即金代蒲与路故城。"④ 李士良《金代北疆重镇——蒲与路治所》赞同克东故城为"金代蒲与路故城"。⑤ 金源《肇州考》认为:金肇州故城在"肇源县望海屯古城"⑥。张柏忠《金代泰州、肇州考》认为"前郭县塔虎城是辽代的出河店金代的肇州"。⑦ 张英《金肇州故城考》认为:"定金肇州治今伯都讷古城与其他史籍记载的道里相合。"⑧ 那海洲《塔虎城为金肇州旧址考》认为"将塔虎城推定为金肇州之一说甚为有据"⑨。王禹浪《金曲江县考》认为:"在黑龙江省宾县新甸乡西5华里处"⑩,古城为金代曲江县。吕遵禄、干志耿、吕东、干振玮《黑龙江省的金朝古城》,全面介绍了黑龙江境内辽金古城遗址的地理位置、形制、建筑特点等。⑪ 尹开屏、吕遵禄《哈尔滨地区的辽金古城》,论证这些古城都是"金上京去往各地交通要道上的重要驿站"⑫。此类研究个例较多,限于篇幅,不具引。

2. 国外研究现状

国外对金代上京路的研究,以俄罗斯和日本为主,他们出于各自不同的政治目的和需求,各有所重。俄国人对黑龙江沿岸金代上京路遗址的调查,与俄国人入侵黑龙江流域大体同时。起初的考察是一种非专业即兴考

---

① 李锦萍、王金令:《金代曷苏馆路治所的考辨》,《北方文物》2009年第1期,第95页。
② 李英魁:《金代胡里改路》,《北方文物》1994年第3期,第117页。
③ 华泉:《完颜忠墓神道碑与金代的恤品路》,《文物》1976年第4期,第32页。
④ 景爱:《关于金代蒲与路的考察》,《文史》(10辑)。
⑤ 李士良:《金代北疆重镇——蒲与路治所》,《求实学刊》1980年第1期封三。
⑥ 金源:《肇州考》,《社会科学战线》1980年第1期,第265页。
⑦ 张柏忠:《金代泰州、肇州考》,《社会科学战线》1987年第4期,第209页。
⑧ 张英:《金肇州故城考》,《博物馆研究》1984年第2期。
⑨ 那海洲:《塔虎城为金肇州旧址考》,《北方文物》1998年第2期,第38页。
⑩ 王禹浪:《金曲江县考》,《东北地方史研究》1985年第1期,第25页。
⑪ 吕遵禄、干志耿、吕东、干振玮:《黑龙江省的金朝古城》,见《辽金史论集》第八辑,吉林文史出版社1994年版,第359页。
⑫ 尹开屏、吕遵禄:《哈尔滨地区的辽金古城》,《辽金契丹女真史研究动态》1984年第3、4期,第35页。

察。著名的永宁寺碑，就是哥萨克兵在特林的山崖上发现的。到了 19 世纪，俄国加强了远东地区历史文化调查与研究，汉学家 H.R. 比丘林、B.H. 瓦西里耶夫大量翻译我国历史文献，为其俄罗斯研究金代蒲与路、胡里改路、恤品路等地区的历史文化，提供了重要的资料。汉学家 H.N. 卡法罗夫根据中国、朝鲜和日本史料记载，对俄罗斯境内的金代上京路历史文化进行了考古调查研究，出版了《南乌苏里边区民族考》，提出"滨海边区文化遗存属于渤海和女真"①的学术思想。19 世纪末，俄国先后发表了许多介绍女真人风俗习惯、生业环境等的论文。进入苏联时代，苏联人开始对黑龙江沿岸女真遗址的专业化考察和研究，出版了大量研究成果。有 A.N. 奥克拉德尼科夫《滨海遥远的过去》，介绍了"金曷懒路（今俄罗斯滨海边疆区）物质与文化"②。苏联考古学家麦德维杰夫，根据大量墓地发掘资料，写成《乌苏里岛的中世纪遗存》，介绍了黑瞎子岛"金朝建国前的文化遗存"③。吉林省文物考古研究所和俄罗斯科学院远东民族历史·考古·民族研究所，共同主编的《俄罗斯滨海边疆区女真文物集粹》④，介绍了俄罗斯滨海边疆区的辽金古城出土文物情况，对今后金代上京路的研究，提供了实物资料。日本出于侵略目的需要研究金史，其中，三上次男《金代女真研究》⑤，论述了金朝的建国及其猛安谋克制度的形成与发展。这部书很大篇幅是研究金朝早期历史的，也就是金朝国都在上京时期的历史文化。日本学者先后发表了几十篇与金上京有关的论文，如小野胜年《辽金都城考》、鸟居龙藏《阿什河与金上京》以及《金上京城及其文化》等。朝鲜和韩国，则从女真族起源、语言文字、人口迁徙、高丽与女真的关系等进行研究。其学术成果与学术影响，远不及俄国和日本。

---

① ［俄］H.N. 卡法罗夫：《南乌苏里边区民族考》，莫润先、田大畏译，商务印书馆 1971 年版。
② ［苏］A.N. 奥克拉德尼科夫：《滨海遥远的过去》，莫润先、田大畏译，商务印书馆 1982 年版，第 269—380 页。
③ ［苏］B.E. 麦德维杰夫：《乌苏里岛的中世纪遗存》，林树山译，姚凤校，内部出版物，第 36—68 页。
④ 宋玉彬、H.Г. 阿尔杰米耶娃主编：《俄罗斯滨海边疆区女真文物集粹》，文物出版社 2013 年版。
⑤ ［日］三上次男：《金代女真研究》，金启孮译，黑龙江人民出版社 1984 年版。

二 存在问题及动态

1. 存在问题

以往学界关于金代上京路的研究,多是集中在上京城或上京路管辖区域内某一治所研究,没有从金代上京路建置整体上,研究其政治、经济、军事、文化,以及社会发展等问题。且各地学者往往局限于现行行政区划,只研究本地区的金代历史文化,把金代上京路管辖的各路、府、州、县割裂开来研究,致使金代上京路的历史文化面貌不能全面系统地展示出来。另外,由于金代上京路行政区划内的很多地方,今天不在我国境内,这也给研究者带来很大的困难。总之,国内外学界已有的研究成果,都是从某一方面来研究金代上京路的,迄今为止,还没有学者从金代上京路行政建置整体的角度展开系统研究。鉴于此,本书的研究将以金代上京路行政建置整体触角,系统研究金代上京路的设置、沿革及其政治、经济、军事、文化等,使人们对金代上京路有一个全面的了解,将对今后该地区经济文化建设、资源保护利用,发挥学术影响。

2. 研究动态

今后关于金代上京路的研究,近年来国内外主要有两个发展趋势。一是从文献记载上对金源文化再认识,特别是金代上京路对金代工业、农业、社会、文化发展的贡献。武玉环《辽金社会与文化研究》、王禹浪《金源文化研究》、王久宇《金源文化史稿》等,从不同角度研究了金代上京路的金源文化。未来应进一步分析历史文献形成的背景、过程,分析金代上京路金源文化的生成、演变及其发展路径等深层次问题。二是金代相关考古资料不断增多,黑龙江省文物考古研究所、吉林省文物考古研究所、吉林大学边疆考古研究中心等,对金代上京路辖区内遗留下来的一些古城遗址及女真人生产生活遗址、遗迹的发掘,特别是《前郭塔虎城》等若干重要考古发掘报告的出版,为进一步研究金代上京路政治、经济、军事、文化等问题,创造了新的契机。近年来,国外不见有相关学术影响的成果问世。要想对金代上京路进行深入系统研究,应当将历史文献与考古资料结合起来,考察金代上京路建置沿革、政治、经济、军事、文化演进等与之相关的历史记忆。

第三节 研究思路及方法

一 研究思路

本书从整体上对金代上京路政治、经济、军事、文化等进行全面分析，克服以往学界以当代行政区划研究金史的弊端，特别是把今属俄罗斯、朝鲜等国的金代上京路历史文化遗存，纳入研究范围。首先进行研究资料的搜集、比勘与编订，包括历史文献和考古资料两个方面，以此厘清金代上京路历史面貌，对女真族从军事民主制发展到猛安谋克制进行新的思考，探讨军事民主制转型为猛安谋克制的根本原因是社会生产力的发展，以及女真人自觉汉化、入主中原促进了中华民族融合与发展。本书的研究主要建立在史实考证和史料分析基础上，搜集、整理、分析前人的相关研究成果，把握学术前沿，做突破性、创造性的研究；进一步学习、会通历史学、民族学、考古学、历史社会学的理论，借鉴学术界与本项目研究思路类似的研究成果，依靠历史文献和考古资料，以历史学和考古学研究为基础，提炼出自己的学术观点。

二 研究方法

本书将综合利用历史学、考古学、民族学、历史社会学的理论和方法，对金代上京路政治、经济、军事、文化等方面展开研究。以严谨的史学考证为基础，对相关金代上京路的历史文献和考古资料进行梳理，发挥"二重证法"的积极作用。在处理考古资料时，充分借鉴20世纪60年代以来的新考古学理论和方法，深入细致地分析金代上京路的历史面貌。在认识女真族建国、猛安谋克制度演变，以及上京路经济社会文化发展方面，充分借鉴文化人类学有关人类社会组织演进的理论和历史社会学有关社会结构特征的分析方法。此外，还要借鉴与此相关的学科理论和方法。

第二章

金代上京路设置沿革及行政区划变迁

金代行政区划制度，是在女真奴隶制基础之上，为适应统治需要，逐渐建立起来的。金代上京路为金源内地、金朝中央政府所在地，先后经过了金初皇帝寨、会平州、会宁府，最后以金上京城为治所，设置金代上京路。金代上京路辖有会宁府、蒲与路、胡里改路、恤品路、合懒路、曷苏馆路、肇州、隆州、信州和乌古迪烈统军司等军政机构。金代上京路既辖有猛安谋克制下的女真居民，又辖有封建化程度较高的渤海、契丹和汉族等居民。有金一代，行政区划变动较大。金代上京路从金初到金末，发生了很大的变化。

第一节 设置沿革

金代上京路治所会宁府是金初都城所在地。金代上京路地域辽阔，在金朝19个路级行政建制中最大，管辖会宁府、蒲与路、胡里改路、恤品路、曷懒路、曷苏馆路、肇州、隆州、信州和乌古迪烈统军司等地方军政建制。为了对金代上京路建置沿革情况有一个全面系统了解，现对金代上京路建置沿革给予考述。

一 会宁府设置沿革

会宁府设置沿革，先后经过了女真建国前的契丹周特城，金初的皇帝寨、会平州、会宁州、会宁府，然后成为金代上京路治所。《金史·地理志》记载："会平州，天会二年筑，契丹之周特城也，后废。"[1] 这则史料

---

[1] 脱脱：《金史·地理志》卷24，中华书局1975年版，第551页。

是说，金代上京路治所会宁府，是在辽朝周特城基础上建立的。金太祖阿骨打建国初期，在辽朝周特城地方建皇帝寨。金太宗天会二年，金朝为了营建都城，在金初皇帝寨的基础上筑城，并将此地命名为会平州。《金史·地理志》记载："会宁府，下。初为会宁州，太宗以建都，升为府。"① 这则史料把会平州写成会宁州，不知是何缘故，会平州改为会宁州的时间，当在金太宗天会年间。上述史料记载了会宁府的大致设置过程。在太宗时期，金朝在会宁州地方开始营建都城，都城建成规模以后，金太宗再把会宁州升格为会宁府。到了金熙宗时期，金朝开始正式设置诸京留守司。金朝在占领辽朝诸京后，起初是设在所占领辽朝五京地方的临时机构。《金史·太祖纪》记载："收国二年（1116）五月，东京州县及南路系辽籍女真皆降。诏除辽法，省税赋，置猛安谋克户一如本朝之制。"② 金朝针对新占领地区的复杂性，为了加强对这一地区的统治和管理，开始按照女真族原有的体制，设置地方管理机构。《金史·高桢传》记载："既破永昌，遂以高桢同知东京留守事，授猛安。"③ 由于金朝忙于反辽战争，命降人高桢来临时管理东京辽阳军政事务。金天会元年（1123），金军攻占辽朝西京大同后，金朝以完颜翰为西京都统。《金史·宗翰传》记载："宗翰已抚定西路州县部族，谒上于行在所，遂从上取燕京。燕京平，赐宗翰、希尹、挞懒、耶律余睹金器有差。太祖既以燕京与宋人，还军次鸳鸯泺，不豫，将归京师。以宗翰为都统，昃勃极烈昱、迭勃极烈斡鲁副之，驻军云中。"④ 完颜宗翰忙于追赶辽天祚帝，没有精力直接管理西京大同，就找人替自己管理。《金史·韩企先传》记载："宗翰为都统经略山西，表署西京留守。"⑤ 宗翰推荐韩企先代理西京留守。由于金朝一直忙于伐辽，在以后所占领的城市机构设置中继续使用留守司，逐渐成为金朝常设的地方行政机构。

会宁府成为金朝国都之后，金朝为了加强京城地方军政事务的管理，开始设置上京留守司和会宁府。《金史·地理志》记载："天眷元年，置

---

① 脱脱：《金史·地理志》卷24，中华书局1975年版，第550页。
② 脱脱：《金史·太祖纪》卷2，中华书局1975年版，第29页。
③ 脱脱：《金史·高桢传》卷84，中华书局1975年版，第1889页。
④ 脱脱：《金史·宗翰传》卷74，中华书局1975年版，第1695页。
⑤ 脱脱：《金史·韩企先传》卷78，中华书局1975年版，第1777页。

上京留守司。"① 金朝把上京留守司作为一个国家正规机构来设置，同时金熙宗还在上京设置会宁府。《金史·熙宗纪》记载："八月甲寅朔（1138年9月6日），颁行官制。……以京师为上京，府曰会宁，旧上京为北京。……九月甲申朔（10月10日），以奭为会宁牧，封邓王。"② 金朝在京师所在地，同时设置上京留守司和会宁府。会宁府是金朝国都所在地，会宁府军政长官相当于金朝的卫戍司令，所以作为会宁府军政首长的人选非常重要。金朝采取二者为一的办法，"以留守带本府尹"③，这样一来，金朝设置的上京留守司和会宁府，虽然是两个行政机构，但这两个机构的军政长官是一个人。我认为上京留守司负责军事事务，会宁府负责民政事务。作为金代上京的军政长官，既管军政事务又管民政事务。此时金上京最高军政长官身兼两职，一是上京留守，二是会宁府尹。

在天会年间，金上京设置兵马都总管府。《金史·兵志》记载："六年（1128），诏还二帅以镇方面。诸路各设兵马都总管府，州镇置节度使，沿边州则置防御使。"④ 但是《金史·地理志》记载"兼本路兵马都总管"⑤，没有确切兼职时间。天德二年"诸府尹兼本路兵马都总管及留守"⑥，此时会宁府尹、上京留守、兵马都总管，三职集于一身。这样，会宁府尹、上京留守、上京兵马都总管设置，一直到海陵正隆二年才发生变化。《金史·海陵纪》记载："正隆二年八月甲寅（1157年9月26日），罢上京留守司。"⑦ 海陵王罢上京留守司之后不久，就于当年"十月壬寅（11月13日），命会宁府毁旧宫殿、诸大族第宅及储庆寺，仍夷其址而耕种之"⑧。《金史·地理志》亦记载："正隆二年命吏部郎中萧彦良，尽毁宫殿、宗庙、诸大族邸第及储庆寺，夷其趾，耕垦之。"⑨ 海陵王迁都后，金上京建置取消，保留会宁府建置。《金史·地理志》记载："海

---

① 脱脱：《金史·地理志》卷24，中华书局1975年版，第550页。
② 脱脱：《金史·熙宗纪》卷4，中华书局1975年版，第73页。
③ 脱脱：《金史·地理志》卷24，中华书局1975年版，第550页。
④ 脱脱：《金史·兵志》卷44，中华书局1975年版，第1002页。
⑤ 脱脱：《金史·地理志》卷24，中华书局1975年版，第550页。
⑥ 脱脱：《金史·仪卫志》卷42，中华书局1975年版，第960页。
⑦ 脱脱：《金史·海陵纪》卷5，中华书局1975年版，第107页。
⑧ 脱脱：《金史·海陵纪》卷5，中华书局1975年版，第108页。
⑨ 脱脱：《金史·地理志》卷24，中华书局1975年版，第551页。

陵贞元元年迁都于燕，削上京之号，止称会宁府，称为国中者以违制论。"① 这样看来，虽然没有史料说上京路兵马都总管被罢除，但在海陵时期，没有上京路兵马都总管一职任命，应该就是与上京留守司同时废除了。

会宁府自天德二年（1150）废上京号后，地方行政机构只剩会宁府一个了。这一状况一直延续到大定十三年（1173），会宁府在"大定十三年七月，复为上京"。② 金世宗恢复会宁府上京之号，使会宁府成为金朝的陪都。从史料检索来看，世宗恢复上京之号后，在上京再置上京留守司，会宁府尹兼上京留守。在世宗恢复上京之号后，先后担任会宁府尹的完颜古英、完颜守贞、完颜乌里也、蒲察通、粘割斡剌等，只是兼职上京留守，不见兼职上京兵马都总管。会宁府这样的设置一直到金末被元朝所灭，没有发生多大的变化。

二 蒲与路设置沿革

关于蒲与路的设置沿革，清代历史地理学者杨守敬《历代舆地沿革险要图说》，开始标注金代蒲与路治所当在乌裕尔河流域，始有学者认为克东古城，可能是金代蒲与路故城，认为蒲与路故城建于金代。自此以后，国内外学者开始对蒲与路进行研究探讨，国学大师王国维在《金界壕考》一文中说："蒲与路在上京北六百里，即今黑龙江呼兰一带之地，又近世产珠之地，以松花江、嫩江、艾晖各江为最。"③ 王国维把金代蒲与路治所，推定在嫩江以东产珠之地。由于王国维没有经过实地考察仅凭海陵王买珠与蒲与路近，确定蒲与路治所在松花江、嫩江等地，难免有些偏失。日本学者津田左右吉、松井等人，继王国维之后，先后论证克东古城是金代蒲与路故城，松井在《金朝的北部疆域》中说："蒲与路治所在今齐齐哈尔东方乌裕尔河畔"④ 当时学界对蒲与路故城文化性质进行了论证，大多数学者认为蒲与路故城的建筑年代在金代，自此开启了学界对克东古城建筑年代的探讨。民国以降至60年代，蒲与路故城的研究处于停滞状

---

① 脱脱：《金史·地理志》卷24，中华书局1975年版，第550页。
② 脱脱：《金史·地理志》卷24，中华书局1975年版，第550页。
③ 王国维：《观堂集林》，中华书局1959年版，第721页。
④ [日]松井：《金朝的北部疆域》，《满洲历史地理》（2卷），东京完善株式会社1913年版，第174页。

态。70年代黑龙江省文物考古队为了探明蒲与路故城的文化性质，对其进行了考古发掘。在蒲与路故城遗址中，出土了大量金代文物，并根据1953年当地村民陈永和在耕地时捡到一颗"蒲峪路"的铜印，再次认定这处遗址为金代蒲与路故城。至于蒲与路故城是金代什么时期所建，存在几种学术观点。张泰湘、景爱两位先生，在《黑龙江省克东县金代蒲峪路故城发掘》一文中说："这种城市规划布局，可能是金代城市的一个特点。"① 认为蒲与路故城始建于金代。在认定蒲与路故城建于金代基础上，进一步根据考古发掘所得，在"夯土墙与砖墙之间的夹缝中曾发现一枚铜币'大定元宝'……显然它是在修筑砖墙时混入墙缝之中"②，进而推定克东古城外表砌砖墙的建筑时间，不会晚于金世宗大定年间。并根据蒲与路故城遗址存在的城墙外表砌砖墙的建筑技术，依据"金代城墙砌砖大约是从金代中期开始的记载，金世宗大定二十三年（1183），金上京'翁束其城'这是文献上关于金代城墙砌砖的最早记载"③，推定金代蒲与路故城外表砌砖墙时间"应在大定二十三年以后"④。按：金世宗大定年号用了29年，即从大定元年（1161）金世宗继位到大定二十九年（1189）金世宗去世，其间没有更换过年号。如果金代蒲与路故城外表砌砖墙的时间，推定在大定二十三年以后的话，且又不会晚于大定年间，那么蒲与路故城外表砌砖墙的时间范围，只能在大定二十三年（1183）至大定二十九年（1189）了。

蒲与路是金朝最北边的路，治所已经确定在今黑龙江省克东县城西北12华里处古城遗址。关于金代蒲与路设置的时间，目前学界没有一致的观点。《金史·地理志》记载："蒲与路，国初置万户。海陵例罢万户，乃改置节度使。"⑤ 这则史料记载比较简单，给学界确断蒲与路设置问题，带来了很大的麻烦。学者们根据这条史料，提出了不同的学术观点。有的

---

① 黑龙江省文物考古研究所：《黑龙江克东县金代蒲峪路故城发掘》，《考古》1987年第2期。
② 黑龙江省文物考古研究所：《黑龙江克东县金代蒲峪路故城发掘》，《考古》1987年第2期。
③ 黑龙江省文物考古研究所：《黑龙江克东县金代蒲峪路故城发掘》，《考古》1987年第2期。
④ 黑龙江省文物考古研究所：《黑龙江克东县金代蒲峪路故城发掘》，《考古》1987年第2期。
⑤ 脱脱：《金史·地理志》卷24，中华书局1975年版，第552页。

认为蒲与路设置在金初,有的认为蒲与路设置在海陵王例罢万户之时。沈章兴在《蒲与路故城》一文中,"推断蒲与路故城建筑时间当在1151年之后不久"①。王振超在《克东金城质疑》一文中,认为蒲与路故城的建城时间当与金代置万户时间相当,金代万户置于天辅年间,则"当建于设万户以后"②。张泰湘、景爱认为:"海陵罢万户在天德三年,可知蒲与路的正式建置在天德三年(1151)以后。"③

笔者多年对蒲与路故城进行了考古学观察,佐以历史文献对蒲与路的建置做了深入研究。金代蒲与路设置时间问题,由于史料记载模糊,目前所见的各种学术观点,或由于史料不充分,或由于缺乏考古佐证,致使学界一直没有一致的学术观点。笔者对上述三位学者的学术观点,进行了认真的思考和研究,从中看出景爱和沈章兴二位学者,关于蒲与路设置时间基本趋同,他们认为金初的万户不是蒲与路的正式设置,只有海陵王例罢万户之后,改设节度使才算正式设置。王振超则把金初的万户府,视为正式建置。笔者认为《金史》记载的国初置万户,就应该是金朝的蒲与路正式设置,海陵王例罢万户改设节度使,这只是行政体制改革,并不是原先没有建置重新设置,海陵王把万户府改为节度使,这只是金代行政体制改革。金代的万户府带有奴隶世袭制,有相当大的特权,中央的一些军政事务,很难在地方推行。海陵王改万户为节度使,使原来的世袭万户官变为流官的节度使,这样就削弱了万户的特权,使中央政府的军政事务,在地方得以顺利推行,加强了中央集权。

看来金代蒲与路的设置,应该在金初阿骨打建国之时,甚至有可能在女真族建国前。一个地区的发展,需要很长一段历史时间。邱树森主编《辽金史辞典》说:"蒲与路治今黑龙江克东金城古城遗址,辽寿昌二年(1096)形成蒲与路"④,说蒲与路故城在辽寿昌二年时已经存在,这应该没有什么问题。通过对金代蒲与路古城出土的文物和建筑形制考察来看,蒲与路故城的建筑时间要早于金代,因为蒲与路故城呈椭圆形,这种古城形制不是金代典型筑城形制,因此金代蒲与路故城的建筑时间当在金朝以

---

① 沈章兴:《蒲与路故城》,《齐齐哈尔社会科学》1986年第3期。
② 王振超:《克东金城质疑》,《齐齐哈尔社会科学》1986年第3期。
③ 黑龙江省文物考古研究所:《黑龙江克东县金代蒲峪路故城发掘》,《考古》1987年第2期。
④ 邱树森:《辽金史辞典》,山东教育出版社2011年版,第753页。

前，有建置就应该有城池。金朝沿袭前朝建置，国初在蒲与路故城置蒲与路万户，海陵王为了加强中央集权，削弱世袭万户的权力，例罢万户改置节度使。《金史·海陵纪》记载："天德三年十一月癸亥（1152 年 1 月 5 日），诏罢世袭万户官。"① 从海陵天德三年十一月，蒲与路由万户改为节度使。蒲与路节度使一职的设置，一直延续到章宗时期。《金史·地理志》记载："承安三年，设节度副使。"② 蒲与路由节度使降为节度副使，当是因章宗"并上京、东京两路提刑司为一"③，统一行政区划的原因。卫绍王时期，《大金国志》记载，"九月二十七日，报至大军自蒲与路取三韩"④，说明此时蒲与路已经被蒙古军占领。虽有蒲察移刺都"有功，迁蒲与路节度使兼同知上京留守事"⑤，这只是金朝想要收复蒲与路，蒲察移刺都并没有真正到蒲与路赴任，此时蒲与路建置已经不复存在了。

三 胡里改路设置沿革

胡里改路隶属于金代上京路。1977 年 11 月，"在黑龙江省鸡东县综合公社出土了两方金代铜印，其中，胡里改路之印是继蒲峪路印发现后"⑥，为金朝曾设置过胡里改路提供了实物佐证。关于胡里改路的治所，说法不一，目前主要有四种说法：一是"今黑龙江省依兰县喇嘛庙"，⑦ 二是"路治在今依兰城北的旧古城"⑧，三是"金代胡里改路路治很有可能就是这座土城子古城"⑨，四是"治所即今黑龙江省依兰县"⑩。上述四种关于胡里改路治所位置的学术观点，基本上都集中在今黑龙江省依兰县境内的辽金古城，至于到底是哪座古城，有待今后考古的进一步研究。

关于金代胡里改路的设置沿革，《金史·地理志》记载："胡里改路，

---

① 脱脱：《金史·海陵纪》卷 5，中华书局 1975 年版，第 98 页。
② 脱脱：《金史·地理志》卷 24，中华书局 1975 年版，第 553 页。
③ 脱脱：《金史·章宗纪》卷 11，中华书局 1975 年版，第 247 页。
④ 宇文懋昭：《大金国志》卷 23，中华书局 1986 年版，第 310 页。
⑤ 脱脱：《金史·蒲察移剌都》卷 104，中华书局 1975 年版，第 2303 页。
⑥ 郝思德：《浅谈胡里改路之印》，《黑龙江文物丛刊》1982 年第 1 期。
⑦ 谭其骧：《中国历史地图集·释文汇编·东北卷》，中央民族大学出版社 1988 年版，第 168 页。
⑧ 吴文衔、张泰湘、魏国忠：《黑龙江古代简史》，北方文物杂志社 1987 年版，第 160 页。
⑨ 孙秀仁：《黑龙江历史考古述论》（下），《社会科学战线》1979 年第 2 期，第 179 页。
⑩ 复旦大学历史地理研究所：《中国历史地名典》，江西教育出版社 1986 年版，第 585 页。

国初置万户。海陵例罢万户，乃改置节度使。承安三年，置节度副使。"① 海陵例罢万户，改万户设节度使，与蒲与路改置节度使一样，属于地方行政体制改革，胡里改路改制与蒲与路改制基本相同，如果说蒲与路金初置万户，那么胡里改路金初亦置万户。海陵王天德三年例罢万户改制时，胡里改路同蒲与路一样，改制为节度使级别的路。《金史·太宗纪》载："八年七月丁卯，徙昏德公、重昏侯于鹘（胡）里改路。"②《宋史·高宗纪》载："绍兴四年七月乙卯（1134年7月30日），金人徙二帝自韩州之五国城。"③ 这两则史料一则说胡里改路，在天会八年七月丁卯（1130年9月3日），胡里改路建置已经存在。二则说明金代胡里改路与辽时的五国城为同一个城。这样看来，金初胡里改路是在辽五国城设置的，当时属于万户类型的路。海陵王天德三年（1151），例罢万户改置节度使只是把原世袭万户官，改为可以随时调动的节度使。胡里改路由万户类型的路，改制为节度使类型的路以后，一直延续到金章宗承安三年，章宗对金源内地行政区划进行改革，把胡里改路节度使降为胡里改路节度副使。虽然金朝把胡里改路由节度使降为节度副使，但检索《金史》从章宗改革后，没有节度副使任命，至泰和二年胡里改路一职还是节度使。《金史·完颜塞不传》记载："泰和二年，转胡里改路节度使。"④ 在鸡东县出土的"胡里改路之印"，印背刻有"贞祐五年（1217）二月、行六部造"，证明当时胡里改路还没有被蒲鲜万奴占领。贞祐五年四月以后，蒲鲜万奴攻占上京，建立东夏国，金代胡里改路就不复存在了。

四　恤品路设置沿革

恤品路亦称速频路隶属于金代上京路。《金史·地理志》记载："恤品路，节度使，辽时为率宾府，置刺史。本率宾故地，太宗天会二年，以耶懒路都孛堇所居地瘠，遂迁于此。"⑤ 从这条史料来看，金代恤品是由于耶懒路都孛堇，居住地方水土贫瘠，金太宗于天会二年，把居住在耶懒路的居民，迁移到原辽朝率宾府地方建立恤品路。"金太宗天会二年

---

① 脱脱：《金史·地理志》卷24，中华书局1975年版，第553页。
② 脱脱：《金史·太宗纪》卷3，中华书局1975年版，第62页。
③ 脱脱：《宋史·高宗纪》卷26，中华书局1977年版，第480页。
④ 脱脱：《金史·完颜塞不传》卷113，中华书局1975年版，第2479页。
⑤ 脱脱：《金史·地理志》卷24，中华书局1975年版，第552页。

(1124)完颜忠以都部长身份,率所部由贫瘠河谷,行千里之远,迁徙到富饶的苏滨水,这就是恤品路建置的缘起。"① 辽代的率宾府,学界基本认定就是渤海率宾府。关于率宾府的地理位置,目前存在很多学术观点。曹廷杰说:"《新唐书》率宾故地为率宾府,领华、益、建三州。《辽史》:东京率宾府刺史,故率宾国地。《金史》上京率宾路,辽时为率宾府,西北至上京一千五百七十里,东北至瑚尔哈一千一百里,西南至海兰路一千二百里。《金史》又有苏滨水,一作恤品。《明一统志》作恤品河,在建州东南千余里,……以地望诊之,率宾、苏滨、恤品即今绥芬河也,其府路故基,即今双城子地方无疑。"② 自此以后,学界一般都认为渤海率宾府、辽代率宾府、金代恤品路都在今俄罗斯滨海地区的双城子(乌苏里斯克)。华泉认为"无论是从碑额所载封谥,还是从该墓的地理位置,都足以证明双城子的这座建有神道碑的大型金墓,是完颜忠的墓而无疑"③。华泉通过对完颜忠神道碑的考证,得出"双城子的这一金代古墓,既考定为移居于绥芬河上的耶懒水完颜部的都部长完颜忠之墓,由此可以推定,移治后的耶懒路亦即恤品路的中心正是在双城子地区"④。已故学者张泰湘说:"综观前人诸说,定双城子古城为唐代渤海率宾府故址均无确凿根据,从古城形制、出土文物多属金代文物、遗迹,若定为金代恤品路治尚有可能。"⑤ 张泰湘认为双城子不是渤海、辽的率宾府,有可能是金的恤品路,这与《金史》里记载的辽代率宾府与金代恤品路为一地的说法相矛盾。张泰湘考察了东宁县大城子古城遗址,认为:"大城子古城规模大于双城子东西二城,形制类型类似唐长安城和渤海上京龙泉府,并出土了丰富典型渤海文物,因此,大城子古城当是一座渤海古城。……那么,大城子古城很有可能是唐渤海率宾府故址。"⑥ 最后张泰湘确定:"我认为渤海率宾府故址在大城子古城。"郭毅生针对张泰湘的考证进行商榷,郭毅生说:"渤海的率宾府和金代的恤品路,近世治东北历史地理者,除个别人

---

① 郭毅生:《率宾府、恤品路和开元城》,《历史地理》第二辑,上海人民出版社1982年版,第183页。
② 曹廷杰:《曹廷杰集》,中华书局1985年版,第171页。
③ 华泉:《完颜忠墓神道碑与金代的恤品路》,《考古》1976年第4期。
④ 华泉:《完颜忠墓神道碑与金代的恤品路》,《考古》1976年第4期。
⑤ 张泰湘:《历史地理》第二辑,上海人民出版社1982年版,第178页。
⑥ 张泰湘:《历史地理》第二辑,上海人民出版社1982年版,第179页。

认为当在鸭绿江流域外，大都考订为在今绥芬河流域，这无疑是正确的。至于府址（或路治）的所在，一直都定为双城子（今苏联境内乌苏里斯克），但所证不详，未能深入。"① 郭毅生认为："既然恤品路的创始人完颜忠之墓在双城子，由此可以推定，移治后的耶懒路亦即恤品路的中心和首府正是在双城子地区。"②

金代恤品路的地方设置，与金源内地的蒲与、胡里改等其他路一样，在海陵王时期改世袭万户类型的路为节度使类型的路。《金史·地理志》记载："以海陵例罢万户，置节度使，因名速频路节度使。"③ 海陵王改万户类型的路为节度使类型的路后，一度称之为速频路。金世宗时期，对恤品路行政区划又进行了调整。《金史·地理志》记载："世宗大定十一年，以耶懒、速频相去千里，既居速频，然不可忘本，遂命名石土门亲管猛安曰押懒猛安。"④ 金章宗时期，金朝对东北地区的行政区划再次进行了调整。《金史·地理志》记载："承安三年，设节度副使。"⑤ 金宣宗贞祐四年（1216），辽东安抚使蒲鲜万奴，"乘大金之乱，自立为帝，据辽东七路"。⑥ 蒲鲜万奴建立东夏地方政权，所据的七路就有金代恤品路。金代的恤品路治所，有人认为是东夏时的开元城。李建才说："金代恤品路的路治到东夏改为开元路（即北京路）的路治，金代恤品路的路治和东夏的都城开元在今双城子及其南面的山城。"⑦ 而郭毅生则认为："双城子既为恤品路治，就不可能同时又是开元路治，这是个常识。"⑧ 这一学术争论，时至今日，也没有深入展开，相信以后会弄清楚的。

五 合懒路设置沿革

合懒路亦称曷懒路，隶属于金代上京路。金代合懒路的设置治所，《金史》里没有记载。金朝在金源内地设置的几个路，大都是以境内的山水得名。蒲与路得名于夫余水（今乌裕尔河），胡里改路得名于胡里改江

---

① 郭毅生：《率宾府、恤品路和开元城》，上海人民出版社1982年版，第181页。
② 郭毅生：《率宾府、恤品路和开元城》，上海人民出版社1982年版，第183页。
③ 脱脱：《金史·地理志》卷24，中华书局1975年版，第552页。
④ 脱脱：《金史·地理志》卷24，中华书局1975年版，第552页。
⑤ 脱脱：《金史·地理志》卷24，中华书局1975年版，第552页。
⑥ 宇文懋昭：《大金国志·宣宗纪》卷25，中华书局1986年版，第345页。
⑦ 李建才：《关于东夏几个问题的探讨》，《民族研究》1985年第3期，第9页。
⑧ 郭毅生：《率宾府、恤品路和开元城》，上海人民出版社1982年版，第186页。

(今牡丹江)，恤品路得名于恤品江（今绥芬河），合懒路得名于曷懒水。既然合懒路得名于曷懒水，那么曷懒水一定在合懒路境内，合懒路治所不会离曷懒水太远。关于合懒路治所地望，过去中外学者都是根据曷懒水，来推断合懒路治所之所在。民国学者丁谦认为"在宁古塔正南、珲春城正西海兰河流域"①。日本学者津田左右吉认为"在朝鲜吉州"②，松井认为"今之咸境，为金合懒路之治所"③。韩国学者丁若镛认为"在朝鲜之咸兴"④。谭其骧认为"今朝鲜咸境南道咸兴城5里处"⑤。《吉林通志》作者认为"海兰河为金之曷懒水"⑥，自然就把合懒路治所认为在今延边地区海兰河畔。秦佩珩亦认为"海兰路即今图们江北海兰河海兰城"⑦。把合懒路治所定在海兰河流域这一学术观点，王崇时进行了详细的考证，认为"朝鲜咸兴一带平原即曷懒甸，流经咸兴的城川江，即为金代合懒水之说是有道理的"⑧，自然而然认定合懒路治所在朝鲜咸兴城川江流域。至于合懒路治所的具体位置，目前国内学者的考证，基本都是文献考证，没有到过实地考察，因此得出的结论只是大致的位置。就像谭其骧先生所说的，也就是说在咸兴城5里处，也没有说出什么方向5里处。至于合懒路治所具体位置，还有待今后中外学者实地考察，佐以历史文献才能得出正确的结论。

关于合懒路的设置时间，《金史》里没有记载。金代合懒路的设置是在金初军帅司基础上进行的。《金史·太宗纪》记载："天会二年五月乙巳（1124年7月12日），合懒路军帅完颜忽刺古等言：往者岁捕海狗、海东青、鸦、鹘于高丽之境，近以二舟往，彼乃以战舰十四要而击之，尽杀二舟之人，夺其兵杖。上曰：以小故起战争，甚非所宜。今后非奉命，

---

① 丁谦：《〈金史·外国传〉地理考证》第一集，《浙江图书馆丛书》，1915年校刊。转引自魏志江等《女真与高丽曷懒甸之战考略》，《中山大学学报》2001年第5期。
② [日] 津田左右吉：《朝鲜历史地理》卷2，南满铁道株式会社，第116页。
③ [日] 松井等：《金朝满洲的疆域》，《满洲历史地理》卷2，南满铁道株式会社，第179页。
④ [韩] 丁若镛：《大韩疆域考》卷6，朝鲜古书刊行会本。
⑤ 谭其骧：《中国历史地图集·释文汇编·东北卷》，中央民族大学出版社1988年版，第166页。
⑥ 长顺：《吉林通志·沿革》卷11，吉林文史出版社1986年版，第203页。
⑦ 秦佩珩：《金都上京故城遗址沿革考略——附论金都会宁（白城）遗址遗物的年代问题》，《史学月刊》1980年第2期。
⑧ 王崇时：《金代曷懒水补考》，《北华大学学报》1987年第2期。

毋辄往。"① 从这则史料可以看出，金初在合懒路设置的最高军政长官称军帅。金初在新占领区域或是边界各路，设置军帅司来管理各地军政事务。《金史·兵志》记载："大将府治之称号。收国元年十二月，始置咸州军帅司，以经略辽地，讨高永昌，置南路都统司，且以讨张觉。……凡猛安之上置军帅，军帅之上置万户，万户之上置都统。然时亦称军帅为猛安。"② 合懒路是女真故地且与高丽接壤，女真为了伐辽需要，应该首先稳定后方基地。因此合懒路军帅司的设置，不会太晚于收国元年十二月。大致与咸州军帅司设置时间相当，太祖设置合懒路军帅司，来管理合懒路军政事务以防高丽。金朝地方军政设置随着占领区域的扩大，机构设置也随之升格。原先的军帅一职相当于猛安，但有的军帅大于猛安，合懒路军帅作为路一级的军帅，应该大于一般的猛安。随着金朝占领地盘的不断扩大，国家行政区划设置不断学习辽与北宋，先后把军帅司改称为都统司或是本路都总管。《金史·地理志》记载："太宗天会十年（1132），改南京路平州军帅司为东南路都统司之时，尝治于此，以镇高丽。后置兵马都部署司，天德二年，改为本路都总管府，后更置留守司。"③ 从金代东京军帅司换官格为都统司，以及先后升格为兵马都部署司和本路都总管府来看，金代合懒路军帅司到合懒路总管府的设置，也应该是这样一个过程。《金史·地理志》记载："合懒路，置总管府。贞元元年，改总管为尹，仍兼兵马都总管。"④ 这则史料虽然没有记载合懒路军帅司是何时改称合懒路总管府的，但改制时间应当与东京军帅司改称都总管府的历史过程和时间相当。海陵王贞元元年，为了加强对军事集权，减少地方官员遇事互相不担当的扯皮现象，将合懒路兵马都总管与合懒路府尹由一个人来担任，至于合懒路兵马都总管府、合懒府两个行政机构，是否合并还不得而知，但两个机构的一把手，由一个人担任已很明确。到金章宗承安时期，金朝统一对地方行政进行改革时，金代合懒路兵马都总管，降为兵马副总管。《金史·地理志》记载："承安三年（1198），设兵马副总管。"⑤ 自此到金末蒲鲜万奴建立东夏国，合懒路地方军政建置没有发生大的变化。

---

① 脱脱：《金史·太宗纪》卷3，中华书局1975年版，第50页。
② 脱脱：《金史·兵志》卷44，中华书局1975年版，第1002页。
③ 脱脱：《金史·地理志》卷24，中华书局1975年版，第552页。
④ 脱脱：《金史·地理志》卷24，中华书局1975年版，第552页。
⑤ 脱脱：《金史·地理志》卷24，中华书局1975年版，第552页。

六 曷苏馆路设置沿革

金代曷苏馆路的设置，是在辽代"曷苏馆路女直国大王府"① 基础上设置的。关于金代曷苏馆路治所地望问题，《金史·地理志》载："天会七年（1129）徙治于宁州。"② 金初路制是在女真反辽战争中逐渐完成的。金代什么时候设置曷苏馆路，在《金史》里虽没有明确的记载，但在金初对辽的战争中，还是可以寻找大致的线索。《金史·太祖纪》载："收国二年（1116）闰正月，高永昌据东京，讨高永昌。"③ 当时阿古乃后裔胡十门，就"率其族属部众诣撒改"④。配合阿骨打攻打高永昌。《金史·胡十门传》记载："及攻打开州，胡十门以粮饷给军。"⑤ 当年五月，"斡鲁等败永昌，……东京州县及南路系辽籍女直皆降。"⑥ 使辽东一带全部归金军占领。然后金朝开始在这一地区"设置猛安谋克，一如本朝之制。以斡鲁为南路都统"⑦。由于胡十门在阿骨打攻打高永昌战役中，出人、出力，战功卓著，也使阿骨打对胡十门"赏赐甚厚，以为曷苏馆七部孛堇，给银牌一、木牌三"⑧。之后不久，胡十门"子钩室，尝从攻显州，领四谋克军，破梁鱼务，功最，以其父所管七部为曷苏馆都孛堇"。⑨ 这是金初对曷苏馆路的正式设置。设置时间当在天辅元年"十二月甲子（1118年1月4日），拔显州"⑩ 之后不久。

在金初各路行政长官的设置中，有万户、都统、孛堇等不同称谓。曷苏馆路的设置形式与耶懒路形式一样，长官称都孛堇。关于耶懒路和曷苏馆路设置都孛堇而与其他路所设万户、都统不同，这应该是与这两个路都是金始祖函普的兄弟后裔世居之地有关。耶懒路是函普弟弟保活里后世子孙繁衍生息的地方，曷苏馆路是函普兄阿古乃后世子孙生活的地方。此两

---

① 脱脱：《辽史·百官志》卷46，中华书局1974年版，第756页。
② 脱脱：《金史·地理志》卷24，中华书局1975年版，第553页。
③ 脱脱：《金史·太祖本纪》卷2，中华书局1975年版，第29页。
④ 脱脱：《金史·胡十门传》卷66，中华书局1975年版，第1561页。
⑤ 脱脱：《金史·胡十门传》卷66，中华书局1975年版，第1562页。
⑥ 脱脱：《金史·太祖本纪》卷2，中华书局1975年版，第29页。
⑦ 脱脱：《金史·太祖本纪》卷2，中华书局1975年版，第29页。
⑧ 脱脱：《金史·胡十门传》卷66，中华书局1975年版，第1562页。
⑨ 脱脱：《金史·胡十门传》卷66，中华书局1975年版，第1562页。
⑩ 脱脱：《金史·太祖本纪》卷2，中华书局1975年版，第60页。

路设都孛堇,不设万户或都统,体现了阿骨打对完颜部两个近族特权的尊崇。金太宗时期"孛堇"这一称谓,随着金朝对辽朝不断用兵,以及占领区的不断扩大发生了变化。金太宗为了加强中央集权,废除了地方孛堇制度。天会二年(1124)耶懒路改都孛堇为军马万户。曷苏馆路先后改制为军帅司和都统司。"曷苏馆路都孛堇改置军帅司,其长官不再世袭,由中央任命,并且不一定任命完颜氏贵族为此路长官。"①《金史·徒阿里出虎传》载:"父拔改,太祖时有战功,领谋克,曷苏馆军帅。"② 阿里出虎出任曷苏馆军帅的时间,《金史》没有明确记载,目前也没有相关材料认定准确时间。程妮娜先生在《试论金初路制》中认为:"金初诸路名称前后亦有变化,如天辅末、天会初,曷苏馆路都孛堇改制军帅,天会七年(1129)又升都统。"③ 因为金军进入辽西,为适应封建化程度较高地区的统治,采取了介于奴隶制与封建制之间的管理制度。曷苏馆路是辽籍女真,封建化程度高于金源内地。金初随着金军伐辽的需要,开始在金军占领区域设置。因此,曷苏馆路由孛堇改为军帅的时间,程妮娜先生推断当为准确。至于军帅司何时升格为都统司,史料没有明确记载,《金史》只记"天会七年,徙治宁州,尝置都统司",④ 余蔚《中国行政区划史·辽金卷》认为:"此易使人以为徙治宁州后再置都统司。"⑤《金史·太宗本纪》载:"七年十一月庚戌(1129年12月18日),徙曷苏馆都统司治宁州。"⑥ 可证天会七年之前,已置都统司。余蔚先生认为,金初授予胡十门为曷苏馆七部孛堇的职务,与金初曷懒路的都孛堇等同,进而把"都孛堇与都统司置换,此实为曷苏馆路由辽代熟女真部落群,改组为女真内地路之始"。⑦ 虽没有明确说明金初在曷苏馆路就改置了都统司,其实也就是说,天会七年的都统司,是在金初授予胡十门七部孛堇时期设置的。诚如余蔚先生所认为的七部孛堇与都统司职位相同的话,但毕竟七部孛堇还不是都统司,且胡十门之后,在曷苏馆路先后设置过都孛堇和军帅。天会

---

① 程妮娜:《金代政治制度研究》,吉林大学出版社1999年版,第52页。
② 脱脱:《金史·徒阿里出虎传》卷132,中华书局1975年版,第2823页。
③ 程妮娜:《试论金初路制》,《社会科学战线》1989年第1期。
④ 脱脱:《金史·地理志》卷24,中华书局1975年版,第553页。
⑤ 余蔚:《中国行政区划通史·辽金卷》,复旦大学出版社2012年版,第558页。
⑥ 脱脱:《金史·太宗纪》卷3,中华书局1975年版,第50页。
⑦ 余蔚:《中国行政区划通史·辽金卷》,复旦大学出版社2012年版,第559页。

七年迁置宁州的都统司，应当是程妮娜先生所说的，已由军帅司升格为都统司。由军帅司升格为都统司的时间，由于史料模糊目前还无法考证，至于曷苏馆路废置时的级别，余蔚先生分析至为准确，已不是都统司了。从《金史》的记载来看，"明昌四年（1193）废的只是统军司"①。因为海陵天德三年（1151），为了加强中央集权，在全国范围内进行的政治体制改革中，曷苏馆路与金源内地的蒲与路、胡里改等路一样，划一改制为节度使级别的路。金朝将都统司改置为节度使司后，见诸史料记载任过节度使的有，海陵时期，"斜哥，累官同知曷苏馆节度使事"②，"正隆二年（1157），例夺王爵，（隈可）改曷苏馆路节度使"。③世宗时期，布辉，"除同知曷苏馆节度使事"④，"神土懑改曷苏馆路节度使"⑤，"白敬彦为曷苏馆路节度使"⑥。由此可见，明昌四年废置的是曷苏馆路节度使而不是曷苏馆路都统司。从此以后，曷苏馆建置一直到金亡，都没有发生变化。

曷苏馆路为什么远离上京路，中间隔着咸平路隶属于上京路。这与女真族完颜部有着特殊的关系。《金史·胡十门传》载："胡十门者，曷苏馆人也。父挞不野，事辽为太尉。"⑦金初，当阿骨打还没有取得辽东之时，"高永昌据东京，招曷苏馆人，众畏高永昌兵强，且欲归之。胡十门不肯从，招其族人谋曰：吾远祖兄弟三人同出高丽，今大圣皇帝之祖入女直，吾祖留高丽自高丽归于辽。吾与皇帝皆三祖之后，皇帝受命继大位，辽之败亡有征，吾岂能为永昌之臣哉！"⑧胡十门不仅没有归顺高永昌，而且带领辽阳熟女真人，协助阿骨打攻打高永昌。在阿骨打攻打保州时，胡十门还以粮饷给金军，为阿骨打攻打高永昌立了大功。因此，阿骨打对胡十门"赏赐甚厚，以为曷苏馆七部宇堇"，⑨胡十门子铜室，也被阿骨打授为曷苏馆都宇堇。由于曷苏馆路胡十门与阿骨打同为一祖的特族宗族

---

① 余蔚：《中国行政区划通史·辽金卷》，复旦大学出版社2012年版，第559页。
② 脱脱：《金史·斜哥传》卷74，中华书局1975年版，第1699页。
③ 脱脱：《金史·隈可传》卷66，中华书局1975年版，第1561页。
④ 脱脱：《金史·隈可传》卷66，中华书局1975年版，第1562页。
⑤ 脱脱：《金史·神土懑传》卷91，中华书局1975年版，第2015页。
⑥ 脱脱：《金史·白敬彦传》卷84，中华书局1975年版，第1891页。
⑦ 脱脱：《金史·胡十门传》卷66，中华书局1975年版，第1562页。
⑧ 脱脱：《金史·胡十门传》卷66，中华书局1975年版，第1562页。
⑨ 脱脱：《金史·胡十门传》卷66，中华书局1975年版，第1562页。

关系，所以当阿骨打占领辽东之后，没有向其他地方诸如咸平路、泰州路等设置都统类型的路，而是给予女真族特权，设为孛堇类型的路。程妮娜先生认为："以石土门、钩室分任他们世代居住之路的最高长官特赐以都孛堇的称号（都孛堇系穆宗前部落联盟长的称号）以示恩宠。"① 从金初勃极烈制度的形成来看，金代的都勃极烈制度，是由穆宗时期的孛堇制度发展而来。程妮娜先生在《金初勃堇制初探》一文中说："孛堇与勃极烈制度既有联系又有区别，金为提高军事联盟长的地位，穆宗将都勃堇的称号，改为都勃极烈，……自穆宗以后孛堇受都勃极烈直辖。"② 曷苏馆路隶属于上京路，是与曷苏馆女真与女真完颜部特殊的宗族关系分不开的。

七　肇州设置沿革

金代肇州是在辽代出河店地方设置的，隶属于金代上京路。《金史·地理志》记载："肇州，下，防御使。旧出河店也。……以太祖兵胜辽，肇基王绩于此，遂建为州。"③ 这则史料只记载了因金太祖阿骨打，在出河店起兵伐辽之功，为了纪念太祖的功绩，在出河店地方建肇州。时至多年以后，人们不知道当年辽出河店，或是金泰州位置在什么地方了。后世学者根据有限的史料，对辽代出河店或是金代肇州地望进行了考证。

关于金代肇州治所的地望问题，多年以来学者们从不同的角度，展开了多方面讨论，得出了不同的学术观点。最早对肇州所在地进行考证的有清代学者曹廷杰，他认为："辽再遣萧嗣先屯兵珠赫店，一名出河店，即今逊扎堡北十余里珠赫城，俗呼珠家城子，金之肇州也。"④ 金毓黻依据《元一统志》《大清一统志》，"断为金元之肇州故址，其地与得胜陀东西相直，想不甚谬，愚谓元肇州应与金肇州同在一地，不必别求"。⑤ 张博泉则依据"始兴县倚，有鸭子河、黑龙江"⑥，"以及去州五里不能至"⑦，推定金代肇州在"松花江之北岸，今肇源县望海屯辽金古城址"⑧。谭其

---

① 程妮娜：《金代政治制度研究》，吉林大学出版社1999年版，第50页。
② 程妮娜：《金初勃堇制初探》，《史学集刊》1982年第2期。
③ 脱脱：《金史·地理志》卷24，中华书局1975年版，第551页。
④ 丛佩远、赵鸣岐：《曹廷杰集》，中华书局1985年版，第161页。
⑤ 金毓黻：《东北通史》（上册），社会科学战线杂志社1980年版，第438页。
⑥ 脱脱：《金史·地理志》卷24，中华书局1975年版，第552页。
⑦ 脱脱：《金史·纥石烈德传》卷128，中华书局1975年版，第2773页。
⑧ 张博泉：《东北历代疆域史》，吉林人民出版社1981年版，第196页。

骧根据出河店当在出河口不远，推定在"今黑龙江省肇源县茂兴站南的吐什吐"① 地方。而谭先生又把"出河店今考订为肇源县茂兴镇南的三家子"②。《金史》记载的金肇州置在辽出河店，也就是说辽代出河店与金肇州是一个地方，可《中国历史地图集·释文汇编·东北卷》却考证出来两个地方，没有看出辽出河店与金肇州分置两地的理由，反而考证金肇州的理由是依据出河店离出河口不会太远，而确定在茂兴站南的吐什吐地方。李建才"从文献所载金、元肇州的方位和肇东八里城的形制、规模，以及八里城内出土的文物来看，把八里城推定为元代古城，不如推定为金代古城，元代沿用更符合实际。因此，我认为金、元肇州都在今肇东八里城"③。《肇东县志》作者"从古城的建筑特点和出土文物判断，认为该地为金元的肇州城址"④。张柏忠依据李建才考证宁江州的位置在"今伯都讷古城"⑤，推定"塔虎城则是这一地区最大古城，毫无疑问，塔虎城就是金代的肇州，辽代的出河店"⑥。其后，那海洲、胡龙滨也认为"现位于吉林省松原市前郭县八郎乡北上台屯的塔虎城古城遗址，即金代肇州治所"⑦。杨中华依据文献记载和水文条件，认为"今黑龙江省肇源县的勒勒营子（亦称老乐营子）古城，为金代肇州，其西北五里的莽海古城为始兴县"⑧。王景义通过实地考察，说"我通过研究有关资料和实地考察赞同他们（杨中华）的意见，当然对其相关的一些问题也有许多不同的看法"⑨。通过梳理以上前人研究成果，笔者觉得关于肇州地望的确定，应多方面进行考证，仅凭《金史》记载的方位和距离，不能够得出满意的结论。要在梳理历史文献的基础上，佐以实地考古调查，才能确定肇州治所地望问题。笔者认为杨中华和王景义的学术观点，很接近肇州治所地望所在之实际。

---

① 谭其骧：《中国历史地图集·释文汇编·东北卷》，中央民族大学出版社1988年版，第165页。
② 谭其骧：《中国历史地图集·释文汇编·东北卷》，中央民族大学出版社1988年版，第156页。
③ 李建才：《金元肇州考》，《北方文物》1986年第2期。
④ 刘有才：《肇东县志》，肇东县县志办公室，1985年，第467页。
⑤ 李建才：《辽代宁江州考》，《东北师大学报》1981年第6期。
⑥ 张柏忠：《金代泰州、肇州考》，《社会科学战线》1987年第4期。
⑦ 那海洲、胡龙滨：《塔虎城为金肇州旧址考》，《北方文物》1998年第2期。
⑧ 杨中华：《金代肇州考》，《黑龙江民族丛刊》1992年第3期。
⑨ 王景义：《略论金代肇州》，《北方文物》1992年第1期。

金代肇州开始设置的时间，《金史》记载较为明确。《金史·地理志》记载："天会八年，以太祖兵胜辽……遂建为州。"① 金代肇州始建于太宗天会八年，这里需要知道的是，在金天会八年设置金肇州以前，辽代出河店就已具一定规模，金建肇州是在辽出河店基础上设置的。金太祖阿骨打发动反辽战争，在出河店开的誓师大会，此时金在出河店就开始有军政事务，只是史料没有记载设置情况。金太宗为了缅怀金太祖的丰功伟业，于天会八年在出河店建肇州，这只是朝廷正式设置，其实地方军政管理早就存在了。

金代州制分三等，有节镇州、防御州和刺史州，太宗时期所建的肇州，没有明确什么级别。金熙宗天眷官制改革，明确了肇州为防御级别的州。《金史·地理志》记载："天眷元年十月，置防御使，隶会宁府。"② 金熙宗时期，明确了肇州隶属于会宁府管辖。海陵王时期，大部分猛安谋克南迁，缩减金源内地编制，一度将肇州降格成为济州支郡。《金史·地理志》记载："海陵时，尝为济州支郡。"③ 金章宗时期，由于东北边防的需要，先将肇州升格为节镇级别的州，然后设武兴军节度使司和漕运司。《金史·地理志》记载："承安三年，复以为太祖神武隆兴之地，升为节镇，军名武兴。五年，置漕运司，以提举兼州事。后废军。漕运司设提举一员。"④ 肇州升格为节镇后，肇州节度使兼武兴军节度使，承安五年肇州设置漕运司，设提举一员，兼武兴军节度使一职。乌古论仲温曾"改提举肇州漕运、兼同知武兴军节度使事"⑤。有一段时间武兴军废除之后，漕运提举兼肇州节度使，管理肇州军政事务。"肇州以提举兼本州同知，同提举兼州判。"⑥ 金宣宗时期，为防御蒙古军南侵，加强军事防御能力，肇州再次恢复武兴军建置。《金史·地理志》记载："贞祐二年复升为武兴军节镇，置招讨司，以使兼州事。"《金史·纥石烈德传》记载："贞祐二年，迁肇州防御使。是岁，肇州升为武兴军节度，德为节

---

① 脱脱：《金史·地理志》卷24，中华书局1975年版，第551页。
② 脱脱：《金史·地理志》卷24，中华书局1975年版，第551页。
③ 脱脱：《金史·地理志》卷24，中华书局1975年版，第551页。
④ 脱脱：《金史·地理志》卷24，中华书局1975年版，第551页。
⑤ 脱脱：《金史·乌古论仲温传》卷121，中华书局1975年版，第2650页。
⑥ 脱脱：《金史·百官志》卷57，中华书局1975年版，第1323页。

度使宣抚司署都提控。"① 纥石烈德先任肇州防御使,当年肇州恢复武兴军建置,纥石烈德由防御州使升格为武兴军节度使,仍兼管肇州防御使事务。是年五月,蒙古军南下,金宣宗把都城从金中都迁到南京(北宋汴京)后,肇州在成吉思汗率领的蒙古大军威胁下,人心惶惶。《金史·乌古论德升传》记载:"宣宗迁汴,召赴阙,上言:泰州残破,东北路招讨司猛安谋克人皆寓于肇州,凡征调往复甚难。乞升肇州为节度使,以招讨使兼之。置招讨副使二员,分治泰州及宜春。诏从之。"② 东北路招讨司内迁到肇州后,肇州由原来的防御使升格为节度使,节度使一职由东北路招讨使兼任。时间不久,肇州被蒙古军占领,金代肇州就亡于蒙古了。

八 隆州设置沿革

金代隆州沿用辽代黄龙府,先后经过金代黄龙府路、金代济州路、金代隆州等不同名称。金代隆州是在辽代黄龙府治所地方建置的。《金史·地理志》记载:"隆州,下,利涉军节度使。古扶余之地,辽太祖时,有黄龙见,遂名黄龙府。"③ 辽代黄龙府前期治所多有变化,地望问题争议较大。辽代后期黄龙府治所位置,学界基本一致认定在今吉林农安县城。谭其骧主编《中国历史地图集·释文汇编·东北卷》认定"今吉林省农安县城"④。金代隆州即在辽代黄龙府治所而治,则金代黄龙府治所亦必在今吉林农安县城。关于金代隆州治所位置,《吉林通志》说:"考《松漠纪闻》:过混同江七十里至北易州,五十里至济州东铺,二十里至济州。此自北面而南道里也。《资治通鉴》注云:隆州北至混同江一百三十里。自此南而北道里也。虽小有异同,而无大差殊。核以今日由逊扎堡站渡混同江至农安县,里道——符合,知隆州之即农安,毫无疑义。又《全辽志》言:隆安城在一秃河西岸。一秃即伊通同声字。册说城周七里,四门,旁有塔,亦名农安。今农安县治,正在伊通河西二里,城基与河皆与册符。和农安、龙安皆隆安转写之讹,实非两地也。"⑤ 金代隆州治所在

---

① 脱脱:《金史·纥石烈德传》卷128,中华书局1975年版,第2773页。
② 脱脱:《金史·乌古论德升传》卷122,中华书局1975年版,第2658页。
③ 脱脱:《金史·地理志》卷24,中华书局1975年版,第552页。
④ 谭其骧:《中国历史地图集·释文汇编·东北卷》,中央民族大学出版社1988年版,第150页。
⑤ 长顺等:《吉林通志·沿革》卷10,吉林文史出版社1986年版,第202—203页。

今吉林省农安县城，在学术界没有争议。金代隆州路下辖利涉县，《金史·地理志》记载："利涉，倚，与州同置。有混同江，涞流河。"① 利涉县治所与隆州路治所在一处，都是同一个时间设置的。

金代隆州始设时间，《金史·地理志》虽没有明确，但在《金史》其他内容中，还是可以考证出来的。《金史·太祖纪》记载："天辅二年三月庚子（1118年4月10日），以娄室言黄龙府地僻且远，宜重戍守，乃命合诸路谋克，以娄室为万户镇之。"② 这则史料记载的天辅二年三月庚子，当是隆州设置的开始。金代蒲与路、胡里改路，《金史》记载都是国初置万户。由此可知天辅二年三月庚子以娄室为万户，就是金朝开始在辽代黄龙府地方，设置金代万户类型的路。此时金朝设置的是黄龙府路，与金源内地其他的路一样，属于世袭性质的路。金初黄龙府路行政级别，当与其他的路级别一样，当时还不隶属于金代上京路管辖。金初开始设置黄龙府路后，是以世袭万户类型的路而存在。《金史·宗翰传》记载："天会五年七月，诏黄龙府路、南路、东京路于所部各选如耶律晖者遣之。"③ 这则史料说明，金天会五年的时候，黄龙府路还与南京、东京等路平等级别。《金史·活女传》记载："娄室薨，袭合扎猛安，代为黄龙府路万户。"④ 娄室死后活女代理黄龙府路万户。《金史·娄室传》记载："天会八年，死。"⑤ 此则史料说明，活女代理黄龙府路万户的时间是在天会八年。金代黄龙府路这一名称，一直延续到金熙宗天眷三年。《金史·地理志》记载："天眷三年，改为济州，以太祖来攻城时大军径涉，不假舟楫之祥也，置利涉军。"⑥ 熙宗天眷三年黄龙府路发生了很大的变化，不仅改称为济州路，而且还在此地设置了利涉军节度使。

金代海陵王时期，为了加强中央集权，例罢万户改世袭万户官为流水节度使官，金代济州万户路改为济州节度使路。此时，济州路的行政长官由万户改为节度使，成为金代上京路下辖的一个路。金世宗大定年间，

---

① 脱脱：《金史·地理志》卷24，中华书局1975年版，第552页。
② 脱脱：《金史·太祖纪》卷2，中华书局1975年版，第31页。
③ 脱脱：《金史·宗翰传》卷74，中华书局1975年版，第1697页。
④ 脱脱：《金史·活女传》卷72，中华书局1975年版，第1654页。
⑤ 脱脱：《金史·娄室传》卷72，中华书局1975年版，第1653页。
⑥ 脱脱：《金史·地理志》卷24，中华书局1975年版，第552页。

前期金代济州路仍沿用原先称谓没有变化,到大定二十九年,由于济州这一名称与山东东路济州名称相同,金代上京路所辖的济州路改称隆州路。《金史·地理志》记载:"金世宗大定二十九年,嫌与山东路济州同,更今名。"① 金宣宗时期,隆州路行政级别,由节度使升为府。《金史·地理志》记载:"贞祐初,升为隆安府。"② 从此以后,隆州的设置没有变化,直到金朝灭亡。

九 信州设置沿革

金代信州沿用辽代信州,在辽代信州治所置金代信州,隶属于金代上京路。《金史·地理志》记载:"信州,下,彰信军刺史。本渤海怀远军,辽开泰七年建,取诸路汉民置。户七千三百五十九。县一:武昌,本渤海怀福县地。镇一:八十户。"③ 金代信州治所就是辽代信州治所,这在学界基本上没有争议。《金史·地理志》关于金代信州地望没有记载,只记载是辽代所建。那么辽代信州位置在哪里,史料不一,以往学界多有考证。《辽史·地理志》记载:"信州,彰圣军。下,节度。本越喜故城。渤海置怀远府,今废。圣宗以地邻高丽,开泰初置州,以所俘汉民实之。兵事属黄龙府都部署司。"④ 这里记载辽代的信州本来是越喜里故城,然越喜里故城之所在,学界说法亦不一。金毓黻《渤海国志长编》说:"唐书谓为越喜故地,极有根据,知越喜部之所在,则知在信州为非夷。"⑤ 辽代的信州不在越喜里地方,越喜里在今俄罗斯远东滨海地方。辽圣宗所建信州,当是迁越喜里地方之人,到与高丽较近的地方置信州。许亢宗《宣和乙巳奉使行程录》记载:"第二十九程,自咸州四十里至肃州,再五十里至同州。离咸州即北行……第三十程,自同州三十里至信州。"⑥ 按:许亢宗所记载的同州即是通州,通州地理位置学界一致认定在"今吉林省四平市"⑦。对辽金信州考证最早的学者曹廷杰,在《怀德

---

① 脱脱:《金史·地理志》卷24,中华书局1975年版,第552页。
② 脱脱:《金史·地理志》卷24,中华书局1975年版,第552页。
③ 脱脱:《金史·地理志》卷24,中华书局1975年版,第552页。
④ 脱脱:《辽史·地理志》卷38,中华书局1974年版,第470页。
⑤ 金毓黻:《渤海国志长编·地理考》卷14,文海出版社1977年版,第261页。
⑥ 確庵、耐庵:《靖康稗史笺证》卷1,崔文印笺证,中华书局1988年版,第28—29页。
⑦ 孙进己、冯永谦:《东北历史地理》(下)卷3,黑龙江人民出版社2013年版,第245页。

县即信州考》中说:"《全辽志》:开原东北至信州三百十里,今有城,周一里,门八,土人犹呼为信州城。《松漠纪闻》:由济州一百八十里至信州北。《蒙古游牧记》:信州故城在科尔沁左旗东南三百八十里。据此,是今怀德县治即故信州城也。"① 近人谭其骧对曹廷杰考证的信州提出质疑,在《中国历史地图集·释文汇编·东北卷》中说:"曹氏此处所称之怀德县治,现为怀德镇,旧名八家镇或八家子。实则古信州城尚在怀德镇西南30里之秦家屯迆东,旧名新集城,新集即信州音讹,位于东辽河中游右岸。"②《怀德县文物志》说:"在怀德县西北部的广袤平原上,有一座人民所熟知的古城,即辽金时代的信州城址。解放前称为新集城,现称秦家屯古城。"③ 孙进己、冯永谦《东北历史地理》说:"据此,定辽代信州为今吉林省公主岭市(原怀德县)秦家屯古城遗址。"④ 这一学术观点,目前基本得到了学术界认可。

我们知道了辽金信州故城,为今吉林省公主岭市秦家屯古城遗址,金沿用辽信州治所而建金代信州,那么金代信州设置于何时?《金史·地理志》只是说"辽开泰七年建",没有说金代是什么时候设置信州的。金代信州的设置,应该与金军攻克辽信州的时间相当。《金史·活女传》记载:"活女,年十七从攻宁江州,力战创甚,扶出阵间。太祖凭高望见,问之,知是娄室子,亲抚尉赐药,叹曰:此儿他日必为名将。其攻济州,败敌八千。与敌遇于信州,移剌本陷于阵,活女力战出之,敌遂北。"⑤ 此时金军还没有占领辽代信州,也就自然没有设置金代信州。《金史·斜卯阿里传》记载:"翰塞、乌睹本攻驼吉城,阿里凿堉为门,日已暮,不可入,以兵守之,旦日遂取其城。乌睹本被甲并乘马赐之。从攻下宁江州,授猛安。又从攻信州、宾州,皆克之。"⑥ 金军攻占辽朝信州后不久,就应当设置金朝信州。金军攻占宁江州的时间,在辽天庆四年

---

① 丛佩远、赵鸣岐:《曹廷杰集》,中华书局1985年版,第156页。
② 谭其骧:《中国历史地图集·释文汇编·东北卷》,中央民族大学出版社1988年版,第149页。
③ 怀德县文物志编写组:《怀德县文物志》,吉林省文物志编委会,1985年,第69页。
④ 孙进己、冯永谦:《东北历史地理》(下)卷3,黑龙江人民出版社2013年版,第246页。
⑤ 脱脱:《金史·活女传》卷72,中华书局1975年版,第1654页。
⑥ 脱脱:《金史·斜卯阿里传》卷80,中华书局1975年版,第1799页。

(1114年)十月。《金史·太祖纪》记载："进军宁江州……十月朔,克其城。"① 金军攻占宁江州不久,就攻占了辽信州。金军于收国元年"九月,克黄龙府"。黄龙府是辽代东方军事重镇,是辽朝防御女真的军事指挥中心。在辽朝黄龙府被金军攻占前,黄龙府附近的信州,已经被金军占领了。也就是说辽代信州,应当于收国元年九月被金军占领。金军占领辽代信州后,就应当沿用辽代信州建置,派人守卫和管理信州事务。

金代信州由于附近有隆州等较大的设置,所以地位就显得不那么重要。查《金史》有关信州职官的任命很少。金末韩公恕被金朝任命过信州刺史。《金史·梁持胜传》记载:"兴定初……既而,太平受万奴命,焚毁上京宗庙,执元帅承充,夺其军。持胜与提控咸平治中裴满赛不、万户韩公恕约,杀太平,复推承弃行省事,共伐万奴。事泄,俱被害。诏赠持胜中顺大夫、韩州刺史,赛不镇国上将军、显德军节度使,公恕明威将军、信州刺史。"② 这里只是韩公恕死后,朝廷赠其为信州刺史,说明此时没有人担任信州刺史一职,否则不会诏赠韩公恕为信州刺史,信州设置实质当不复存在了。

十 乌古迪烈统军司设置沿革

金代乌古迪烈统军司的设置,是沿用了辽代乌古迪烈统军司而设置的。其目的与辽代一样,是为了有效统治乌古迪烈部。金代与辽代乌古迪烈统军司的地域和治所,发生了很大的变化,辽代乌古迪烈统军司,原先治所设在通化州,即辽时的静边城,也就是今天地处"海拉尔市西偏北30公里处的古城"③。辽代乌古迪烈统军司原先的管辖范围较广,即使辽寿昌二年九月丙午(1096年10月8日),"徙乌古迪烈统军司于乌纳水,以扼北边之冲"④ 时,管辖的地域范围也要比金代大得多。乌纳水为今天的哪条河流,史学界有几种说法,王国维认为:"乌纳水疑即今天桂勒尔

---

① 脱脱:《金史·太祖纪》卷2,中华书局1975年版,第25页。
② 脱脱:《金史·梁持胜传》卷122,中华书局1975年版,第2666页。
③ 谭其骧:《中国历史地图集·释文汇编·东北卷》,中央民族学院出版社1988年版,第158页。
④ 脱脱:《辽史·世宗纪》卷26,中华书局1974年版,第309页。

河。"① 张柏忠认为"霍林河畔的吐列毛杜古城是乌古迪烈统军司"②。日本学者松井认为,"乌纳水即今之嫩江"③。李建才认为"乌纳水当为纳乌水,即是今嫩江"④。景爱先生则认为"乌纳水又作兀纳水,乃是现在呼伦贝尔盟喜桂图旗之乌纳尔河"⑤。从上述几条河流疑是乌古迪烈统军司迁治的乌纳水来看,辽朝时乌古迪烈统军司管辖着大兴安岭两侧广大地区。金设置乌古迪烈统军司时,西北边的河董、静边等城,还没有纳入金国的版图。也就是金代的乌古迪烈统军司较之辽代乌古迪烈统军司管辖范围要小。金代乌古迪烈统军司,管辖范围也正如王国维所说:"金时乌古迪烈地在兴安岭之东,蒲与路之西,泰州之北,可断言也。"⑥ 至于金代乌古迪烈统军司治所问题,学界也有很大争议。现在主要有两种学术观点,一种以张泰湘、崔福来为主,认为"位于齐齐哈尔城西梅里斯区的哈拉古城为庞葛城,即乌古迪烈统军司治所"⑦。一种以孙秀仁、孙进己为主,认为"龙江县雅鲁河右岸沙家街古城为乌古迪烈统军司治所"⑧。其实这两种学术观点,都在王国维推定的范围之内。最近著名学者王禹浪先生,经过多年考古学观察,从七个方面分析论证,最终"推断伊拉哈金代古城当为金初乌古迪烈统军司的治所"⑨。虽然这一观点还有争议,但就目前的情况来看,确定伊拉哈古城为金初乌古迪烈统军司治所,还是较为接近历史事实的。

乌古迪烈统军司设置时间问题,史料记载较为模糊。余蔚认为:"乌古迪烈统军司未见于太祖、太宗朝"⑩,认定乌古迪烈统军司"这一建置,在金初中断数十年,迟至熙宗朝方重置"⑪。笔者认为金代乌古迪烈统军

---

① 王国维:《观堂集林》卷15,河北教育出版社2002年版,第451页。
② 张柏忠:《吐列毛杜古城调查试掘报告》,《文物》1982年第7期。
③ [日]松井等:《满洲与辽之疆域》,载《满洲历史地理》卷2,东京完善株式会社1913年版,第230页。
④ 李建才:《东北史地考略》,吉林文史出版社1986年版,第125页。
⑤ 景爱:《关于金代蒲与路的考察》,《辽金史论文集》,辽宁人民出版社1985年版,第553页。
⑥ 王国维:《观堂集林》卷15,河北教育出版社2002年版,第451、452页。
⑦ 张泰湘、崔福来:《庞葛城考》,载《东北亚历史与文化》,辽沈书社1991年版,第511页。
⑧ 孙秀仁、孙进己等:《室韦史研究》,北方文物杂志社1985年版,第101页。
⑨ 王禹浪:《金初乌古迪烈统军司地望新考》,《哈尔滨学院学报》2013年第6期。
⑩ 余蔚:《中国行政区划通史·辽金卷》,复旦大学出版社2012年版,第559页。
⑪ 余蔚:《中国行政区划通史·辽金卷》,复旦大学出版社2012年版,第559页。

司，是辽代乌古迪烈统军司的延续，没有中断数十年，应该是接续的。辽代乌古迪烈统军司在没有投降金朝之前，应该是一直存在的。金初，辽代乌古迪烈统军司投降以后，时常叛服不定，左右观望。金代乌古迪烈统军司的设置，应始于辽代乌古迪烈部来降之时。《金史·太宗纪》记载："天会二年闰三月乙丑（1124年4月27日）乌虎里、迪烈底两部来降。"① 这时金就开始设置乌古迪烈统军司。《金史·习古乃传》记载："乌虎里部人迪烈、划沙率部来降，朝廷以挞僕野为本部节度使，乌虎为都监。……于是迪烈加防御使为本部节度使。"② 这是《金史》里关于乌古迪烈统军司任职的明确记载，此时金乌古迪烈统军司治所，还应设在辽乌古迪烈统军司治所。辽末金初的乌古迪烈部，名义上是归顺了金朝，但暗中还与西辽的耶律大石政权保持密切的联系。《辽史·天祚纪》载："大石不自安，……自立为王，西至可墩城，驻北庭都护府。会威武……于十八部王众。"③ 这十八部王众，乌古迪烈部也参加了。因为此前乌古迪烈已降金，于是金太宗以"乌虎部及诸营叛，以吴勃极烈昱等讨平之"④。讨平之后，金为了加强对乌古迪烈部进行有效统治，采取内迁的措施。《金史·太宗纪》记载："天会三年二月丁卯（1125年3月31日），以庞葛城地分授所徙乌虎里、迪烈底二部及契丹民。"⑤ 此次迁乌古迪烈二部于庞葛城地，也就是把乌古迪烈统军司，内迁到王国维所说的兴安岭以东、泰州以北、蒲与路以西的范围之内。金代乌古迪烈统军司新置之地，应当在泰州都统司管辖的范围之内。这与余蔚"知熙宗朝之初，泰州都统司辖境仍包括迪烈地"⑥ 的说法是一致的。

金海陵王时期，为了加强中央集权，对全国的行政区划体制进行了统一改制。于"天德二年九月，改乌古迪烈统军司为招讨司，后置于泰州"⑦。至于东北路招讨司是什么时间迁移到泰州的，史无明文，《金史》没有明确记载，但在《金史》的其他记载中，还是能得到一些线索的。

---

① 脱脱：《金史·太宗纪》卷3，中华书局1975年版，第50页。
② 脱脱：《金史·习古乃传》卷72，中华书局1975年版，第1666页。
③ 脱脱：《辽史·天祚纪》卷30，中华书局1974年版，第355页。
④ 脱脱：《金史·太宗纪》卷3，中华书局1975年版，第51页。
⑤ 脱脱：《金史·太宗纪》卷3，中华书局1975年版，第52页。
⑥ 余蔚：《中国行政区划通史·辽金卷》，复旦大学出版社2012年版，第559页。
⑦ 脱脱：《金史·兵志》卷44，中华书局1975年版，第1003页。

《金史·海陵纪》记载："天德四年（1152）十一月，买珠于乌古迪烈部及蒲与路。"① 说明此时乌古迪烈统军司还没有徙置泰州。余蔚说："金初泰州都统司在熙宗朝分为乌古迪烈统军司与泰州路都统司之后，复合为一。称统军司或招讨使，其实质并无改变，辖境与职责仍然是相同的。"② 笔者认为熙宗朝不存在复合为一的事情。至于统军司或称招讨司，虽说实质并无改变，但从行政级别上还是有所提高的。也许是行政职权有所扩大，否则《金史·地理志》不会说："乌古迪烈统军司，后升招讨司。"③ 这里的升格应该有两种可能，一种是行政职权扩大，一种是行政级别提高。乌古迪烈统军司升为招讨司后，其治所还应在金天会年间所置庞葛城地的地方，还没有徙置于泰州，否则《金史·地理志》更不会说"与蒲与路近"④。至于乌古迪烈统军司是什么时间徙置泰州的，笔者认为应当是改东北路招讨司之后，否则《金史·兵志》也不会说："东北路者，初置乌古迪烈地，后置于泰州。"⑤《金史·海陵纪》载："贞元元年闰十二月癸卯（1154年2月3日），命……乌古迪烈招讨司招讨斜野等北巡。"⑥ 正隆五年（1160），因海陵调诸部兵征宋，契丹人撒八反叛时，"辟沙河千户十哥等与前招讨使完颜麻泼杀乌古迪烈招讨使乌林荅蒲卢虎，以所部躯西北路"⑦。十哥等投奔撒八，参加撒八领导的契丹族反叛之后，乌古迪烈、泰州等地，一直处于战乱状态。从此以后也就不见有乌古迪烈招讨使人员的任命。在大定二年（1162）正月以后，契丹起义军窝斡自临潢攻泰州不克，"遂自泰州往攻济州"⑧，说明泰州建制仍然存在，且东北路还没有徙置泰州。到大定五年（1165）正月宋金和好后，金朝将应征宋的前线军队调回本地时还有"泰州等路，并行放还"⑨ 的记载，说明此时泰州路还是独立存在的，乌古迪烈招讨司，还没有改称东北路招讨司，也没有置于泰州。笔者认为乌古迪烈统军司改东北路招讨司、

---

① 脱脱：《金史·海陵纪》卷5，中华书局1975年版，第99页。
② 余蔚：《中国行政区划通史·辽金卷》，复旦大学出版社2012年版，第559页。
③ 脱脱：《金史·地理志》卷24，中华书局1975年版，第553页。
④ 脱脱：《金史·地理志》卷24，中华书局1975年版，第553页。
⑤ 脱脱：《金史·兵志》卷44，中华书局1975年版，第1003页。
⑥ 脱脱：《金史·海陵纪》卷5，中华书局1975年版，第102页。
⑦ 脱脱：《金史·逆臣传》卷133，中华书局1975年版，第2850页。
⑧ 脱脱：《金史·逆臣传》卷133，中华书局1975年版，第2853页。
⑨ 脱脱：《金史·仆散忠义传》卷87，中华书局1975年版，第1940页。

置于泰州的时间,应该在大定五年之后。谭其骧先生认为:"约当在大定四五年,窝斡余党既平,筑边堡于泰州、临潢境上之时。"① 余蔚赞同称此"可为确论,并路之时,应定于大定五年"。② 笔者认为很难确定乌古迪烈招讨司,改东北路招讨司并置于泰州就是大定五年。由前可知,大定五年正月泰州还独立存在,这就应该说改乌古迪烈招讨司为东北路招讨司并置于泰州,应当在大定五年正月之后。因为大定九年"夹谷查剌出为东北路招讨使,兼德昌军节度使"③。按:"海陵正隆年间,置德昌军"④ 说明在夹谷查剌任职之前,金廷已将乌古迪烈招讨司改为东北路招讨司,也许已有人出任过此兼职,只不过是没有史料记载罢了。大定九年,夹谷查剌任东北路招讨使兼德昌军节度使两职于一身。可以肯定此时东北路招讨司已置于泰州。

东北路置于泰州城内,夹谷查剌一人兼东北路招讨使和德昌军节度使,是不是泰州路与东北路就合二为一了?显然不是。泰州作为路的地方行政建置,还是应该存在的。或者可以理解为东北路招讨使兼德昌军节度使,在泰州节度使职位没有其他人选时,而由东北路招讨使一人既兼德昌军节度使,还代行泰州节度使职权。大定二十五年(1185)罢泰州路之前,在大定二十一年四月戊申(1181年5月17日),"增筑泰州、临潢府等路边堡及屋宇"⑤。此可证明泰州路是存在的。大定二十五年之后,东北路泰州之境内的十九堡,已经全部完工,"可为边防久计"⑥。这时,东北路招讨司较之以前的军事防御工作压力有所减轻,可以抽出时间来管理泰州地方行政事务了,大概朝廷认为,泰州路建制不复存在的必要了,于是在大定二十五年罢泰州路。此时东北路、泰州路才算实质性地合二为一。此后一段时间,在《金史》里只有东北路,没有泰州路的记载。东北路招讨司与泰州节度使司合二为一之后,东北路招讨司的职掌与金初泰州都统司的职掌相等同,成为地方高级军政机构。到金章宗时期,北边事又起,东北路招讨司的工作重点,又转移到以军事为主。章宗为了加强当

---

① 谭其骧:《长水集》(下册),人民出版社2011年版,第320页。
② 余蔚:《中国行政区划通史·辽金卷》,复旦大学出版社2012年版,第559页。
③ 脱脱:《金史·夹谷查剌传》卷86,中华书局1975年版,第1926页。
④ 脱脱:《金史·地理志》卷24,中华书局1975年版,第563页。
⑤ 脱脱:《金史·世宗纪》卷8,中华书局1975年版,第181页。
⑥ 脱脱:《金史·地理志》卷24,中华书局1975年版,第564页。

时东北路招讨司境内的猛安谋克民户事宜，于承安三年（1198），复置泰州于长春县。重新置于长春县的泰州，则属于东北路招讨司之下一等的，只管民事、不管军事的州一级建制。

泰州复置于长春县后，金朝在原来的泰州城设置金山县。其东北路招讨司治所还在旧泰州城没有迁移。这时东北路招讨司和泰州节度使司分开两地办公，各自成为独立的建置机构。在泰州还没有徙置长春县之前，完颜襄就遣完颜宗浩到泰州戍边。具体时间应当在承安二年九月前后起身，宗浩到达泰州时已是入冬时节。《金史·宗浩传》载："宗浩以粮储未备，且度数未敢动，遂分其军就食隆、肇间。是冬，果无警。"① 转年春天，宗浩与完颜襄协商"乘其春暮，北部广吉剌马弱击之"②。完颜襄认为"若攻广吉剌，则阻卜无东顾之忧，不若留之，以牵其势"。宗浩认为"国家以堂堂之势，不能扫灭小部，顾欲藉彼为捍呼？"③ 于是宗浩奏请朝廷"先破广吉剌，章在上从之"。④ 宗浩这次北伐，征调"其兵万四千骑"⑤，这样庞大的军队人数，加上原先泰州城内东北路招讨司和泰州节度使司两个机构的人员，泰州城内很难容纳下这么多的人，也许这也是泰州迁置长春县的一个原因吧。宗浩这次北伐，很快取得了胜利，"自是北陲遂定"。⑥

宗浩北伐，虽然打击了广吉剌、合底忻、山只昆和婆速火等北边势力，但是北边势力还是没有彻底肃清，当金军撤离时，他们又来扰边。宗浩认为其症结在于东北路招讨司距离边界较远，"去境三百里，每敌入彼出兵追击，敌以遁去。至是宗浩徙之金山，以据要害，设招讨使二员，分置左右，由是敌不敢犯"⑦。此是指东北路招讨司从旧泰州迁徙到金山的，不是从复置长春县的新泰州迁徙到金山县的。从今天泰来塔子城往西北到界壕边堡300里左右，如果是从新泰州迁到旧泰州，达不到接近界壕边堡防御目的。无论新泰州是今天的城四家子古城还是塔虎

---

① 脱脱：《金史·宗浩传》卷93，中华书局1975年版，第2073页。
② 脱脱：《金史·宗浩传》卷93，中华书局1975年版，第2073页。
③ 脱脱：《金史·宗浩传》卷93，中华书局1975年版，第2073页。
④ 脱脱：《金史·宗浩传》卷93，中华书局1975年版，第2073页。
⑤ 脱脱：《金史·宗浩传》卷93，中华书局1975年版，第2073页。
⑥ 脱脱：《金史·完颜襄传》卷94，中华书局1975年版，第2091页。
⑦ 脱脱：《金史·宗浩传》卷93，中华书局1975年版，第2073页。

城，都在塔子城南边，与东北西南走向的东北路界壕边堡的直线距离，与旧泰州即塔子城，距界壕边堡都在三百里左右。这样看来宗浩奏请迁东北路招讨司于金山，当是从旧泰州迁往界壕边堡附近，而不是从新泰州迁往旧泰州。

金朝北边的广吉剌、合底忻、山只昆和婆速火等部族，经过宗浩在承安三年的打击，基本上伤了元气，暂时没有能力进行反抗，纷纷投降金朝接受管辖。使得以后一段时间，北部边防比较稳定。到泰和八年时，金章宗"以北边无事，勅尚书省，命东北路招讨司还治泰州，就兼节度使，其副招讨仍置于边"。① 此次还治东北路招讨司于泰州，当是迁置长春县之后的新泰州。如果所迁置的不是新泰州，东北路招讨使将无法兼任泰州节度使。东北路招讨司还治泰州后，北边没有彻底剿灭的广吉剌、合底忻、山只昆和婆速火等部族势力，又开始时常扰边。在这种情况下，"泰和间，以去边尚三百里，宗浩命分司于金山"。② 此时东北路招讨司明显住在新泰州，否则《金史》不会记载东北路招讨司去边尚三百里。这是指新泰州相对于旧泰州而言的，距离金东北路界壕边堡的距离还是三百余里。这次分司于金山，当与承安三年宗浩迁东北路招讨司于金山是一个金山，不是指降旧泰州为金山县的金山。如果分司于旧泰州的金山县，距离界壕边堡直线距离还是近三百里，这样分司意义就不大了。笔者以前曾认为宗浩分司于金山是指降为金山县的旧泰州，现在看来是不妥的。至于分司于东北路界壕边堡较近的金山，是今天的哪个古城，还有待以后进一步研究。

金末，泰州不断遭到蒙古军事攻击，成为金蒙战争前线。《金史·乌古论德升传》记载："上言：泰州残破，东北路招讨司猛安谋克人皆寓于肇州，凡征调复甚难。乞升肇州为节度使，以招讨使兼之。置招讨副使二员，分置泰州及宜春。"③ 东北路招讨司迁置肇州后，原先分置于界壕边堡附近的两个分司，也随之内迁到新泰州和宜春县。不久肇州被蒙古军占领，东北路招讨司也就亡于蒙古了。

---

① 脱脱：《金史·章宗纪》卷12，中华书局1975年版，第283页。
② 脱脱：《金史·兵志》卷44，中华书局1975年版，第1003页。
③ 脱脱：《金史·乌古论德升传》卷122，中华书局1975年版，第2658页。

第二节　行政区划变迁

金代上京路从设置到被蒙古军占领，经历了一个复杂的变化过程。其间行政区划变动、职官调整，以及行政规格的变化，对金代上京路产生了很大的影响。金代上京路行政区划的变迁，是伴随着金朝统治需要不断调整变化的。从金初到金末，金代上京路大致经过了太祖、太宗时期的初创，熙宗号上京置上京留守司，海陵例罢万户改诸路万户为节度使，各节度使隶属于上京路兵马都总管。海陵贞元迁都，上京路行政级别降低，金源内地其他路，彼此各不相属。金世宗复号上京，恢复上京路地位，金源内地各路重新隶属上京路。金末上京路置上京行省，仍然管辖所属各路，金末上京路陷入战乱状态，最后被蒙古军占领。

一　太祖太宗时期行政区划变迁

女真人原是游牧民族，逐水草而居，迁徙不定，自然也就没有建置。《金史·世纪》记载："黑水旧俗无室庐，负山水坎地，梁木其上，覆以土，夏则出随水草以居，冬则入处其中，迁徙不常。献祖乃徙居海古水，耕垦树艺，始筑室，有栋宇之制，人呼其地为纳葛里。纳葛里者，汉语居室也。自此遂定居于安出虎水之侧矣。"[①] 献祖绥可迁居按出虎水定居之后，女真族完颜部以按出虎水为中心逐渐发展自己的势力，东征西讨，地盘逐渐扩大，为设置奠定了基础。女真族真正设置始于景祖乌古乃，被辽朝授予节度使官职。《金史·世纪》记载："辽主召见于寝殿，燕赐加等，以为生女直部族节度使。辽人呼节度使为太师，金人称都太师者自此始。……既为节度使，有官属，纪纲渐立矣。"[②]《金史·百官志》记载："金自景祖始建官属，统诸部以专征伐，巍然自为一国。"[③] 女真族完颜部凭借辽朝授予节度使官职，以按出虎水为中心，逐渐发展自己的势力，使完颜部的势力逐渐强大，最终由阿骨打统一女真各部。阿骨打统一女真族的过程，就是占领地盘不断扩大的过程。女真族在没有正式建国时，行政

[①]　脱脱：《金史·世纪》卷1，中华书局1975年版，第3页。
[②]　脱脱：《金史·世纪》卷1，中华书局1975年版，第5页。
[③]　脱脱：《金史·百官志》卷55，中华书局1975年版，第1215页。

第二章　金代上京路设置沿革及行政区划变迁

建置不分中央和地方。就是金朝建立之初,也不是立即分中央和地方建置。女真族地方行政建制是随着金军占领地盘的扩大,阿骨打为了统治需要,在各地设置军政机构。

女真族地方行政机构的设置以今阿什河为中心,逐步扩大变迁。《金史·地理志》记载:"上京路,即海古之地,金之旧土也,国言:金曰'按出虎',按出虎水源于此,故名金源,建国之号盖取诸此。国初称为内地,天眷元年号上京。"[1] 金初的上京路不叫上京路,在《金史》里称内地,管辖的地域也相当有限。太祖时期,金代上京路没有正式建置,金源内地居住着女真各部族。他们依靠自然的山水,散居在金源地区。金源内地原先居住的女真各部族,在阿骨打建国后纷纷归降,阿骨打为了加强对他们的统治,将女真各部族按照地域和数量编制为猛安谋克。根据部族的大小,并结合地域统治需要,原先较大部落酋长任命为万户,中等部落酋长任命为猛安,较小的部落酋长被任命为谋克。金代上京路下辖的蒲与、胡里改两路,在《金史·地理志》中,说国初置万户。那么国初什么时候设置万户官的呢?《金史·地理志》没有记载设置时间。检索《金史》出现万户官名最早的时间,为太祖天辅二年三月。《金史·太祖纪》记载:"三月庚子朔(1118年4月10日),以娄室言黄龙府地僻且远,宜重戍守,乃命合诸路谋克,以娄室为万户镇之。"[2] 这是金初在黄龙府路设置万户官的开始,蒲与路、胡里改路金初设置的万户,当就在此时而设置。当时黄龙府路、蒲与路、胡里改路,当不隶属于会宁府路,因为会宁府当时还不是会宁府路的建置,只是金初的皇帝寨。《金史·食货志》记载:"天辅六年(1122年),既定山西诸州,以上京为内地,则移其民实之。"[3] 此则史料所称的上京,当是后来治史者对上京的追称,当时上京会宁府还没有上京之名。不过阿骨打在俘获辽人之后,将其大量迁入金代上京路地区是历史事实,这是阿骨打的移民政策,也使金代上京路地区发生了很大的变化,为金太宗建都城、金熙宗置上京路奠定了基础。

金太宗在金初皇帝寨基础上建都城。《金史·地理志》记载:"旧有

---

[1] 脱脱:《金史·地理志》卷24,中华书局1975年版,第550页。
[2] 脱脱:《金史·太祖纪》卷2,中华书局1975年版,第31页。
[3] 脱脱:《金史·食货志》卷46,中华书局1975年版,第1031页。

会平州，天会二年筑，契丹之周特城也，后废。"① 从史料记载来看，金太宗废除辽代周特城，于天会二年建金上京城。金代上京城建完后，先是将所建之城命名为会平州。《金史·太宗纪》记载："天会二年四月戊午（1124年5月26日），以实古乃所筑上京新城名会平州。"② 不久升会宁州为会宁府。《金史·地理志》还记载："会宁府，下，初为会宁州，太宗以建都，升为府。"③ 建成后的金代上京城，虽由州升格为府，但还不是路的建置，只是一个会宁府，管辖的范围还只是会宁府附近的部族和县。《金史·兵志》记载："天会四年，伐宋之役，调燕山、云中、中京、上京、东京、辽东、平州、辽西、长春八路民兵，隶诸万户，其间万户亦有专统汉军者。"④ 此时的上京是辽代上京临潢府，金代上京路还没有正式建置。但是金代上京路所属的各部，在金太祖、太宗时期，先后归顺金朝，金在当地置地方行政建制为后来金朝设置金代上京路奠定了基础。

二　金熙宗时期行政区划变迁

金代上京路在熙宗时期正式设置。《金史·地理志》记载："天眷元年，置上京留守司，以留守带本府尹，兼本路兵马都总管。"⑤ 天眷元年号上京，置上京留守司，设上京留守兼会宁府尹，并兼金上京路兵马都总管。此时金代上京路与蒲与、胡里改、曷懒等路，没有隶属关系。从猛安谋克等级制度来看，"会宁府，下"⑥ 等，《金史》明确记载会宁府为下等，作为下等的府不可能管辖附近其他路或府。《金史·兵志》记载："熙宗皇统五年（1145），又罢辽东汉人、渤海猛安谋克承袭之制，浸移兵柄于其国人，乃分猛安谋克为上中下三等，宗室为上，余次之。"⑦ 因此，可以断定熙宗时期，金代上京、蒲与、胡里改、恤品、曷苏馆等路，各不相属，统归金朝中央政府管辖，但是肇州隶属于会宁府。

在金熙宗时期，北方蒙古族强大侵边，致使乌古迪烈统军司行政区划

---

① 脱脱：《金史·地理志》卷24，中华书局1975年版，第550页。
② 脱脱：《金史·太宗纪》卷3，中华书局1975年版，第50页。
③ 脱脱：《金史·地理志》卷24，中华书局1975年版，第551页。
④ 脱脱：《金史·兵志》卷44，中华书局1975年版，第993页。
⑤ 脱脱：《金史·地理志》卷24，中华书局1975年版，第551页。
⑥ 脱脱：《金史·地理志》卷24，中华书局1975年版，第551页。
⑦ 脱脱：《金史·兵志》卷44，中华书局1975年版，第993页。

第二章　金代上京路设置沿革及行政区划变迁

发生变化。按：当时乌古迪烈统军司，不归金代上京路管辖，后来归金代上京路管辖，这里把乌古迪烈统军司区划变迁，纳入此研究。早在金太宗时期，乌古迪烈统军司境内的广吉剌部，就左右摇摆，时而叛金附蒙，时而附金叛蒙，叛服不定。《金史·太宗纪》载："天会二年闰三月己丑（1124年4月27日）乌虎里、迪烈底两部来降。"[1] 乌古迪烈降人，在辽末金初逐渐形成塔塔尔和广吉剌部，他们自辽时就经常侵扰北部边界。到了金朝时期，他们时而联合蒙古攻打金国，时而联合金国攻打蒙古。《建炎以来系年要录》载："绍兴五年（1135）冬，金主亶以蒙古叛，遣领三省事宋国王宗磐提兵破之，蒙古者，在女真之东北，在唐为蒙兀部，其人劲悍、善战，夜中能视，以鲛鱼皮为甲，可捍流矢。"[2] 绍兴九年即金天眷二年（1139）"女真万户呼沙虎，北攻蒙古部，粮尽而还。蒙古追袭之，至上京之西北，大败其众于海岭"[3]。绍兴十三年即金皇统三年（1143）三月，蒙古复叛金，金主亶命将讨之。"初，鲁国王昌既诛，其子星哈都郎君者，率其父故部曲以叛，与蒙古通，蒙古由是强取二十余团寨，金人不能制。"[4] 绍兴十六年即金皇统六年（1146）八月，"金都元帅宗弼之未卒也，自将中原所教神臂弓弩手八万人讨蒙古。因连年不能克，是月，领汴京行台尚书省萧博硕诺与蒙古议和，割西平河以北二十七团寨与之，岁遣牛羊米豆，且命册其酋鄂伦贝勒为蒙古国王，蒙人不肯"[5]。绍兴十七年即皇统七年（1147）三月，"金人与蒙古始和，岁遣牛羊米豆、绵绢之属甚厚。于是蒙古鄂抡贝勒乃自称祖元皇帝，改元天兴。金人用兵连年，卒不能讨，但遣精兵分据要害而还"[6]。上述史料是可信的，国学大师王国维怀疑金天会十三年（1135），宋国王宗磐提兵伐蒙古事。当时完颜希尹神道碑还没有被发现，在后来吉林省舒兰县北城子乡发现的金完颜希尹神道碑的背面碑文："萌古斯扰边，王偕太师宗磐奉诏往征之。□□其□落浮□□□□□以□□□入朝奏捷初陛辞曰太傅王曰：苦狄

---

[1] 脱脱：《金史·太宗纪》卷3，中华书局1975年版，第50页。
[2] 李心传：《建炎以来系年要录》卷96，商务印书馆1936年版，第1594页。
[3] 李心传：《建炎以来系年要录》卷133，商务印书馆1936年版，第2143页。
[4] 李心传：《建炎以来系年要录》卷148，商务印书馆1936年版，第2388页。
[5] 李心传：《建炎以来系年要录》卷155，商务印书馆1936年版，第2514页。
[6] 李心传：《建炎以来系年要录》卷156，商务印书馆1936年版，第2529页。

蓄牧，当留备边用。"① 此碑证实《建炎以来系年要录》所载金初宗磐征蒙古一事属实，而非像王国维考证的"征蒙古事之无根也"②。王国维认为天会十三年（1135）征蒙之役，主帅为领三省事宋国王宗磐。按："《金史·熙宗纪》宗磐与宗翰、宗干并领三省事在天会十四年（1136）三月，且《本纪》及《宗磐传》，并无征蒙古事。"③ 王国维依据宗磐并领三省事，是在天会十四年（1136）三月，而《建炎以来系年要录》记三省事宗磐征蒙古是天会十三年（1135），而疑之。其实记于《建炎以来系年要录》绍兴五年（1135）十二月的希尹偕太师宗磐征蒙古这条史料，与宗磐领三省事并无关系，《建炎以来系年要录》并不是当时的实录，至于并领三省事太师宗磐是后来的记述。王国维忽视了"天会十三年（1135）十一月，以尚书令宋国王宗磐为太师"④，这条史料正与《系年要录》记载绍兴五年（1135）十二月之后，宗磐伐蒙古条相吻合。金天会十三年（1135），北边蒙古入侵，熙宗任宗磐为太师出征伐蒙古。这件事在《大金国志》里记载："冬，皇伯领三省事，宋王宗磐提兵攻盲骨子，败之。"⑤ 王国维考证无北征事与完颜希尹神道碑记载不符，金天会十三年（1135）金伐蒙古应属实。金天眷二年（1139），女真万户呼沙虎攻蒙古而还时，被蒙古追上败于海岭。屠寄认为："此海岭当是海拉尔之译音，或指今齐齐哈尔西呼伦贝尔东之兴安岭。"⑥ 败于海岭不论是今海拉尔或兴安岭，都说明蒙古已进入海拉尔以里地域，也就是说蒙古已跃入婆卢火所浚界壕边堡之内，此时婆卢火所浚的界壕，对于金政权来说已失去了作用。金皇统三年（1143）三月，蒙古复叛金强取二十余团寨，以及皇统六年（1146）八月金割给蒙古二十七团寨，是否金所割二十七团寨含蒙古强取二十团寨，如果金所割二十七团寨不含前边强取二十团寨的话，两者加在一起，应是四十七团寨。这四十七团寨应是一个不小的地域，即使二十七团寨也应是不小的地方。查《中国历史地图册》，金代上京路与蒙古的疆界是以海拉尔以北的根河、克鲁伦河上游为界，这条界河

---

① 李澍田：《金碑汇释》，吉林文史出版社1989年版，第81页。
② 王国维：《金界壕考》，载《观堂集林》卷15，中华书局1959年版，第743页。
③ 王国维：《金界壕考》，载《观堂集林》卷15，中华书局1959年版，第743页。
④ 脱脱：《金史·熙宗纪》卷4，中华书局1975年版，第70页。
⑤ 宇文懋昭：《大金国志》卷9，中华书局1986年版，第198页。
⑥ 屠寄：《蒙兀儿史记》卷1，上海古籍出版社1989年版，第23页。

辽时就存在。金初婆卢火在其南岸浚界壕，成为其边界。冯永谦先生在《岭北长城考》一文中依据西平河即胪朐河，即克鲁伦河，推定："割西平河以北二十七团寨与之，当即割让克鲁伦河及额尔古纳河以北之地，给与居住在鄂嫩河流域的蒙古。"① 如果真如冯先生推定，那就谈不上金割地予蒙古了，因金初，根河、克鲁伦河以北已属于蒙古地域。看来，金割地二十七团寨与蒙古应在根河、克鲁伦河以南。在根河、克鲁伦河以南，东西流向的河流，近者为海拉尔河或者东南西北流的兴安岭东嫩江西的某个支流，无论是海拉尔河以北，还是嫩江西某支流以北所割的二十七团寨，或是皇统三年强取的二十团寨，金初婆卢火所浚界壕边堡已归属蒙古占有。金占有婆卢火所浚界壕边堡应是皇统三年前的事，因金鲁国王昌被诛，"其子星哈都郎君者，率其父故部曲以叛，与蒙古通，蒙古由是强取二十余团寨，金不能制"。② 鲁国王昌的儿子胜花都（引《大金国志》）把婆卢火所浚界壕拱手送给蒙古，并且被蒙古占据二十团寨，金虽出兵征讨，但未能成功，此时婆卢火所浚的界壕当为蒙古所占有。金皇统六年（1146），金兀术派中原八万神臂弓弩手讨蒙古，连年不能克，由于此时南宋岳飞要迎接宋徽、钦二帝，直捣黄龙府，金在南北受敌的情况下，提出再割让二十七团寨予蒙古，蒙金于皇统七年（1147）三月始和，金兵退守到兴安岭以东，在今东北路界壕内侧，在要塞之地筑边堡而守，这就使金代乌古迪烈统军司管辖的区域大大地缩小了。

三 海陵王时期行政区划变迁

金代海陵王为了加强中央集权，从中央到地方，实行金朝行政体制改革对金源内地世袭猛安，海陵王为了削弱他们的兵权，便于中央统一调动，采取罢黜各路世袭万户官，改设可以随时调动的节度使。在行政区划上随之产生了很大的变化。《金史·兵志》记载："至海陵庶人天德二年，省并中京、东京、临潢、咸平、泰州等路节镇及猛安谋克，削上中下之名，但称为'诸猛安谋克'，循旧制间年一征发，以补老疾死亡之数。"③ 海陵王进行的行政区划改革，在天德二年时候就开始了。海陵王

---

① 米文平、冯永谦：《岭北长城考》，《辽海文物学刊》1990 年第 1 期，第 116 页。
② 李心传：《建炎以来系年要录》卷 148，商务印书馆 1936 年版，第 2388 页。
③ 脱脱：《金史·兵志》卷 44，中华书局 1975 年版，第 993 页。

省并各地行政区划后，在削弱地方宗室势力的情况下，还对各地猛安谋克进行了改制，将金熙宗时期确立的猛安谋克分上中下等级取消，一律统称猛安谋克。也就变相取消了宗室猛安谋克的地位。宗室猛安谋克的地位取消以后，也就削弱了各地万户的权力，使之可以被朝廷随时调动。可以看出，海陵王省并地方行政区划、例罢万户与取消猛安谋克等级是同时进行的。《金史》对这次行政体制改革记载较为明确。《金史·兵志》记载："（天德）三年，以元帅府为枢密院，罢万户之官，诏曰：太祖开创，因时制宜，材堪统众授之万户，其次千户及谋克。当时官赏未定，城郭未下，设此职许以世袭，乃权宜之制，非经久之利。今子孙相继专揽威权，其户不下数万，与留守总管无异，而世权过之。可罢是官。若旧无千户之职者，续思增置。国初时赐以国姓，若为子孙者皆令复旧。"① 这则史料说明了海陵王改革的原因，当时金源地方的一些路，本来万户的权力比留守和总管的权力小，可是由于万户属于世袭官，在路内的势力特别强大，不听中央调令，朝廷要调动其军队很难。有时万户的权力与总管的权力一样。海陵王鉴于此种情形，开始免除金源内地一些世袭万户官。《金史·海陵纪》记载："天德三年十一月癸亥（1152年1月5日），诏罢世袭万户官，前后赐姓人各复本姓。"② 金代上京路境内的万户，就是在海陵天德三年十一月，改为节度使的。例如：泰州原是都统类型的路，宗室婆卢火家族世袭泰州都统，海陵王省并地方行政区划后，改泰州都统为泰州节度使。泰州都统在海陵王改制前，先后由完颜婆卢火、完颜剖叔、吾扎忽父子（有人认为吾扎忽是婆卢火之孙）担任。海陵王改革地方行政制度后，吾扎忽由泰州都统改任泰州节度使，正隆六年吾扎忽改任临潢府尹，朝廷另派蒲察乌里雅担任泰州节度使。这样改变了泰州都统一职，由婆卢火家族世袭的局面，实现了海陵王中央集权制。

海陵王省并地方行政区划改革，使金源地区行政区划发生了重大的变化。不仅蒲与路、胡里改路等，金初设置的万户类型路，通过改万户为节度使，使各地军权收回海陵王手中，而且也使原先各不相属的蒲与、胡里改、恤品、泰州等路，先后隶属于金上京路管辖。蒲与、胡里改、恤品等金源内地，从金初就采用猛安谋克制度，海陵王改革主要是削弱世袭的猛

---

① 脱脱：《金史·兵志》卷44，中华书局1975年版，第1003页。
② 脱脱：《金史·海陵纪》卷5，中华书局1975年版，第98页。

安谋克权力，因此蒲与、胡里改、恤品等万户类型的猛安谋克路，军政大权完全收回，中央在这些地区设置节度使管理当地军政事务。例如：泰州路汉人、契丹、渤海等人口较多，汉化程度较高，海陵王采取军政分开的办法管理。将泰州都统改为泰州节度使，管理泰州民政事务，另在泰州设置天德军，管理军事事务。管理泰州民政事务的泰州节度使司，在行政上隶属于金代临潢府管辖。管理军事事务的德昌军节度使司，隶属于金代上京路管辖。《金史·地理志》记载："泰州德昌军节度使，……海陵正隆间，置德昌军，隶上京。"① 从泰州行政区划变动的情况来看，海陵时期的行政区划改革，从天德二年开始到正隆时期，经过了很长一段时间。

海陵王通过地方行政体制改革，把各地方军权收到自己手中，解决了朝廷调动军队困难的问题，可以随时调动猛安谋克军队。之后，海陵王大量迁移金源内地猛安谋克到中原地区，为海陵王迁都、伐宋做好准备工作。《金史·曹望之传》记载："诏买牛万头给按出虎八猛安徙居南京者，望之主给之。"②《金史·兵志》记载："遂徙上京路太祖、辽王宗幹、秦王宗翰之猛安，并为合扎猛安，及右谏议乌里补猛安，太师勖、宗正宗敏之族，处之中都。翰论、和尚、胡剌三国公，太保昂，詹事乌里野，辅国勃鲁骨，定远许烈，故虢国公勃迭八猛安处之山东。阿鲁之族处之北京。按达族属处之河间。"③ 海陵王迁移金源内地诸猛安到中原后，随之把金朝都城从金上京迁到金中都（今北京）。"海陵贞元元年迁都于燕，削上京之号，止称会宁府，称为国中者以违制论。"④ 海陵迁都后，废掉会宁府上京之号，会宁府失去京都地位，与其他一般的路一样。《金史·完颜晏传》记载："海陵迁都，晏留守上京，授金牌一、银牌二，累封豫王、许王，又改越王。贞元初，进封齐。时近郊禁围猎，特界晏三百人从猎。在上京凡五年。"⑤ 完颜晏只是留守上京，这与过去金熙宗"置上京留守司，以留守兼本府尹，兼本路兵马都总管"⑥ 不一样。从完颜晏只任上京留守，不兼任上京路兵马都总管来看，海陵迁都后会宁府不仅失去了都城

---

① 脱脱：《金史·地理志》卷24，中华书局1975年版，第563页。
② 脱脱：《金史·曹望之传》卷92，中华书局1975年版，第2035页。
③ 脱脱：《金史·兵志》卷44，中华书局1975年版，第993页。
④ 脱脱：《金史·地理志》卷24，中华书局1975年版，第550页。
⑤ 脱脱：《金史·完颜晏传》卷73，中华书局1975年版，第1673页。
⑥ 脱脱：《金史·地理志》卷24，中华书局1975年版，第551页。

的地位，也失去了总管府的地位，此时的上京留守，已经不再管辖蒲与、胡里改、恤品等路，上京路与蒲与、胡里改、恤品等路，各不相属，都直接隶属于金朝，各自都属于独立的行政区划。

四 金世宗时期行政区划变迁

金代上京路行政区划，在金世宗时期再度发生变化。《金史·世宗纪》记载："大定十三年七月庚子（1173年8月19日），复以会宁府为上京。"① 金世宗恢复金上京号之后，即恢复了会宁府的京城地位，在当时把金上京会宁府视为金朝的陪都。金上京城恢复都城地位后，金代上京路行政区划，自然而然地恢复原先状态。如其管辖的蒲与、胡里改、恤品等路，重新划归金代上京路管辖。其中，有的划归其他行政区管辖，《金史·选举志》记载："凡府试策论进士，大定二十年（1180）定以中都、上京、咸平、东平四处，至明昌元年（1190），添北京、西京、益都为七处，兼试女直经童。凡上京、合懒、速频、胡里改、蒲与、东北招讨司等路者，则赴会宁府试。咸平、隆州、婆速、东京、盖州、懿州者，则赴咸平府试。"② 此则史料记载的隆州考生到咸平府考试，说明从大定二十年至明昌元年期间，原上京路管辖的隆州，在行政区划上不隶属于金上京路，而隶属于金咸平路，否则隆州距咸平府也不近，怎么可能隆州的考生，不到上京考试而到咸平府考试呢？

金世宗大定初年，由于海陵末年南下侵宋，横征暴敛，引起北方各族人民反抗。金代上京路辖区内乌古迪烈统军司、肇州等境内，爆发了以契丹族为主体的窝斡反金大起义。《金史·移剌窝斡传》记载："辟沙河千户十哥等，与前招讨使完颜麻泼，杀乌古迪烈招讨使乌林荅蒲卢虎，以所部趋西北路，合与撒八。"③ 在这次契丹族大起义中，乌古迪烈招讨使被杀，从此以后，在《金史》里再不见有乌古迪烈招讨使的记载。金世宗在窝斡反金大起义镇压之后，在恢复乌古迪烈招讨司建置时，将原乌古迪烈统军司改名为东北路招讨司。《金史·尼庞古钞兀传》记载："尼庞古钞兀，世宗继位辽阳，与都统吾扎忽、副统浑坦讨窝斡。……事平，迁西

---

① 脱脱：《金史·世宗纪》卷7，中华书局1975年版，第159页。
② 脱脱：《金史·选举志》卷51，中华书局1975年版，第1146页。
③ 脱脱：《金史·移剌窝斡传》卷133，中华书局1975年版，第2850页。

北路招讨使改东北路。"① 这是《金史》里关于东北路招讨使最早的记载。《金史·窝斡传》记载:"大定二年九月庚子(1162年10月16日)……尽得其党。前至抹拔里达之地,悉获之,逆党遂平。"② 乌古迪烈招讨司改称东北路招讨司就当在此时。

金乌古迪烈统军司改东北路招讨司后,治所位置亦发生了变化。《金史·兵志》记载:"大定五年……东北路者,初置乌古迪烈部,后置于泰州。"③ 从这则史料可以看出金东北路招讨司,于大定五年移置到泰州。谭其骧先生说:"约当在大定四五年,窝斡余党既平,筑边堡于泰州、临潢境上之时。"④ 余蔚在《中国行政区划通史·辽金卷》里赞同此说,"可为定论,并路之时,应定于大定五年"。⑤ 金东北路招讨司移置泰州城后不久,金东北路招讨司与原先置在泰州城内的德昌军节度使司合并在一起。《金史·夹谷查剌传》记载:"大定九年,夹古查剌出为东北路招讨使,兼德昌军节度使。"⑥ 东北路招讨使夹古查剌兼任德昌军节度使,说明此时东北路招讨司与德昌军节度使司已经合并,合并后的东北路招讨司,仍隶属于金代上京路管辖。

在金世宗晚年,还对金代上京路行政区划进行了调整。《金史·世宗纪》记载:"大定二十四年十一月丙午(1184年12月25日),尚书省奏徙速频、胡里改三猛安二十四谋克以实上京。"⑦ "大定二十五年四月甲子(1185年5月12日),诏于速频、胡里改两路猛安下选三十谋克为三猛安,移置于率督畔窟之地,以实上京。"⑧ 这两次人口迁移,金朝势必要在迁移地设置管理机构,使金代上京路行政区划发生变化。

五 金章宗时期行政区划变迁

金章宗即位后,对金代上京路建置,再度进行了改革,使金代上京路

---

① 脱脱:《金史·尼厖古钞兀传》卷86,中华书局1975年版,第1923页。
② 脱脱:《金史·窝斡传》卷133,中华书局1975年版,第2859页。
③ 脱脱:《金史·兵志》卷44,中华书局1975年版,第1003页。
④ 谭其骧:《中国历史地图集·释文汇编·东北卷》,中央民族学院出版社1988年版,第158页。
⑤ 余蔚:《中国行政区划通史·辽金卷》,复旦大学出版社2012年版,第1561页。
⑥ 脱脱:《金史·夹谷查剌传》卷86,中华书局1975年版,第1926页。
⑦ 脱脱:《金史·世宗纪》卷8,中华书局1975年版,第188页。
⑧ 脱脱:《金史·世宗纪》卷8,中华书局1975年版,第188页。

行政区划发生了一些变化。首先,金朝废除曷苏馆路建置。《金史·地理志》记载:"曷苏馆路……明昌四年废。"① 至于为什么要废除,原因不详。曷苏馆路废置后的归属问题,也没有史料记载。金章宗承安三年(1198),金章宗将金代上京路所管辖的蒲与、合懒、恤品、胡里改等路,由原先节度使级别,降到节度副使级别。《金史·地理志》记载:"蒲与路……承安三年,设节度副使。"② "合懒路……承安三年,设兵马副总管。"③ "恤品路……承安三年,设节度副使。"④ "胡里改路……承安三年,置节度副使。"⑤ 金章宗将上京路所管辖的几个路,都由节度使降为节度副使,其目的应该是提高金代上京路总管的权力,以加强对金代上京路地区的统治。与此同时,金章宗反而把肇州由过去的济州支郡,升格为节镇。《金史·地理志》记载:"肇州……承安三年,复以为太祖神武隆兴之地,升为节镇,军名武兴。五年,置漕运司,以提举兼州事。后废军。"⑥ 肇州升格为节镇,其原因是金朝在肇州设置武兴军,肇州节度使与武兴军节度使由一人担任。承安五年(1200),金朝又在肇州设置漕运司,废除武兴军。肇州节度使一职,由漕运司提举兼任。"肇州以提举兼本州同知,同提举兼州判"。⑦

金章宗时期,隶属于金上京路的东北路招讨司,与泰州防御使司分开。泰州防御使侨置于长春县是为金代新泰州城,原旧泰州城置金山县。东北路招讨司与德昌军节度使、金山县三个机构,同住旧泰州城。泰州防御使司迁走后,东北路招讨司和德昌军节度使司,随着金朝北部军事形势的变化,也发生了变化。完颜宗浩虽然在承安三年北伐,打击了广吉剌、合底忻、山只昆等游牧势力,但是没有从根本上解决他们的侵扰,当金军撤离时他们又来扰边。宗浩认为其症结在于东北路招讨司距离边界较远,《金史·兵志》记载:"泰和间,以去边尚三百里,宗浩乃命分司于金山。"⑧《金史·宗浩传》记载:"去境三百里,每敌入,彼出兵追击,敌

---

① 脱脱:《金史·地理志》卷24,中华书局1975年版,第553页。
② 脱脱:《金史·地理志》卷24,中华书局1975年版,第552页。
③ 脱脱:《金史·地理志》卷24,中华书局1975年版,第552页。
④ 脱脱:《金史·地理志》卷24,中华书局1975年版,第553页。
⑤ 脱脱:《金史·地理志》卷24,中华书局1975年版,第553页。
⑥ 脱脱:《金史·地理志》卷24,中华书局1975年版,第551页。
⑦ 脱脱:《金史·百官志》卷57,中华书局1975年版,第1323页。
⑧ 脱脱:《金史·兵志》卷44,中华书局1975年版,第1003页。

已遁去。至是，宗浩奏徙之金山，以据要害。设副招讨使二员，分置左右，由是敌不敢犯。"① 东北路招讨司分司于金山问题，学者多有不同的认识。李建才认为："《金史·宗浩传》载：初，朝廷置东北路招讨司泰州，去境三百里，《金史·兵志》载：泰州去边尚三百里。这里所说的泰州都是指旧泰州而说的。今城四家子古城西北距金代界壕边堡正为300里，和文献记载完全相符。"② 李建才所说的旧泰州是对的，但他所说的旧泰州指城四家子古城，与学术界认定泰来县塔子城为旧泰州就不相符了。余蔚认为："金廷遂徙东北路招讨司于近边的金山县。"③ 如果说徙之金山是从新泰州分司旧泰州的话，也就是从城四家子古城，迁移到塔子城古城，从地理位置来看，这两个古城与金东北路长城的直线距离，都在300里左右。这样从新泰州迁徙到旧泰州，相对于金东北路长城说，没有达到近于金东北路长城的目的。所以，宗浩所奏徙之金山，当不是指将东北路招讨司从新泰州迁到旧泰州。按：《说文解字》说："徙，迻也。从辵，止声。徙或从彳。"④ 按："徙，古文字从彳，从步，会意。"徙字，从彳止声，其意思是慢慢地行走，或是暂时不动，以后再说。也就是说东北路招讨司，暂时留在金山县，以据要害。这样看来，宗浩谓东北路招讨司徙之金山，不是说东北路招讨司迁走，而是说暂时留置在金山县。金代东北路招讨司留置金山县，并不是金代东北路招讨司没有变化。《金史·宗浩传》记载："设副招讨使二员，分置左右，由是敌不敢犯。"⑤ 完颜宗浩为了有效防御北部游牧势力侵扰，在金东北路长城附近，设置东北路招讨司两个分司，以加强北部边防。《金史·章宗纪》载："泰和八年四月甲寅（1208年5月1日），以北边无事，敕尚书省，命东北路招讨司还治泰州就兼节度使。"⑥ 此次东北路招讨司还置于泰州，是指东北路招讨司从旧泰州迁移到新泰州。如果所移置的不是新泰州，东北路招讨使就无法兼任泰州节度使。关于泰和八年（1208）东北路招讨司从旧泰州移置到

---

① 脱脱：《金史·宗浩传》卷3，中华书局1975年版，第2074页。
② 李建才：《关于金代泰州、肇州地理位置的再探讨》，《北方文物》1996年第1期。
③ 余蔚：《中国行政区划通史·辽金卷》，复旦大学出版社2012年版，第534页。
④ 许慎：《说文解字》，中华书局1963年版，第44页。
⑤ 脱脱：《金史·宗浩传》卷93，中华书局1975年版，第2074页。
⑥ 脱脱：《金史·章宗纪》卷12，中华书局1975年版，第283页。

新泰州，史料还明确记载"其副招讨仍置于边"①。也就是说东北路招讨司从旧泰州移置到新泰州后，两个分司治所没有发生变化。

六　金末行政区划变迁

金末，卫绍王时期，金朝已经走向衰败，逐渐强大的蒙古族，趁机南下，发动反金灭金战争。从宣宗贞祐年间开始，金代上京路风雨飘摇。金朝在强大的蒙古军事打击下，朝廷被迫从金中都迁到金南京，即汴京。宣宗迁汴，动摇了民心，对金源内地上京路，亦产生了很大的影响。金代上京路伴随着金朝走向灭亡，已经进入经济衰败、政治混乱的局面。在上京路附近先后爆发了耶律留哥独立和蒲鲜万奴割据。金崇庆元年（1212），耶律留哥在隆安、韩州一带，聚众十余万人，自立为王。《元史·太祖纪》记载："七年（1212）春正月，耶律留哥聚众于隆安，自为都元帅。"② 同书记载："八年（1213）癸酉春，耶律留哥自立为辽王，改元元统。"③ 元统当误，根据出土官印证应为天统。耶律留哥宣布独立后，金代上京路附近的一些地方被耶律留哥军队占领。《金史·完颜铁哥传》记载："贞祐二年（1214）……宣抚使承充召铁哥赴上京，命伐蒲与路。"④ 这则史料说明，在耶律留哥宣布独立后不久，贞祐二年蒲与路就被耶律留哥占领，或是蒲与路宣布自立。因此，蒲与路隶属于金代上京路，已经是名存实亡了。

金源内地耶律留哥的独立，堵死了金朝赖以退守之路。宣宗贞祐二年，金朝为了镇抚耶律留哥，任命蒲鲜万奴为辽东宣抚使。《金史·奥屯襄传》记载："十一月，诏谕襄及辽东路宣抚使蒲鲜万奴、宣差薄察五斤曰：上京、辽东国家重地，以卿等累效忠勤，故委腹心，意其协力尽公，以徇国家之急。及详来奏，乃大不然，朕将何赖。自今每事同心，并力备御，机会一失，悔之何及！且师克在和，善钧从众，尚惩前过，以图后功。"⑤ 与此同时，金朝为了防御耶律留哥，于"贞祐二年复升为武兴军

---

① 脱脱：《金史·章宗纪》卷12，中华书局1975年版，第283页。
② 宋濂等：《元史·太祖纪》卷1，中华书局1976年版，第16页。
③ 宋濂等：《元史·太祖纪》卷1，中华书局1976年版，第16页。
④ 脱脱：《金史·完颜铁哥传》卷103，中华书局1975年版，第2282页。
⑤ 脱脱：《金史·奥屯襄传》卷103，中华书局1975年版，第2276页。

节镇，置招讨司，以使兼州事"①。《金史·乌古论德升传》载："宣宗迁汴，召赴阙（乌古论德升），上言：泰州残破，东北路招讨司猛安谋克人皆寓于肇州，凡征调往复甚难。乞升肇州为节度使，以招讨使兼之。……诏从之。"②"是岁，肇州升为武兴军节度。"③金宣宗把平定耶律留哥叛乱，寄托在蒲鲜万奴身上。可是蒲鲜万奴到了东北之后，不但不积极平定耶律留哥，反而拥兵自立，建立东夏国，改元天泰。《金史·纥石烈桓端传》记载："贞祐三年（1215），蒲鲜万奴取咸平、东京沈、澄诸州，及猛安谋克人亦多从之者。"④金源内地上京路，既面临着两个地方割据政权的威胁，也面临着蒙古大军的威胁。金代上京路已被蒙古、耶律留哥、蒲鲜万奴等包围，金代上京路管辖的路、府、州、县，先后被占领。《金史·纥石烈德传》记载："贞祐二年（1214）……蒲鲜万奴逼上京。"⑤《金史·阿鲁真传》记载："兴定元年（1217），承充为上京元帅，上京行省太平执承充应蒲鲜万奴。"⑥金代上京行省完颜太平，抓捕上京元帅完颜承充，将其献给蒲鲜万奴，至此金代上京路大部分地区被东夏国占领，金代上京路不复存在，画上了历史的句号。

---

① 脱脱：《金史·地理志》卷24，中华书局1975年版，第551页。
② 脱脱：《金史·乌古论德升传》卷122，中华书局1975年版，第2658页。
③ 脱脱：《金史·纥石烈德传》卷128，中华书局1975年版，第2773页。
④ 脱脱：《金史·纥石烈桓端传》卷103，中华书局1975年版，第2278页。
⑤ 脱脱：《金史·纥石烈德传》卷128，中华书局1975年版，第2773页。
⑥ 脱脱：《金史·阿鲁真传》卷130，中华书局1975年版，第2800页。

第三章

金代上京路政治研究

金代上京城是金初的首都，金朝中后期的陪都。金朝许多国家和地方的行政制度，都是在金代上京城制定的。金朝国家性质是女真贵族统治的半奴隶半封建制国家。女真部落联盟是金朝赖以统治的政治基础。金初国家政权的组织形式，在中央通过勃极烈会议来实现，是金国的政治制度；在地方通过猛安谋克制度来实现，是金国地方各级军政机关的政治制度。金朝的国体和政体，随着金军逐渐扩大对辽、宋地区的占领，以及社会发展和统治的需要也发生了变化。金代上京路是金朝政治试验田，逐步推向全国。

第一节 金初女真部族

女真人是世居白山黑水的古老民族，其发展经历了肃慎、挹娄、勿吉、靺鞨等阶段。在这个漫长的历史发展过程中，女真人逐步从母系氏族社会过渡到父系氏族社会。女真部族的形成，是在金代上京路地区实现的。女真在始祖函普时期，已经过渡到父系氏族社会。女真族在金代上京路地区，经过了由氏族部落，逐渐发展壮大成为女真部族，然后再发展到女真部落联盟，为女真人建国提供了条件，打下了基础。

一 女真部族形成

相传女真始祖从高丽来，到女真完颜部娶贤女。《金史·世纪》记载："金之始祖讳函普，初从高丽来，年已六十余矣。……始祖至完颜部，居久之，其部人尝杀它族之人，由是两族交恶，哄斗不能解。完颜部人谓始祖曰：若能为部人解此怨，使两族不相杀，部有贤女，年六十而未嫁,当以相配,仍为同部。"① 这则史料虽然记载的是传说故事,但是它透露出女真社会发展到函普时期,已经由母系氏族社会过渡到父系氏族社会,函普是女真人由母系社会过渡到父系社会转折时期的关键人物,从函普时期开始,女真社会已进入父系社会时代。

金始祖函普来到完颜部后,使完颜部由母系氏族社会,过渡到父系氏族社会。其实,函普所在的氏族部落,当时就已经进入父系氏族社会了。《金史·世纪》记载:"后世子孙必有能相聚者,吾不能去也。独与弟保活里俱。始祖居完颜部僕干水之涯,保活里居耶懒。其后胡十门以曷苏馆归太祖,自言其祖兄弟三人相别而去,盖自谓阿古乃之后。石土门、迪古乃,保活里之裔也。"② 阿古乃后人胡十门,以曷苏馆归太祖时,自言是阿古乃之后,说明函普原先所在的氏族部落,已经进入父系氏族社会。否则胡十门怎么可能说是阿古乃之后。函普与阿古乃、保活里兄弟三人后世子孙,都能按照世谱追溯出始祖来,这说明函普所在的家族,已经进入了父系氏族制阶段。

金始祖函普来到僕干水之涯完颜部处,使完颜部原始氏族制度发生了变化。按:张博泉认为"仆干水,也作僕鸴水,《得胜陀瘗碑》记作布尔噶水,即瑚尔哈河,今牡丹江"③。完颜部在函普没有到来之时,"其部人尝杀它族之人,由是两族交恶,哄斗不能解"④。函普面对这种状态,制定措施,限制仇杀现象发生。《金史·世纪》记载:"乃自往谕之曰:杀一人而斗不解,损伤益多。曷若止诛首乱者一人,部内以物纳偿汝,可以无斗而且获利焉。怨家从之。乃为约曰:凡有杀伤人者,征其家人口一、马十偶、牸牛十、黄金六两,与所杀伤之家,即两解,不得私斗。曰:谨如约。女直之俗,杀人偿马牛三十自此始。"⑤ 函普制定了制裁杀人犯罪的措施,从此以后,原始的氏族部落间交恶的现象减少了,促进了女真各部落间的团结。

女真完颜部在昭祖初期,各氏族部落内部还没有形成管理制度。《金

---

① 脱脱:《金史·世纪》卷1,中华书局1975年版,第2页。
② 脱脱:《金史·世纪》卷1,中华书局1975年版,第2页。
③ 张博泉:《金史简编》,辽宁人民出版社1986年版,第25页。
④ 脱脱:《金史·世纪》卷1,中华书局1975年版,第2页。
⑤ 脱脱:《金史·世纪》卷1,中华书局1975年版,第2页。

史·世纪》记载:"生女直无书契,无约束,不可检制。"① 昭祖针对这种现象,开始制定规章制度。"昭祖稍以条教为治,部落浸强。辽以惕隐官之。诸部犹以旧俗,不肯用条教。"② 当时女真各部的情况正如《三朝北盟会编》记载:"自束沫之北,宁江之东北,地方千里,户口十余万。散居山谷间,依旧界外野处,自推雄豪为酋长,小者千户,大者数千户。"③ 氏族部落之间,各逞豪强,不听约束。昭祖制定的规章制度,不仅遭到辽朝官员的干涉,还遭到各部族的反对。各氏族部落都按照自己的旧俗,我行我素,不愿接受制度的约束,拒不执行昭祖的规章制度。在这种情况下,"昭祖耀武至于青岭、白山,顺者抚之,不从者讨伐之,入于苏滨、耶懒之地,所至克捷"④。昭祖通过武力,推行所制定的各项制度,取得了一定的效果。《金史·世纪》记载:"生女直之俗,至昭祖时稍用条教,民颇听从,尚未有文字,无官府,不知岁月晦朔,是以年寿修短莫得而考焉。"⑤ 此时女真各氏族部落地域已经打破,女真各部落"亲近部落联盟,进一步由部落制发展为分散的部族制"⑥。

在当时对整个女真社会来说,由于完颜部在绥可时期,已经定居按出虎水,且完颜部从始祖函普至昭祖石鲁,已经五世世选制了,其他部落还恪守女真旧俗。"黑水旧俗无室庐,负山水坎地,梁木其上,覆以土,夏则出随水草以居,冬则入处其中,迁徙不常。"⑦ 其他部落没有稳定的居住场所,部落内部实行民主公选制。女真完颜部定居在按出虎水,已经几代兄终弟及和父子相承世选制,其他部落各部分散的,不相统一,实行民主公选制。这样就形成了鲜明的实力对比,完颜部形成了以家族为核心、近亲稳定的部落联盟,而其他各部落还各不相属,没有形成稳定部落联盟。女真完颜部在女真各部中,率先进入部族制,形成强大的力量,成为统一女真各部的可能。

女真完颜部到了景祖时期,部族制度得到了进一步发展。《金史·世

---

① 脱脱:《金史·世纪》卷1,中华书局1975年版,第3页。
② 脱脱:《金史·世纪》卷1,中华书局1975年版,第4页。
③ 徐梦莘:《三朝北盟会编》卷3,上海古籍出版社1987年版,第16页。
④ 脱脱:《金史·世纪》卷1,中华书局1975年版,第4页。
⑤ 脱脱:《金史·世纪》卷1,中华书局1975年版,第4页。
⑥ 张博泉:《金史简编》,辽宁人民出版社1984年版,第26页。
⑦ 脱脱:《金史·世纪》卷1,中华书局1975年版,第3页。

纪》记载:"辽主召见于寝殿,燕赐加等,以为生女直部族节度使。……既为节度使,有官属,纪纲渐立矣。"① 景祖足智多谋,利用辽朝任命为生女真各部节度使的条件,开始制定各项部族制度。景祖把完颜部大家庭,分化出若干个小家庭。《金史·世纪》记载:"生女直之俗,生子年长即异居。景祖九子,元配唐括氏生劾者,次世祖,次劾孙,次肃宗,次穆宗。及当异居,景祖曰:劾者柔和,可治家务。劾里钵有器量智识,何事不成。劾孙亦柔善人耳。乃命劾者与世祖同居,劾孙与肃宗同居。"② 这里的"生子年长即异居",是指小家庭从大家族中分化出来。"劾者与世祖同居,劾孙与肃宗同居"是指还存在大家庭。可见当时异居与同居并存,大家庭与小家庭并存。这种大家族分化为小家族异居与同居的方式,使得强大的女真完颜部,"把自己家族兄弟派到他部中去代替原来的部长,以氏代姓,统属其部"。这种通过宗族血缘关系加强地缘关系联系,为女真族联盟的扩大,乃至实现女真各部,发挥了积极的历史作用。

女真族由血缘部落联盟,发展为地域部落联盟,形成部族制,经过了一个漫长的斗争与融合过程。从昭祖耀武于青岭、白山开始,经过景祖"以修弓矢,备器械,兵势稍振,前后愿附者众"③,最后到太祖阿骨打统一女真各部,前前后后经过了大大小小数次斗争,才使女真部族制度最终形成。

二 上京路分布的女真部族

女真完颜部迁居按出虎水之侧,以今阿什河流域为中心发展壮大、分化,通过对外战争,特别是在统一女真各部的战争中,生女真各部逐渐融合,形成新的女真各部。他们散居在白山黑水之间,各有居地,各有名称。此处考证的女真部族,仅限于金代上京路行政区划内的女真各部族,其他地方的女真部族,不在考察范围。

1. 完颜部:完颜部是金国皇族,女真族建国后,大多成为金朝宗室。完颜部主要有三支,"始祖居完颜部仆干水之涯,保活里居耶懒。其后胡

---

① 脱脱:《金史·世纪》卷1,中华书局1975年版,第5页。
② 脱脱:《金史·世纪》卷1,中华书局1975年版,第6—7页。
③ 脱脱:《金史·世纪》卷1,中华书局1975年版,第6页。

十门以曷苏馆归太祖,自言其祖兄弟三人相别而去,盖自谓阿古乃之后"①。完颜部由函普、阿古乃、保活里兄弟三人分支而形成。第一支函普系完颜部,自绥可迁居按出虎水后,以此为中心向外扩展。函普支系完颜部人,逐渐发展,迁徙金代各地。在金代上京路有可考者,《金史·始祖以下诸子传》记载:"富者粘没罕,完颜部人。阿库德、白达皆雅达澜水完颜部勃堇。"②《金史·娄室传》记载:"娄室,字斡里衍,完颜部人。年二十一,代父白达为七水诸部长。"③ 从富者粘没罕、白达开始在雅达澜水居住,到娄室已是祖孙三代居住在雅达澜等七水流域,这支完颜部系安帝之直系后裔。《金史·石显传》记载:"昭祖之徒告于蒲马太弯,与马纪岭劾保村完颜部蒙葛巴土等募军追及之"④。谭其骧认为"马纪岭。今黑龙江老爷岭"⑤。"冶诃系出景祖,居神隐水完颜部,为其部勃堇。……泰神忒保水完颜部安团勃堇。……俱来归,金之为国,自此益大。"⑥ 冶诃是金景祖后裔,"泰神忒保水,河流名,今延吉境内"⑦。金初归太祖,迁居按出虎水居住。冶诃第二支宝活里系完颜部,居住在耶懒路,后世也有迁居按出虎水的。《金史·石土门传》记载:"石土门,汉字一作神徒门,耶懒路完颜部人,世为其部长。父直离海,始祖弟保活里四世孙,虽同宗属,不相通问久矣。景祖时,直离海使部人邀孙来,请复通宗系。"⑧《金史·欢都传》记载:"欢都,完颜部人。……至景祖时,石鲁之子劾孙举部来归,居于安出虎水源胡凯山南。"⑨ 欢都祖父与昭祖同名,帮助过昭祖耀于青岭。欢都父亲劾孙举部来归,居住在胡凯山南。此应当是石土门之完颜部。第三支阿古乃系完颜部,阿古乃世居曷苏馆。"其后胡十门以曷苏馆归太祖,自言其祖兄弟三人相别而去,盖自谓阿古乃之后。"⑩ 阿古乃系完颜部,世居曷苏馆地方,曷苏馆设置也因此归上

---

① 脱脱:《金史·世纪》卷1,中华书局1975年版,第2页。
② 脱脱:《金史·始祖以下诸子传》卷65,中华书局1975年版,第1538页。
③ 脱脱:《金史·娄室传》卷72,中华书局1975年版,第1649页。
④ 脱脱:《金史·石显传》卷67,中华书局1975年版,第1573页。
⑤ 谭其骧:《中国历史地图集·释文汇编·东北卷》,中央民族大学出版社1988年版,第181页。
⑥ 脱脱:《金史·冶诃传》卷68,中华书局1975年版,第1595页。
⑦ 邱树森:《辽金辞典》,山东教育出版社2011年版,第507页。
⑧ 脱脱:《金史·石土门传》卷70,中华书局1975年版,第1621页。
⑨ 脱脱:《金史·欢都传》卷68,中华书局1975年版,第1591页。
⑩ 脱脱:《金史·世纪》卷1,中华书局1975年版,第2页。

京路管辖。

2. 蒲察部：蒲察部分布情况，张博泉说："凡七部。有世居按出虎水的蒲察部和斡泯水（即额尔敏河）的蒲察部。"① "蒲察部之党七部为一"②，可证张博泉之说确切。《金史·世戚传》记载："石家奴，蒲察部人，世居按出虎水。"③《金史·世纪》记载"斡泯水蒲察部"④，按出虎水当即今阿什河流域，斡泯水即"额尔敏河，在原伊通州境内"。⑤ 这两条河流都在金代上京路境内，因此这两部蒲察部金代女真部族，都分布在金代上京路境内。

3. 温都部：温都部是女真族较大的一个部族，在金代上京路境内。《金史·太祖纪》记载："唐括部跋葛勃堇与温都部人跋忒有旧，跋葛以事往，跋忒杀跋葛。使太祖率师伐跋忒，跋忒亡去，追及，杀之星显水。"⑥ 此则史料说明，温都部与唐括部不会太远，应该是邻部。"初，温都部跋忒杀唐括部跋葛，穆宗命太祖伐之。太祖入辞，谓穆宗曰：'昨夕见赤祥，此行必克敌。'遂行。是岁，大雪寒甚。与乌古论部兵沿土温水过末邻乡，追及跋忒于阿斯温山北泺之间，杀之。"⑦ 邓青林认为"乌伊岭，金代称此山为阿斯温山"⑧。可知此温都部分布在今小兴安岭群山之间。《金史·乌春传》记载："乌春，阿跋斯水温都部人，以锻铁为业。因岁歉，策杖负檐与其族属来归。景祖与之处，以本业自给。既而知其果敢善断，命为本部长，仍遣族人盆德送归旧部。盆德，乌春之甥也。"⑨ "来流水以南、匹古敦水以北，皆吾土也。"⑩ 邓青林《黑龙江地名考释》说："蜚克图即出自女真语匹古敦。"⑪ 蜚克图河在今阿城区东北，此可证温都部大约就在此处。《金史·乌春传》记载："世祖内畏跋黑，恐群朋为变，故曲意怀抚，而欲以婚姻结其欢心。使与约婚，乌春不

---

① 张博泉：《金史简编》，辽宁人民出版社 1984 年版，第 30 页。
② 脱脱：《金史·留可传》卷 67，中华书局 1975 年版，第 1584 页。
③ 脱脱：《金史·世戚传》卷 120，中华书局 1975 年版，第 2613 页。
④ 脱脱：《金史·世纪》卷 1，中华书局 1975 年版，第 6 页。
⑤ 张博泉：《金史简编》，辽宁人民出版社 1984 年版，第 30 页。
⑥ 脱脱：《金史·世纪》卷 1，中华书局 1975 年版，第 13 页。
⑦ 脱脱：《金史·太祖纪》卷 2，中华书局 1975 年版，第 20 页。
⑧ 邓青林：《黑龙江地名考释》，黑龙江人民出版社 1988 年版，第 158 页。
⑨ 脱脱：《金史·乌春传》卷 67，中华书局 1975 年版，第 1577 页。
⑩ 脱脱：《金史·乌春传》卷 67，中华书局 1975 年版，第 1578 页。
⑪ 邓青林：《黑龙江地名考释》，黑龙江人民出版社 1988 年版，第 38 页。

欲，笑曰：'狗彘之子同处，岂能生育。胡里改与女直岂可为亲也。'"①由此则史料可知，温都部势力范围当时已经到达胡里改路，否则乌春是不会强烈反对胡里改人与女真人的婚约，由此可知，温都部当分布在与上京路较近的地方。

4. 乌林荅部：乌林荅部是金代女真较大的部族，这个部族是完颜部世婚部，在女真各部族中地位较高。《金史·石显传》记载："石显，孩懒水乌林荅部人。"②邓青林认为"孩懒水为今海浪河"③。《金史·世纪》记载："孩懒水乌林荅部石显尚拒阻不服。攻之，不克。景祖以计告于辽主。辽主遣使责让石显。石显乃遣其子婆诸刊入朝。辽主厚赐遣还。其后石显与婆诸刊入见辽主于春蒐。辽主乃留石显于边地，而遣婆诸刊还所部。"④乌林荅部当在此时，有一部分从牡丹江流域，迁移到嫩江流域居住。《金史·昭德皇后传》记载："世宗昭德皇后。乌林荅氏，其先居海罗伊河，世为乌林荅部长，率部族来归，居上京，与本朝为婚姻家。"⑤此海罗伊河当是接近辽朝边界，通肯河支流的海伦河，乌林荅部在景宗时期，由牡丹江流域迁到此地居住。太祖时期，乌林荅部迁居上京路居住。

5. 徒单部：金代史料明确记载徒单部有十四部。《金史·留可传》记载："徒单部之党十四部为一"⑥。在徒十四部中，有三部分布在金代上京路境内。《金史·徒单镒传》记载："徒单镒本名按出，上京路速速保子猛安人。"⑦"昭祖威顺皇后徒单氏，讳乌古论都葛，活剌浑水敌鲁乡徒单部人。"⑧活剌浑水在"今呼兰河至铁力两县之间"⑨。"显宗孝懿皇后，徒单氏。其先忒里辟剌人也。"⑩忒里辟剌具体地理位置不可考，但是《金史·徒单贞传》记载："徒单贞，本名特思，忒黑辟剌人也。祖抄，

---

① 脱脱：《金史·乌春传》卷67，中华书局1975年版，第1578页。
② 脱脱：《金史·石显传》卷67，中华书局1975年版，第1573页。
③ 邓青林：《黑龙江地名考释》，黑龙江人民出版社1988年版，第38页。
④ 脱脱：《金史·世纪》卷1，中华书局1975年版，第5页。
⑤ 脱脱：《金史·昭德皇后传》卷64，中华书局1975年版，第1519页。
⑥ 脱脱：《金史·留可传》卷67，中华书局1975年版，第1584页。
⑦ 脱脱：《金史·徒单镒传》卷99，中华书局1975年版，第2185页。
⑧ 脱脱：《金史·昭祖威顺皇后传》卷63，中华书局1975年版，第1499页。
⑨ 谭其骧：《中国历史地图集·释文汇编·东北卷》，中央民族大学出版社1988年版，第183页。
⑩ 脱脱：《金史·显宗孝懿皇后传》卷64，中华书局1975年版，第1524页。

从太祖伐辽有功,授世袭猛安。"① 从徒单贞祖抄从太祖伐辽有功来看,忒里辟刺地方应该在上京路境内。

6. 唐括部:唐括部是辽朝将西夏党项族,迁居到辽与女真之间的部族。《金史·世纪》记载:"初,温都部跋忒杀唐括部跋葛,穆宗命太祖伐之。"② 前文已经说过唐括部与温都部为邻部,如果温都部所在的阿跋斯水,在"今吉林敦化北勒福成河"的话,那么唐括部的地理位置将置于何地呢?《金史·景祖昭肃皇后传》记载:"景祖昭肃皇后,唐括氏,帅水隈鸦村唐括部人,讳多保真。"③ 关于帅水地理之所在,目前有两种说法,其一是谭其骧考证在"今呼兰河北支通肯河与双阳河"④,其二是邓青林考证在"今木兰、巴彦境内的少陵河"⑤。这两说的大致地理位置都在小兴安岭余脉,都可与温都部为邻部,彼此之间发生仇杀是可能的。余以前专门写过《唐括部故城考》,认为唐括部中心位置在今黑龙江省拜泉县境内的双阳河流域,此河为通肯河支流,正是谭其骧先生所考证的那条河流,因此笔者赞同谭其骧把金代帅水定在通肯河与双阳河。

7. 裴满部:裴满部很早就与完颜部团结在一起。《金史·始祖以下诸子传》记载:"婆多吐水裴满部斡不勃堇附于世祖,桓赧焚之。斡不卒,世祖厚抚其家。"⑥《金史·桓赧、散达传》记载:"于是婆多吐水裴满部斡不勃堇附于世祖,桓赧等纵火焚之。"⑦ 张博泉考证:"婆多吐与孛多库音近,度其地当在今五常境内。"⑧ 从当时乌春与桓赧、散达合谋为乱,"乌春以其众涉活论、涞流二水,世祖亲往拒之"⑨ 的情况来看,婆多吐水亦当与此二水不会太远。谭其骧考证活论水为"五常县境内拉林河的支流"⑩。因此亦可证张博泉的考证当不误。《金史·裴满亨传》记载:"裴

---

① 脱脱:《金史·徒单贞传》卷132,中华书局1975年版,第2826页。
② 脱脱:《金史·世纪》卷1,中华书局1975年版,第20页。
③ 脱脱:《金史·景祖昭肃皇后传》卷63,中华书局1975年版,第1500页。
④ 谭其骧:《中国历史地图集·释文汇编·东北卷》,中央民族大学出版社1988年版,第183页。
⑤ 邓青林:《黑龙江地名考释》,黑龙江人民出版社1988年版,第183页。
⑥ 脱脱:《金史·始祖以下诸子传》卷65,中华书局1975年版,第1539页。
⑦ 脱脱:《金史·桓赧、散达传》卷67,中华书局1975年版,第1574页。
⑧ 张博泉:《金史简编》,辽宁人民出版社1984年版,第30页。
⑨ 脱脱:《金史·桓赧、散达传》卷67,中华书局1975年版,第1575页。
⑩ 谭其骧:《中国历史地图集·释文汇编·东北卷》,中央民族大学出版社1988年版,第183页。

满亨字仲通，本名河西，临潢府人。其先世居辽海，祖讳虎山者，天辅间，移屯东受降城以御夏人，后徙居临潢。"① 裴满部在金朝建国后，特别是伐辽灭宋，占领辽宋广大地盘后，迁徙女真部族到各地屯垦驻扎是自然的事情。

8. 加古部：加古部是很早就与完颜部建立友好关系的女真部族。《金史·世纪》记载："昭祖……行至姑里甸，得疾。追夜，寝于村舍。……至逼剌纪村止焉。是夕，卒。载枢而行，遇贼于路，夺枢去。部众追贼与战，复得枢。加古部人蒲虎复来袭之，垂及，蒲虎问诸路人曰：石鲁枢去此几何？其人曰：远矣，追之不及也。"② 昭祖病逝于姑里甸，加古部人蒲虎复来袭，说明加古部当与姑里甸不远。谭其骧考证："姑里甸在今黑龙江省宁安县至沙兰站之间的平原。"③ "加古部乌不屯，亦铁工也，以被甲九十来售。乌春闻之，使人来让曰：甲，吾甲也。来流水以南、匹古敦水以北，皆吾土也。"④ 从加古部乌不屯，到涞流河、匹敦水出售甲器来看，加古部离此也不会太远，否则90件铁甲就当时的运输条件，是很费劲的一件事情。因此，可以肯定加古部是分布在金代上京路境内的女真部族。

9. 斡勒部：斡勒部原先居住地点不可考。《金史·欢都传》记载："斡勒部人盃乃，自景祖时与其兄弟俱居安出虎水之北。"⑤ 斡勒部从景祖时期，就迁居到按出虎水之北，这个位置当在金松花江以北。《金史·乌春传》记载："斡勒部人盃乃，旧事景祖，至是亦有他志，徙于南毕恳忒村，遂以纵火诬欢都，欲因此除去之，语在《欢都传》中。"⑥ 从这则史料来看，斡勒部在景祖之后，再次迁徙到南毕恳忒村。因为有他志，不愿意与完颜部较近居住，所以迁到南毕恳忒村，因此新迁之地要与按出虎水远一些。此南毕恳忒村当在松花江以北更远一点地方寻找。

10. 术甲部：术甲属于黑号之姓，术甲部与唐括部一样，属于后融入

---

① 脱脱：《金史·裴满亨传》卷97，中华书局1975年版，第2143页。
② 脱脱：《金史·世纪》卷1，中华书局1975年版，第4页。
③ 谭其骧：《中国历史地图集·释文汇编·东北卷》，中央民族大学出版社1988年版，第184页。
④ 脱脱：《金史·乌春传》卷67，中华书局1975年版，第1578页。
⑤ 脱脱：《金史·欢都传》卷68，中华书局1975年版，第1592页。
⑥ 脱脱：《金史·乌春传》卷67，中华书局1975年版，第1579页。

女真族中的,女真建国前已形成部族。《金史·达纪、胡苏传》记载:"达纪、胡苏皆术甲部孛堇。"① 术甲部同时有两位孛堇,说明术甲部是一个很大的部族。同传记载:"达纪、胡苏居琵里郭水,乌春兵出其间,不为变,终拒而不从。"② 张博泉考证:"琵里郭水即拔卢古水,今木兰县佛特库河。"③《金史·术甲脱鲁灰传》记载:"术甲脱鲁灰,上京人,……其先有开国功,授北京路宋阿答阿猛安,脱鲁灰自幼袭爵。"④ 术甲脱鲁灰当是以术甲部为姓氏的术甲部人,可证术甲部居住在金代上京路。

11. 术虎部:术虎属于白号之姓,金初已经形成部族。《金史·达纪、胡苏传》记载:"胜昆、主保皆术虎部人。"⑤ 此部与术甲部一样,在金初也是一个很大的部族。《金史·乌春传》记载:"后数年,乌春举兵来战,道斜寸岭,涉活论、来流水,舍于术虎部阿里矮村泽布乃孛堇家。"⑥ 张博泉考证:"活论水当是拉林河上游活龙河,来流水即是拉林河。"⑦ 活龙河在今黑龙江省五常县境内,可知金代术虎部居住在金代上京路。

12. 乌萨扎部:乌萨扎部是金初部族。《金史·始祖以下诸子传》记载:"昭祖威顺皇后生景祖,次曰乌古出。次室达胡末,乌萨扎部人,生跋黑、仆里黑、斡里安。"⑧ 从这则史料记载可知,昭祖时期完颜部就与乌萨扎部通婚,说明当时乌萨扎部是一个很大的部族。同传记载:"及来流水乌萨扎部杀完颜部人,昭祖往乌萨扎部以国俗治之,大有所获,颁之于诸父昆弟而不及谢里忽。"⑨ 来流水就是今拉林河,张博泉考证:"此部位于来流水附近,当在今双城境。"⑩ 不知其因,既然在来流河流域,就肯定在金代上京路境内无疑。

13. 达鲁古部:达鲁古部原是室韦族的一支。辽朝时期居住在契丹与女真边界地方。《金史·宗翰传》记载:"辽都统耶律讹里朵以二十余万

---

① 脱脱:《金史·始祖以下诸子传》卷65,中华书局1975年版,第1538页。
② 脱脱:《金史·达纪、胡苏传》卷65,中华书局1975年版,第1539页。
③ 张博泉:《金史简编》,辽宁人民出版社1984年版,第31页。
④ 脱脱:《金史·术甲脱鲁灰传》卷124,中华书局1975年版,第2698页。
⑤ 脱脱:《金史·达纪、胡苏传》卷65,中华书局1975年版,第1538页。
⑥ 脱脱:《金史·乌春传》卷67,中华书局1975年版,第1578页。
⑦ 张博泉:《金史简编》,辽宁人民出版社1984年版,第31页。
⑧ 脱脱:《金史·始祖以下诸子传》卷65,中华书局1975年版,第1541页。
⑨ 脱脱:《金史·始祖以下诸子传》卷65,中华书局1975年版,第1540页。
⑩ 张博泉:《金史简编》,辽宁人民出版社1984年版,第31页。

成边，太祖逆击之，宗翰为右军，大败辽人于达鲁古城。"① 达鲁古城是达鲁古部居住的中心位置。《金史·回离保传》记载："达鲁古部节度使乙列已降复叛，奚马和尚讨达鲁古并五院司等诸部，诸部皆降。"② 达鲁古部融入女真族时间较晚，是女真军伐辽取得一定胜利的情况下，达鲁古投降后融入女真族之中的。《金史·宗幹传》记载："达鲁古城之战，宗幹以中军为疑兵。太祖既攻下黄龙府，即欲取春州。"③ 达鲁古城地望问题，现在一直没有确定下来，但是达鲁古城大致的位置，不会距离黄龙府太远，这是可以确定的，达鲁古部居住在金代上京路境内无疑。

14. 乌古论部：乌古论部在金初就已经形成。《金史·留可传》记载："乌古论部之党十四部为一"④，《金史·留可传》记载："留可，统门、浑蠢水合流之地乌古论部人，忽沙浑勃堇之子。"⑤ 此乌古论部居住之地为统门、浑蠢二水交汇处，就是今图们江与珲春河交汇之地。《金史·世纪》记载："统门、浑蠢水之交乌古论部留可、诈都与苏滨水乌古论敌库德起兵于米里迷石罕城，纳根涅之子钝恩亦亡去。"⑥ 苏滨水即今绥芬河。从这两个乌古论部所住位置，可以判定乌古论部居住在金代上京路。

15. 纥石烈部：纥石烈在金初就已经形成三十部，可考居住在金代上京路的纥石烈部就有五部。《金史·钝恩传》记载："钝恩，阿里民忒石水纥石烈部人。……穆宗使纳根涅以本部兵往治冶刺等。行至苏滨水，辄募人为兵，主者拒之，辄抄略其人。"⑦《金史·石显传》记载："婆诸刊蓄怨未发，会活刺浑水纥石烈部腊醅、麻产起兵，婆诸刊往从之。"⑧《金史·始祖以下诸子传》记载："康宗八年，系辽籍女直纥石烈部阿里保太弯阻兵，招纳亡命，边民多亡归之。"⑨《金史·世纪》记载："会陶温水、徒笼古水纥石烈部阿阁版及石鲁阻五国鹰路，执杀辽捕鹰使者。"⑩《金

---

① 脱脱：《金史·宗翰传》卷74，中华书局1975年版，第1693页。
② 脱脱：《金史·回离保传》卷67，中华书局1975年版，第1588页。
③ 脱脱：《金史·宗幹传》卷76，中华书局1975年版，第1741页。
④ 脱脱：《金史·留可传》卷67，中华书局1975年版，第1584页。
⑤ 脱脱：《金史·留可传》卷67，中华书局1975年版，第1583页。
⑥ 脱脱：《金史·世纪》卷1，中华书局1975年版，第13页。
⑦ 脱脱：《金史·钝恩传》卷67，中华书局1975年版，第1583页。
⑧ 脱脱：《金史·石显传》卷67，中华书局1975年版，第1574页。
⑨ 脱脱：《金史·始祖以下诸子传》卷65，中华书局1975年版，第1543页。
⑩ 脱脱：《金史·世纪》卷1，中华书局1975年版，第13页。

史·纥石烈志宁传》记载："纥石烈志宁本名撒曷辇，上京胡塔安人。"①

16. 泥厖古部：《金史》有白号之姓尼厖窟，怀疑是因泥厖古部得姓。泥厖古部族形成较早，且有一定的势力，在女真建国前，就敢与完颜部对抗。《金史·世纪》记载："二年癸酉，遣太祖以偏师伐泥厖古部帅水抹离海村跋黑、播立开，平之，自是寇贼皆息。"②《金史·太祖纪》记载："以偏师伐泥厖古部跋黑、播立开等，乃以达涂阿为向导，沿帅水夜行袭之，卤其妻子。"③ 这两则史料记载了太祖伐跋黑之事。这里记载的帅水，无论是今拜泉境内通肯河支流，或是双阳河，还是今巴彦县境内的少陵河，都在金代上京路境内。因此，可以肯定地说，泥厖古部分布在金代上京路内。

17. 乌延部：乌延部在金初女真部族中，还是实力较为强大的。《金史·始祖以下诸子传》记载："蝉春水乌延部富者郭赦，畏乌春强，请世祖兵出其间，以为重也。"④ 蝉春水虽没有考证出具体在什么位置，但是乌延部畏惧乌春，说明乌延部距离乌春不会远。《金史·乌春传》记载："世祖自将过乌纪岭，至窝谋海村……乌延部富者郭赦请分一军由所部伐乌春，盖以所部与乌春近，欲以自蔽故也。"⑤ 乌延部与乌春近，乌春居住在金代上京路境内，可知乌延部即居住在金代上京路境内。《金史·乌延胡里改传》记载："乌延胡里改，曷懒路星显水人也。后授爱也窟谋克，因家焉。"⑥《金史·乌延吾里补传》记载："乌延吾里补，曷懒路禅岭人也。"⑦《金史·乌延蒲离黑传》记载："乌延蒲离黑，速频路哲特猛安人，改属曷懒路。"⑧《金史·乌延蒲辖奴传》记载："乌延蒲辖奴，速频路星显河人也，后改隶曷懒路。"⑨ 速频路即恤品路，无论是速频路还是曷懒路，都在金代上京路内部地区。

18. 温迪痕部：温迪痕部是形成比较早的女真部族。金景祖时期，就

---

① 脱脱：《金史·纥石烈志宁传》卷87，中华书局1975年版，第1929页。
② 脱脱：《金史·世纪》卷1，中华书局1975年版，第12页。
③ 脱脱：《金史·太祖纪》卷2，中华书局1975年版，第20页。
④ 脱脱：《金史·始祖以下诸子传》卷65，中华书局1975年版，第1539页。
⑤ 脱脱：《金史·乌春传》卷67，中华书局1975年版，第1579页。
⑥ 脱脱：《金史·乌延胡里改传》卷82，中华书局1975年版，第1836页。
⑦ 脱脱：《金史·乌延吾里补传》卷82，中华书局1975年版，第1837页。
⑧ 脱脱：《金史·乌延蒲离黑传》卷86，中华书局1975年版，第1919页。
⑨ 脱脱：《金史·乌延蒲辖奴传》卷86，中华书局1975年版，第1919页。

投奔完颜部。《金史·世纪》记载:"统门水温迪痕部,……皆相继来附。"① 《金史·冶诃传》记载:"统门水温迪痕部活里盖勃堇,俱来归,金之为国,自此益大。"② 温迪痕部较早地与完颜部建立较为密切的伙伴关系。《金史·留可传》记载:"间诱奥纯、坞塔两部之民作乱。敌库德、钝恩皆叛而与留可,诈都合……当是时……及统门水温迪痕部阿里保勃堇、撒葛周勃堇等皆使人来告难。"③ 除统门水温迪痕部之外,还有"胡论水(今拉林河上游之支流活龙河)的温迪痕部"。④ 史料不见胡论水温迪痕部记载,只见《金史·始祖以下诸子传》记载:"达纪、胡苏皆术甲部勃堇。胜昆、主保皆术虎部人。阿库德,温迪痕部人。此五人者,又其次者也。"⑤ 此温迪痕部人阿库德,在世祖伐跋黑时有军功,后来被金太宗追赠为银青光禄大夫。阿库德与达纪、胡苏、胜昆、主保,在《金史》里记载一起,作为一个团体。因达纪、胡苏所在的术甲部在胡论水,遂张博泉先生怀疑有胡论水温迪痕部。笔者认为张博泉先生推定的还是对的,但是此部温迪痕并不一定是另一支温迪痕部,当是金初景祖时期,土门水温迪痕部内附后,居住在金上京附近胡论水的温迪痕部。

19. 仆散部:仆散部金初势力就比较强大。《金史·世戚传》记载:"金之徒单、拿懒、唐括、蒲察、裴满、纥石烈、仆散皆贵族也,天子娶后必于是,公主下嫁必于是。"⑥《金史·外国传》记载:"乙离骨岭仆散部胡石来勃堇居高丽、女直之两间,穆宗使族人叟阿招之……既而,胡石来来归,遂率乙离骨岭东诸部皆内附。"⑦ 仆散部内附后,繁衍生息,逐渐强大。《金史·仆散浑坦传》记载:"仆散浑坦,蒲与路挟懑人也。"⑧《金史·仆散忠义传》记载:"仆散忠义本名乌者,上京拔卢古河人。"⑨《金史·仆散师恭传》记载:"仆散师恭本名忽土,上京老海达葛

---

① 脱脱:《金史·世纪》卷1,中华书局1975年版,第6页。
② 脱脱:《金史·冶诃传》卷68,中华书局1975年版,第1595页。
③ 脱脱:《金史·留可传》卷67,中华书局1975年版,第1584页。
④ 张博泉:《金史简编》,辽宁人民出版社1984年版,第32页。
⑤ 脱脱:《金史·始祖以下诸子传》卷65,中华书局1975年版,第1538—1539页。
⑥ 脱脱:《金史·世戚传》卷120,中华书局1975年版,第2629页。
⑦ 脱脱:《金史·外国传》卷135,中华书局1975年版,第2882页。
⑧ 脱脱:《金史·仆散浑坦传》卷82,中华书局1975年版,第1844页。
⑨ 脱脱:《金史·仆散忠义传》卷87,中华书局1975年版,第1935页。

人。"① 仆散部分布在上京路各地，成为金朝显赫部族。

20. 斡准、职德、坞塔、含国等部：斡准部是金初被征服的部族。《金史·世纪》记载："二年甲申，高丽再来伐……苏滨水民不听命，使斡带等至活罗海川，召诸官僚告谕之。含国部苏滨水居斡豁勃堇不至。斡准部、职德部既至，复亡去。……遂伐斡豁，克之。斡带进至北琴海，攻拔泓忒城，乃还。"② 伐斡准等部这件事，在《金史·始祖以下诸子传》记载："斡准部狄库德勃堇、职德部厮故速勃堇亦皆遁去，遇坞塔于马纪岭，坞塔遂执二人以降。于是，使斡带将兵伐斡豁，募军于苏滨水，斡豁完聚固守，攻而拔之。进师北琴海辟登路，攻拔泓忒城，取畔者以归。"③ 从史料记载来看，征服斡准等部地点在苏滨水，可知这些部族在上京路下辖曷懒路、恤品路（速频路）境内。

此外，在金代上京路境内还分布着婆卢木部、兀勒部、纳喝部、主偎部、秃答部、鳖古德部及吉里迷、兀的改等部。从女真部族的名称来看，大多分布在江河与山谷之间。女真完颜部通过教条，将各部牢牢地控制在其统治之下，为其反辽灭宋、建立大金帝国起到了强大的政治基础作用。

三 女真部族社会结构

女真部族的形成，经过了家族、宗族、部落、部落联盟的历史过程。在这个历史过程中，女真社会结构发生变化。始祖函普到完颜部，改母系氏族社会为父系氏族社会，社会结构发生了历史性变革，以血缘关系为纽带的家族或宗族开始形成，男子在社会中处于主导地位。随着社会生产力的发展以及劳动产品的分配，宗族的扩大，逐渐打破了以血缘关系为纽带的家族和宗族，出现了非血缘关系的家族、宗族成员，从而导致家族、宗族社会组织逐渐从以血缘为纽带的群体，过渡到以地域为共同体的部族。以地域共同体形成的女真部族，为完颜部统一女真族奠定了基础。

1. 始祖时期的社会结构

生女真完颜部在函普之前，处在母系氏族部落状态，氏族部落之间，没有行为规范，氏族之间时常发生仇杀。函普到完颜部后，制定行为规

---

① 脱脱：《金史·仆散师恭传》卷132，中华书局1975年版，第2824页。
② 脱脱：《金史·世纪》卷1，中华书局1975年版，第16页。
③ 脱脱：《金史·始祖以下诸子传》卷65，中华书局1975年版，第1546页。

范，改变了原来互相仇杀的局面。函普所制定的规范氏族之间的行为准则，得到完颜部人们的认可，函普因此成为完颜部人。《金史·世纪》记载："金之始祖讳函普，初从高丽来，……始祖至完颜部，居久之，其部人尝杀它族之人，由是两族交恶，哄斗不能解。完颜部人谓始祖曰：若能为部人解此怨，使两族不相杀，部有贤女，年六十而未嫁，当以相配，仍为同部。始祖曰：诺。乃自往谕之曰：杀一人而斗不解，损伤益多。曷若止诛首乱者一人，部内以物纳偿汝，可以无斗而且获利焉。怨家从之。乃为约曰：凡有杀伤人者，征其家人口一、马十偶，牸牛十、黄金六两，与所杀伤之家，即两解，不得私斗。曰：谨如约。女直之俗，杀人偿马牛三十自此始。既备偿如约，部众信服之，谢以青牛一，并许归六十之妇。始祖乃以青牛为聘礼而纳之，并得其赀产。"① 从这段史料来看，函普时期生女真完颜部结束了母系氏族社会时期，开始了父系氏族社会时代。函普制定氏族管理制度，调节财产分配问题。函普制定的以财产赎身的方式，冲抵氏族成员的罪责，氏族成员犯了法，以财产抵偿赎罪，使得有些人开始贫穷。在整个社会中，贫富分化加剧，产生了奴隶。《三朝北盟会编》记载："杀人剽劫者，捶其脑而死之。其仇家为奴婢，其亲戚欲得者，以牛马财物赎之。其赃以十分为率，六分归主而四分没官。罪轻者决柳条或赎以物，贷命者则割耳鼻，以志其狱，掘地数丈置囚于其中。其税赋无常，遇用多寡而敛之。"② 女真完颜部这种财产偿还制度，进一步促使氏族社会阶级分化。"当时在女真内部，已经出现新的富有者家族，并开始家族私有财产的积累，因而成为巨富。"③ 函普由于得到了女真完颜部人的信任，被推举为氏族部落酋长。函普出任完颜部酋长后，开始了父系血缘关系氏族制。《金史·世纪》记载："后生二男，长曰乌鲁，次曰斡鲁，一女曰注思板，遂为完颜部人。"④ 出现了以父系血缘关系为相袭的家庭。从氏族部落到家庭的出现，是女真族社会结构的重大变革。

2. 献祖时期的社会结构

生女真完颜部发展到献祖绥可时期，女真社会结构再次发生重大变

---

① 脱脱：《金史·世纪》卷1，中华书局1975年版，第2页。
② 徐梦莘：《三朝北盟会编》卷3，上海古籍出版社1987年版，第19页。
③ 张博泉：《金史简编》，辽宁人民出版社1984年版，第39页。
④ 脱脱：《金史·世纪》卷1，中华书局1975年版，第2页。

革。《金史·世纪》记载："黑水旧俗无室庐，负山水坎地，梁木其上，覆以土，夏则出随水草以居，冬则入处其中，迁徙不常。献祖乃徙居海古水，耕垦树艺，始筑室，有栋宇之制，人呼其地为纳葛里。纳葛里者，汉语居室也。自此遂定居于安出虎水之侧矣。"① 绥可将完颜部迁居到水草丰美的按出虎水之后，开始了有房屋的定居生活。《三朝北盟会编》记载："随阔改作绥赫（献祖绥可），自幼习射、採生，长而善骑射猎，教人烧炭炼铁，刳木为器，制造舟车，种植五谷，建造屋宇。稍有上古之风，犹是邻近每有不平，皆诣所请，遂号孛堇。"② 生女真定居后，社会生产力极大地提高。社会劳动生产率的提高，为奴隶主剥削奴隶成为可能。女真贵族通过剥削的手段，积累了巨额财富，使之形成奴隶主阶级。在整个女真社会中，逐渐形成奴隶主和奴隶两大对立阶级。

3. 昭祖时期的社会结构

生女真完颜部发展到昭祖石鲁时期，女真族社会亦发生了变革。昭祖石鲁为了获得更多的财富，扩大势力范围，在完颜部原有的法制基础上，制定新的法制，并开始向外推广完颜部的法制，要求其他女真部族执行完颜部的法制。《金史·世纪》记载："生女直无书契，无约束，不可检制。昭祖欲稍立条教，诸父、部人皆不悦。"③ 昭祖推行完颜部的法制，遭到其他部族的反对。同传记载："昭祖耀武至于青岭、白山，顺者抚之，不从者讨伐之，入于苏滨、耶懒之地，所至克捷。"④ 昭祖向外推行法制，强制其他女真部族接受，其目的就是想统治其他部族，于是对不接受者采取武力征服的手段。昭祖在武力征服过程中，逐渐建立起以完颜部为核心的军事联盟。《金史·谢里忽传》记载："有被杀者，必使巫觋以诅祝杀之者，乃系刃于杖端，与众至其家，歌而诅之曰：取尔一角指天、一角指地之牛，无名之马，向之则华面，背之则白尾，横视之则有左右翼者。其声哀切凄婉，若《蒿里》之音。既而以刃画地，劫取畜产财物而还。其家一经诅祝，家道辄败。"⑤ 昭祖制定的法制有了新的变化，就是杀人赔偿制度与巫师结合起来，巫师主持赔偿事宜，赔偿人就要付出一定的费

---

① 脱脱：《金史·世纪》卷1，中华书局1975年版，第3页。
② 徐梦莘：《三朝北盟会编》卷18，上海古籍出版社1987年版，第127页。
③ 脱脱：《金史·世纪》卷1，中华书局1975年版，第3—4页。
④ 脱脱：《金史·世纪》卷1，中华书局1975年版，第4页。
⑤ 脱脱：《金史·劾孙传》卷65，中华书局1975年版，第1540页。

用。张博泉认为："这种法制实际已成为借以进行掠夺财物的一种手段。"① 《金史·谢里忽传》记载："及来流水乌萨扎部杀完颜部人，昭祖往乌萨扎部以国俗治之，大有所获，颁之于诸父昆弟而不及谢里忽。"② 从这则史料记载的"以国俗治之，大有所获"来看，张博泉的论证是正确的。从昭祖时期开始，巫师参与女真族政治活动，在整个女真社会结构中，巫师占有重要的地位。

4. 景祖时期的社会结构

生女真完颜部在景祖时期，政治势力范围进一步扩大。《金史·世纪》记载："景祖稍役属诸部，自白山、耶悔、统门、耶懒、土骨论之属，以至五国之长，皆听命。是时，辽之边民有逃而归者。及辽以兵徙铁勒、乌惹之民，铁勒、乌惹多不肯徙，亦逃而来归。"③ 此时生女真各部，基本上都已经被征服，由于完颜部势力逐渐强大，特别是自景祖被辽朝任命为"生女真部族节度使"④ 以来，景祖利用辽朝给予的权力，东征西讨，很多女真部都主动前来归附。使昭祖以来制定的法制，得以推行到其他各部女真当中。同传记载："自景祖以来，两世四主，志业相因，卒定离析，一切治以本部法令，"⑤ 至此，以完颜部为核心的女真军事联盟基本形成，此时女真族的政治势力，已经达到了很广的范围。"前后愿附者众。斡泯水蒲察部、泰神忒保水完颜部、统门水温迪痕部、神隐水完颜部，皆相继来附。"⑥ "东南至于乙离骨、曷懒、耶懒、土骨论，东北至于五国、主隈、秃答，金盖盛于此。"⑦ 从女真社会结构来看，基本趋于统一。

5. 世祖时期的社会结构

女真完颜部在世祖时期，以完颜部为核心的军事联盟，得到了进一步巩固。女真各部为了争夺权力，发生了完颜部家族分裂事件。先后有跋黑、乌春、腊醅、麻产兄弟等，分裂女真联盟事件，世祖先后逐个平定。

---

① 张博泉：《金史简编》，辽宁人民出版社1984年版，第39页。
② 脱脱：《金史·劾孙传》卷65，中华书局1975年版，第1540页。
③ 脱脱：《金史·世纪》卷1，中华书局1975年版，第4—5页。
④ 脱脱：《金史·世纪》卷1，中华书局1975年版，第5页。
⑤ 脱脱：《金史·世纪》卷1，中华书局1975年版，第15页。
⑥ 脱脱：《金史·世纪》卷1，中华书局1975年版，第6页。
⑦ 脱脱：《金史·世纪》卷1，中华书局1975年版，第15页。

《金史·桓赧传》记载："世祖初，季父跋黑有异志，阴诱桓赧欲与为乱。"①《金史·太祖纪》记载："久之，以偏师伐泥庬古部跋黑、播立开等，乃以达涂阿为向导，沿帅水夜行袭之，卤其妻子。"②《金史·始祖以下诸子传》记载："世祖初年……乌春盛强。"③《金史·桓赧传》记载："是时乌春、窝谋罕亦与跋黑相结，诡以乌不屯卖甲为兵端，世祖不得已而与之和。间数年，乌春以其众涉活论、来流二水，世祖亲往拒之。"④《金史·世纪》记载："腊醅、麻产侵掠野居女直，略来流水牧马。世祖击之……腊醅得姑里甸兵百十有七人，据暮棱水守险，石显子婆诸刊亦在其中。世祖围而克之，尽获姑里甸兵。麻产遁去。遂擒腊醅及婆诸刊，皆献之辽。"⑤世祖先后征战跋黑、乌春、腊醅、麻产，完颜部内部分裂事件，基本得到平定，使完颜部的政治地位，在女真社会中得到了巩固。

6. 太祖时期的社会结构

女真完颜部在太祖时期，经过肃宗、穆宗时期，平定诸叛乱，基本完成了女真族的统一。肃宗时，平定了麻产叛乱。《金史·世宗纪》记载："太祖征麻产，袭之，至泥淖马不能进，太祖捨马而步，欢都射中麻产，遂擒之。"⑥穆宗时期，对曷懒、恤品等路女真各部进行了征服。《金史·世纪》记载："纥石烈部阿疏、毛睹禄阻兵为难，穆宗自将伐阿疏，撒改以偏师攻钝恩城，拔之。阿疏初闻来伐，乃自诉于辽。"⑦"穆宗自马纪岭出兵攻之。撒改自胡论岭往略，定潺春、星显两路，攻下钝恩城。"⑧"及以国相都统讨留可、诈都、坞塔等军，而阿疏亡入于辽，终不敢归，留可、诈都、坞塔、钝恩皆降。"⑨到阿骨打即节度使时，女真各部基本被完颜部统一。"初，诸部各有信牌，穆宗用太祖议，擅置牌号者置于法，自是号令乃一，民听不疑矣。自景祖以来，两世四主，志业相因，卒定离

---

① 脱脱：《金史·桓赧传》卷67，中华书局1975年版，第1574页。
② 脱脱：《金史·太祖纪》卷2，中华书局1975年版，第20页。
③ 脱脱：《金史·始祖以下诸子传》卷65，中华书局1975年版，第1539页。
④ 脱脱：《金史·桓赧传》卷67，中华书局1975年版，第1575页。
⑤ 脱脱：《金史·世纪》卷1，中华书局1975年版，第9页。
⑥ 脱脱：《金史·世宗纪》卷8，中华书局1975年版，第193页。
⑦ 脱脱：《金史·世纪》卷1，中华书局1975年版，第13页。
⑧ 脱脱：《金史·阿疏传》卷67，中华书局1975年版，第1585页。
⑨ 脱脱：《金史·撒改传》卷70，中华书局1975年版，第1614页。

析,一切治以本部法令,东南至于乙离骨、曷懒、耶懒、土骨论,东北至于五国、主隈、秃答,金盖盛于此。"① 阿骨打即位后,为了加强对女真各部的统治,扩大军事实力,在原有女真孛堇制度基础上,对原有的猛安谋克制度进一步规范。《金史·兵志》记载:"金之初年,……其部长曰孛堇,行兵则称曰猛安、谋克,从其多寡以为号,猛安者千夫长也,谋克者百夫长也。……至太祖即位之二年,既以二千五百破耶律谢十,始命以三百户为谋克,谋克十为猛安。继而诸部来降,率用猛安、谋克之名以授其首领而部伍其人。"② 猛安谋克制度的确立,使女真各部在制度约束下,随时受调遣出征,为阿骨打反辽建国奠定了基础。

第二节 金初的孛堇、勃极烈制度

金代勃极烈制度是金朝国家机关的基本政治制度。金朝中央勃极烈会议是金朝国家最高权力机关,女真贵族通过定期或不定期勃极烈会议,实现对全国的统治。金代勃极烈制度是在女真孛堇制度基础上,为适应统治需要建立起来的。随着女真伐辽建国,勃极烈制度逐步完善;随着女真族入主中原,为适应封建化程度较高地区的统治,勃极烈制度逐渐退出历史舞台。

一 孛堇、勃极烈制度的建立

金代中央勃极烈制度,是在金初孛堇制度基础上建立起来的。"孛堇"一词是女真语,是对金初女真各部酋长的称呼。"勃极烈"一词是"勃堇"一词的转化。勃堇、勃极烈以及后来满族的贝勒,都是"长官"之意。《三朝北盟会编》记载:"《神麓记》曰:女真始祖……女真众酋结盟推为首领……随阔(绥可)自幼习射、采生,长而善骑射猎,教人烧炭炼铁,刳木为器,制造舟车,种植五谷,建造屋宇,稍有上古之风,犹是邻近每有不平,皆诣所请,遂号孛堇。"③ 从献祖绥可开始,女真族完颜部酋长,就开始称孛堇了。《金史·礼志》记载:"皇五代祖孛堇,雄

---

① 脱脱:《金史·世纪》卷1,中华书局1975年版,第15页。
② 脱脱:《金史·兵志》卷44,中华书局1975年版,第992页。
③ 徐梦莘:《三朝北盟会编》卷18,上海古籍出版社1987年版,第127页。

姿迈世，美略济时，成百里日辟之功，戎车既饰；著五教在宽之训，人纪肇修。"① 昭祖石鲁继献祖之后，世袭为完颜部孛堇。此时的孛堇还不是真正的官员称呼，只是完颜部内部对酋长的一种称呼。到了景祖时期辽朝正式授景祖乌古乃为"生女直部族节度使"②，才把孛堇与官称结合在一起。《金史·世纪》记载："既为节度使，有官属，纪纲渐立矣。"③ 景祖乌古乃既是完颜部最高首领孛堇，又是辽朝生女真部族节度使。

景祖乌古乃利用生女真部族节度使权力，管理生女真各部，逐渐把完颜部首领，也就是完颜部部长孛堇之称谓，推广到其他女真各部，都把本部族的部长称为孛堇。此时作为各部部长的孛堇，有的是选举产生，有的是世袭产生。完颜部部长从始祖函普到景祖，一直是世袭产生。其他生女真各部孛堇，起初可能是选举产生，后来效仿完颜部世袭了。从景祖时期开始，生女真各部部长，都开始称孛堇了。

生女真各部部长称孛堇之后，起初各部孛堇没有隶属关系，各自管理本部族事务，唯独完颜部部长不同，因为他是辽朝任命的生女真部族节度使，乌古乃利用生女真部族节度使的权力，管理生女真各部事务，这样一来，其他生女真各部孛堇，自然而然地隶属完颜部孛堇管辖。《金史·石显传》记载："石显，孩懒水乌林苔部人。昭祖以条教约束诸部，石显陆梁不可制。……众推景祖为诸部长，白山、耶悔、统门、耶懒、土骨论、五国皆从服。"④ 从这则史料来看，昭祖石鲁虽是女真族完颜部孛堇，但是各部孛堇没有隶属关系，因此当昭祖条教和约束各部时，各部部长或是此时已经称孛堇了，都不受昭祖的条教和约束。到了景祖乌古乃时期，由于景祖既是完颜部孛堇，又是生女真部族节度使，又管理其他部孛堇。因此，其他各部公推景祖乌古乃为诸部长。诸部长就是各部的总部长，被称为都部长或是都孛堇，有权管理各部孛堇。《金史·百官志》记载："其部长曰孛堇，统数部者曰忽鲁。"⑤ 忽鲁汉译为都，统属部者为都孛堇。都孛堇就是女真各部的总孛堇，权力大于各部孛堇。都孛堇的权力与女真部族节度使的权力相等。从表面上看都孛堇的权力与女真部族节度使的权

---

① 脱脱：《金史·礼志》卷32，中华书局1975年版，第774页。
② 脱脱：《金史·世纪》卷1，中华书局1975年版，第5页。
③ 脱脱：《金史·世纪》卷1，中华书局1975年版，第5页。
④ 脱脱：《金史·石显传》卷67，中华书局1975年版，第1573页。
⑤ 脱脱：《金史·百官志》卷55，中华书局1975年版，第1215页。

力一样，但是都孛堇是生女真各部联盟的最高首领，而生女真部族节度使只是辽朝设在生女真各部的地方官员。

景祖乌古乃时期，生女真各部已经结成部落联盟。完颜部内部世袭制度已经成熟。《北风扬沙录》记载："（女真）臣属契丹二百余年，世袭节度使封号，兄弟相传，周而复始。"① 景祖利用都孛堇和女真部族节度使的权力，逐步扩大自己的势力，使完颜部孛堇世袭制度，向女真部落联盟中其他各部推广，生女真各部相继都实行孛堇制度。由于生女真实行一夫多妻制，生育子女较多，逐渐分化成多个家庭。从一个小家族，发展成为一个大家族，在一个大家族内有若干个小家庭。兄弟相传，周而复始地发展，使原先一个姓氏的部族，发展成为几个部族。在一个氏族部落中，总管整个氏族部落的大部长，被称为都部长或都孛堇，各分支的小部族即称部长或孛堇。《金史·留可传》记载"徒单部之党十四部为一，乌古论部之党十四部为一，蒲察部之党七部为一，凡三十五部。完颜部十二而已"。② 从这则史料记载来看，徒单部已发展为十四部，乌古论部发展成十四部，蒲察部发展成七部，完颜部发展成十二部，每部都设有孛堇，每个大部部长称都孛堇。

金景祖时期，为了加强对各部族的管理，将孛堇改称勃极烈。《金史·百官志》记载："金自景祖始建官属，统诸部以专征伐，嶷然自为一国。其官长，皆称曰勃极烈。"③ 这里的"勃极烈与孛堇同义，均为管理众人之意"。④ 也有认为："勃极烈与孛堇是两个既有联系又有区别的官称、官制。"⑤ 从形式上看二者都是管理女真部族的首领，关于二者的区别，从内容上看"孛堇、都孛堇是生女真诸部臣服契丹以后和国家形成过程中的部落、部落联盟长的官称。……勃极烈是生女真部族节度使下的官属"⑥。笔者认为勃极烈与孛堇都是生女真各部的部长，在级别上是等同的。但是自景祖以后生女真各部孛堇被完颜部所垄断，其他各部孛堇空缺之后，景祖就把宗室家族人派到其他各部出任孛堇。查《金史》没有完

---

① 陈准：《北风扬沙录》，见《中国野史集成》（10），巴蜀书社1993年版，第365页。
② 脱脱：《金史·留可传》卷67，中华书局1975年版，第1584页。
③ 脱脱：《金史·百官志》卷55，中华书局1975年版，第1215页。
④ 邱树森：《辽金史辞典》，山东教育出版社2011年版，第596页。
⑤ 王世莲：《孛堇、勃极烈考释》，《吉林大学社会科学学报》1987年第4期。
⑥ 王世莲：《孛堇、勃极烈考释》，《吉林大学社会科学学报》1987年第4期。

颜部人到其他部担任孛堇的记载，那么是不是景祖以后没有派完颜部等宗室到其他部担任部长呢？显然不是。正如《金史·撒改传》记载："勃极烈，女直之尊官也。"① 勃极烈在生女真各部中，属于尊贵官称，这一官称在各部孛堇之官被完颜部垄断的情况下，只能由完颜部人来担任。"史实说明，凡被称为某某勃极烈者，皆宗室诸王。"② 这样在当时的官署里，存在孛堇和勃极烈两种称谓，原先各部部长仍称孛堇，完颜部派到其他部担任部长的称勃极烈。在女真各部中，同是一个级别的部长，有称孛堇，有称勃极烈，从称呼上看不统一，比较混乱。加之到穆宗时期，出于团结各部女真的需要，一律统称为勃极烈。《金史·循吏传》记载："金自穆宗号令诸部不得称都孛堇，于是诸部始列于统属。"③ 各部女真部长统一称呼勃极烈后统一官属，都在女真都勃极烈的管辖之下。《金史·国语解》记载："都勃极烈，总治官名，犹汉云冢宰。"④ 到了此时，女真勃极烈制度才算正式建立。

二 勃极烈制度的发展

生女真在穆宗时期，勃极烈制度已经确立。都勃极烈是"总治官名"，生女真各部的总部长，其他各部一律服从都勃极烈管理。太祖阿骨打担任都勃极烈的时间，《金史·太祖纪》记载："岁癸巳十月，……是月，康宗即世，太祖袭位为都勃极烈。"⑤ 康宗去世时，太祖阿骨打继任为都勃极烈。阿骨打虽继任为都勃极烈，但是权力还不集中在阿骨打身上。《金史·撒改传》记载："太祖称都勃极烈，与撒改分治诸郡，匹脱水以北太祖统之，来流水人民撒改统之。明年甲午，嗣节度命方至。"⑥ 第二年，太祖阿骨打被辽朝正式任命为生女真部族节度使。《金史·百官传》记载："故太祖以都勃极烈嗣位。"⑦ 经过康宗到太祖这段时间，勃极烈制度逐步确立和完善。史料记载的太祖以都勃极烈嗣位，这里

---

① 脱脱：《金史·撒改传》卷70，中华书局1975年版，第1615页。
② 王世莲：《孛堇、勃极烈考释》，《吉林大学社会科学学报》1987年第4期。
③ 脱脱：《金史·循吏传》卷128，中华书局1975年版，第2757页。
④ 脱脱：《金史·国语解》，中华书局1975年版，第2891页。
⑤ 脱脱：《金史·太祖纪》卷2，中华书局1975年版，第22页。
⑥ 脱脱：《金史·撒改传》卷70，中华书局1975年版，第1614页。
⑦ 脱脱：《金史·百官志》卷55，中华书局1975年版，第1215页。

并不是说太祖即皇帝位，是指太祖以都勃极烈，即生女真部节度使位。太祖任生女真节度使后，一方面行使女真部族节度使权力，另一方面行使生女真部都勃极烈权力。此时都勃极烈一职，还不是对外公开的真正意义上职官，只是生女真部族内部认可的职官，阿骨打对外公开场合是生女真部族节度使。

阿骨打称帝建国后，对勃极烈制度进行了完善，使其进一步制度化。《金史·百官志》记载："谙版，尊大之称也。其次曰国论忽鲁勃极烈，国论言贵，忽鲁犹总帅也。又有国论勃极烈，或左右置，所谓国相也。其次诸勃极烈之上，则有国论、乙室、忽鲁、移赉、阿买、阿舍、昊、迭之号，以为升拜宗室功臣之序焉。其部长曰孛堇，统数部者曰忽鲁。"① 阿骨打以都勃极烈即位后，设置了一系列勃极烈，形成诸勃极烈议事制度。自阿骨打以后，再也没有人担任都勃极烈，都勃极烈一职由皇帝取代了。在皇帝之下设置谙版勃极烈，作为皇帝继承人。国论勃极烈由原来与太祖分权而治的撒改担任。其他以下设置的各勃极烈，都分管一片具体工作。太祖首先选定皇位继承人，《金史·太宗纪》记载："太宗……收国元年七月，命为谙版勃极烈。太祖征伐，常居守。"② "天辅后，始正君臣之礼焉。七月，太宗为谙版勃极烈，撒改国论勃极烈，习不失阿买勃极烈，杲国论昊勃极烈。……九月，加国论胡鲁勃极烈。"③ "收国元年七月，与太宗、撒改、杲俱为勃极烈，习不失为阿买勃极烈云。"④《金史·阿离合懑传》记载："收国元年，太祖即位。阿离合懑与宗翰以耕具九为献……顷之，为国论乙室勃极烈。"⑤ "天辅五年，蒲家奴为昊勃极烈。"⑥ "天辅五年五月戊戌（1121年5月22日），上顾谓宗翰曰：'今议西征，汝前后计议多合朕意。宗室中虽有长于汝者，若谋元帅，无以易汝。汝当治兵，以俟师期。'……无何，为移赉勃极烈。"⑦ 至此，太祖阿骨打先后设置了八位勃极烈职位。《金史·国语解》记载："谙版勃极烈，官之尊且贵者。

---

① 脱脱：《金史·百官志》卷55，中华书局1975年版，第1215页。
② 脱脱：《金史·太宗纪》卷3，中华书局1975年版，第47页。
③ 脱脱：《金史·撒改传》卷70，中华书局1975年版，第1615页。
④ 脱脱：《金史·撒改传》卷70，中华书局1975年版，第1618页。
⑤ 脱脱：《金史·阿离合懑传》卷73，中华书局1975年版，第1672页。
⑥ 脱脱：《金史·劾孙传》卷65，中华书局1975年版，第1543页。
⑦ 脱脱：《金史·宗翰传》卷74，中华书局1975年版，第1693—1694页。

国论勃极烈，尊礼优崇得自由者。胡鲁勃极烈，统领官之称。移赉勃极烈，位第三曰'移赉'。阿买勃极烈，治城邑者。乙室勃极烈，迎逆之官。札失哈勃极烈，守官署之称。昃勃极烈，阴阳之官。迭勃极烈，倅贰之职。"① 对每个勃极烈职位，都有具体工作安排。

金朝勃极烈议事会议，既是金朝国家的权力机关，又是金朝国家行政机关。女真统治阶级通过勃极烈会议，来实现国家的治理和经略。在勃极烈议事会议上，由于担任勃极烈者都是完颜部家族内部成员，有着亲近的血缘关系。金初阿骨打时期，还没有确定封建制君臣关系，因此在勃极烈议事会议上，民主的气氛比较浓，每位勃极烈议事时，都比较随便，与阿骨打的关系相对平等。金太祖去世后，金太宗以谙班勃极烈即皇帝位。《金史·济安传》记载："国初制度未立，太宗、熙宗皆自谙班勃极烈即帝位。谙班勃极烈者，汉语云最尊官也。"② 金太宗即皇帝位后，于当年选定皇储继承人。《金史·太宗纪》记载："（天会元年）十二月甲午（1124年1月3日），……诏曰：以国论勃极烈杲为谙班勃极烈，宗斡为国论勃极烈。"③

金太宗时期，伐辽灭宋取得绝对性胜利，占领辽、宋广大地区，开始接触中原汉文化后，太宗想效仿辽宋皇位继承制度。皇储谙班勃极烈杲去世后，谙班勃极烈人选迟迟不确定。《金史·熙宗纪》记载："天会八年（1130），谙班勃极烈杲薨，太宗意久未决。十年，……谙班勃烈虚位已久，今不早定，恐授非其人。合剌，先帝嫡孙，当立。相与请于太宗者再三，乃从之。四月庚午，诏曰：尔为太祖之嫡孙，故命尔为谙班勃极烈，"④ "太宗以宗翰等皆大臣，义不可夺，乃从之，遂立熙宗为谙班勃极烈。于是，宗翰为国论右勃极烈，兼都元帅。"⑤ 从这件事来看，当时金朝皇帝的权力受勃极烈制度的制约。女真族皇帝的权力不是至高无上，勃极烈制度下的议事会议的权力是至高无上的，勃极烈议事会议是国家最高的权力机关。金太宗为了摆脱勃极烈制度的束缚，减少勃极烈职位的设置，以此来削弱勃极烈制度的权力。在整个太宗天会年间，除任命熙宗为

---

① 脱脱：《金史·国语解》，中华书局1975年版，第2891页。
② 脱脱：《金史·济安传》卷80，中华书局1975年版，第1798页。
③ 脱脱：《金史·太宗纪》卷3，中华书局1975年版，第49页。
④ 脱脱：《金史·熙宗纪》卷4，中华书局1975年版，第69页。
⑤ 脱脱：《金史·宗翰传》卷4，中华书局1975年版，第1699页。

谙班勃极烈外，仅见两次任命勃极烈，《金史·太宗纪》记载："天会二年春正月庚戌朔（1124年1月19日），以谩都诃为阿舍勃极烈，参议国政。"① 《金史·宗磐传》记载："宗磐本名蒲鲁虎。……天会十年（1132），为国论忽鲁勃极烈。"② 国论乙室勃极烈阿离合懑、阿买勃极烈习不失，两位勃极烈去世后没有增补。金太宗在削弱勃极烈议事会议权力的同时，积极效仿中原宋朝汉族官制，开始迈出汉官制改革的步伐。

三 勃极烈制度的废除

金朝中央勃极烈制度的废除，是经过太宗、熙宗两朝来实现的。废除的原因有主客观两个方面。主观方面是勃极烈制度制约皇权，在勃极烈制度下皇权难以实现。客观方面是接触先进汉文化后，受辽和北宋封建官制的影响。因此，太宗和熙宗出于扩大皇权的需要，以及"为了适应生产力和形势的急剧发展，金朝统治者在政治制度上实行了一系列改革。废除了带有氏族制残余色彩的勃极烈贵族会议制度"③，实行封建中央集权制度。

从主观方面，在金太宗时期，有两件事使太宗的皇权受到制约。第一件事是天会八年，谙班勃极烈杲去世，太宗想立自己的儿子为皇储，但受到诸勃极烈的反对，拖了很长时间没实现。"太宗以宗翰等皆大臣，义不可夺，乃从之，遂立熙宗为谙班勃极烈。"④ 太宗争执不过宗翰、宗幹等勃极烈的情况下，不得已任命熙宗为谙班勃极烈，即为皇储继承人。第二件事是太宗挥霍过度，遭到勃极烈制度惩罚。《三朝北盟会编》记载："《燕云录》曰：金国置库收积财货，誓约惟发兵用之，至是国主吴乞买私用过度，谙版告于粘罕，请国主违誓约之罪。于是，群臣扶下殿，庭杖二十毕，群臣复扶上殿。谙版、粘罕以下谢罪，继时过盏。"⑤ 金太宗被杖打二十大板，作为皇帝确实有失体统。在宋朝皇权体制下，这种事情是不可能发生的。上述两件事情的发生，促使太宗主观上要废除勃极烈制度。

从客观方面，随着金朝不断占领辽宋广大地区，汉族、契丹族等人口

---

① 脱脱：《金史·太宗纪》卷3，中华书局1975年版，第49页。
② 脱脱：《金史·宗磐传》卷76，中华书局1975年版，第1729页。
③ 干志耿、孙秀仁：《黑龙江古代民族史纲》，黑龙江人民出版社1987年版，第379页。
④ 脱脱：《金史·宗翰传》卷74，中华书局1975年版，第1699页。
⑤ 徐梦莘：《三朝北盟会编》卷165，上海古籍出版社1987年版，第1149页。

逐渐增加，各种封建文化传入金朝，使金太宗向往封建皇权制。太宗为实现女真中央勃极烈制度向宋朝三省六部制转化，采取两步走措施。一方面对勃极烈空缺不增补，另一方面在新占领的辽宋地区，实行辽宋原有官制。"及张敦固伏诛，移置中书、枢密于平州……凡汉地选授调发租税皆承制行之。故自时立爱、刘彦宗及企先辈，官为宰相，其职大抵如此。……天会四年，始定官制，立尚书省以下诸司府寺。"① 这次在新占领区采用宋朝官制，为其后实行三省六部制打下了基础。《金史·选举制》记载："始于太宗天会元年十一月，时以急欲得汉士以抚辑新附，初无定数，亦无定期，……五年，以河北、河东初降，职员多阙，以辽、宋之制不同，诏南北各因其素所习之业取士，号为南北选。"② "天会十一年八月戊戌，比以军旅未定，尝命帅府自择人授官，今并从朝廷选注。"③ 金太宗虽然在中央没有废除勃极烈制度，但是在新占领区实行汉官制，一个国家实行两种官制，势必对勃极烈制度有所影响。

金太宗的官制改革，由于晚年病魔缠身，未能实现。金熙宗即位后，因熙宗汉文化程度较高，即位就开始官制改革。下诏废除勃极烈制度，效仿辽宋朝官制。《金史·百官志》记载："至熙宗颁新官制及换官格，除拜内外官，始定勋封食邑入衔，而后其制定。然大率皆循辽、宋之旧。"④ 熙宗在中央实行尚书省制度，《金史·熙宗纪》记载："（天会十三年）三月甲午，以国论右勃极烈、都元帅宗翰为太保，领三省事，封晋国王。"⑤《金史·宗磐传》记载："磐本名蒲鲁虎。……天会十年，为国论忽鲁勃极烈。熙宗即位，为尚书令，封宋国王。未几，拜太师，与宗干、宗翰并领三省事。"⑥ 从这两则史料来看，领三省事的宗磐、宗干、宗翰，原先都是勃极烈，且是并领三省事、不分主次，这就使熙宗时期的官制改革不彻底，对宗磐、宗干、宗翰而言，只是官名变换了领三省事，其实质权力没有什么变化。但对于皇储继承来说，废除勃极烈制度后，皇位的继承不再由勃极烈议事会议来决定。熙宗废除勃极烈制度，给海陵王

---

① 脱脱：《金史·韩企先传》卷78，中华书局1975年版，第1777页。
② 脱脱：《金史·选举志》卷51，中华书局1975年版，第1134页。
③ 脱脱：《金史·太宗纪》卷3，中华书局1975年版，第65页。
④ 脱脱：《金史·百官志》卷55，中华书局1975年版，第1216页。
⑤ 脱脱：《金史·熙宗本纪》卷4，中华书局1975年版，第70页。
⑥ 脱脱：《金史·宗磐传》卷76，中华书局1975年版，第1729—1730页。

弑杀熙宗、发动宫廷政变夺取皇位埋下了隐患。如果勃极烈制度没有废除，即使海陵王发动政变弑杀了熙宗，皇位继承还需勃极烈议事会议来决定。那么，是否会出现海陵王弑杀熙宗、夺权政变就不好说了。

第三节　金初上京路猛安谋克制度

金代猛安谋克制度是金朝地方的基本政治制度。金朝设置的猛安谋克机构，是军政合一的地方行政机关。金朝中央政府通过猛安谋克行政机构，实现对地方的统治。金代猛安谋克制度是在女真孛堇制度基础上，为适应统治需要建立起来的。随着女真建国和伐辽的需要，猛安谋克制度最终确立。金朝在灭北宋以后，将上京路的大批猛安谋克，迁往辽、宋地区，致使金代上京路猛安谋克制度，推向整个金朝广大地区。

一　猛安谋克制度的形成

金朝猛安谋克制度的产生，经历了很长一段历史时期。猛安与谋克是女真社会不同阶段的政治产物。过去很多学者研究猛安谋克制度，都视二者混同在一起，认为同时产生。其实不然，金朝的猛安谋克制度，是伴随着女真部族制的演变产生的。先有谋克制度，后有猛安制度。以往研究猛安谋克制度者，都把猛安与谋克混在一起。笔者认为金代女真谋克制度，是在女真村寨的基础上，为了作战的需要，把某一氏族或家族的村寨称为谋克。猛安制度是女真社会发展到部落联盟后，为进行较大规模的战争需要，把若干个谋克编在一起，形成的军事联盟组织的称谓。

猛安称谓产生以后，才真正形成猛安谋克制度。随着女真人扩大战争的需要，猛安与谋克融为一体，形成军事管理体系。金朝猛安谋克制度，是由女真部族制下的孛堇制度，发展演变而来的金朝军政合一组织。《金史·兵志》记载："金之初年，诸部之民无它徭役，壮者皆兵，平居则听以佃渔射猎习为劳事，有警则下令部内，及遣使诣诸勃堇征兵，凡步骑之杖粮皆取备焉。其部长曰孛堇，行兵则称猛安、谋克，从其多寡以为号，猛安者千夫长也，谋克者百夫长也。"[1] 从这则史料可以看出，猛安谋克制度是从女真孛堇制度演变而来，生活在女真自然村寨中的女真人，平时

---

[1]　脱脱：《金史·兵志》卷44，中华书局1975年版，第992页。

主要从事佃渔射猎的劳动，发生战争，无论任何人，只要身体状况允许，都要由作为村长或称部长，在女真语中称孛堇，跟随孛堇出征作战。全村的人就是一个作战单位，或者相当于现在的一个连，或是相当于一个营的军事单位。一个孛堇就是一个村落，一个村落基本上是一个氏族，或是一个较大的家族，他们大都有着亲近的血缘关系，彼此之间都有深厚家族感情。因此，作战时他们能够紧紧团结在一起，战斗力特别的强大。

谋克一词产生之初，是一个专有名词。正如张博泉所说："我们在《金史》中所见到的关于金政权建立以前的猛安谋克都不表明是平时的氏族部落组织单位和名称，而是氏族战争中的军事组织名称，猛安谋克的名词的出现都是与作战有关系的。"① 张博泉的论证至为正确，起初谋克一词出现时，不是经常对某某村或是某某孛堇的称谓，村民们在平常佃猎时不称谋克，只是到了出征作战时，村民们被编成军事单位才称为谋克。随着战争规模的扩大，把几个临近的村庄编在一起，形成较大的军事组织，也就是军事联盟。在这个军事联盟中，有几个被称为孛堇的村长，公选或是任命，负责以附近几个村落形成的军政事务。这个部落联盟总的负责人，平时被称为孛堇，出征作战时称猛安。

谋克一词产生的时间较早。《金史·桓赧、散达传》："世祖闻肃宗败，乃自将，经舍很、贴割两水取桓赧、散达之家，桓赧、散达不知也。世祖焚其所居，杀略百许人而还。未至军，肃宗之军又败。世祖至，责让肃宗失利之状，使欢都、冶诃以本部七谋克助之，复遣人议和。"② 这是《金史》里记载最早的谋克一词，记载的是世祖时期的事情。说明在世祖时期就已经有谋克一词了，但谋克一词不一定就是世祖劾里钵时期产生的。产生的时间也许在世祖之前，但不会早于献祖绥可时期。因为谋克是对以村寨为单位的军事组织的称谓，在没有定居、没有村寨时，是不会有谋克组织的。女真谋克组织的产生与形成，是在献祖绥可迁居按出虎水定居后，随着铁制生产工具的应用，农业生产的发展，剩余产品增多，形成阶级分化后，氏族或部落之间为了保护领地和财产，经常发生战争之后，才产生的原始军事组织。在《金史》中记载有七部谋克增援世祖，并不是说当时在女真社会中只有七部谋克。到太

---

① 张博泉：《论金代猛安谋克制度形成、发展及其破坏的原因》，《文史哲》1963年第1期。
② 脱脱：《金史·桓赧、散达传》卷67，中华书局1975年版，第1575页。

祖阿骨打建国前期，为了适合统一女真部族的需要，对已经形成的猛安谋克组织，进行了重新编制和整顿。《三朝北盟会编》记载："其官名则以九曜二十八宿为号。曰：谙版勃极烈大官人、勃极烈官人。其职曰忒母万户、明安千户、毛可百人长、蒲里偃牌子头。勃极烈者，统官也，犹中国言总管云。自五十户勃极烈，推而上之至万户勃极烈，皆自统兵，缓则射猎，急则出战。"① 这是对原有的猛安谋克制度进行整顿的生动描述。女真建国前，太祖阿骨打出于伐辽战争的需要，为了加强军队战斗力，对原有的猛安谋克组织重新进行了系统编制。《金史·太祖纪》记载："初命诸路以三百户为谋克，十谋克为猛安。"② 《金史·循吏传》记："太祖命三百户为谋克，十谋克为猛安，一如郡县置吏之法。"③ 金太祖重新编制的猛安谋克，与以往存在女真社会中的猛安谋克不同，是按照郡县制设置方法编制的。女真建国后，对猛安谋克组织进行了进一步整顿。《金史·百官志》记载："收国二年九月，始制金牌，后又有银牌、木牌之制，盖金牌以授万户，银牌以授猛安，木牌则谋克、蒲辇所佩者也。"④ 通过给猛安授银牌，给谋克授木牌，使金代的猛安谋克制度化，并随之使猛安谋克成为地方政权组织。

二 上京路分布的猛安谋克

金代上京路在金朝猛安谋克制度发展中，有着十分重要的地位。金朝猛安谋克制度随着女真奴隶制的发展，从女真部族的孛堇制度，发展演变成猛安谋克制度，推动了女真从奴隶社会向封建社会的过渡。因此，了解金代上京路猛安谋克的分布，可以透露出金代上京路民族融合及经济社会发展的情况。对金代上京路猛安谋克分布给予系统考证，以使人们对金代上京路有一个全面的了解。

1. 会宁府猛安谋克分布：日本学者三上次男考证有五个猛安，即"托里爪猛安、宋葛屯猛安、速速保子猛安、牙塔懒猛安、上京路猛

---

① 徐梦莘：《三朝北盟会编》卷 3，上海古籍出版社 1987 年版，第 18—19 页。
② 脱脱：《金史·太祖纪》卷 2，中华书局 1975 年版，第 25 页。
③ 脱脱：《金史·循吏传》卷 128，中华书局 1975 年版，第 2757 页。
④ 脱脱：《金史·百官志》卷 58，中华书局 1975 年版，第 1335 页。

安"。① 李薇补订时说有六个猛安，多出一个熟伽泊猛安。熟伽泊猛安应是李薇根据清末在今五常县出土的熟伽泊猛安印，因金毓黻考证熟伽泊即熟结泺，此湖在今五常县境内，因此将熟伽泊猛安增补在上京会宁府路下所辖猛安。1976 年秋天，在当时阿城县阿什河公社还发现了"上京鞋火千户"铜牌，② 千户即是猛安。刘丽萍根据"《黑龙江志稿》增补海古猛安"。③《金史·谋良虎传》记载："诏以晖第三子天锡世袭纳邻河猛安。"④《金史·徒单合喜传》记载："徒单合喜，上京速苏海水人也。……父蒲涅，世袭猛安。二十一年，……迁其孙三合武功将军，授世袭本猛安曷懒若窟申谋克。"⑤ 到目前为止，综合以上材料，可以认定上京路会宁府有十个猛安。其实金代上京路会宁府附近的猛安数，不会少于十个，因《金史·曹望之传》记载："诏买牛万头给按出虎八猛安徙居南京者，"⑥ 金朝仅在按出虎就迁走八个猛安，因此可以推定会宁府猛安不止这十个。

会宁府境内的谋克，《金史·隈可传》记载："以兄谋良虎孙唤端合扎谋克余户，授偎喝上京路扎里瓜猛安所属世袭谋克。"⑦《金史·没都鲁传》记载："阿勒根没都鲁，上京纳邻河人也。……授世袭本路宁打浑河谋克。"⑧《金史·谋良虎传》记载："诏以晖第三子天锡世袭纳邻河猛安亲管谋克。"⑨《金史·兵志》记载："二十四年以上京率、胡刺温之地广而腴，遂遣刑部尚书乌里也出府库钱以济行资牛畜，迁速频一猛安、胡里改二猛安二十四谋克以实之。"⑩ 在黑龙江省海林市发现"巴刺海山谋克印"⑪。《金史·乌古论粘没曷传》记载："乌古论粘没曷，上京胡刺温屯

---

① ［日］三上次男：《金代女真研究》，金启孮译，黑龙江人民出版社 1984 年版，第 453—454 页。
② 张连峰：《金上京鞋火千户铜牌》，《黑龙江文物丛刊》1982 年第 1 期。
③ 刘丽萍：《金代猛安谋克在黑龙江地区的主要分布》，《农垦师专学报》1996 年第 3 期。
④ 脱脱：《金史·谋良虎传》卷 120，中华书局 1975 年版，第 2620 页。
⑤ 脱脱：《金史·徒单合喜传》卷 87，中华书局 1975 年版，第 2620 页。
⑥ 脱脱：《金史·曹望之传》卷 92，中华书局 1975 年版，第 2035 页。
⑦ 脱脱：《金史·隈可传》卷 66，中华书局 1975 年版，第 1561 页。
⑧ 脱脱：《金史·没都鲁传》卷 81，中华书局 1975 年版，第 1818 页。
⑨ 脱脱：《金史·谋良虎传》卷 120，中华书局 1975 年版，第 2620 页。
⑩ 脱脱：《金史·兵志》卷 44，中华书局 1975 年版，第 999 页。
⑪ 黑龙江省文物考古工作队：《黑龙江古代官印集》，载《考古》1983 年第 1 期。

人也。……太祖伐辽常侍左右,……授世袭谋克。"① 以上这些谋克,经考证都分布在会宁府境内。

2. 黄龙府猛安谋克分布:三上次男考证有七猛安三谋克:"奥吉猛安、和团猛安、和术鸢猛安、移里闵斡论浑河猛安、曷懒兀主猛安、夺古阿怜猛安、隆安路猛安。烈里没谋克、涉里斡设谋克、敌骨论窟申谋克。"② 李薇增补两个:"济州猛安、失剌古山猛安"。孙进己先生认为"济州猛安即隆安路猛安,是同一猛安先后的异称。实际上只增补了一个"③。姜维东、黄为放通过考证出土的撒土浑谋克印,其印边款刻有"上边款为撒土浑谋克印,左边款为系纳里浑猛安下,七字"④。以纳里浑河为今伊通河,认定纳里浑猛安、撒土浑谋克,在隆州境内。姜维东、黄为放还增补了"合孛懒涯猛安、必刺海都钵猛安、拽挞懒河猛安、夺古阿邻猛安、帕里干猛安、胡鲁失懒猛安、拿里虎猛安、蒲里猛安、托撒猛安、满七离猛安等22个猛安",其中有3个猛安三上次男已经考证过。此外还有:《金史·纳坦谋嘉传》记载:"纳坦谋嘉,上京路牙塔懒猛安人。"⑤《金史·乌春传》记载:"温敦蒲剌始居长白山阿不辛河,徙隆州移里闵河。蒲剌初从希尹征伐,摄猛安谋克事。"⑥ 李薇增补了1个曷懒若窟申谋克。姜维东等又增补了"蒲鲁哥乌主谋克、推浑谋克、盔烈可乌主谋克、唵母思和掘谋克、什母温山谋克、奚出痕谋克、胡勒出谋克、毛都虎谋克、厮都浑谋克、毛石都拔谋克"⑦ 等16个谋克。

3. 蒲与路猛安谋克分布:三上次男考证有三猛安二谋克:"屯河猛安、合里宾忒千户、奴古谊猛安。火鲁火疃谋克、乌耶古河谋克。"⑧《金史·仆忽得传》记载:"与酬斡俱,招降烛偎水部族,酬斡为谋克,仆忽

---

① 脱脱:《金史·乌古论粘没曷传》卷120,中华书局1975年版,第2619页。
② [日] 三上次男:《金代女真研究》,金启孮译,黑龙江人民出版社1984年版,第454页。
③ 孙进己等:《女真史》,吉林文史出版社1987年版,第99页。
④ 姜维东、黄为放:《金代黄龙府猛安谋克考》,《东北史地》2014年第1期。
⑤ 脱脱:《金史·纳坦谋嘉传》卷104,中华书局1975年版,第2287页。
⑥ 脱脱:《金史·乌春传》卷67,中华书局1975年版,第1580页。
⑦ 姜维东、黄为放:《金代黄龙府猛安谋克考》,《东北史地》2014年第1期。
⑧ [日] 三上次男:《金代女真研究》,金启孮译,黑龙江人民出版社1984年版,第454页。

得领行军千户。"① "九月，烛隈水部实里古达等杀孛董酬斡、僕忽得以叛。"② 这两则史料记载了酬斡先招降了烛偎水部族，金朝授予酬斡为烛偎水谋克和僕忽得为行军千户，行军千户即行军猛安。天辅四年九月僕忽得等，杀烛偎水谋克酬斡孛董叛金。从历史事实来看，烛偎水与烛隈水是一水。谭其骧考证"烛隈水为今黑龙江嘉荫县境嘉荫河"③。这样看来烛隈水千户和烛隈水谋克，在当年金代蒲与路境内。《金史·世宗昭德皇后传》："其先居海罗伊河，世为乌林荅部长，率部族来归，居上京，……父石土黑从太祖伐辽，……以功授世袭谋克，为东京留守。"④ "罗"字有"排列、分布"⑤之意，"伦"字有"条理、顺序"⑥之意，"佛教对某种得道者称罗汉"⑦，《说文·人部》："伦，道也"⑧。罗与伦意同。"伊，惟也者、助句辞，非为义也。"⑨ 伊字助词没有实际意义。因此《金史》记载的海罗伊河，就是今海伦县境内的海伦河。由此可推知太祖所授石土黑世袭谋克当在今海伦县境内。《金史·世宗纪》记载："大定二十四年十一月丙午（1184年12月25日），尚书省奏徙速频、胡里改三猛安二十四谋克以实上京。"⑩《金史·世宗纪》记载："大定二十五年四月甲子（1185年5月12日），诏于速频、胡里改两路猛安下选三十谋克为三猛安，移置于率督畔窟之地，以实上京。"⑪ 这两则史料记载的是，从速频路和胡里改路迁三猛安二十四谋克，到率督畔窟之地。谭其骧考证"率督畔窟之地为今黑龙江省依安县双阳以东至铁力县一带地方"⑫。因此可知从速频路和胡里改路迁三猛安二十四谋克，当迁到蒲与路管辖境内。此外，1987年，在黑龙江省北安市发现曷苏昆山谋克印，印文为"曷苏昆

---

① 脱脱：《金史·僕忽得传》卷121，中华书局1975年版，第2635页。
② 脱脱：《金史·太祖纪》卷121，中华书局1975年版，第34页。
③ 谭其骧：《中国历史地图集·释文汇编·东北卷》，中央民族大学出版社1988年版，第183页。
④ 脱脱：《金史·世宗昭德皇后传》卷64，中华书局1975年版，第1519页。
⑤ 徐中舒：《汉语大字典》（四册），四川辞书出版社1988年版，第2928页。
⑥ 徐中舒：《汉语大字典》（一册），四川辞书出版社1988年版，第181页。
⑦ 《新华字典》，商务印书馆1957年版，第306页。
⑧ 徐中舒：《汉语大字典》（一册），四川辞书出版社1988年版，第181页。
⑨ 徐中舒：《汉语大字典》（一册），四川辞书出版社1988年版，第127页。
⑩ 脱脱：《金史·世宗纪》卷8，中华书局1975年版，第188页。
⑪ 脱脱：《金史·世宗纪》卷8，中华书局1975年版，第188页。
⑫ 谭其骧：《中国历史地图集·释文汇编·东北卷》，中央民族大学出版社1988年版，第184页。

山谋克之印",边款刻有系蒲与猛安下,显然曷苏昆山谋克分布在蒲与路境内,且隶属于蒲与猛安管辖。

4. 胡里改路猛安谋克分布:三上次男考证有一猛安二谋克:"胡里改猛安、合重浑谋克、吊同圭阿邻谋克。"① 张博泉增补胡里改路猛安,② 胡里改猛安当与胡里改路猛安是一回事,因此等于没有增补。胡里改路猛安谋克,《金史·夹谷清臣传》记载:"夹谷清臣本名阿不沙,胡里改路桓笃人也。姿状雄伟,善骑射。皇统八年,袭祖驳达猛安。"③ 这则史料明确记载夹谷清臣是胡里改路人,世袭祖父驳达猛安。由此可推知,驳达猛安就在胡里改境内。《金史·地理志》记载:"胡里改路,……北至边界合里宾忒千户一千五百里。"④ 千户即是猛安。因此,合里宾忒千户又是胡里改路的一个猛安。到目前为止,胡里改路可考的当是三猛安二谋克。其实,胡里改路猛安谋克当不止这些,胡里改路国初就置万户。《金史·古里甲石伦传》记载:"仍三十人为一谋克,五谋克为一千户,四千户为一万户,四万户为一副统,两副统为一都统,外设一总领提控。制可。"⑤ 一万户就设有四猛安,国初胡里改设万户,就是说胡里改路至少应有四猛安二十谋克,只是我们考证不出来这些猛安的地点和名字而已。

5. 恤品路猛安谋克分布:三上次男考证有三猛安,即"宝邻山猛安、哲特猛安、曷懒合打猛安"⑥。三上次男在认定这三个猛安为恤品路猛安后,还对押懒猛安给予考证。他依据《金史·地理志》记载:"太宗天会二年,以耶懒路都孛堇所居地瘠,遂迁于此。……世宗大定十一年,以耶懒、速频相去千里,既居速频,然不可忘本,遂命名石土门亲管猛安曰押懒猛安。"⑦ 认定押懒路猛安是由耶懒路迁移到恤品路的。在三上次男考证之外,《金史》里还有分布在恤品路的猛安。《金史·地理志》记载:

---

① [日]三上次男:《金代女真研究》,金启孮译,黑龙江人民出版社 1984 年版,第 455 页。
② 张博泉《东北地方史稿》,吉林大学出版社 1985 年版,第 287 页。
③ 脱脱:《金史·夹谷清臣传》卷 94,中华书局 1975 年版,第 2083 页。
④ 脱脱:《金史·地理志》卷 24,中华书局 1975 年版,第 553 页。
⑤ 脱脱:《金史·古里甲石伦传》卷 111,中华书局 1975 年版,第 2439—2440 页。
⑥ [日]三上次男:《金代女真研究》,金启孮译,黑龙江人民出版社 1984 年版,第 455 页。
⑦ 脱脱:《金史·地理志》卷 24,中华书局 1975 年版,第 553 页。

"恤品路……北至边界斡可阿怜千户二千里。"① 此则史料说明，在恤品路北边还分布着斡可阿怜猛安。《金史·郯王传》记载："郯王琮本名承庆，……明昌元年，授婆速路获火罗合打世袭猛安，留京师。"② 郯王虽然没有到恤品路，留在京师，但此婆速路获火罗合打世袭猛安是存在的。特别值得注意的是，此处的婆速路获火罗合打世袭猛安，与三上次男考证的速频路曷懒合打猛安不是一回事。速频路曷懒合打猛安，是《金史·完颜铁哥传》记载："完颜铁哥性……年二十四，袭父速频路曷懒合打猛安。"③ 此外，1973年，黑龙江省文物考古研究所，在嘉荫县征集到一方"恤品河窝母艾谋克印"，印侧刻有"系重吉猛安下"六个字。由此印可知，重吉猛安和恤品河窝母谋克分布在恤品路内。此外，张博泉先生在《金史论稿》中说："见《金史》卷八《世宗纪》大定二十四年及二十五年。是指在速频路管下的猛安。"④ 下面再次把这两则史料列出来，给予分析看是否存在速频路猛安。《金史·世宗纪》记载："大定二十四年十一月丙午（1184年12月25日），尚书省奏徙速频、胡里改三猛安二十四谋克以实上京。"⑤《金史·世宗纪》记载："大定二十五年四月甲子（1185年5月12日），诏于速频、胡里改两路猛安下选三十谋克为三猛安，移置于率督畔窟之地，以实上京。"⑥ 从大定二十五年的记载来看，好像是存在速频路和胡里改路，但从大定二十四年记载的"徙速频、胡里改三猛安二十四谋克以实上京"来看，速频路猛安、胡里改路猛安，是指该两路下的所有猛安，不是具体的速频路猛安和胡里改路猛安。因此速频路猛安当不存在。

6. 曷懒路猛安谋克分布：三上次男考证有二猛安三谋克："乌古敌昏山世袭猛安、泰伸必剌猛安，爱也窟谋克、本路婆朵火河谋克、可陈山谋克。"⑦ 而李薇说三上次男考证出"三猛安四谋克"⑧，较比三上次男考证

---

① 脱脱：《金史·地理志》卷24，中华书局1975年版，第553页。
② 脱脱：《金史·郯王传》卷93，中华书局1975年版，第2056页。
③ 脱脱：《金史·完颜铁哥传》卷103，中华书局1975年版，第2282页。
④ 张博泉：《金史论稿》，吉林文史出版社1986年版，第295页。
⑤ 脱脱：《金史·世宗纪》卷8，中华书局1975年版，第188页。
⑥ 脱脱：《金史·世宗纪》卷8，中华书局1975年版，第188页。
⑦ [日]三上次男：《金代女真研究》，金启孮译，黑龙江人民出版社1984年版，第455页。
⑧ 李薇：《关于金代猛安谋克的分布和名称问题》，《黑龙江民族丛刊》1984年第2期。

的多了拏里浑河猛安和菜栏河谋克。关于这两个猛安谋克，三上次男在其后对合懒路猛安谋克的论述中也没有提及。检索《金史》并没有这两个猛安谋克的记载。其实拏里浑河猛安和菜栏河谋克，是张博泉先生依据出土的金代官印考证出来的。关于拏里浑河猛安，张博泉说："此印见斋藤甚兵卫《珲春·敦化》(《满洲事情案内所刊》，1943年)，出土于吉林省延吉县依兰村九龙坪部落的北部山麓，拏里浑河猛安印，正隆元年十一月，内少府监造。据考订在此印出土附近有古城子，当是猛安所在地。"① "天辅六年，以上京为内地，则移其民实之。又命耶律佛顶以兵护送诸降人于浑河路，以皇弟昂监之，命从便以居。"② 从这则史料记载可知，金初在上京内地设置过浑河路。此浑河路在上京路境内是没问题的，但是具体到上京路下属的什么路，目前还不能准确考证。张博泉考证在曷懒路境内，暂且从之。《金史·昂传》记载："昂……天德初，……授上京路移里闵斡鲁浑河世袭猛安。"③ 关于菜栏河谋克，张博泉说："此印见斋藤甚兵卫《珲春·敦化》(《满洲事情案内所刊》，1943年)，出土于吉林省珲春县春化村西南太平川山城之东壁崖下，'大定十八年三月礼部造'。按太宗天会九年将此地改属曷懒路，菜栏河谋克当即设在此山城附近之菜栏河。"④ 笔者认为此山城，可能就是菜栏河谋克城。李薇根据《朝鲜庆源郡女真国书碑》，考证出左申必剌猛安、兀答温猛安、果法猛安三猛安。"以上三猛安出现在当地佛教记事的石刻中，因地域关系皆属曷懒路。"⑤《金史·乌延蒲离黑传》记载："乌延蒲离黑，速频路哲特猛安人，改属合懒路。"⑥ 从这则史料可知，原分布在恤品路的哲特猛安，后来迁移到曷懒路境内。

7. 曷苏馆路猛安谋克分布：三上次男和李薇都没把曷苏馆路猛安谋克纳入金代上京路猛安谋克来研究。张博泉虽对此展开研究，但也没有纳入金代上京路猛安谋克系统来研究，将其置于速频路之后来研究。曷苏馆路属于金代上京路遥领之地，属于辽籍熟女真归顺太祖的，行政管辖范围

---

① 张博泉：《金史论稿》，吉林文史出版社1986年版，第298页。
② 脱脱：《金史·食货志》卷46，中华书局1975年版，第1032页。
③ 脱脱：《金史·昂传》卷84，中华书局1975年版，第1887页。
④ 张博泉：《金史论稿》，吉林文史出版社1986年版，第298页。
⑤ 李薇：《关于金代猛安谋克的分布和名称问题》，《黑龙江民族丛刊》1984年第2期。
⑥ 脱脱：《金史·乌延蒲离黑传》卷86，中华书局1975年版，第1919页。

比其他金代上京路管辖的路小。《金史·胡十门传》记载："胡十门者，曷苏馆人也。……率其族属部众诣撒改，乌蠢降，营于驼回山之下。……赏赐甚厚，以为曷苏馆七部勃堇，给银牌一、木牌三。"① 这里记载的曷苏馆七部孛堇，当就是七个谋克。最少是一个猛安三个谋克，因为金朝银牌授给猛安，木牌授给谋克。同传记载："子钩室，尝从攻显州，领四谋克军，破梁鱼务，攻最，以其父所管七部为曷苏馆都勃堇。"② 胡十门子世袭父亲为曷苏馆都孛堇，此职当与万户相当。同传记载："合住，曷速馆苾里海水人也。仕辽，领辰、复二州汉人、渤海。……子余里也与胡十门，同时归朝……后从宗望伐宋，以功……授苾里海水世袭猛安。"③《金史·完颜福寿传》记载："完颜福寿，曷速馆人也。父合住，国初来归，授猛安。天眷二年，福寿袭父合住职。"④ 福寿世袭父亲合住职为曷苏馆猛安，此职在海陵王时期，省并猛安时停止授给。《金史·海陵纪》记载："正隆六年九月丙申（1161 年 10 月 17 日），……曷苏馆猛安福寿……。"⑤ 此处记载的曷苏馆猛安，是省并猛安后，曷苏馆路境内所有的猛安，都统一于曷苏馆猛安福寿之下。《金史·兵志》记载："天德二年，省并中京、东京、临潢、咸平、泰州等路节镇及猛安谋克，削上中下之名，但称为诸猛安谋克。"⑥ 从这时开始，一些路内的各个猛安，都统一称某某路猛安了。

8. 乌古迪烈统军司与泰州猛安谋克分布：乌古迪烈统军司是隶属于金代上京路，专门管理原辽朝乌古迪烈统军司地区边疆部族和纠军的。随着金朝边疆地区政治形势的变化，乌古迪烈统军司与泰州德昌军合并，治所迁到泰州城内。德昌军虽驻军泰州是延续辽朝地方行政体制建立起来的州。在泰州境内分布的猛安谋克军事组织归属金代上京路管辖。现在分别了解一下乌古迪烈统军司和泰州猛安谋克的分布情况。

在海陵王时期乌古迪烈统军司改称乌古迪烈招讨司，世宗大定时期再改为东北路招讨司，并迁址到金泰州城里，与泰州德昌军合为一体。《金

---

① 脱脱：《金史·胡十门传》卷 66，中华书局 1975 年版，第 1563—1564 页。
② 脱脱：《金史·胡十门传》卷 66，中华书局 1975 年版，第 1564 页。
③ 脱脱：《金史·胡十门传》卷 66，中华书局 1975 年版，第 1564 页。
④ 脱脱：《金史·完颜福寿传》卷 86，中华书局 1975 年版，第 1916 页。
⑤ 脱脱：《金史·海陵纪》卷 5，中华书局 1975 年版，第 115 页。
⑥ 脱脱：《金史·兵志》卷 44，中华书局 1975 年版，第 993 页。

史》记载："明昌六年三月丙申（1195年4月22日），如万宁宫。戊戌，以北边粮运，括群牧所、三招讨司猛安谋克、随纠及迭剌、唐古部诸抹、西京、太原官民驼五千充之。"① 这里提到的三招讨司，当是指东北、西北、西南三个招讨司，说明在东北路招讨司境内分布着猛安谋克。《金史·塔不也传》记载："移剌塔不也，东北路猛安人。"② 另外，在黑龙江省甘南县境内，出土了"拜因阿邻谋克之印"，在官印出土地附近阿伦河畔，有一谋克级别的阿伦河古城。此阿伦河古城是金东北路长城上，一个重要驻军堡垒。笔者怀疑此城当是拜因阿邻谋克城，由于官印边款刻有"承安三年闰三月礼部造"字样，因此拜因阿邻谋克当隶属于金东北路招讨司。

泰州的猛安谋克分布情况，在《金史》里也有大致的记载。《金史·食货志》记载："天辅五年，以境土既拓，而旧部多瘠卤，将移其民于泰州……遂摘诸猛安谋克中民户万余，使宗人婆卢火统之，屯种于泰州。"③ 按照金朝官制，"四万户为一副统，两副统为一都统。"④ 婆卢火任泰州都统，人口有四万户以上。《金史·婆卢火传》记载："天辅五年，摘取诸路猛安中万余家，屯田于泰州，……婆卢火旧居按出虎水，自是徙居泰州，而遣拾得、查端、阿里徒欢、奚挞罕等俱徙焉。"⑤ 婆卢火家族除了养子杲留在会宁府，没有迁到泰州，其余婆卢火家族全部迁移到泰州。跟随婆卢火迁移到泰州的拾得、查端、阿里徒欢、奚挞罕等就是四谋克。《金史·食货志》记载："其居宁江州者，遣拾得、查端、阿里徒欢、奚挞罕等四谋克，挈家属耕具，徙于泰州。"⑥ 此外，还有奚人猛安迁到泰州。《金史·食货志》记载："二十一年（1181）正月，上谓宰臣曰：'奚人六猛安，已徙居咸平、临潢、泰州，其地肥沃，且精勤农务，各安其居。'"⑦ 奚人六猛安分别迁到咸平、临潢和泰州，如果按照平均分配的办法，应该迁到泰州二猛安。金代后期，亦有迁到泰州的猛安谋克。

---

① 脱脱：《金史·章宗纪》卷10，中华书局1975年版，第235页。
② 脱脱：《金史·塔不也传》卷106，中华书局1975年版，第2346页。
③ 脱脱：《金史·食货志》卷46，中华书局1975年版，第1032页。
④ 脱脱：《金史·古里甲石伦传》卷111，中华书局1975年版，第2440页。
⑤ 脱脱：《金史·婆卢火传》卷71，中华书局1975年版，第1638页。
⑥ 脱脱：《金史·食货志》卷46，中华书局1975年版，第1032页。
⑦ 脱脱：《金史·食货志》卷47，中华书局1975年版，第1046页。

《金史·纥石烈志宁传》记载："纥石烈志宁本名撒曷辇，上京胡塔安人。……为泰州路颜河世袭谋克，转猛安，"① 金末，蒙古军入侵，东北路招讨司和泰州境内诸猛安谋克纷纷内逃。《金史·乌古论德升传》记载："泰州残破，东北路招讨司猛安谋克人皆寓于肇州。"②

以上是金代上京路猛安谋克整体分布情况，这只是一个大概的情况。由于史料缺少，就《金史》来说，记载得也比较模糊、混乱，而且在《金史》记载的还是少数，我们只能根据某个人物的出生地，来判断猛安谋克的分布。出土文物有限，虽然目前国内外出土了几十方金代猛安谋克官印，它只能给我们的考证工作提供一些线索，且官印流动性较大，加之历史上山水地名变化较大，这给我们的考证工作带来了极大的困难。相信以后伴随着考古学的发展，以及文献检索手段的提升，有关金代猛安谋克的考证，会取得更大的进展。

三 猛安谋克迁移

金代上京路猛安谋克迁移，是伴随着金与辽、宋两国关系的变化而展开的。金朝出于统治的需要，逐步将金源内地的猛安谋克，迁往所占领的辽、宋地区。海陵王迁都燕京前后，大批上京路猛安迁往中原。金世宗时期对金代上京路猛安谋克进行了整顿，金章宗时期金代上京路诸猛安谋克，主要迁移到金东北路长城附近，从事繁重的金长城修建。金末上京路境内的猛安谋克大多叛逃。金代上京路猛安谋克的迁徙，与金朝的政策调整是分不开的，每次猛安谋克的迁徙都是军政需要。

1. 金太祖时期猛安谋克迁移

金代开始迁徙上京路猛安谋克，发生在太祖时期。金太祖发动反辽战争，在取得节节胜利后，为了统治新占领地区的需要，开始双向移民政策。一方面，把分布在金代上京路的猛安谋克，迁往新占领地区。另一方面，把新占领地区内的契丹、渤海、奚、汉等族人，迁徙到金源内地将其编制为猛安谋克。《金史·兵志》记载："至太祖即位之二年，既以二千五百破耶律谢十，始命以三百户为谋克，谋克十为猛安。继而诸部来降，

---

① 脱脱：《金史·纥石烈志宁传》卷87，中华书局1975年版，第1929页。
② 脱脱：《金史·乌古论德升传》卷122，中华书局1975年版，第2658页。

率用猛安、谋克之名以授其首领而部伍其人。"① 阿骨打按照女真族传统的社会组织,将新占领地区的人民,采用猛安谋克制度进行编制。随着占领区的扩大,猛安谋克制度逐步在新占领区全部推行。《金史·太祖纪》记载:(收国)二年正月戊子(1116年2月8日),诏曰:"自破辽兵,四方来降者众,宜加优恤。自今契丹、奚、汉、渤海、系辽籍女直、室韦、达鲁古、兀惹、铁骊诸部官民,已降或为军所俘获,逃遁而还者,勿以为罪,其酋长仍官之,且使从宜居处。"②《金史·太祖纪》记载:"(收国二年)五月,……东京州县及南路系辽女直皆降。诏除辽法,省税赋,置猛安谋克一如本朝之制。"③ 废除辽朝地方行政制度,普遍推行猛安谋克制度,使之与金初女真猛安谋克制度一样。《金史·斡鲁古传》记载:"初,迪古乃、娄室奏,攻显州新降附之民,可迁其富者于咸州路,其贫者徙内地。于是,诏使阇哥择其才可干事者而授之谋克,其豪右诚心归附者拟为猛安,录其姓名以闻,饥贫之民,官赈给之,而使阇母为其副统云。久之,辽通、祺、双、辽四州之民八百余家,诣咸州都统降。上曰:辽人赋敛无度,民不堪命,相率求生,不可使失望,分置诸部,择善地以处之。"④ 此时,太祖开始尝试双向移民政策,对富者移居咸州,贫者移居金源内地,及占领的辽朝广大地区,仍实行双向移民政策。《金史·挞懒传》记载:"太祖自将袭辽主于大鱼泺,留辎重于草泺,使挞懒、牙卯守之。奚路兵官浑黜不能安辑其众,遂以挞懒为奚六路军帅镇之。习古乃、婆卢火护送常胜军及燕京豪族工匠自松亭关入内地。"⑤ 阿骨打一方面任命挞懒为奚六部军帅镇守,另一方面将燕京豪族工匠迁往金源内地。金朝在新占领区设置管理,就要迁移大批猛安谋克到该地,另外把新俘获的降民,迁到金源内地以填补被迁走的猛安谋克数量不足。《金史·挞懒传》记载:"降诏二十,招谕未降,汝当审度其事,从宜处之。其后抚定奚部及分南路边界,表请设官镇守。上曰:依东京、渤海列置千户、谋克。"⑥ 阿骨打在新占领区,实行猛安谋克制度。一方面迁徙上京

---

① 脱脱:《金史·兵志》卷44,中华书局1975年版,第992页。
② 脱脱:《金史·太祖纪》卷2,中华书局1975年版,第29页。
③ 脱脱:《金史·太祖纪》卷2,中华书局1975年版,第29页。
④ 脱脱:《金史·斡鲁古传》卷71,中华书局1975年版,第1637页。
⑤ 脱脱:《金史·挞懒传》卷77,中华书局1975年版,第1763页。
⑥ 脱脱:《金史·挞懒传》卷77,中华书局1975年版,第1763页。

路猛安谋克,到新占领区以实现对该地统治。另一方面迁徙所占领地区俘获降民,到上京路附近充实内地猛安谋克。据《金史·兵志》记载:"天辅五年……时以奚未平,又置奚路都统司,后改为六部路都统司,以遥辇九营为九猛安隶焉。与上京及泰州凡六处置,每司统五六万人。又以渤海军为八猛安。凡猛安之上置军帅,军帅之上置万户,万户之上置都统。"① 阿骨打将遥辇九营编为九猛安,迁到上京和泰州等地,再以渤海军为八猛安,迁到新占领区,隶于奚路都统司。

2. 金太宗时期猛安谋克迁移

金太宗为了加强对辽、宋占领区的统治,采取迁移金源猛安谋克到新占领地区,实现对占领区的统治。《金史·术甲脱鲁灰传》记载:"术甲脱鲁灰,上京人,世为北京路部长。其先……授北京路宋阿荅阿猛安,脱鲁灰自幼袭爵。"② 术甲脱鲁灰就是祖上从上京路迁移到辽中京的猛安谋克之人。与此同时,迁移大批降民到金朝内地以填补猛安谋克空缺。《金史·食货志》记载:"太宗天会元年,……以新迁之户艰苦不能自存,诏曰:'比闻民乏食至鬻子者,听以丁力等者赎之。'"③ 说明当时迁契丹人口到金源内地之多。

金军攻占北宋地区后,在"河东、河北州县镇防守,每州汉人、契丹、奚、渤海、金人多寡不同,大州不过留一千户,县镇百户"④。金军每占领北宋一个城镇,都要派出一定数量的女真人,来管理所占领的城镇。派出人员的成分,有汉人、契丹、奚、渤海等,没有固定的比例,多少不等。《金史·黄掴敌古本传》记载:"黄掴敌古本,世居星显水。……天会间,大军伐宋,敌古本从取濬、开德、大名,及取济南、高唐、棣、密等州。皇统间,以功袭谋克,移屯于寿光县界为千户。"⑤《金史·蒲察通传》记载:"蒲察通本名蒲鲁浑,中都路胡土爱割蛮猛安人也。"⑥《金史·移剌益传》记载:"移剌益字子迁,本名特末阿不,中都

---

① 脱脱:《金史·兵志》卷44,中华书局1975年版,第1002页。
② 脱脱:《金史·术甲脱鲁灰传》卷124,中华书局1975年版,第2698页。
③ 脱脱:《金史·食货志》卷46,中华书局1975年版,第1033页。
④ 徐梦莘:《三朝北盟会编》卷98,上海古籍出版社1987年版,第726页。
⑤ 脱脱:《金史·黄掴敌古本传》卷81,中华书局1975年版,第1818页。
⑥ 脱脱:《金史·蒲察通传》卷95,中华书局1975年版,第2105页。

路胡鲁土猛安人也。"① 这两则史料记载的蒲察通和移剌益，都是其祖辈迁到今北京地区的。可见，太宗时期灭宋，将大批金代上京路猛安谋克迁到了华北广大地区。

金朝迁移猛安谋克到原北宋地方的情况，《大金国志》记载："（天会十一年）秋，起女真国土人散居汉地。女真，一部族耳。后既广汉地，恐人见其虚实，遂尽起本国之土人蓁布星列，散居四方。令下之日，比屋连村，屯结而起。"②《金史·兵志》记载："至天会二年，平州既平，宗望恐风俗揉杂民情弗便，乃罢是制，诸部降人但置长吏，以下从汉官之号。"③ 女真猛安谋克到北宋地区，与汉族人口杂居，当时宗望恐风俗揉杂，说明金源内地猛安谋克迁到中原内地居住的数量较多。到了天会"四年，伐宋之役，调燕山、云中、中京、上京、东京、辽东、平州、辽西、长春八路民兵，隶诸万户，其间万户亦有专统汉军者"④。太宗在大量迁移猛安谋克过程中，为了统治需要，设置了汉军万户。汉军万户的设置，对金朝后来实行三省六部制产生了很大的影响。

3. 海陵王时期猛安谋克迁移

海陵王汉文化程度较高，十分羡慕中原汉文化，他政变夺取政权后，即开始谋划南伐灭宋。为了实现南伐灭宋，首先将金朝国都迁往燕京（金中都）。在海陵王迁都前后，有大批猛安谋克迁往中原。《金史·曹望之传》记载："天德元年……诏买牛万头给按出虎八猛安徙居南京者，望之主给之。"⑤ 海陵王迁按出虎八猛安，到金南京路即宋朝汴梁之后，陆续大规模迁上京路猛安于华北地区，为后来海陵王从上京迁都燕京做准备。

海陵王大规模迁上京路猛安谋克的目的是为海陵王迁都做准备。海陵王为了保障自己的皇权，首先建立一支侍卫亲军。《金史·兵志》记载："合扎者，言亲军也，以近亲所领，故以名焉。贞元迁都，更以太祖、辽王宗干、秦王宗翰之军为合扎猛安，谓之侍卫亲军，故立侍卫亲军司以统之。旧常选诸军之材武者为护驾军，海陵又名上京龙翔军为神勇

---

① 脱脱：《金史·移剌益传》卷97，中华书局1975年版，第2160页。
② 宇文懋昭：《大金国志》卷8，中华书局1986年版，第126页。
③ 脱脱：《金史·兵志》卷44，中华书局1975年版，第993页。
④ 脱脱：《金史·兵志》卷44，中华书局1975年版，第993页。
⑤ 脱脱：《金史·曹望之传》卷92，中华书局1975年版，第2035页。

军。"① 作为侍卫亲军的合扎猛安谋克，是在海陵王迁金中都，或是早些时候迁到金中都的。可能是有一部分先迁，然后大规模迁移。海陵王迁都燕京以后，为了削弱金代上京路猛安谋克势力，紧接着强令大批上京路猛安谋克，迁往中原各地区。《金史·兵志》记载："贞元迁都，遂徙上京路太祖、辽王宗幹、秦王宗翰之猛安，并为合扎猛安，及右谏议乌里补猛安，太师勗、宗正宗敏之族，处之中都。斡论、和尚、胡刺三国公，太保昂，詹事乌里野，辅国勃鲁骨，定远许烈，故呆国公勃迭八猛安处之山东。阿鲁之族处之北京。按达族属处之河间。"②

海陵王正隆时期，欲建立统一华夏的大帝国，再次迁徙上京路猛安谋克于中原地区。《金史·纳合椿年传》记载："贞元初，起上京诸猛安于中都、山东等路安置，"③ 关于这次上京路猛安谋克的迁徙，《金史》里有较为详细的记载。《金史·食货志》记载："海陵正隆元年二月，遣刑部尚书纥石烈娄室等十一人，分行大兴府、山东、真定府，拘括系官或荒闲牧地，及官民占射逃绝户地，戍兵占佃宫籍监、外路官本业外增置土田，……盖以授所迁之猛安谋克户，且令民请射，而官得其租也。"④ 海陵王在迁徙金代上京路后，对已从金代上京路迁到金中都的猛安谋克再次南迁。《金史·兵志》记载："正隆二年将南伐，……复于侍卫亲军四猛安旧止曰太祖、辽王、秦王猛安凡三，今曰四猛安，未详，岂太祖两猛安耶？内选三十以下千六百人，骑兵曰龙翔，步兵曰虎步，以备宿卫。"⑤《金史·按荅海传》记载："按荅海……海陵时，自上京徙河间，土瘠，诏按荅海一族二十五家，从便迁居近地，乃徙平州。"⑥ 从中可看出按荅海家族迁徙到中原的情况。

4. 世宗时期猛安谋克的迁移

金世宗面临着海陵王留下的烂摊子，采取了一些治理措施。首先对猛安谋克进行整顿，以达到消除海陵残存势力。金世宗先后出台了两项措施，第一项是颁布猛安谋克迁授格。《金史·世宗纪》记载："（大定二年

---

① 脱脱：《金史·兵志》卷44，中华书局1975年版，第1001页。
② 脱脱：《金史·兵志》卷44，中华书局1975年版，第993页。
③ 脱脱：《金史·纳合椿年传》卷83，中华书局1975年版，第1872页。
④ 脱脱：《金史·食货志》卷47，中华书局1975年版，第1044页。
⑤ 脱脱：《金史·兵志》卷44，中华书局1975年版，第1001页。
⑥ 脱脱：《金史·按荅海传》卷73，中华书局1975年版，第1683页。

二月）辛亥，定世袭猛安谋克迁授格。"① 猛安谋克迁授格就是基于对原有的猛安谋克，是否继续留用或是调往他处，对猛安谋克官员制定一个行政级别。统一猛安谋克行政级别，便于猛安谋克之间调动以及改任他职。这件事应该涉及金代上京路猛安谋克，因为世宗这次在猛安谋克中制定迁授格，是在全国实行的。第二项是世宗在平定斡窝叛乱后，继续实行海陵以来省并猛安谋克的措施。《金史·思敬传》记载："先是，省并猛安谋克，及海陵时无功授猛、克者，皆罢之，失职者甚众。"② 从这条史料来看，主要是为了消灭海陵残存势力。《金史·唐括德温传》记载："唐括德温本名阿里，上京率河人也。……大定二年，以父祖功授按出虎猛安所管世袭谋克。"③ 世宗封唐括德温为道国公、殿前都点检、驸马都尉，还把按出虎猛安迁授给唐括德温，其意在上京培植自己的势力。

海陵从上京迁都燕京，有很多大臣不满。金世宗为了拉拢反对海陵迁都势力，对金上京特别重视。在大定十一年恢复上京地位后，将胡里改和恤品（速频）两路的部分猛安谋克，迁移到上京路内。《金史·世宗纪》记载："大定二十四年十一月丙午（1184年12月25日），尚书省奏徙速频、胡里改三猛安二十四谋克以实上京。"④ 世宗同意了尚书省的奏请，在下诏时增加了六谋克。同传记载："甲子，诏于速频、胡里改两路猛安下选三十谋克为三猛安，移置于率督畔窟之地，以实上京。"⑤ 关于世宗迁恤品、胡里改三猛安共计三十谋克实上京一事，《金史·兵志》记载："上尝以速频、胡里改人骁勇可用，海陵尝欲徙之而未能，二十四年以上京率、胡剌温之地广而腴，遂遣刑部尚书乌里也出府库钱以济行资牛畜，迁速频一猛安、胡里改二猛安二十四谋克以实之。盖欲上京兵多，它日可为缓急之备也。"⑥ 从这里可看出迁恤品河胡里改三猛安一事，尚书省所奏与世宗所想不太一致。尚书省所奏是二十四谋克，世宗要迁三十谋克。最后尚书省以上京兵多为由拖延没迁。拖了半年多时间，到大定二十六年六月，金朝才正式实施迁移工作。《金史·世宗纪》记载："六月癸亥

---

① 脱脱：《金史·世宗本纪》卷6，中华书局1975年版，第126页。
② 脱脱：《金史·思敬传》卷70，中华书局1975年版，第1626页。
③ 脱脱：《金史·唐括德温传》卷120，中华书局1975年版，第2618页。
④ 脱脱：《金史·世宗纪》卷8，中华书局1975年版，第188页。
⑤ 脱脱：《金史·世宗纪》卷8，中华书局1975年版，第188页。
⑥ 脱脱：《金史·兵志》卷44，中华书局1975年版，第996页。

(1186年7月5日),尚书省奏速频、胡里改世袭谋克事,上曰:其人皆勇悍,昔世祖与之邻,苦战累年,仅能克复。其后乍服乍叛,至穆、康时,始服声教。近世亦尝分徙。朕欲稍迁其民上京,实国家长久之计。"① 从世宗所说的话来看,世宗迁移恤品和胡里改路三猛安上京路,应该有两方面原因,一是改善三猛安省或环境,二是削弱恤品和胡里改猛安势力。因此,世宗说是国家长久之计。

5. 章宗及其以后猛安谋克迁移

章宗时期,由于蒙古势力强大南下,经常侵扰北部边界。金章宗为防止蒙古侵边,再次开始大规模修建金东北路长城。迁移猛安谋克,到长城沿线从事繁重的劳动。猛安谋克既要从事繁重的长城修建,以防御蒙古的入侵,还要解决自身的生计问题。在今东北路长城遗址内侧,遗存的几处大型古城,当是金朝为了修建金东北路长城,迁移到附近居住的猛安谋克住所。在嫩江沿岸西侧的几个支流岸边,都坐落着较大型的军事边堡。如诺敏河岸边查哈阳古城,阿伦河岸边阿伦河古城,雅鲁河岸边雅鲁河古城,济沁河岸边济沁古城,这几处古城周长都在1500米以上,都属于女真猛安谋克级别城。居住在这里的猛安谋克,迁移的对象首选是金代上京路内的,别的地方不太可能,即使有迁移其他地方的猛安谋克,也应数量有限。

金宣宗时期,金朝首都南迁汴京,蒙古军越过金长城围攻金中都。此时金代上京路处于混乱状态,先是契丹耶律留哥率领契丹族大起义,然后是蒲鲜万奴叛金建立东夏国。再加上蒙古军的打击,致使金代上京路猛安谋克纷纷内迁、外逃,四分五裂。《金史·乌古论德升传》记载:"泰州残破,东北路招讨司猛安谋克人皆寓于肇州,凡征调往复甚难。"② 金代上京路猛安谋克,四处逃散,猛安谋克制度瓦解。

第四节 上京路国家行政机关

金朝在上京路实行不同的政治制度,设置不同类型的国家行政机关。金代上京路既设有猛安谋克制机构,又设有自汉以来的郡县制机构,还有

---

① 脱脱:《金史·世宗纪》卷8,中华书局1975年版,第193页。
② 脱脱:《金史·乌古论德升传》卷122,中华书局1975年版,第2658页。

延续辽朝的部族制机构。如在蒲与路、胡里改路、合懒路、恤品路、曷苏馆路,实行猛安谋克制度,设置万户府、猛安、谋克机构,管理军政事务。在会宁府、黄龙府、韩州、信州等地,实行郡县制度,设置府、州、县机构,管理军政事务。在边疆地区实行部族制,设置统军司、招讨司、部族使司、详稳司、群牧所、诸乣等机构,管理边疆军政事务。随着国家封建化进程的推进,金代上京路各级各类国家行政机关,伴随着国家性质由奴隶制向封建制转变,各级地方行政机关也随之改革。

一　上京路国家直属机关

1. 上京路留守司

辽金两朝都实行五京制,金代沿用辽代五京设置留守司。《金史·地理志》记载:"天眷元年,置上京留守司,以留守带本府尹,兼本路兵马都总管。"① 有学者对金天眷元年设置上京留守司怀疑,认为:"至于所言天眷元年在首都上京置上京留守司,揆诸中都大兴府,则疑非是。上京置留守司,应是贞元迁都大兴府后事,《金史》系年或有误。"② 其实金朝在天眷元年已经设置了上京留守司,《金史·礼志》记载:"皇统元年正月七日(1141年2月15日),遣上京留守奭告天地社稷。"③《金史·宗杰传》记载:"宗杰,本名没里野。天会五年,薨。天会十三年,谥孝悼。天眷元年,追封越王。以其长子奭为会宁牧,封邓王。后为上京留守。"④ 这两则史料都记载了宗杰长子奭,在天眷元年已担任上京留守司,这两处的记载与《金史·地理志》的记载相吻合,因此可以确定上京留守司设于天眷元年。

金上京留守司是金朝派到地方的一级地方军政机构。它不同于其他地方行政机构,它的权力可以直接与皇帝对话,是金朝派驻上京路的直属机构。金上京留守司机构设置,《金史·百官志》记载:"诸京留守司:留守一员,正三品,带本府尹兼本路兵马都总管。同知留守事一员,正四品,带同知本府尹兼本路兵马都总管。副留守一员,从四品,带本府少尹

---

① 脱脱:《金史·地理志》卷24,中华书局1975年版,第551页。
② 李昌宪:《金代行政区划史》,上海古籍出版社2015年版,第86页。
③ 脱脱:《金史·礼志》卷36,中华书局1975年版,第832页。
④ 脱脱:《金史·宗杰传》卷69,中华书局1975年版,第1604页。

第三章 金代上京路政治研究

兼本路兵马副都总管。留守判官一员，从五品。都总管判官一员，从五品。掌纪纲总府众务、分判兵案之事。推官一员，从六品，掌同府判，分判刑案之事，上京兼管林木事。司狱一员，正八品。司吏。女直司吏，上京二十人。"① 这则史料记载了结构、官衔、职掌，以及办公人员数量。金朝诸京留守司的设置，全国统一规划。《金史·仪卫志》记载："正三品：六部尚书、诸京留守……凡同品者，各引接六人，牵拢官二十人。"② 金上京留守内部机构职官的设置，在《金史》里记载很少。《金史·奥屯襄传》记载："奥屯襄本名添寿，上京路人。……未几，改速频路节度使，兼同知上京留守事。"③《金史·阿喜传》记载："阿喜，宗室子，好学问。袭父北京路筈栢山猛安，听讼明决，人信而爱之。察廉能，除彰国军节度副使，改上京留守判官。"④ 这两处史料证实了金上京留守司曾设置过同知上京留守事，以及上京留守判官。金上京留守司机构设置情况，一般职官都缺席。特别是在战争时期，军事将领随时征调，造成机构内部人员缺编。《金史·海陵纪》记载："（正隆二年）八月癸卯（1157年9月15日），始置登闻院。甲寅，罢上京留守司。"⑤ 从这则史料来看，海陵迁都燕京之后，一度废除上京留守司。海陵王在废掉上京之号后，取消金上京的京城地位，自然而然地要废除上京留守司。检索《金史》，在金末还有上京留守司一职官员的任命，说明上京路留守司在世宗恢复京号之后，很快就恢复了建置。

2. 上京路转运使司

金代上京路转运使司是金代户部设置在全国较大的机构，掌管财政、民政、税务、户籍、仓储等行政事务。金代转运使司是沿用辽代转运使司而设置的，但金代转运使司与辽代还是有很大的区别。辽代转运使司主要掌管运转粮食等事项，"金代转运使司不掌管河仓漕运，漕运另有漕运司，而掌税赋钱谷、仓库出纳、权衡度量之制"⑥。金代转运使司配置的官员，《金史·百官志》记载："转运司：使，正三品，掌税赋钱谷、仓

---

① 脱脱：《金史·百官志》卷57，中华书局1975年版，第1305页。
② 脱脱：《金史·仪卫志》卷42，中华书局1975年版，第960页。
③ 脱脱：《金史·奥屯襄传》卷103，中华书局1975年版，第2276页。
④ 脱脱：《金史·阿喜传》卷66，中华书局1975年版，第1569页。
⑤ 脱脱：《金史·海陵纪》卷5，中华书局1975年版，第107页。
⑥ 贺旭志：《中国历代职官辞典》，吉林文史出版社1991年版，第572页。

库出纳、权衡度量之制。同知,从四品。副使,正五品。都勾判官,从六品,纪纲众务、分判勾案,……户籍判官二员,从六品,旧止一员,承安四年增置一员,不许别差,专管拘收征克等事。支度判官二员,从六品,掌勾判、分判支度案事。盐铁判官一员,从六品。都孔目官二员,勾稽文牍。知法二员,从八品。"①

金代转运使司设置的各级官员,职责分明,各管一项具体工作。金代转运使司各部门人员配置,有着明确的规定。《金史·百官志》记载:"都勾案、户籍案、盐铁案、支度案、开拆案司吏,女直八人,汉人九十人。抄事一人,译史三人,通事一人,押遞五十人,监运诸物公使八十人。……省户、度判官各一员。"② 这则史料记载得比较全面具体,包括押运、仓储等,转运使司配置人员累计已经达到了二百三十多人。关于转运使司内主要办公人员,《金史·仪卫志》记载:"外任官从己人力……转运、节度使,四十人。"③ 这里的记载似与前文的记载不一致,笔者想这里应该是转运司里常设的办公官吏吧,有些人员可能是带有季节性的工作,比如押遞之人,当运输货物时就上班,没有货物运输时就不上班,这些人当不在《金史·仪卫志》里记载。金代上京路转运司设在隆州,《金史·地理志》记载:"天德三年置上京路都转运司,四年,改为济州路运司。"④ 检索《金史》仅发现这一处金代上京路转运使司史料在《金史》里不见其他有关金代上京路转运司的记载,其原因不知道为什么。也许是金上京路作为女真族发祥地,对猛安谋克的管理与对契丹、汉族人口有别的原因。在金章宗时期,金朝转运使司与按察司合并在一起,《金史·章宗纪》记载:"泰和八年十一月丁酉朔(1208 年 12 月 10 日),诏诸路按察使并兼转运使。"⑤ 合并后的转运使司,在《金史》里有职官名称连在一起的记载。《金史·宣宗纪》记载:"宣宗贞祐二年六月甲午朔(1214 年 7 月 9 日),以按察转运使高汝砺为参知政事。"⑥ 这样看来,金代上京路转运使司,先改为济州路转运使司,再改济州路按察转运使司。

---

① 脱脱:《金史·百官志》卷 57,中华书局 1975 年版,第 1317 页。
② 脱脱:《金史·百官志》卷 57,中华书局 1975 年版,第 1317 页。
③ 脱脱:《金史·仪卫志》卷 42,中华书局 1975 年版,第 963 页。
④ 脱脱:《金史·地理志》卷 24,中华书局 1975 年版,第 552 页。
⑤ 脱脱:《金史·章宗纪》卷 12,中华书局 1975 年版,第 285 页。
⑥ 脱脱:《金史·宣宗纪》卷 14,中华书局 1975 年版,第 305 页。

3. 上京路按察司

金代按察司是由提刑司改制而来。金章宗时期，效仿宋朝提点刑狱司，设置金代提刑司。金代提刑司主管审查刑狱，纠察贪官污吏，查禁走私盐、酒等物品，并兼劝农桑事务，还有考察官吏，并向朝廷推荐贤能官吏的职能。《金史·宗雄传》记载："章宗即位，初置九路提刑司……诏曰：朕初即位，忧劳万民，每念刑狱未平，农桑未勉，吏或不循法度，以隳吾治。朝廷遣使廉问，事难周悉。惟提刑劝农采访之官，自古有之。今分九路专设是职，尔其尽心，往懋乃事。"① 这里明确说明了章宗置提刑司的目的。金代提刑司隶属于御史台，属于中央派驻到地方的监察机关。《金史·完颜匡传》记载："章宗立提刑司，专纠察黜陟，当时号为外台。"②《金史·哀宗纪》记载："四年十月壬戌（1227年11月26日），外台监察御史谏猎。"③ 从这两条史料来看，金代提刑司与金代御史台，分别被称为外台和内台。金朝设置在各地的提刑司，直接隶属于御史台，属于御史台派驻各地的分支机构，与地方各级机关没有隶属关系。《金史·宗雄传》记载："及九路提刑使朝辞于庆和殿，上曰：建立官制，当宽猛得中。凡军民事相涉者，均平决遣，钤束家人部曲，勿使沮扰郡县事。今以司狱隶提刑司，惟冀狱犴无冤耳。"④ 九路提刑使奏事直接到庆和殿，可见章宗给予提刑司的地位。

金代提刑司始设于章宗初年，《金史·张万公传》记载："章宗即位，初置九路提刑司。"⑤ 金朝设置在各地的提刑司，不是全国各路普遍设置而是分片设置。《金史·章宗纪》记载："大定二十九年六月乙未（1189年7月21日），初置提刑司，分按九路，并兼劝农采访事，屯田、镇防诸军皆属焉。"⑥ 全国一共设置九个提刑司，《大金国志》记载："提刑司九处：中都西京路西京置司、南京路南京置司、北京临潢路临潢置司、东京咸平府路咸平置司、上京曷懒等路上京置司、河东南北路汾州置司、河北东西大名（府）等路河间置司、陕西东西等路平凉置司、山东东西路济

---

① 脱脱：《金史·宗雄传》卷73，中华书局1975年版，第1681页。
② 脱脱：《金史·完颜匡传》卷98，中华书局1975年版，第2166页。
③ 脱脱：《金史·哀宗纪》卷17，中华书局1975年版，第379页。
④ 脱脱：《金史·宗雄传》卷73，中华书局1975年版，第1681页。
⑤ 脱脱：《金史·张万公传》卷95，中华书局1975年版，第2102页。
⑥ 脱脱：《金史·章宗纪》卷9，中华书局1975年版，第210页。

南置司。"①

金代上京路提刑司是与曷懒等路设在一起的。上京曷懒等路提刑司设在上京会宁府。《金史·地理志》记载："后置上京曷懒等路提刑司。"② 到承安三年的时候，设在上京路的提刑司与设在东京路的提刑司合并。《金史·章宗纪》记载："承安三年正月丁巳（1198 年 2 月 26 日），并上京、东京两路提刑司为一，提刑使、副兼安抚使、副，安抚专掌教习武事，毋令改其本俗。"③ "承安三年以上京、东京等提刑司并为一提刑使，兼宣抚使劝农採访事……掌镇抚人民、讥察边防军旅、审录重刑事。……承安四年罢咸平分司，使在上京，副在东京，各设签事一员。承安四年改按察司，"④ 承安三年金代上京路和金代东京路合并后，不久金朝又将设在咸平府的分司撤销，真正并到上京路提刑司里。提刑司提刑使在上京路办公，提刑副使在东京办公。

金代提刑司在考察官吏时，凭其考察情况，有权向朝廷推荐官吏任免。《金史·选举志》记载："随路提刑所访廉能之官，就令定其堪任职事，从宜迁注。"⑤ 这样一来提刑司的权力就大了，挤压了吏部官员任免的权力。于是朝廷取消了提刑司向朝廷荐举官员任免的权力，改提刑司为按察司。《金史·百官志》记载："按察司，本提刑司。……承安四年（1199）改按察司，贞祐三年（1215）罢，止委监察採访。"⑥ 由提刑司改制为按察司后，其行政职权仅限于纠察官吏违法违纪行为，没有向朝廷荐举任免提升的权力。按察司的隶属关系没有发生变化，仍然隶属于御史台。《金史·食货志》记载："泰和七年六月……内从御史台，外从按察司，"⑦ 宣宗以后金末战乱，按察司也就失去了作用。"贞祐二年二月丙辰（1214 年 4 月 2 日），罢按察司。"⑧ 至此，金代上京路按察司也就撤销了。

4. 上京路宣抚司

金代宣抚司是沿用唐宋宣抚司制度，设置在全国各地的军政机构。

---

① 宇文懋昭：《大金国志》卷 38，中华书局 1986 年版，第 539 页。
② 脱脱：《金史·地理志》卷 24，中华书局 1975 年版，第 551 页。
③ 脱脱：《金史·章宗纪》卷 11，中华书局 1975 年版，第 247 页。
④ 脱脱：《金史·兵志》卷 57，中华书局 1975 年版，第 1307—1308 页。
⑤ 脱脱：《金史·选举志》卷 54，中华书局 1975 年版，第 1207 页。
⑥ 脱脱：《金史·百官志》卷 57，中华书局 1975 年版，第 1307—1308 页。
⑦ 脱脱：《金史·食货志》卷 46，中华书局 1975 年版，第 1036 页。
⑧ 脱脱：《金史·宣宗纪》卷 14，中华书局 1975 年版，第 303 页。

"宋代宣抚使为镇抚一方的军政长官，多以副宰相等大官兼任，或领兵大将等，不常置，多在战时置。"① 金代宣抚司与宋代宣抚司基本相同，亦是战时为了应对战事、稳定局势而设置的具有大军区性质的军政机构。金代宣抚司始设置于金章宗泰和五年，时南宋筹备北伐，宋金关系紧张，章宗下诏设立河南宣抚使。《金史·章宗纪》记载："泰和五年五月甲子（1205年5月27日），以平章政事仆散揆为河南宣抚使，籍诸道兵以备宋。"② 章宗设置河南宣抚使，是临时为了应对南宋，"凡此皆因用兵而设非常制"③。河南宣抚司设立不久，由于南宋未能真正伐宋，两国战事平息，于是"以宋三省、枢密院及盱眙军牒来上，又皆镌谕边臣为辞。宣抚使揆因请罢司。从之。"④ "泰和五年八月辛卯（1205年8月22日），诏罢宣抚司。"⑤《金史·交聘表》记载："散揆宣抚河南，籍诸道兵备宋。宣抚司移文宋三省枢密，问用兵之故，宋以镌谕边臣为辞。乃罢宣抚司，仆散揆还京师。"⑥ 河南宣抚司设置一年多就撤销了。此后金朝为了应对西夏，又设置了陕西宣抚司。《金史·百官志》记载："泰和六年置陕西路宣抚使，节制陕西右监军、右都监兵马公事，八年，改陕西宣抚司为安抚司。"⑦ 章宗再次设置宣抚司后，考虑"仆散揆行省河南、陕西，元帅府虽受揆节制，实颛方面，上思用谋臣制之，由是升宣抚使一品，镒改知京兆府事，充宣抚使，陕西元帅府并受节制"⑧。这样一来，宣抚使成为朝廷派到陕西的最高军事首长了。《金史·百官志》记载："宣抚使，从一品。副使，正三品。"⑨ 以后就延续下来宣抚使为从一品，副使为正三品。金章宗泰和八年（1208）后，金与西夏的关系缓和，双方罢战，宣抚司的军事功能就显得不那么重要了，于是章宗把宣抚司改为安抚司。《金史·百官志》记载："……安抚司，掌镇抚人民、讥察边防军旅、审

---

① 贺旭志：《中国历代职官辞典》，吉林文史出版社1991年版，第461页。
② 脱脱：《金史·章宗纪》卷12，中华书局1975年版，第271页。
③ 谭其骧：《金代路制考》，《中国历史地理论丛》（第一辑），陕西人民出版社1981年版，第106页。
④ 脱脱：《金史·章宗纪》卷12，中华书局1975年版，第272页。
⑤ 脱脱：《金史·章宗纪》卷12，中华书局1975年版，第271页。
⑥ 脱脱：《金史·交聘表》卷62，中华书局1975年版，第1475页。
⑦ 脱脱：《金史·百官志》卷55，中华书局1975年版，第1242页。
⑧ 脱脱：《金史·徒单镒传》卷99，中华书局1975年版，第2188页。
⑨ 脱脱：《金史·百官志》卷55，中华书局1975年版，第1243页。

录重刑事。"① 由宣抚司改为安抚司，机构的职能发生了很大的变化，在过去专职边防军事职能基础上，增加了镇抚人民、审录刑事等民政职能。改宣抚司为安抚司后，不仅机构职能发生了变化，而且机构设置也发生了变化。《金史·百官志》记载："改宣抚为安抚，各设安抚判官一员、提刑一员，通四员。"② 从这段记载来看，把提刑司职能也并入安抚司了。这样，金朝将原先设在上京路与东京路的按察司并入安抚司。《金史·百官志》记载："安抚判官则衔内不带'劝农采访事'，令专管千户谋克。安抚使副内，差一员于咸平、一员于上京分司。……贞祐三年（1215）罢，止委监察采访。"③ 贞祐三年金朝罢安抚司，其原因是北方战事吃紧，金朝为了应对蒙古军队入侵，对设在东北的安抚司进行了调整。撤销安抚司一分为二，恢复宣抚司和按察司，按察司"止委监察采访"事宜，宣抚司专门负责军事，镇抚北方各路。此时，金代开始在全国设置宣抚司，《金史·百官志》记载："山东东西、大名、河北东西、河东南北、辽东、陕西、咸平、隆安、上京、肇州、北京凡十处置司。"④ 金朝总计设置过十个宣抚司，在金代上京路境内，先后设置了隆安、上京、肇州等三个宣抚司。关于这三个宣抚司，隆安宣抚司仅此处提到，《金史》其他地方没有记载。《金史·纥石烈德传》记载："纥石烈德字广之，……贞祐二年，迁肇州防御使。是岁，肇州升为武兴军节度，德为节度使宣抚司署都提控。"⑤ 从这则史料可知，纥石烈德由武兴军节度使升为肇州宣抚使。关于上京路宣抚使，《金史·蒲察移剌都传》记载："蒲察移剌都，东京猛安人。……逾年（贞祐三年），充辽东、上京等路宣抚使兼左副元帅。"⑥ 《金史·阿里不孙传》记载："及上京宣抚使蒲察移剌都改陕西行省参议官，而伯德胡土遂有异志。宣抚使海奴不迎制使，坐而受诏，阿里不孙械系之。"⑦ "四年二月，……辽东宣抚副使完颜海奴……。"⑧ 贞祐三年时，上京路与东京路宣抚司就合并在一起了，但此

---

① 脱脱：《金史·百官志》卷 57，中华书局 1975 年版，第 1307 页。
② 脱脱：《金史·百官志》卷 57，中华书局 1975 年版，第 1307 页。
③ 脱脱：《金史·百官志》卷 57，中华书局 1975 年版，第 1308 页。
④ 脱脱：《金史·百官志》卷 55，中华书局 1975 年版，第 1243 页。
⑤ 脱脱：《金史·纥石烈德传》卷 128，中华书局 1975 年版，第 2773 页。
⑥ 脱脱：《金史·蒲察移剌都传》卷 104，中华书局 1975 年版，第 2303 页。
⑦ 脱脱：《金史·阿里不孙传》卷 103，中华书局 1975 年版，第 2281 页。
⑧ 脱脱：《金史·张行信传》卷 107，中华书局 1975 年版，第 2366 页。

第三章　金代上京路政治研究

时应该是分治，正副宣抚使分治。蒲察移剌都为宣抚使治上京，海奴为宣抚副使治咸平。蒲察移剌都调走后，海奴接任宣抚使治咸平。此后，朝廷任命完颜承充上京路宣抚使时，朝廷为了加强金源地区的军事防御，任命蒲鲜万奴为辽东宣抚使，这时辽东、上京宣抚司又开始分治，各不相属。《金史·阿里不孙传》记载："蒲鲜万奴在咸平，忌铁哥兵强，牒取所部骑兵二千，又召泰州军三千及户口迁咸平。铁哥察其有异志，不遣。宣抚使承充召铁哥赴上京，命伐蒲与路。既还，适万奴代承充为宣抚使，摭前不发军罪，下狱被害。谥勇毅。"① 从这条史料来看，承充任上京路宣抚使时，蒲鲜万奴任辽东宣抚使。当时上京路宣抚使和辽东路宣抚使，是两个独立的宣抚使。《金史·阿鲁真传》记载："兴定元年，承充为上京元帅，上京行省太平执承充应蒲鲜万奴。"② 承充被蒲鲜万奴杀害后，辽东宣抚司与上京宣抚司合并为一个宣抚司，因此有《金史》记载万奴代承充为宣抚使。从此以后，辽东、上京宣抚司合二为一。在蒲鲜万奴公开叛国后，朝廷任命蒲察五斤权辽东宣抚使。《金史·仪卫志》记载："兴定元年四月己未（1217 年 5 月 19 日），以权辽东路宣抚使蒲察五斤权参知政事，行尚书省、元帅府于上京。"③ 此时辽东已经被蒲鲜万奴占有，辽东宣抚司治所设在上京路。检索《金史》金朝设在上京路宣抚使，蒲察五斤之后再没有人任过此职，上京路宣抚司在蒲察五斤后，自然而然地消失了。

二　上京路国家地方机关

1. 上京兵马都总管府、总管府

金效仿辽、宋地方国家军政机关体制，在全国设置较大的行政区内置都总管府。《金史·地理志》记载："袭辽制，建五京，置十四总管府，是为十九路。"④ 金代路府制度分三等，有兵马都总管府、总管府、散府三种，兵马都总管府一般置在京城或较为重要的城市，总管府置在诸京之外城市，散府设在路治之外城镇。金代上京路是十四总管府之一、五京之

---

① 脱脱：《金史·阿里不孙传》卷 103，中华书局 1975 年版，第 2282 页。
② 脱脱：《金史·阿鲁真传》卷 130，中华书局 1975 年版，第 2800 页。
③ 脱脱：《金史·宣宗纪》卷 15，中华书局 1975 年版，第 329 页。
④ 脱脱：《金史·地理志》卷 24，中华书局 1975 年版，第 549 页。

一。金朝在上京路置兵马都总管府，领会宁府、黄龙府、蒲与、胡里改、曷懒、恤品、曷苏馆等总管府。上京路兵马都总管府的设置，与金其他五京所置兵马都总管府一样，有一个历史的演变过程。《金史·地理志》记载："天会六年（1128）……各置兵马都总管。"① 《金史·兵志》记载："六年，诏还二帅以镇方面。诸路各设兵马都总管府。"② 始于天会六年设置的金代兵马都总管府，从这条史料来看，好像各路都设置了兵马都总管府，其实有金一代设置兵马都总管府地方，大都在诸京城市，其他城市很少设置。检《金史》在五京之外，只有真定府、曷懒路、行山东西路，其他地方不见设置兵马都总管府。金朝设置在诸京城的兵马都总管府，一般都由诸京府尹和留守兼任，成为有金一朝的定制。《金史·仪卫志》记载，"诸府尹兼本路兵马都总管及留守"③。金代上京路兵马都总管，就是由上京留守和会宁牧或会宁尹兼任。《金史·地理志》记载："天眷元年（1138），置上京留守司，以留守带本府尹，兼本路兵马都总管。"④ 虽然上京路兵马都总管，由上京留守、会宁府尹兼任，但是上京留守司、上京兵马都总管府、会宁府，还应该是三个分别独立的机构，只是行政长官由一人兼任，其行政职能应该是分开的。

　　海陵天德年间改制时，对诸京兵马都总管进行了改革。《金史·兵志》记载："及海陵天德二年（1150）八月，改诸京兵马都部署司为本路都总管府。"⑤ 海陵王改诸京兵马都部署司为本路都总管府，谭其骧认为"盖其初诸京所领路各设兵马都部署司，诸府所领路各设兵马都总管府，至天德二年改诸部署司亦为都总管府，自是凡路皆设总管府，遂为一代常制"⑥。从此以后，各路都总管由首府府尹兼领成为常制。诸京首府行政长官与诸京都总管由一人担任，以法律的形式确定后，改变之前诸京兵马都总管、诸京首府办事机构分治的局面。海陵王改诸京兵马都部署司为本路都总管府后，两个机构合在一起办公。这样诸京首府主官的权力增大，

---

① 脱脱：《金史·地理志》卷26，中华书局1975年版，第629页。
② 脱脱：《金史·兵志》卷44，中华书局1975年版，第1002页。
③ 脱脱：《金史·仪卫志》卷42，中华书局1975年版，第960页。
④ 脱脱：《金史·地理志》卷24，中华书局1975年版，第551页。
⑤ 脱脱：《金史·兵志》卷44，中华书局1975年版，第1003页。
⑥ 谭其骧：《金代路制考》，《中国历史地理论丛》（第一辑），陕西人民出版社1981年版，第89页。

其所领各路虽仍称兵马都总管，但应受首府本路都总管节制。《金史·宗贤传》记载："宗贤，……天德初，……改曷懒路兵马都总管。"① 曷懒路虽设兵马都总管，但应该隶属于上京路都总管管辖。

金代上京路都总管府的设置，与金朝全国其他诸京总管府一样。《金史·百官志》记载："都总管一员，正三品，掌统诸城隍兵马甲仗，总判府事。同知都总管一员，从四品，掌通判府事，……副都总管一员，正五品，所掌与同知同。总管判官一员，从六品，掌纪纲总府众务，分判兵案之事。府判一员，从六品，掌纪纲众务，分判户、礼案，仍掌通检推排簿籍。推官一员，正七品，掌同府判，分判工、刑案事。知法一员。"② 从总管府机构的设置情况来看，从正三品都总管到正七品推官，职官设置齐全，分工明确。诸京总管府的人员编制，在《金史》里有明确的规定。《金史·仪卫志》记载："诸路兵马都总管，四十五人。"③ 这里记载的人员编制，当是诸京路都总管府的人数。诸京总管府所领下面总管府，其人员编制在《金史》里也有明确规定。如上京路治下的曷懒路，《金史·百官志》记载"司吏，……女直，曷懒路十人……汉人，曷懒路二人。……译人，曷懒一人。通事……曷懒路一人……凡诸府置员并同，惟曷懒路无府事。"④ 这里单独说曷懒路无府事，当与曷懒路军政职权是分开的。《金史·地理志》记载："合懒路，置总管府。贞元元年（1153），改总管为尹，仍兼本路兵马都总管。"⑤ 海陵王改总管为尹后，仍兼本路兵马都总管，说明上京路管辖的曷懒路，与上京路都总管的职权对应，合懒路府尹和合懒路兵马都总管，亦是由一人担任，实现了军政合一，使地方军政权力集中，为海陵王加强封建中央集权奠定了坚实的基础。

2. 都统司、万户府、军帅司

金代都统府的设置，是沿用辽、宋军政体制而设置。金与辽、宋都统有所不同，宋朝都统为战时军事长官，辽朝在"北面边防官中，有些路设此官，掌管该军之政令"。⑥ 金代都统府除与辽、宋军事职能相同外，还

---

① 脱脱：《金史·宗贤传》卷66，中华书局1975年版，第1566页。
② 脱脱：《金史·百官志》卷57，中华书局1975年版，第1310页。
③ 脱脱：《金史·仪卫志》卷42，中华书局1975年版，第963页。
④ 脱脱：《金史·百官志》卷57，中华书局1975年版，第1310页。
⑤ 脱脱：《金史·地理志》卷24，中华书局1975年版，第552页。
⑥ 贺旭志：《中国历代职官辞典》，吉林文史出版社1991年版，第81页。

在各路设置相对稳定的军政机构。金代都统府有的称都统司，是既管军事又管民事的地方军政机构。金代都统制度有一个发展变化过程，《金史·纥石烈执中传》记载"升诸道统军司为兵马都统府"①。金朝设置在全国各地的军政机构，统军司升格为都统府。金初所设置的地方军政机构分几种类型的路，有军帅司类型的路，有都统类型的路，有万户类型的路。都统类型的路与万户类型的路，都是在金初就设置了。《金史·古里甲石伦传》记载："仍三十人为一谋克，五谋克为一千户，四千户为一万户，四万户为一副统，两副统为一都统。"②从这条史料来看，金初设置的万户与都统，是根据其路户数的多少来确定的。

金朝地方行政机构的设置，是伴随着女真军占领辽国领土，为了安抚占领区行政事务，开始在占领区设置行政机构。《金史·兵志》记载："收国元年（1115）十二月，始置咸州军帅司。"③军帅司在万户之下，相当于猛安级别的建置。《金史·太祖纪》记载："收国二年（1116）五月……东京州县及南路系辽女直皆降。诏除辽法，省税赋，置猛安谋克一如本朝之制。以斡鲁为南路都统、迭勃极烈。……九月乙巳（10月22日），南路都统斡鲁来见于婆卢买水。始制金牌。"④"收国二年九月，始制金牌，后又有银牌、木牌之制，盖金牌以授万户，银牌以授猛安，木牌则谋克、蒲辇所佩者也。"⑤从这两条史料来看，金初设置的万户与都统，起初没有多大区别，都是授给金牌。后来随着大规模伐辽战争的需要，才逐渐完善地方行政建制，在猛安之上置万户，在万户之上置都统。万户与都统行政级别，有所不同，拉开档次。到了天辅五年，金初地方行政建置才基本成形。《金史·兵志》记载："……天辅五年袭辽主，始有内外诸军统之名。"⑥《金史·兵志》记载："……与上京及泰州凡六处置，……凡猛安之上置军帅，军帅之上置万户，万户之上置都统。"⑦金朝到天辅五年，先后在各地设置都统六处。这里的上京都统，当不是金熙宗所置的

---

① 脱脱：《金史·纥石烈执中传》卷132，中华书局1975年版，第2834页。
② 脱脱：《金史·古里甲石伦传》卷111，中华书局1975年版，第2439页。
③ 脱脱：《金史·兵志》卷44，中华书局1975年版，第1002页。
④ 脱脱：《金史·太祖纪》卷2，中华书局1975年版，第29—30页。
⑤ 脱脱：《金史·百官志》卷58，中华书局1975年版，第1335页。
⑥ 脱脱：《金史·兵志》卷44，中华书局1975年版，第1002页。
⑦ 脱脱：《金史·兵志》卷44，中华书局1975年版，第1002页。

第三章 金代上京路政治研究

上京，应该是辽代上京临潢府。当时泰州都统是一个较大的地方行政建制，管辖着大片后来上京路广大地区。阿骨打根据某地猛安谋克数量，把万户府、都统司行政级别划分开来。

金初在金代上京路地区，先后设置了军帅司、万户、都统三种类型的路。《金史·太宗纪》记载："天会元年十一月壬戌（1123年12月2日），复以空名宣头及银牌给上京路军帅实古乃、婆卢火等。"①《金史·太宗纪》记载："天会二年五月丁丑朔（1124年6月14日），上京军帅实古乃以所获印绶二十二及银牌来上。……乙巳（7月12日），曷懒路军帅完颜忽剌古等言：'往者岁捕海狗、海东青、鸦、鹘于高丽之境，近以二舟往，彼乃以战舰十四要而击之，尽杀二舟之人，夺其兵仗。'"②上京路军帅实古乃，是一种荣誉虚职，曷懒路军帅完颜忽剌古是地方军政长官，当置曷懒路军帅司。史料所见，金初在曷苏馆路设置军帅司。《金史·徒单阿里出虎传》记载："徒单阿里出虎，……父拔改，太祖时有战功，领谋克，曷速馆军帅。"③曷苏馆路设军帅当置军帅司，在太祖时期置军帅司，到太宗时期改军帅司为都统司。《金史·地理志》记载："曷苏馆路，天会七年（1129），徙治宁州，尝置都统司，明昌四年（1193）废。"④《金史·太宗纪》记载："天会八年十一月庚戌（1130年12月13日），徙曷苏馆都统司治宁州。"⑤《金史·百官志》记载："……上京……婆速路、曷懒路、蒲与、胡里改、隆州、泰州、盖州并同此。"⑥金朝在上京路地区，设置了不同的军政机构。金初设置了泰州都统司。按：泰州虽在《金史·地理志》里记在临潢府路条，但军事上隶属于上京，因此纳入金代上京路范围。《金史·太祖纪》记载："天辅五年二月，遣昱及宗雄分诸路猛安谋克之民万户屯泰州，以婆卢火统之。"⑦"天会七年，泰州路都统婆卢火奏：大石已得北部二营，恐后难制，且近群牧，宜列屯戍。诏答曰：以二营之故发兵，诸部必扰，当谨斥

---

① 脱脱：《金史·太宗纪》卷3，中华书局1975年版，第48页。
② 脱脱：《金史·太宗纪》卷3，中华书局1975年版，第50页。
③ 脱脱：《金史·徒单阿里出虎传》卷132，中华书局1975年版，第2845页。
④ 脱脱：《金史·地理志》卷24，中华书局1975年版，第552页。
⑤ 脱脱：《金史·太宗纪》卷3，中华书局1975年版，第60页。
⑥ 脱脱：《金史·百官志》卷57，中华书局1975年版，第1305页。
⑦ 脱脱：《金史·太祖纪》卷2，中华书局1975年版，第35页。

候而已。"①《金史·太宗纪》记载："天会八年七月辛亥（1130 年 8 月 16 日），诏给泰州都统婆卢火所部诸谋克甲胄各五十。"② 婆卢火从天辅五年至天眷元年，一直任泰州都统。《金史·婆卢火传》记载："泰州婆卢火守边屡有功，……天眷元年，驻乌骨迪烈地，薨。"③ 婆卢火驻乌古迪烈地，说明当时婆卢火兼职乌古迪烈统军使，或是乌古迪烈统军司隶属于泰州都统司，否则婆卢火不会驻泰州而死。在上京路地区还设置了曷懒路统军司。《金史·夹谷谢奴传》记载："国初，祖阿海率所部来归，献器用甲仗。父不剌速，袭本部勃堇，从太祖伐辽，授世袭猛安，亲管谋克，为曷懒路都统。"④ 曷懒路都统司是在曷懒路军帅司升格而治的。

金初还在金代上京路地区，设置了恤品、蒲与、胡里改等万户府类型路。《金史·地理志》记载："蒲与路，国初置万户，……。"⑤《金史·地理志》记载："胡里改路，国初置万户，……。"⑥ "恤品路……以海陵例罢万户，……。"⑦ 这些万户类型的路，在各路治所都设置万户府。在海陵王时期，为了加强中央集权，所置各万户一律改置节度使，万户府改为节度使司。

3. 节度使司、防御使司、刺史司

节度使司、防御使司、刺史司是金代设置在各地的军政机构。金沿袭唐、宋、辽节镇制度，在全国各大州郡置节度使，节制一方军事，兼管民事。节度使这一官职的设置始于唐朝，其职能是"掌总军旅，专诛杀，一揽民政财用"。⑧ 唐高宗永徽年间以后，逐渐发展演变成地方军政长官名称，"大者领十余州，小者领二三州"。⑨ 宋代节度使与唐代不同，节度使没有实权，只是虚职荣誉称号。辽代在南面官设置节度使，始有"观察、防御、团练等"⑩ 节度使，"另有军名，兼管军事、民政、成某州某军节

---

① 脱脱：《金史·粘割韩奴传》卷121，中华书局1975年版，第2637页。
② 脱脱：《金史·太宗纪》卷3，中华书局1975年版，第62页。
③ 脱脱：《金史·婆卢火传》卷71，中华书局1975年版，第1639页。
④ 脱脱：《金史·夹谷谢奴传》卷81，中华书局1975年版，第1817页。
⑤ 脱脱：《金史·地理志》卷24，中华书局1975年版，第552页。
⑥ 脱脱：《金史·地理志》卷24，中华书局1975年版，第552页。
⑦ 脱脱：《金史·地理志》卷24，中华书局1975年版，第553页。
⑧ 贺旭志：《中国历代职官辞典》，吉林文史出版社1991年版，第189页。
⑨ 贺旭志：《中国历代职官辞典》，吉林文史出版社1991年版，第189页。
⑩ 贺旭志：《中国历代职官辞典》，吉林文史出版社1991年版，第190页。

度使"。① 金代节度使的设置，较唐、宋都有所不同，与辽基本差不多。金在辽的观察、防御、团练等机构基础上，根据城镇的地理位置、战略地位、人口规模等，置观察、防御、刺史等机构。除此之外，金在全国大州等边防要地，置军以节制附近州县，军兼节度使称节镇，"大州节度使有军名，路亦置节度使，无军名"，② 这是金代较以往设置军政机构的不同之处，成为金朝地方军政制度的一个特色。

金朝在上京路地区，先后设置六个节镇州。《金史·百官志》记载："诸节镇：节度使一员，从三品，掌镇抚诸军防刺，总判本镇兵马之事，兼本州管内观察使事。其观察使所掌，并同府尹兼军州事管内观察使。同知节度使一员，正五品。通判节度使事，兼州事者仍带同知管内观察使。副使一员，从五品。节度判官一员，正七品，掌纪纲节镇众务、金判兵马之事，兼制兵、刑、工案事。观察判官一员，正七品，掌纪纲观察众务，分判吏、户、礼案事，通检推排簿籍。知法一员，州教授一员，司狱一员，正八品。"③ 金代节镇州置节度使司，除上述职官之外，还设有办公人员，根据各节镇上、中、下等级情况，设置数量不等。同传记载："司吏，女直，隆州十四人，……泰州十一人，……胡里改各十人，蒲与八人。……汉人，依府尹数例。……惟蒲与、胡里改、速频各二十人。曷速（苏）馆路、蒲与路、胡里改路、速频路四节镇，省观察判官而无州事。"④ 这里记载的隆州、泰州、曷苏馆路、蒲与路、胡里改路四节镇，隶属于上京路。在辽黄龙府设置隆州节度使，《金史·地理志》记载："隆州，下，利涉军节度使。"⑤ 隆州节度使军名利涉军，天德四年，曾一度改名济州路。由于隆州人口"户一万一百八十"，且战略地位重要，贞祐初升格为隆安府。在泰州置德昌军节度使，《金史·地理志》记载："泰州，德昌军节度使，……隶上京。"⑥ 泰州在《金史》里，记在北京路临潢府条下，可能是军政分开，泰州节度使专管民事，隶属于北京路临潢府；德昌军节度使专管民事，隶属于上京路。大定年间，东北路招讨司迁

---

① 邱树森：《辽金史辞典》，山东教育出版社 2011 年版，第 774 页。
② 赵德义、汪兴明：《中国历代官称辞典》，团结出版社 1999 年版，第 202 页。
③ 脱脱：《金史·百官志》卷 57，中华书局 1975 年版，第 1311—1312 页。
④ 脱脱：《金史·百官志》卷 57，中华书局 1975 年版，第 1311—1312 页。
⑤ 脱脱：《金史·地理志》卷 24，中华书局 1975 年版，第 552 页。
⑥ 脱脱：《金史·地理志》卷 24，中华书局 1975 年版，第 563 页。

移到泰州,《金史·夹谷查剌传》记载:"大定九年,出为东北路招讨使兼德昌军节度使,仍赐金带。"① 东北路招讨司迁到泰州后,东北路招讨使与德昌军节度使,由一人兼任,其东北路招讨使司与德昌军节度使司,可能合并在一起合署办公。肇州原是防御州,《金史·地理志》记载:"承安三年,复以为太祖神武隆兴之地,升为节镇,军名武兴。……"② 肇州节度使军名武兴军,亦称武兴军节度使。肇州武兴军节度使,在金末贞祐二年,与东北路招讨司合并,以节度使兼州事。此外,属于节镇级别的节度使,还有曷苏馆、蒲与路、胡里改路节度使。《金史·地理志》记载:"海陵例罢万户,乃改置节度使。"③《金史·地理志》记载:"海陵罢万户,乃改置节度使。"④《金史·地理志》记载:"曷苏馆路,置节度使。"⑤ 蒲与路和胡里改路,都是由万户府改制而来,级别当初就比一般的节度使高,因此金把这两个路纳入节镇管理。曷苏馆路是由都统司改置而来,行政级别与泰州都统相当,因而金亦把曷苏馆里纳入节镇管理。这样,金代上京路在承安三年前,先后有隆州、泰州、肇州、蒲与路、胡里改路、曷苏馆路等六个节镇。而《金史》上京路条记载为四节镇,其原因可能是泰州在民事上隶属于北京路临潢府,曷苏馆路迁置宁州后,改隶东京统军司的缘故。除去泰州、曷苏馆两节镇,上京路领四节镇。此外,恤品路也是由万户府路改制设节度使,原来行政级别当与蒲与、胡里改一样。"恤品路,节度使。……以海陵例罢万户,置节度使,因名速频路节度使。"⑥ 如果确定恤品路为节镇,那么金代上京路当为五节镇。

金朝在上京路地区,曾设置过一个防御州,后升节镇州。《金史·百官志》记载:"诸防御州:防御使一员,从四品,掌防捍不虞、御制盗贼,余同府尹。同知防御使事一员,正六品,掌通判防御使事。判官一员,正八品,掌签判州事,专掌通检推排簿籍。知法,从九品。州教授一

---

① 脱脱:《金史·夹谷查剌传》卷86,中华书局1975年版,第1926页。
② 脱脱:《金史·地理志》卷24,中华书局1975年版,第552页。
③ 脱脱:《金史·地理志》卷24,中华书局1975年版,第552页。
④ 脱脱:《金史·地理志》卷24,中华书局1975年版,第552页。
⑤ 脱脱:《金史·地理志》卷24,中华书局1975年版,第552页。
⑥ 脱脱:《金史·地理志》卷24,中华书局1975年版,第553页。

员。司军，从九品。军辖兼巡捕使，从九品。"①金朝在防御州置防御使司，除上述职官外，还根据州的等级，设置人数不等的办公人员。《金史·百官志》记载："司吏，女直一人，汉人管户五万以上二十人，以率而减。译人一人，通事一人，抄事一人。公使，上州六十人，中五十五人，下五十人。"②《金史·地理志》记载："肇州，下。防御使。旧出河店也。……天眷元年十月，置防御使，隶会宁府。"③熙宗天眷元年，在肇州置下等防御州，公使人数当为五十人。因为肇州人口为"户五千三百七十五"④，所以肇州防御使司，司吏女真一人，汉人以率而减，约为两人。其他一人、通事、抄事，与其他防御州一样，各为一人。金朝在上京路地区，曾设置过一刺史州。《金史·百官志》记载："诸刺史州：刺史一员，正五品，掌同府尹兼治州事。同知一员，正七品，通判州事。判官一员，从八品，签判州事，专掌通检推排簿籍。司军，从九品。知法一员。军辖兼巡捕使，从九品。"⑤金朝在刺史州设置的刺史司，除上述设置的官员外，还根据州的等级，在刺史司内设置不同人数的办公人员。《金史·百官志》记载："司吏，女直，……信、……各二人，……抄事一人。公使，上州五十、中四十五、下四十。"⑥金朝在上京路内设置的信州，属于刺史州级别。《金史·地理志》记载："信州，下，彰信军刺史。"⑦信州属于下等刺史州，因此信州刺史司人员当为40人。

4. 警巡院、录事司、兵马司、司候司

金代警巡院、录事司、兵马司、司候司，是金朝设置在全国各级城市的管理机构。金代的城市管理制度，是沿用辽代的城市管理制度，在诸京置警巡院。在诸京城之外，根据城市人口规模，置录事司和司候司。《金史·百官志》记载："诸京警巡院，使一员，正六品，掌平理狱讼、警察别部，总判院事。副一员，从七品，掌警巡之事。判官二员，正九品，掌检稽失，签判院事。司吏，女直，……上京二人。汉人，……上京四

---

① 脱脱：《金史·百官志》卷57，中华书局1975年版，第1312页。
② 脱脱：《金史·百官志》卷57，中华书局1975年版，第1312页。
③ 脱脱：《金史·地理志》卷24，中华书局1975年版，第552页。
④ 脱脱：《金史·地理志》卷24，中华书局1975年版，第551页。
⑤ 脱脱：《金史·百官志》卷57，中华书局1975年版，第1313页。
⑥ 脱脱：《金史·百官志》卷57，中华书局1975年版，第1313页。
⑦ 脱脱：《金史·地理志》卷24，中华书局1975年版，第552页。

人。……上京无副使。"① 金朝在上京会宁府置上京警巡院,管理上京会宁府民政事务。主要评判狱讼,解决民间各种民事纠纷。上京警巡院设警巡使一员正六品,设判官二员正九品,设司吏六名,其中女真人二名,汉人四名。上京警巡院没设副使。关于上京警巡院的设置,韩光辉认为海陵王削上京之号只称会宁府,毁上京旧宅邸,夷为平地而耕之,"显然不会再置警巡院。直至世宗即位后的大定十三年(1173),复以会宁为上京,复置留守司,才得以建置上京都市警巡院"。② 笔者认为金代上京会宁府,虽然海陵王毁上京城内一些府邸建筑,但不是一下子就完全毁掉了,且海陵王迁都后,还封完颜晏为齐王留守上京,完颜晏在上京留守五年,直到正隆二年,海陵才改任完颜晏为西京留守,撤销上京留守司。《金史·海陵纪》记载:"正隆二年八月甲寅(1157 年 9 月 26 日),罢上京留守司。"③ 上京警巡院当不是海陵王迁都时立即撤销,最起码应该到正隆二年八月以后撤销。再者,即使上京留守司撤销,上京城内还有会宁府建置,会宁府城同样需要城市管理,目前没有史料记载上京警巡司撤销或是再置,因此海陵王迁都后,上京警巡院是否撤销问题,还值得进一步探讨和研究。

金代在诸府节镇,设置录事司和兵马司,分别管理民政事务和军事。《金史·百官志》记载:"诸府节镇录事司:录事一员,正八品。判官一员,正九品。掌同警巡使。司吏,户万以上设六人,以下为率减之。"④ 录事司设置录事一员正八品,职权与警巡使一样,掌管本府镇评判狱讼等各种民政事务。金朝在诸府节镇设置录事司,有一个人口标准。《金史·百官志》"凡府镇二千户以上则依此置,以下则止设录事一员,不及百户者并省。"⑤ 也就是城市人口在两千户以上,设置录事司,两千户以下只是设置录事一员,不够一百户的,把几个乡镇合在一起设置录事司或是设置录事一员。金代在上京路隆州设利涉军节度使,隆州城市规模较大,城镇人口在《金史》记载为"户一万一百八十"⑥。这样人口规模

---

① 脱脱:《金史·百官志》卷 57,中华书局 1975 年版,第 1313 页。
② 韩光辉:《金代都市警巡院研究》,《北京大学学报》(哲学社会科学版) 1999 年第 5 期。
③ 脱脱:《金史·海陵纪》卷 5,中华书局 1975 年版,第 107 页。
④ 脱脱:《金史·百官志》卷 57,中华书局 1975 年版,第 1314 页。
⑤ 脱脱:《金史·百官志》卷 57,中华书局 1975 年版,第 1314 页。
⑥ 脱脱:《金史·地理志》卷 24,中华书局 1975 年版,第 552 页。

的城镇，自然设置录事司。韩光辉在《辽宋金元建制城市的出现与城市体系的形成》一文中，认为泰州"变动后属于上京路，金代上京路有两个录事司"。① 关于泰州行政归属问题还得认真分析，泰州归属问题确实发生了变化。泰州在行政区划上归属临潢府，《金史·地理志》有明确记载。但海陵王正隆年间，在泰州置德昌军节度使，使泰州区划关系发生了变化。《金史·地理志》记载："海陵正隆间，置德昌军，隶上京。"② 这里并不是说泰州节度使隶属于上京，只是说德昌军隶属于上京。当时泰州驻有泰州节度使和德昌军节度使。管民事的泰州节度使，仍然隶属于临潢府，所以泰州在《金史·地理志》记在临潢府条下。在泰州城内，民事由泰州节度使司负责，军事由德昌军节度使司负责。泰州节度使司隶属于临潢府，德昌军节度使司隶属于上京路。这样来看，泰州并没有设置录事司，而是设置都军司。《金史·百官志》记载："诸府镇都军司，都指挥使一员，正七品，节镇军都指挥使则从七品。掌军率差役、巡捕盗贼，总判军事，仍兴录事同管城隍。军典二人，公使六人。凡诸府及节镇并依此置。"③ 泰州都军司主要负责军率差役、巡捕盗贼。由于泰州节度使不属于节镇，所以不可能设置录事司，只能设置司候司。《金史·崇成传》记载："崇成，本名仆灰，泰州司属司人。"④ 可知泰州曾设置过司属司，在《金史·百官志》里，没有司属司的记载，查《中国历史大辞典》《辽金史辞典》《中国历代职官辞典》等，都没有关于司属司的条目，因此不知道司属司的执掌和品级。笔者怀疑泰州司属司，当与司候司相当或是相近，泰州都军司当与泰州司候司共治泰州，一个负责军事，另一个负责民事。

金朝在防御州和刺史州，设置司候司负责城镇管理。《金史·百官志》记载："司候司，司候一员，正九品。司判一员，从九品。司吏、公使七人。然亦验户口置。"⑤ 金代司候司机构的设置，是根据户数的多少来确定的。在《金史》里没有上京路内下属机构设置司候司的记载，按照金朝城市管理机构制度，金朝必然要在防御州和刺史州设置司候

---

① 韩光辉等：《辽宋金元建制城市的出现与城市体系的形成》，《历史研究》2007年第4期。
② 脱脱：《金史·地理志》卷24，中华书局1975年版，第563页。
③ 脱脱：《金史·百官志》卷57，中华书局1975年版，第1324页。
④ 脱脱：《金史·崇成传》卷65，中华书局1975年版，第1542页。
⑤ 脱脱：《金史·百官志》卷57，中华书局1975年版，第1314页。

司。金上京路管辖肇州防御使和信州刺史，这两个州按金制当设置司候司。韩光辉在"金泰和至兴定年间十九路所属行政区划统计表"①中，上京路栏内防御州1，刺史州1，司候司2，即是在金代肇州和信州设置司候司，这是完全正确的。司候司与录事司的职能一样，主要管理城镇刑狱诉讼等民政事务，军事事务设军辖管理。《金史·百官志》记载："军辖一员，掌同都军，兼巡捕，仍与司候同管城壁。军典二人。"② 金朝设在防御州和刺史州的司候和军辖，当是城镇管理机构中的基层组织。

5. 招讨司、部族使司、详稳司、群牧所

金代招讨司、部族使司、详稳司、群牧所，是金朝设在边陲的军政机构，既管军事又管民事。金代沿用辽宋军政制度，在边疆设置招讨司、部族节度使司、详稳司、群牧所，以加强对边疆地区治理。金代沿袭辽代北面官招讨司，设置金代招讨司。金代招讨司属于边疆大军区，金朝先后在北部边疆设置东北路、西北路、西南路三个招讨司。《金史·百官志》记载："诏讨司三处置，西北路、西南路、东北路。使一员，正三品。副招讨使二员，从四品，招怀降附、征讨携离。判官一员，从六品，纪纲职务、签判司事。勘事官一员，从七品。知事一员，正八品。知法二员，从八品，女直、汉人各一。"③ 金代东北路招讨司是沿袭辽乌古迪烈统军司，海陵王升乌古迪烈统军司为乌古迪烈招讨司。《金史·地理志》记载："乌古迪烈统军司，后升为招讨司，与蒲与路近。"④ 金世宗再改乌古迪烈招讨司为东北路招讨司，后迁泰州与德昌军节度使司合署办公，东北路招讨使与德昌军节度使，由一人兼任。东北路招讨司除上述职官设置外，东北路招讨司常设办事工作人员，《金史·百官志》记载："司吏十九人。译人三人。通事六人，……抄事一人。公使五十人。……东北路不置汉人知法。"⑤ 东北路招讨司不设汉人知法，说明东北路管辖的各部族及诸糺、群牧，都是世居东北民族，很少有汉族人口居住，具体涉及汉族军政事务，都由其下属部族和诸糺管理。

---

① 韩光辉等：《金代城市行政管理机构研究》，《中国历史研究》2013年第1期。
② 脱脱：《金史·百官志》卷57，中华书局1975年版，第1325页。
③ 脱脱：《金史·百官志》卷57，中华书局1975年版，第1328页。
④ 脱脱：《金史·地理志》卷24，中华书局1975年版，第553页。
⑤ 脱脱：《金史·百官志》卷57，中华书局1975年版，第1328页。

金朝为加强边疆部族管理，在边陲地方置部族节度使司。《金史·百官志》记载："诸部族节度使：节度使一员，从三品，统制各部，镇抚诸军，余同州节度。副使一员，从五品。判官一员。知法一员。司吏四人，女直、汉人各半。通事一人，译人一人。"① 金代诸部族节度使与诸节镇州节度使，行政级别都是从三品，机构设置与各节镇州基本相同，可见金朝对边疆治理的重视。金朝设在上京路境内的部族很多，有室韦诸部、铁骊部、乌底改部等，以及东北路招讨司管辖的诸部。《金史·兵志》记载："东北路部族乣军曰迭剌部，承安三年改为土鲁浑札石合节度使。曰唐古部，承安三年改为部鲁火札石合节度使。二部五乣，户五千五百八十五。其他若助鲁部族、乌鲁古部族、石垒部族、萌骨部族、计鲁部族、孛特本部族数皆称是。……其诸路曰曷懒、曰蒲与、曰婆速、曰恤频、曰胡里改、曰移懒，移懒后废，皆在上京之鄙，或置总管府，或置节度使。"② 金朝在上京路境内这些部族，都设有部族节度使。蒲与、胡里改、恤品等路，与单纯部族不同，后升为节镇，不在诸部族管理系列。"乌虎里部人迪烈、划沙率部族降，朝廷以挞僕野为本部节度使，乌虎为都监。习古乃封还挞僕野等宣诰，以便宜加挞僕野散官，填空名告身授之，及录上降附有劳故官八百九十三人，朝廷从之。于是，迪烈加防御使，为本部节度使。划沙加诸司使，为节度副使，知迪烈底部事。挞离答加左金吾卫上将军，节度副使，知突鞠部事。阿枭加观察使，为本部节度使。其余迁授有差。以厖葛城地分赐乌虎里、迪烈底二部及契丹人，其未垦者听任力占射。"③ 乌虎里、迪烈底二部所在厖葛城地，王国维考证在"金时乌古迪烈地，在兴安岭之东，蒲与路之西，泰州之北，可断言也"。④ 乌古迪烈部地定在兴安岭之东，可定乌虎里、迪烈底二部，在东北路招讨司境内，归上京路管辖。乌虎里、迪烈底二部，后来金朝置乌古迪烈统军司，后改招讨司再改东北路招讨司。

在金朝边疆军事治理体系中，还设有管理诸乣军的详稳司。金代详稳司是沿袭辽代详稳司，在边疆各部乣军设置。《金史·百官志》记载：

---

① 脱脱：《金史·百官志》卷57，中华书局1975年版，第1329页。
② 脱脱：《金史·兵志》卷44，中华书局1975年版，第1329页。
③ 脱脱：《金史·习古乃传》卷72，中华书局1975年版，第1666页。
④ 王国维：《观堂集林》卷15，中华书局1959年版，第722页。

"诸纠：详稳一员，从五品，掌守戍边堡，余同谋克。皇统八年六月，设本班左右详稳，定为从五品。么忽一员，从五品，掌贰详稳。司吏三人。习尼昆，掌本纠差役等事。……咩纠、唐古纠、移刺纠、木典纠、骨典纠、失鲁纠并依此置。"① 这些诸纠军，后来根据实际情况，有的改为谋克，有的改为猛安。这里记载的诸纠，不可考究竟在什么地方，只知道唐古纠隶属于东北路招讨司，唐古纠后来升格为唐古部，唐古详稳司升格为节度使司。《金史·塔不也传》记载："移剌塔不也，东北路猛安人。……权迪列纠详稳。"② 迪烈纠部族隶属于东北路招讨司，迪烈详稳司当隶属于东北路招讨司管辖。

在金朝边疆军事管理体系中，亦是沿袭辽制，在诸群牧中设群牧使置群牧所。《金史·百官志》记载："诸群牧所，又国言谓'乌鲁古'。提控诸乌鲁古一员，正四品……设女直司吏二人，译一人，通事一人。使一员，从四品。国言作乌鲁古使。副使一员，从六品。掌检校群牧畜养蕃息之事。判官一员，正八品，掌签判本所事。知法一员，从八品。女直司吏四人，译人一人，挞马十六人，使八人，副五人，判三人，又设扫稳脱朵，分掌诸畜，所谓牛马群子也。惟板底因、乌鲜、忒恩、蒲鲜群牧依此置。"③ 在《金史》西京路条下，记载十二处群牧，然其他地方有关群牧记载较模糊。《金史·兵志》记载："金初因辽诸抹而置群牧，抹之为言无蚊蚋、美水草之地也。天德间，置迪河斡朵、斡里保、保亦作本。蒲速斡、燕恩、兀者五群牧所，皆仍辽旧名，各设官以治之。"④ 这些群牧所所在之地，虽已不可考，但这些群牧主要是养军马之所，今呼伦贝尔草原和松嫩平原自古出良马，因此有的群牧所当在这一地区，归上京路管辖。特别是泰州境内，自辽时就是辽太祖放牧之地。《金史·完颜守道传》记载："时契丹余党未附者尚众，北京、临潢、泰州民不安，诏守道佩金符往安抚之，给群牧马千疋，以备军用。"⑤ 这则史料说明，在泰州境内或东北路招讨司境内，金朝置有群牧所，只是没有考证出具体位置，有待今后深入研究，方能揭开历史本来面目。

---

① 脱脱：《金史·百官志》卷57，中华书局1975年版，第1329页。
② 脱脱：《金史·塔不也传》卷106，中华书局1975年版，第2347页。
③ 脱脱：《金史·百官志》卷57，中华书局1975年版，第1330页。
④ 脱脱：《金史·兵志》卷57，中华书局1975年版，第1004页。
⑤ 脱脱：《金史·完颜守道传》卷88，中华书局1975年版，第1957页。

第四章

金代上京路经济研究

金朝统治者十分重视金代上京路的经济建设，颁布了一系列行之有效的经济政策，推行了一系列经济措施，促进了金代上京路的经济发展，使上京路经济呈现出兴旺发达景象。金代上京路经过太祖、太宗、熙宗、海陵王四朝38年的经略，经济得到了很好的发展。大批中原汉族人口进入金代上京路，带来了先进的生产技术，促进了金代上京路的经济发展。虽然海陵王迁到燕京（今北京），金代政治中心南移，在一定程度上影响了金代上京路的经济发展。但是世宗即位后，重视上京路的建设，使上京路经济仍得到很好的发展。金代后期，由于战争频繁，上京路经济萧条，陷于衰败状态。

第一节 上京路经济政策与经济状态

金国建立初期，上京路农业经济发展缓慢，各项经济都处于落后状态。由于女真人长期生活在白山黑水寒冷地带，"冷湿是这里最重要的气候特征"①。这种气候不利于农业生产。他们"夏则出随水草以居，冬则入住其中，迁徙不常"②，农业经济相当落后。金朝统治者针对这一经济状况，确立农业为立国之本，出台了一系列刺激经济发展的政策，推出了一些发展经济举措，使金代上京路经济蓬勃发展。

一 上京路经济政策

女真建国后，金朝统治者十分重视上京路的开发建设，颁布了一系列

---

① 韩茂莉：《辽金农业地理》，社会科学文献出版社1999年版，第146页。
② 脱脱：《金史·世纪》卷1，中华书局1975年版，第3页。

经济政策,以促进上京路的经济发展。在金初对辽、宋战争中,金太祖、金太宗都很注意农业的发展。金太祖将辽军丢弃的农具,作为重要的战利品,分发给女真人。《金史·阿离合懑传》记载:"辽步卒尽殪,得其耕具数千以给诸军。"① 金太祖在举行登基大典时,宗族阿离合懑与宗翰等人,"以耕具九为献,祝曰:请陛下毋忘稼穑之艰难"。② 以此表示农业为立国之本。金太祖即使在激烈的抗辽战争中,亦未忘记组织农业生产,不断采取一些切实措施,以保护、鼓励农业生产。对于奚、汉、渤海、室韦等族来附者,或择膏腴之地处之,或以牛头地分配原则,分给土地免除赋税以示优惠。金太祖还命"典兵之官,无纵军士动扰人民,以废农业"。③

金太宗对农业亦十分重视。金太宗分遣使官诸路劝农,甚至下令民间诉讼之事,要在农闲时进行。金太宗说:"新降之民,诉讼者众,今方农时,或失田业,可俟农隙听决。"④ 金熙宗时期,熙宗为了扩大耕种面积,"诏罢来流水、混同江护逻地与民耕牧"⑤,还将皇帝狩猎的"禁苑隙地分给百姓"。⑥ 金宋议和之后,战争平息,以及政治中心南移,海陵王、金世宗、金章宗等,在发展新统治地区经济的同时,也没有忽略上京路经济的发展。金世宗在晚年北巡祭祖时,还下令"遣使临潢、泰州劝农"。⑦ 由于金国是在反辽侵宋战争中发展壮大起来的,除掠夺所得,其本身并没有雄厚的经济实力,而辽、宋两国的社会生产力都比金国先进,所以金朝统治者学习契丹人的做法,从中原大量移民,借外力来发展上京路的经济,这就是所谓的以实内地。与此同时,金朝还充分发挥猛安谋克亦兵亦农组织的作用,利用军屯来发展农业。因此,"实内和军屯是金国发展上京路的特殊道路"⑧。金朝实内地主要是因为作为金源内地的金代上京路农业落后,为了促进金代上京路农业发展,解决金源上京路地广人稀,缺少发展农业所需要劳动力问题,金朝采取迁移人口的办法以实内

---

① 脱脱:《金史·世纪》卷2,中华书局1975年版,第27页。
② 脱脱:《金史·阿离合懑传》卷73,中华书局1975年版,第1671页。
③ 脱脱:《金史·太祖本纪》卷2,中华书局1975年版,第39—40页。
④ 脱脱:《金史·太宗纪》卷3,中华书局1975年版,第50页。
⑤ 脱脱:《金史·熙宗纪》卷4,中华书局1975年版,第72页。
⑥ 脱脱:《金史·熙宗纪》卷4,中华书局1975年版,第72页。
⑦ 脱脱:《金史·世宗纪》卷5,中华书局1975年版,第189页。
⑧ 漆侠、乔幼梅:《辽夏金经济史》,河北大学出版社1994年版,第308页。

地。《金史·张觉传》记载:"太祖每收城邑,往往徙民以实京师,"① 这一经济措施从金太祖时起,便定为一项基本国策加以积极推行。例如,天辅二年(1118),太祖命孔敬宗等"率懿州民徙内地"②。天辅五年(1121),辽朝都统耶律余睹率部族3000余户降金后,被"徙之内地"③。天辅六年(1122),"既定山西诸州,以上京为内地,则移其民而实之"④。天辅七年(1123)二月,金军攻取燕京之后"尽徙六州氏族富强工技之民于内地"⑤。1126年,金军攻破宋都汴京,掳掠辎重人口不计其数,掠至宋国男妇不下20万,役卒、医工、监工匠等百工技艺北归,城中子女上下俱空。战争的掳掠,带来破坏的同时,也促进了一次大规模的民族对流,推动了民族融合,把中原的文化、农耕技术和其他先进的技术,带到金代上京路。在太宗时期,历时五年的实施,从辽宋的燕京、山西、显州等地,强迫迁徙了大批能工巧匠和领导反抗斗争的义士,初步达到了实内地的目的。然而海陵王于皇统九年(1149)夺权上台后,为实现其吞并南宋之目的,并解决统治集团内部的尖锐矛盾,一改实内地国策,迁都南下,重心南移,把"实内"变成了"虚内",给上京路经济发展带来了严重的不利影响。

　　金世宗即位后,开始恢复祖宗之法,继续实行太祖、太宗以来以实内地的经济政策。《金史·兵志》记载:"盖欲上京兵多,它日可为缓急之备也。"⑥ 金世宗先恢复上京路裴度地位,然后往金代上京路境内,迁入大批猛安谋克人口。大定十三年(1173)"徙东北等戍边汉军于内地",⑦ 十七年(1177),"又以西南、西北招讨司契丹余党心素狠戾,复恐生事,它时或有边隙,不为我用,令迁之乌古里石垒部及上京之地。"⑧ 大定二十五年(1185),"诏于速频、胡里改两路猛安下选三十谋克为三猛安,移置于率督畔窟之地,以实上京"。⑨ 如果说太祖、太宗等

---

① 脱脱:《金史·张觉传》卷133,中华书局1975年版,第2844页。
② 脱脱:《金史·孔敬宗传》卷75,中华书局1975年版,第1719页。
③ 脱脱:《金史·耶律余睹传》卷133,中华书局1975年版,第2847页。
④ 脱脱:《金史·食货志》卷46,中华书局1975年版,第1032页。
⑤ 脱脱:《金史·食货志》卷46,中华书局1975年版,第1033页。
⑥ 脱脱:《金史·兵志》卷44,中华书局1975年版,第996页。
⑦ 脱脱:《金史·兵志》卷44,中华书局1975年版,第994页。
⑧ 脱脱:《金史·兵志》卷44,中华书局1975年版,第994页。
⑨ 脱脱:《金史·世宗纪》卷8,中华书局1975年版,第188页。

迁徙民户，主要出于经济原因，那么金世宗则多出于军事目的，即从军事上加强对上京的防卫，以保证金代上京路经济的发展。

二 上京路经济状态

女真建国初，十分重视农业的发展。他们学习辽、宋经济政策，以发展农业为立国之本，把农业放在国家优先发展的地位。金初虽然伐辽灭宋战事多，但是太祖、太宗时刻不忘发展农业生产。在战争中尽量减少战争对农业的破坏，金太祖曾诏令"今农时将兴，可遣分谕典兵之官，无纵军士动扰人民，以废农业"。[1] 金朝为了不耽误农业发展，凡是重大战事，都在每年八月秋天之后。这样既可保证军粮的供应，又不妨碍农业生产。金朝废除辽法，减少税赋，以恤百姓，军队屯田，设立劝农官员，迁徙有技之民于金源内地等，使金代上京路农业经济有了空前的发展。出土的大批文物，可以证明金代农业发展状况。1958年，在吉林省农安县曾发现"会州劝农之印"[2]，1924年，在吉林省扶余县出土"上京隆安劝农副使印"[3]。这些实物资料，有力地证明了金朝优先发展农业的举措，体现了金初统治者把发展农业经济置于金国经济优先发展的战略地位。收国二年（1116），"太祖就分鸭挞、阿懒所迁谋克二千户，以银术可为谋克屯宁江州"[4]。天辅五年（1121），太祖命以婆卢火为都统，"率诸猛安之民万余户，赐耕牛五十，屯田于泰州"[5]。由于金太祖重视农业生产，使嫩江流域辽阔的土地得到了开发。金太宗继位后，继承金太祖军屯政策，于天会二年（1124），命徙耶懒路都孛董完颜忠于苏滨水，"以术实勤之田益之"[6]。金太宗积极发展农业的措施，使金代上京路很多土地都开发为可以耕种的农田，农业发展呈现出繁荣景象。《三朝北盟会编》记载："川平地壤，居民所在成聚落，新稼殆遍。"[7] 先进的农业技术进入北方后，农耕面积大幅度扩展，生产品种增多，农业人口大幅度增长，农机具与中

---

[1] 脱脱：《金史·太祖纪》卷2，中华书局1975年版，第39—40页。
[2] 谭士：《农安出土金"会州劝农"官印》，《考古》1961年第6期。
[3] 衣保中：《中国东北农业史》，吉林文史出版社1993年版，第128页。
[4] 脱脱：《金史·银术可传》卷112，中华书局1975年版，第1658页。
[5] 脱脱：《金史·婆卢火传》卷71，中华书局1975年版，第1638页。
[6] 脱脱：《金史·完颜忠传》卷70，中华书局1975年版，第1623页。
[7] 徐梦莘：《三朝北盟会编》卷20，上海古籍出版社1987年版，第144页。

第四章　金代上京路经济研究

原水平相当。到世宗朝时，金代上京路一年粮食产量，足够五年之用，农业经济取得突飞猛进的发展。金代农作物主要有粟、麦、黍、菽、稻、豆等，其中上京路以种粟为主。明昌四年（1193年）十月，尚书省奏"今上京、蒲与、速频、曷懒、胡里改等路，猛安谋克民户计一十七万六千有余，每岁收税粟二十万五千余石，所支者六万六千余石，总其见数二百四十七万六千余石"①。可见，金代上京路农业经济，在经济社会发展中的地位，其他经济门类都附属于农业经济之下，金代上京路农业经济的发展，促进了其他经济门类的发展。

第二节　上京路的税收制度

金朝统治者，依据女真人与汉人等民族生产力发展水平的不同，制定不同的税收制度。金朝按照女真、契丹、渤海、汉族等人所耕种的土地，制定了牛头税、两税；按照家庭人口数量和财产状况，制定了资产税（物力钱）等税收制度，此外，金朝还收取杂税。金朝这些税种，在金代上京路都征收。金朝税收制度很有特色，在中国税收史上占有一定的地位。

一　税收管理制度

金初是以农牧渔猎兼营经济，商业贸易处于萌芽状态，因而也就没有税收。《大金国志》记载："天辅四年（1120）三月，始于渤海辽阳等州（置）榷筦库。"② 这是所见金代最早的征税机构。史料记载过于粗略，这一机构的具体情况还不太清楚，估计当时金国之初，战事频繁，这一机构属于临时设置。随着金朝国土面积的扩大，商贸经济繁荣，税收在国家财政总收入中占的比重越来越大。金朝统治者为了最大限度地征敛民财，开始制定税收制度。确定征收税种、税额，在全国范围内，构建一套绵密的税收网络。

税收的总量关系到国家的经济实力。税收能否达到国家所需，一是国家经济发展状况，二是征税机构及其所属官员是否尽职尽责，这些是国家税收的关键因素。金朝为提高税收机构及其人员征税的积极性，制定了一

---

① 脱脱：《金史·食货志五》卷50，中华书局1975年版，第1121—1122页。
② 宇文懋昭撰：《大金国志校证》，崔文印校证，中华书局1986年版，第23页。

套详细的税收制度。据《金史·食货志》记载:"大定二年(1162),制院务创亏及功酬格。"① 这是国家出台的税收考核原则。具体是"增者有赏,亏者剋俸"②。在确定了年征收税额后,超出国家给予奖励,完不成征税指标,要从征税人员个人工资中扣除。大定九年(1169)这一原则有所变化,剋俸、给赏之制被废除,实行"止增亏分数为殿最,乃罢克俸、给赏之制,'而盐官酬赏仍旧'"③ 的原则。大定二十年(1180),金朝又制定了具体的考核标准,规定:"十万贯以上盐酒等使,若亏额五厘,剋俸一分。……省除以上提点官并运司亲管院务,若能增者十分为率以六分入官,二分与提点所官、二分与盐官充赏,若亏亦依此例剋俸,若能足数则全给。"④ 很明显,在这个考核体制下,各级院务官员及监督人员的收入由征税额决定,奖增罚亏是这个税务考核制度的核心内容。大定二十二年(1182),税务考核制度更趋严格,与个人利益的牵涉更大,以至于税务官员薪"每月先支其半外,如不亏则全支,亏一分则剋其一分,补足贴支"。⑤ 苛刻的考核制度,损害了税务征收人员的切身利益。由于没有完成征税定额,使"盐官被系,失身破家,折佣逃窜"⑥ 者不在少数,因亏课而被罚者亦屡见不鲜。金大定九年(1169),南宋楼钥出使金国时,遇见相州承应人马氏,其人自言曾监本州酒税务,但"并无俸禄,只以所课额之余以自给。虽至多不问,若有亏欠,至鬻妻子以偿亦不恤"⑦。由此可见,金朝税务考核制度,对税务官员亦奖亦惩,苦乐不均。有的税官为了完成征收税额,就得横征暴敛,造成百姓民不聊生,否则只有自己倒霉,流落他乡。

金代的税务考核制度,除了把税收定额与官员薪俸挂钩外,还把税收定额与官员职务升降联系起来,规定"凡诸提点院务官,三十月迁一官,周岁为满,止取无亏月日用之"。⑧ 大定四年(1164),又将该制度细化,规定"一任内亏一分以上降五人,二分以上降十人,三分以上降十五人,

---

① 脱脱:《金史·食货志》卷49,中华书局1975年版,第1109页。
② 脱脱:《金史·百官志》卷58,中华书局1975年版,第1348页。
③ 脱脱:《金史·百官志》卷58,中华书局1975年版,第1348页。
④ 脱脱:《金史·百官志》卷58,中华书局1975年版,第1348页。
⑤ 脱脱:《金史·百官志》卷58,中华书局1975年版,第1348页。
⑥ 脱脱:《金史·毛硕传》卷92,中华书局1975年版,第2034页。
⑦ 楼钥:《北行日录》卷上,中华书局1991年版,第24页。
⑧ 脱脱:《金史·选举志》卷54,中华书局1975年版,第1210页。

若有增羡则依此升迁，其升降不尽之数，于后任充折"①。大定二十年（1180），金世宗对此制度提出了改进办法，"今后可令见差使内不迭酬余钱，与后差使内所增钱通算为酬，庶钱可入官及盐官食直，若不先与，何以责廉。今后及格限而至者，即用此法"。② 金代商业税收，有些地方继承了辽代旧制，有些地方深受宋朝的影响，有些地方又有自己独特的创造，这些因素交织在一起，形成了金代商业税的特色。一是盐税在国家财政收入中占有极为重要的地位。二是在部分行业和地区，实行税收承包制的形式。三是政府在一些特殊地区、特殊时期推行减免商税政策。金代上京路是金源内地，属于特殊地区且产盐，因此上述金代税收的三种形式，都在不同时期存在。

二　牛头税制度

牛头税是金朝为女真猛安谋克制定的一种土地税。牛头税也称牛具税，是以女真人占有土地的多少来收取税额。《金史·食货志》记载："牛头税。即牛具税，猛安谋克部女真户所输之税也。其制：每耒牛三头为一具，限民口二十五受田四顷四亩有奇，岁输粟大约不过一石，官民占田无过四十具。"③从这则史料可知，收取多少牛头税，是以牛具税地为基础的。牛头税征收制度是逐渐形成的。女真建国前，生女真各部族土地共有，共同劳动，共同分配。起初一个部族就是一个大家族，部落酋长是部落最高领导者，具有最高的支配权力。因此，当时财产共有，也就无须缴纳赋税了。《三朝北盟会编》："其金人北军，一家莳地不下数顷，既无税赋，春则借农种，夏则借人以耘，秋则借人以收。遇岁小歉，则输纳税赋，民且不能给。何暇计糊口之有无；遇岁大熟，北库所收甚多，尽行货籴，其价必贱，则庄农供官科，配愈难支持。"④从这则史料可以看出，金初还没有税收。随着女真社会生产力的发展，剩余产品的增多，产生了贫富分化，出现了大土地占有者，原有的土地关系发生了变化，阶级关系进一步明确，女真贵族逐渐成为统治阶级。作为统治阶级的女真贵族，为

---

① 脱脱：《金史·选举志》卷54，中华书局1975年版，第1210页。
② 脱脱：《金史·食货志》卷49，中华书局1975年版，第1106页。
③ 脱脱：《金史·食货志》卷47，中华书局1975年版，第1062、1063页。
④ 徐梦莘：《三朝北盟会编》卷230，上海古籍出版社1987年版，第1655页。

了获得更多的财富，就需要不断地对外发动战争。战争需要经费，于是在女真社会内部开始出现了原始的税。金初太祖时期，在反辽战争中，所收取的赋税没有固定的数额，根据实际需要来确定收取税额。金太宗时期，牛头税的征收开始由无定额，发展成为相对稳定的额度。《金史·食货志》记载："天会三年（1125），太宗以岁稔，官无储积无以备饥馑，诏令一耒赋粟一石，每谋克别为一廪贮之。四年，诏内地诸路，每牛一具赋粟五斗，为定制。"① 金朝开始按照每个女真家庭，"分得的牛具税地的女真族的各家族，向国家所承担的一种地税，牛头税的制度化是女真奴隶制确定后的必然结果"。② 从此以后，金朝向女真人收取牛头税，便成为一种制度固定下来。

三 两税制度

金代两税制度是由唐宋两税制度发展而来。早在唐朝建中年间，就有两税制度。两税制度是以夏秋两次征税而得名的。两税法始于唐朝，《新唐书》记载："至德宗相杨炎，遂作两税法，夏输无过六月，秋输无过十一月。置两税使以总之，量出制入。户无主、客，以居者为簿；人无丁、中，以贫富为差。"③ 当时两税制度主要包括两个方面的内容，即户税与地税。户税和地税分离而存在。两税包括原来租（地税）、庸调（户税）两方面的内容。《通典》记载："建中元年，制百姓及客等，约丁产定等第，均率作年支两税。"④ "自今已后，天下两税，其诸色输纳官典。"⑤ 两税制度从唐朝延续到辽金。金代两税制度，比以往两税制度有所不同。《金史·食货志》记载："金制，官地输租，私田输税。租之制不传。大率分田之等为九而差次之，夏税亩取三合，秋税亩取五升，又纳秸一束，束十有五斤。夏税六月止八月，秋税十月止十二月，为初、中、末三限，州百里外，纾期一月。……泰和五年，章宗谕宰臣曰：十月民获未毕，遽令纳税可乎。改秋税限十一月为初，中都、西京、北京、上京、

---

① 脱脱：《金史·食货志》卷47，中华书局1975年版，第1063页。
② 张博泉：《金代经济史略》，辽宁人民出版社1981年版，第135页。
③ 欧阳修、宋祁：《新唐书》卷52，中华书局1975年版，第1980页。
④ 杜佑：《通典》卷6，浙江古籍出版社1988年版，第33页。
⑤ 王溥：《唐会要》卷83，中华书局1955年版，第1534页。

辽东、临潢、陕西地寒，稼穑迟熟，夏税限以七月为初。"① 金代两税分夏秋两次征收，无论是秋税还是夏税，都是按照土地的多少来征收。金朝制定两税制度，起初是针对中原地区两茬庄稼，而金代上京路地域寒冷，每年一茬庄稼。《金史》里明确在上京、临潢、陕西地寒，庄稼晚熟，夏税征收时间在七月初。笔者想这主要是征收北方的小麦税。我国北方小麦一般都在阴历七月收割，因此金朝在上京路征收两税的时间，即在每年的阴历七月。

四 资产税（物力钱）

金朝按照每家资产的多少征税，称为资产税，也称物力钱。金代征收资产税，是通过通检推排来实现的。《金史·食货志》记载："通检，即《周礼》大司徒三年一大比，各登其乡之众寡、六畜、车辇，辨物行征之制也。金自国初占籍之后，至大定四年，承正隆师族之余，民之贫富变更，赋役不均。世宗下诏曰：粤自国初，有司常大比，于今四十年矣。正隆时，兵役并兴，调发无度，富者今贫不能自存，版籍所无者今为富室而犹幸免。是用遣信臣泰宁军节度使张弘信等十三人，分路通检天下物力而差定之，以革前弊，俾元元无不均之叹，以称朕意。"② 金代通检推排，就是在全国范围内，每三年排查一次每家每户资产情况，进行登记，以资产多少划分户等，来作为征收资产税的依据。这种税收制度的漏洞，使有的女真贵族为了逃税，瞒报土地、奴婢、房舍、车马农具等家庭资产。普通百姓有限的资产瞒报不了，这就造成了普通百姓如实缴纳资产税，而女真贵族由于瞒报，偷税漏税，不能如实缴纳资产税，这就进一步扩大了女真社会贫富分化。到了金世宗，这种情况普遍存在。鉴于此，金世宗对资产税制度进行了修改。《金史·食货志》记载："五年，有司奏诸路通检不均，诏再以户口多寡、贫富轻重，适中定之。既而，又定通检地土等第税法。十五年九月，上以天下物力，自通检以来十余年，贫富变易，赋调轻重不均，遣济南尹梁肃等二十六人，分路推排。"③ 金朝先后在大定五年和大定十五年，通过通检推排，根据每个家庭的人口数量和贫富成度，

---

① 脱脱：《金史·食货志》卷47，中华书局1975年版，第1055页。
② 脱脱：《金史·食货志》卷46，中华书局1975年版，第1037页。
③ 脱脱：《金史·食货志》卷46，中华书局1975年版，第1037页。

确定户等征收资产税。这样的税收制度，还是没有从根本上改变女真贵族偷税的现象。《金史·蒲察通传》记载："大定十七年，拜尚书右丞，转左丞。诏议推排猛安谋克事，大臣皆以为止验见在产业，定贫富，依旧科差为便。通言：必须通括各谋克人户物力多寡，则贫富自分。贫富分，则版籍定，如有缓急，验籍科差，富者不得隐，贫者不重困。"① 金朝按照蒲察通的建议，根据每户人口和牲畜数量，确定征收资产税的标准。修改后的收税标准，致使有的家庭，雇一个长工或养一匹马，到年终缴纳资产税不划算，这样就出现了辞退雇工，或不养马的现象。《金史·食货志》记载："大定二十二年九月，诏'毋令富者匿隐畜产，贫户或有不敢养马者。昔海陵时，拘括马畜，绝无等级，富者幸免，贫者尽拘入官，大为不均。今并核实贫富造籍，有急即按籍取之，庶几无不均之弊。'"② 被辞退的长工流落街头更加贫困。很多家庭不养马减少了畜力，造成很多农田撂荒。金朝针对这一现象，出台了较为严厉的通检推排措施，确保征收资产税的标准。《金史》记载："官田曰租，私田曰税。租税之外算其田园屋舍车马牛羊树艺之数，及其藏镪多寡，征钱曰物力。物力之征，上自公卿大夫，下逮民庶，无苟免者。"③ 制定较为严密的资产税制度，无论官田私田，也无论公卿大夫、平民百姓，一律都要缴纳资产税。这样有效地防止了偷税现象发生，对增加国家税收起到了一定的作用。

五 其他杂税

1. 盐税

盐税被称为盐课，是金代国家财政收入的主要来源之一。金代上京路历来是产盐之地，女真建国初就在金代上京路征收盐税。《金史·食货志》记载："初，辽、金故地滨海多产盐，上京、东北二路食肇州盐，速频路食海盐，临潢之北有大盐泺，乌古里石垒部有盐池，皆足以食境内之民，尝征其税。"④ 盐税的征收是以定额的方式进行，地域不同定额亦不相同。世宗大定十一年（1171），宋俣、白仲为狗泺盐场使、副使，"以

---

① 脱脱：《金史·蒲察通传》卷95，中华书局1975年版，第2106页。
② 脱脱：《金史·食货志》卷46，中华书局1975年版，第1038—1039页。
③ 脱脱：《金史·食货志》卷46，中华书局1975年版，第1028页。
④ 脱脱：《金史·食货志》卷49，中华书局1975年版，第1093页。

是岁入钱为定额"① 缴纳盐课。大定二十四年（1184），"蒲与路、胡里改路，盐额由10000贯增至27000贯"②。从蒲与路和胡里改路缴纳盐税的数量来看，金代蒲与路和胡里改路是盛产食盐的地方。

2. 酒税

金代上京路生产白酒，一般的普通人家都会自己烧白酒。郭长海认为"金源故地上京城（阿城市）是蒸馏酒的发祥地"③。由于上京蒸馏酒产量高，市场销售量很大，金朝开始设置官员管理。《金史·食货志》记载："酒，金榷酤因辽、宋旧制，天会三年始命榷官，以周岁为满。世宗大定三年，诏宗室私酿者，从转运司鞫治。"④金太宗设置金榷酤，就开始了征收酒税。当时金代上京路女真人饮酒成风，以致达到政府难控制的地步。《金史·世宗纪》记载："大定十八年三月乙巳（1178年3月21日），命戍边女直人遇祭祀、婚嫁、节辰许自造酒。"⑤ 从金代民间造酒产业的发达，可以知道酒税征收的大概。明昌元年（1190）七月规定："以大定二十一年（1181）至明昌元年（1190）为界，通比均取一年之数为额。"⑥ 自大定二十一年至明昌元年总计有9年之多，以如此长的时间为基准，通比其数而定一年之额，显然不够合理。于是，泰和四年（1204）九月，省臣上奏："在都麹使司，自定课以来八年并增，宜依旧法，以八年通该课程，均其一年之数，仍取新增诸物一分税并入，通为课额。以后之课，每五年一定其制。"⑦ 从这一记载来看，或者原来确定的税额基数过低，或者酒税增长太快，以致自明昌元年至泰和元年的11年时间里酒税连年增长。这种情况说明，明昌元年七月确定的征税办法已经不符合酒税征收的实际情况，因此泰和四年九月，才确定了"以后之课，每五年一定其制"的新办法。

3. 金银坑冶税

金朝对金银坑冶税管理相对宽松，大定三年（1163）规定金银坑冶

---

① 脱脱：《金史·食货志》卷49，中华书局1975年版，第1095页。
② 王德明：《金代商品经济研究》，社会科学文献出版社2011年版，第189页。
③ 郭长海：《女真人饮酒习俗与金代酿酒工艺》，见洪仁怀、王军主编《金上京文史论丛》（第一集），中国文史出版社2007年版，第108页。
④ 脱脱：《金史·食货志》卷49，中华书局1975年版，第1105页。
⑤ 脱脱：《金史·世宗纪》卷7，中华书局1975年版，第170页。
⑥ 脱脱：《金史·食货志》卷49，中华书局1975年版，第1106页。
⑦ 脱脱：《金史·食货志》卷49，中华书局1975年版，第1107页。

允许百姓开采,税率为二十分之一。到大定九年(1169),御史台反映河南府向百姓抑配金银,有害民利,世宗遂于大定二十年(1180)下诏任由百姓"恣民採,毋收税"。这一规定到大定二十七年(1187),改为"听民于农隙採银,承纳官课"①。虽然没有史料记载金代上京路征收金银坑冶税的情况,但是金代上京路管辖境内,有大量的金、银、铁矿存在,征收一定数量的金银坑冶税,是在所难免的。到了金朝中后期,经过几十年的长期积累,金朝金银数量已非常可观。到明昌二年(1191),"天下见在金千二百余铤(一铤为五十两),银五十五万二千余铤"②。从金朝国库存有的金银数量来看,说明金代开放宽松的金银开採政策,符合当时社会经济发展需要,收到了良好成效。

4. 市税

市税也称市租,是"对在城市中有店铺的商人征收的一个税种"③。相当于宋代的"住税"。关于金代市税的征收范围、数额,目前未发现更多的史料。《金史·世宗纪》记载:"大定二十四年八月乙亥(1184年9月25日),诏免上京今年市税。"④ 这年四月,金世宗自中都前往上京,为祈求顺利,显示权威,世宗曾于途中命令"曲赦百里内犯徒二年以下罪"⑤。金世宗免上京市税之举,是一种安抚百姓的政治活动,在一定程度上减轻了金代上京路普通百姓的生活压力。

5. 关税

金代的关税相当于宋代的过税。《宋史·食货志》记载:"行者赍货,谓之过税。"⑥ 关税指的是对两国之间,对流通商人征收的税种。金代关税在国家财政收入上,比例相当小,微乎其微,不起大的作用。因此,在金世宗的时期,取消了这一税种。《金史·世宗纪》记载:"大定二年八月辛卯(1162年10月7日),罢诸关征税。"⑦ 在《金史·食货志》里,有类似的记载:"大定二年八月,罢诸路关税,止令讥察。"⑧ 这里所罢诸

---

① 脱脱:《金史·食货志》卷50,中华书局1975年版,第1116页。
② 脱脱:《金史·食货志》卷50,中华书局1975年版,第1116页。
③ 刘浦江:《辽金史论》,辽宁人民出版社1999年版,第296页。
④ 脱脱:《金史·世宗纪》卷8,中华书局1975年版,第188页。
⑤ 脱脱:《金史·世宗纪》卷8,中华书局1975年版,第187页。
⑥ 脱脱:《宋史·食货志》卷186,中华书局1977年版,第4541页。
⑦ 脱脱:《金史·世宗纪》卷6,中华书局1975年版,第129页。
⑧ 脱脱:《金史·食货志》卷49,中华书局1975年版,第1109页。

路关税,应该包括金代上京路在内。金代上京路,虽与宋、西夏相距遥远,但其治下的曷懒路,与高丽相邻。金初与高丽国就有经贸往来,两国之间有经贸往来,就应该有关税。金世宗诏罢诸路关税,也就使金国与高丽之间的关税,停止征收了。

第三节 上京路的农业发展

女真族建国后,很重视农业生产。汉族人口进入金代上京路,使金源内地农业人口迅速增长,他们带来了中原先进的农业生产技术,促进了金代上京路农业生产的发展。金代上京路的农业,在整个金代经济发展史上占有十分重要的地位。

一 上京路农田分布及生产工具

1. 上京路农田分布

生活在上京路的生女真人,起初没有农业生产,只靠渔猎经济生活。生女真从事农业生产,是从定居阿什河开始的。《金史·世纪》记载:"黑水旧俗无室庐,负山水坎地,梁木其上,覆以土,夏则出随水草以居,冬则入处其中。迁徙不常。献祖乃徙居海古水,耕垦树艺,始筑室,……自此遂定居于安出虎水之侧矣。"① 《三朝北盟会编》记载:"绥赫自幼习射、采生,长而善骑射猎,教人烧炭炼铁,刳木为器,制造舟车,种植五谷,建造屋宇,稍有上古之风。"② 生女真人定居后,建造房屋开始农业生产。散居在白山黑水的生女真,各自都在居住地方附近,开辟农田从事农业生产。《三朝北盟会编》记载:"居粟沫之北,宁江之东北者,地方千余里,户口十余万,散居山谷间,依旧界外野处,自推雄豪为酋,小者千户,大者数千户,则谓之生女真。"③ 当时生女真已经形成部族,各部散居在白山黑水间,修建城池,在城池附近,或从事农业生产,或从事渔猎生活。《金史·兵志》记载:"金之初年,诸部之民无它

---

① 脱脱:《金史·世纪》卷1,中华书局1975年版,第3页。
② 徐梦莘:《三朝北盟会编》卷18,上海古籍出版社1987年版,第127页。
③ 徐梦莘:《三朝北盟会编》卷3,上海古籍出版社1987年版,第16页。

徭役，壮者皆兵，平居则听以佃渔射猎，习为劳事。"① 金初，生女真没有其他经济活动，平时主要从事农业生产和渔猎活动。

生女真开垦的农田，主要分布在城镇附近。生女真居住地或是山旁，或是河流附近的高地上。目前遗留下来金代上京路时期的古城遗址，显示了当时农业的空间结构。据王旭东统计，目前在黑龙江省境内遗存古城315座，在吉林省境内遗存古城347座，他认为在"黑龙江省和吉林省共发现金代古城遗址662座，其中563座处于金代上京路管辖范围内"②。在俄罗斯和朝鲜境内的古城情况，仅俄罗斯滨海边疆区，这个地方是金朝时期的恤品路和合懒路，目前见"俄罗斯滨海边疆区女真遗址，古城遗址有41座"③。还遗存很多金代上京路古城遗址。金代上京路广阔的空间，既可利用江河水源，又很少有水患之忧；既是建城筑寨可选之处，又是发展农业的有利之地。遍布金代上京路境内的大小城镇，都是人们从事农业生产劳动后的住处。生女真人以大大小小城镇为依托，形成以城镇为中心的农田分布格局。在金代上京路各个城镇附近，居住着广大农民，"他们平日在城外从事农业生产，战时则入城，参加守城之战"④。金代上京路农田分布，主要在城镇附近，在任何一座城镇周围，都有一定规模的农田。

2. 农业生产工具

生产工具的进步程度，是生产力发展水平的标志。金朝把发展农业作为立国之本，自然重视农业生产工具。在金初反辽战争中，就注意获取辽军遗弃的农具。《金史·太祖纪》记载："辽步卒尽殪，得其耕具数千以给诸军。"⑤ 从中可看出金朝对农业生产工具的重视。金朝农业之所以发展较快，其原因是金朝铁制农具广泛应用。新中国成立后，国家重视考古事业的发展，陆续在金上京城附近一些遗址中发现了大量农业生产工具。如1958年5月，黑龙江省博物馆于世杰、王永祥，在哈尔滨市东郊哈尔

---

① 脱脱：《金史·兵志》卷44，中华书局1975年版，第992页。
② 王旭东：《中国境内金代上京路古城分布研究》，见赵英兰主编《古船》，吉林人民出版社2006年版，第120页。
③ 宋玉彬、[俄] H. r. 阿尔杰米耶娃主编：《俄罗斯滨海边疆区女真文物集粹》，文物出版社2013年版，第26页。
④ 韩茂莉：《辽金农业地理》，社会科学文献出版社1999年版，第1115页。
⑤ 脱脱：《金史·太祖纪》卷2，中华书局1975年版，第27页。

滨工业大学修路工地辽金遗址调查中,发现了"铁铲1件:熟铁制成,铲身上有圆形长库,合缝形式与现代铁锹有些相似。……铁镰残件:只剩尾部一段,熟铁制成,长9.7厘米"①。1958年冬天,黑龙江省肇东县博物馆对肇东八里城遗址进行了考古调查,发现"农具类共有50余件、有犁铧、犁碗子(铧上之反土器)、蹽头(铧之上分土器)、锄、钁、镰、手镰、锹、铡草刀、垛叉、渔叉等"②。1960年7月,黑龙江省博物馆孙秀仁,会同县文化馆顾宪武,在兰西县双榆树屯金代遗址调查中,发现了铁犁工具。"残铁铧数块,已生锈无盔铧的边缘向内上侧锐角反折,尾部有近似三角形的孔。"③ 1968年,在吉林省农安市万金塔古城,发现"有铧、铡刀、斧、镐,三宝乡小城子古城,发现铁斧、铁镰、石磨、石杵"④等农具。1978年10月,在吉林省前郭尔罗斯蒙古族自治县城北边城郊,"出土一副金代的犁铧铜范,铧范为合范,出土时上下两范互相叠压在一起,范质为紫铜。上下范共63公斤,内外无任何纹饰,前部方整并稍向上翘起,后部有两翼,每合外侧各有两鼻"⑤。1987年5月10日至6月4日,吉林省文物考古研究所和长春市文管会办公室组成的联合考古队在德惠县文化局的协助下,配合公路基本建设对后城子古城内公路穿越地段进行了考古发掘。发现"犁铧1件、铲1件、锹5件、镐2件、镰2件、叉3件、耙1件、斧1件、锤3件、刀9件"⑥等农业生产工具。1979年,黑龙江省文物考古工作队在金代蒲与路故城考古发掘中,出土了"铁甲片、铁锅、车钏、三角形铁器、铁犁尖、铁镞、铁铲以及石弹"⑦。此外,在国内黑河市爱辉区、嫩江县、逊克县、北安市、克东县、伊春市横山区、佳木斯绥滨县、哈尔滨市依兰县等金代遗址,都出土了铁制农业生产工具。俄罗斯滨海边疆区,大部分金代时属于合懒路,在克拉斯诺雅罗夫斯科耶城遗址,出土了"铁锯、铁斧头、铁车辖、铁镐、铁

---

① 王永祥:《哈尔滨东郊的辽金遗址和墓葬》,《考古》1960年第4期。
② 肇东县博物馆:《黑龙江肇东县八里城清理简报》,《考古》1960年第2期。
③ 孙秀仁:《黑龙江兰西县发现金代文物》,《考古》1962年第1期。
④ 庞志国、刘红宇:《金代东北主要交通路线研究》,《北方文物》1994年第4期。
⑤ 刘景文:《吉林省前郭县出土的金代犁铧铜范》,《东北考古与历史》1982年第1期。
⑥ 庞志国等:《吉林省德惠县后城子金代古城发掘》,《考古》1993年第8期。
⑦ 黑龙江省考古研究所:《黑龙江克东县金代蒲与路故城发掘》,《考古》1987年第2期。

锛、铁铲"[1]。上述这些在当年金代上京路境内出土的铁制农业工具，种类齐全，可见金代农业生产技术，已经达到了较高的发展水平。

二　上京路农业发展规模

衡量农业经济总体发展规模，应该有三个标准：一是看耕地面积，二是看农业人口，三是看粮食产量。金代上京路农业经济发展是伴随着金军伐辽灭宋，掠夺大量辽宋农业人口，到金代上京路从事农业劳动实现的。女真建国之初，从事农业劳动的人口很有限，仅有猛安谋克女真人，大部分从事渔猎生活，即使从事农业生产，也是亦兵亦农，大部分时间外出作战。当时金代上京路农业经济萧条，金太祖为了保障军粮的供应，积极发展农业生产。针对金源内地农业人口少的问题，太祖在反辽战争中，把俘获的辽朝人口迁往金源内地，充实农业生产劳动力。金太宗灭亡北宋，一如太祖时期已定国策，继续施行迁移北宋人口到金源，"以实内地"，发展农业经济。

起初，迁到金源内地的契丹和汉族人口，与猛安谋克女真分开居住，彼此不相联系。《金史·食货志》记载："今如分别户民，则女真言本户，汉户及契丹，余谓之杂户。"[2] 在上京路的女真人、契丹人、汉人，各自从事自己的生产劳动，由于女真人农业技术水平低，汉族人农业技术水平较高，这就造成每年秋收时，女真人粮食产量远远低于汉族人粮食产量，从而造成女真人不愿从事农业生产。致使有的女真人就把家中的奴婢卖掉，不去耕种农田。这种现象到大定二十年（1180），愈演愈烈，许多土地撂荒了。金世宗针对这种状况，采取核查每户劳动人口以及土地和耕牛数量。《金史·食货志》记载："始诏令集耆老，推贫富，验土地牛具奴婢之数，分为上中下三等。"[3] 大定二十年，金朝针对上京路女真户不愿从事农业劳动的情况，以国家法律的形式，给予明确规定。《金史·食货志》记载："以上京路女直人户，规避物力，自卖其奴婢，致耕田者少，遂以贫乏，诏定制禁之。又谓宰臣曰：猛安谋克人户，兄弟亲属若各随所

---

[1] 宋玉彬、[俄] H. r. 阿尔杰米耶娃主编：《俄罗斯滨海边疆区女真文物集粹》，文物出版社 2013 年版，第 65—76 页。
[2] 脱脱：《金史·食货志》卷 46，中华书局 1975 年版，第 1036 页。
[3] 脱脱：《金史·食货志》卷 46，中华书局 1975 年版，第 1038 页。

分土，与汉人错居，每四五十户结为保聚，农作时令相助济，此亦劝相之道也。"① 这一规定，打破了女真人与契丹和汉人分居的现象，使女真人、契丹人、汉人在一起从事农业生产劳动，女真人学习汉族农业生产技术，促进了农业经济发展，扩大了上京路农业生产规模。

金朝统治者重视金代上京路农业发展，使金代上京路农业人口增加，很多土地得到开发，粮食产量逐年提高。关于金代上京路人口规模和耕地面积，《金史·地理志》记载："会宁府：户三万一千二百七十。……肇州：户五千三百七十五。……隆安府：户一万一百八十。信州：户七千三百五十九。"② 按：这里记载的人口户数，当是金章宗时期的人口数量。虽然《金史》里对蒲与路、胡里改路、恤品路、合懒路、曷苏馆路的人口没有记载，但是这几个路在金初就是万户路，所以这几个路的人口，也应当具有一定规模。人口的增长，使得大片土地得到开发，《金史·食货志》记载："猛安谋克户口、垦地、牛具之数。猛安二百二，谋克千八百七十八，户六十一万五千六百二十四，口六百一十五万八千六百三十六，内正口四百八十一万二千六百六十九，奴婢口一百三十四万五千九百六十七。垦田一百六十九万三百八十顷有奇，牛具三十八万四千七百七十一。在都宗室将军司，户一百七十，口二万八千七百九十，内正口九百八十二，奴婢口二万七千八百八。垦田三千六百八十三顷七十五亩，牛具三百四。迭剌、唐古二部五纠，户五千五百八十五，口十三万七千五百四十四，内正口十一万九千四百六十三，奴婢口一万八千八十一。垦田万六千二十四顷一十七亩，牛具五千六十六。"③ 由于金朝采取积极措施，金代上京路农业人口大增，耕地面积空前扩展，整个上京路农业景象欣欣向荣。到金章宗时期，金代上京路农业经济得到了很好的发展。《金史·食货志》记载："上京路诸县未有常平仓，如亦可置，定其当备粟数以闻。四年十月，尚书省奏：今上京、蒲与、速频、曷懒、胡里改等路，猛安谋克民户计一十七万六千有余，每岁收税粟二十万五千余石，所支者六万六千余石，总其见数二百四十七万六千余石。臣等以为此地收多支少，遇灾

---

① 脱脱：《金史·食货志》卷46，中华书局1975年版，第1034页。
② 脱脱：《金史·地理志》卷24，中华书局1975年版，第551—552页。
③ 脱脱：《金史·食货志》卷46，中华书局1975年版，第1034页。

足以赈济，似不必置。遂止。"[1] 从中可以看出，金代上京路农业发展规模，无论耕地面积还是粮食产量，规模空前，已不用设常平仓了。

第四节　上京路的工业发展

工业是一个国家的经济命脉。金朝工业起步于女真族手工业，伴随着征服辽、宋，入主中原，吸纳辽、宋和渤海工业技术发展起来的。金代上京路工业门类很多，主要有矿冶业、铸造业、采盐业、陶瓷业、纺织业，以及制造生活用品的手工业作坊。金代上京路工业在金朝经济中占有重要的地位，为金代上京路社会发展做出了重要的历史贡献。

一　上京路矿冶开发

冶炼主要是为铸造业提供原料，冶炼水平在很大程度上决定了手工业的发展水平。早期的女真人还没有掌握冶炼技术，尤其是没有学会冶铁，"生女真旧无铁"[2]，指的就是这种情况。但是他们的临近部落"乌春、阿跋斯水温都部人，以锻铁为业"。[3] "加古部乌不屯，亦铁工也"[4]。于是，完颜部通过向临近部落购买的办法，来解决缺铁的问题。"邻国有以甲胄来鬻者，顷赀厚贾以兴贸易，亦令昆弟族人皆售之。得铁既多，因之以修弓矢，备器械，兵势稍振，前后顾附者众。"[5] 据文献记载，女真人学会冶铁是在献祖绥可时期，"绥可自幼习射、採生，长而善骑射猎，教人烧炭炼铁"。[6] 到景祖时，女真人的冶炼业已具规模，当时出现了职业炼铁部落。温都部的乌春率族属来归时，景祖就命其"以本业自给"，这时女真族已经知道刳木为器，制造舟车，烧炭炼铁，打制弓箭了。

女真建国以后，随着反辽战争节节胜利，金国占有了原辽国境内的矿藏资源。《辽史》记载："辽朝境内铜、铁、金、银矿藏颇多。"[7] 如辽太

---

[1] 脱脱：《金史·食货志》卷50，中华书局1975年版，第1121页。
[2] 脱脱：《金史·世纪》卷1，中华书局1975年版，第5页。
[3] 脱脱：《金史·乌春传》卷67，中华书局1975年版，第1577页。
[4] 脱脱：《金史·乌春传》卷67，中华书局1975年版，第1578页。
[5] 脱脱：《金史·世纪》卷1，中华书局1975年版，第5、6页。
[6] 徐梦莘：《三朝北盟会编》卷18，上海古籍出版社1982年版，第127页。
[7] 脱脱：《辽史·食货志》卷67，中华书局1974年版，第930页。

祖并室韦,"其地产铜、铁、金、银"①,"神册初,平渤海,得广州,本渤海铁利府,改铁利州,地亦多铁"。②辽国境内的矿藏被金国占领后,成为金代上京路矿冶发展的基础。

金军占领北宋以后,为金代上京路矿冶业发展提供了人才和技术。北宋技术人才被迁移到金源内地,使金上京的矿冶业得到了发展。关于金代上京路矿冶业发展的情况,考古资料有充分证据。1961年,黑龙江省博物馆王永祥,在今哈尔滨市阿城区五道岭一代,发现了"金代冶铁遗址50余处,矿井10余处,估计从这些矿井中采出的矿石四五十万吨之多,在矿洞附近还分布着许多炼铁的高炉"。③ 20世纪80年代以来,王禹浪曾先后三次对五道岭以东至蚂蚁河流域,以及五道岭以南的五常一带山区地带进行了考古调查,在这一区域,又"发现了大批金代炼铁遗址。在这些冶铁遗址中,发现了炼铁炉、铁矿渣、铁矿石、铁块、木炭、冶铁工具,以及铸制的铁箭头、铁刀、铁矛、铁剪刀等制品"④。从以上考古调查材料可知,金代的矿冶业发展已具相当规模。

二 上京路铸造业发展

1. 金代铸铁业的兴旺

金代上京路铸造业最发达的是铸铁业。金代上京路铸铁业的兴旺,从出土文物可以得到证明。新中国成立后,考古工作者经过不懈的努力,在当年金代上京路境内,出土了大量金代铸铁文物。这些铸铁文物大体分为三大类。一是农业生产工具,主要有各种铁犁、铁铧、镰刀、铁锹、镐、垛叉、铡刀等,手工工具主要有铁斧、铁锛、铁锯、刮皮刀、铁钳子、铁锤子、铁砧、铁凿子、铁锉、铁剪子等;二是生活用品,包括切菜刀、铁钩子、铁铲、铁抹子、铁泥板、抽屉拉手、铁熨斗、各种铁锁、铁凿子、腰铃、铁门鼻子、大小铁圈、铁锅、铁鼎、火盆、高三足火盆、铁钎子、烙铁等;三是兵器及渔猎和交通工具,主要有鱼叉、鱼钩、鱼网坠、铁马镫、马衔子、马掌钉等,以及各种马具饰件。铁矛、铁镞、军用铁刀、铁

---

① 脱脱:《辽史·食货志》卷67,中华书局1974年版,第930页。
② 脱脱:《辽史·食货志》卷67,中华书局1974年版,第930页。
③ 王永祥:《黑龙江阿城县小岭地区金代冶铁遗址》,《考古》1963年第1期。
④ 王禹浪:《金代黑龙江述略》,哈尔滨出版社1993年版,第92页。

蒺藜、铁环、车管籀等，以及铁手铐和铁脚镣。这些铁铸文物的出土，表明了金代上京路铸铁业的兴旺。

2. 金代铸铜业的繁盛

在金代上京路境内，出土大量铸铜文物，说明铸铜业在上京路很繁盛。出土的铸铜文物，大致有以下几方面：一是日常生活铜器，例如：铜镜、铜人、铜佛像、铜龙、铜象棋、铜嘎拉哈、铜锅、铜盆、铜三足锅、铜剑、铜勺、铜筷子、铜碗、铜杯、铜车马饰件、铜飞鱼、铜佩饰、铜酒器等。在出土的金代铸铜器物中，铜镜铸造水平较高，可以与中原地区所铸铜镜相媲美。在金上京历史博物馆内，收藏金代铜镜226面，其中圆形铜镜数量较多，据不完全统计，仅金代上京路就出土了双鲤鱼镜百面之多。在齐齐哈尔市博物馆还藏有金代圆形鸳鸯海兽葡萄镜一面，讷河市博物馆藏有金代圆形"双鲤鱼铜镜"一面，金代圆形"双童踩莲镜"一面，龙江县博物馆藏有"双鲤鱼铜镜"一面。金代上京路这些铜器的发现，说明当时金代上京路铸铜业相当繁盛。1983年，王禹浪先生在今黑龙江省宾县平坊乡附近考古调查时，发现了"金代开采和冶炼铜矿的遗址，遗址内有大量的铜渣和矿石"[①]。在中国历史博物馆藏有金熙宗年间所铸造的"皇统通宝"铜币，海陵王1158年铸"正隆元宝"铜币，以及金末，铸造的"崇庆通宝""贞祐通宝"等铜币。20世纪50年代末，在今天的宾县、方正、尚志、延寿、呼兰、五常、双城、木兰、巴彦、通河、兰西、依兰、佳木斯、牡丹江、齐齐哈尔等地，不断发现和出土了金代窖藏铜钱，据了解，已达十几万斤，以1980年宾县三宝乡为例，一次就出土了3000余斤窖藏铜钱。二是铸铜兵器和铸铜官印数量很多，"其中最多的是铜官印、铜押记等。阿城区半拉城子古城出土了一件铜火铳。这是目前我国发现最早的一门火炮"[②]。王禹浪说："关于这件铜器的断代问题，目前学术界尚有争论，一说是元代的制品，另一说是金末元初的制品，本文暂采用了后一种观点。"[③] 总之，金代上京路铸铜业，已经发展到了较高的水平，相当繁盛。

3. 金代铸造金银器业的兴盛

金代上京路铸造金银器业十分兴盛。从金代上京路金代遗址和墓葬

---

① 王禹浪：《金代黑龙江述略》，哈尔滨出版社1993年版，第95页。
② 王禹浪：《金代黑龙江述略》，哈尔滨出版社1993年版，第94页。
③ 王禹浪：《金代黑龙江述略》，哈尔滨出版社1993年版，第94页。

中，出土的金银器有金耳坠、金带铐、金腰牌、金项圈、金串珠、金佩饰、金伞顶、金鼻环、金铃、金双鹿等。银器有银马鞍、银锭、银钏、银耳坠、银簪、银碗、银盘、银秤、银杯、银酒器、银龙头香炉、银佩饰等。在金代上京路故城内，先后出土了数枚银锭四块、摄形银器两件、六曲葵瓣式银碗一件、六曲葵瓣式银杯一件、银酒盏一件、如意纹银盘一件、龙头衔香炉一件、八曲葵瓣式龙纹器盖一件、扁圆形浅盘一件，以及大量银器残片。其中银锭上刻有"伍拾两文""库使""库子""行人王林""翟家记""真花银""使司"等文字及戳记。① 这些银锭的出土，说明金代上京路银器很流行。银锭上的文字，为了解金上京路金融情况提供了线索。在金上京历史博物馆里，陈列一枚"承安宝货"银币，这是我国货币发展史上第一次以白银为质料，正式颁行的货币。把白银直接投入了流通领域。据《金史·食货志》记载："旧例银每铤五十两，其直百贯，民间或有截凿者，其价亦随低昂。"② 在哈尔滨市阿城区巨宝乡出土的翟记银铤，上刻有四十九两九钱，哈尔滨市南岗区出土的使司银铤，上刻有伍拾两的标记，都能表明金上京金银铸造业的兴盛。

三 上京路手工业作坊

1. 农具、兵器作坊

金代上京路矿冶业的发达，为民间手工业制造农具、兵器等提供了原料。金代上京路民间制造农具和兵器，与金初发动对辽、宋战争是分不开的。金初，由于对辽和宋战争的需要，推动了农具和兵器制造业的发展。战争需要粮食和武器，当时金国一时还难以建起更多的农具厂和兵工厂，大部分依赖金代上京路民间手工业作坊。从金代上京路出土的铁农具、铁兵器来看，在金代上京路广阔的空间，分布着很多制作农具和兵器的手工业作坊。金代上京路铁农具、兵器手工业作坊，大批工匠都是金军从辽和北宋掠夺到上京的。大批辽、北宋工匠进入上京路后，带来了先进的制造技术，推动了金代的农具和兵器制造业发展，为金代工业发展做出了重要贡献。

---

① 闫景全：《金上京故城内发现窖藏银器》，《黑龙江文物丛刊》1981 年第 1 期。
② 脱脱：《金史·食货志》卷 48，中华书局 1975 年版，第 1076 页。

2. 陶瓷作坊

金代陶瓷业在金代上京路较为发达。在金代上京路各地遗址上，散布着大量金代陶瓷碎片，说明陶瓷业已经成为金代上京路重要的手工业。在金代上京路境内的墓葬中，也不断出土金代陶瓷器物。金代上京路陶瓷器物分为两类，一类是属于辽、宋所制造的陶瓷器，一类是金国自己制造的陶瓷器。散布在金代上京路各遗址的陶瓷碎片，大多为金国自己制造的日常生活陶瓷器物。例如"在上京会宁府发现了这种陶器遗址"①。在金代上京路各遗址中，出土了金代仿北宋定窑陶瓷制品。在黑龙江省兰西县、宾县、双城县、五常县等均出土三系或四系罐。例如：兰西县文管所收藏有"清酒肥羊"四系瓶，宾县文管所收藏有"高家好人家"四系瓶，哈尔滨市双城区出土过一件白釉黑花四系瓶。这些金国自己制造的陶瓷制品，显示了金代瓷器的特殊风貌。在一些金代上京路遗址中，还出土了金代仿造北宋的定瓷产品。金代上京路境内出土的陶瓷器，多是粗糙没有纹饰。这种陶瓷器的烧制方法，与辽阳江官屯出土的陶瓷器物，制作方法相同，但有"火燃与烧造器物的直接接触。釉面不纯净，器物多有变形"② 等缺点。金代上京路民间陶瓷作坊，烧制的陶瓷器物，在技术及品质上还是相对落后的。

3. 纺织作坊

女真人纺织历史悠久。《大金国志》记载："女真田宜麻谷，土产人参……细布。"③ 这里的细布当是女真人用桑麻纺织的。女真人纺织技术较为一般，所纺织出来的布仅分为粗、细两种。女真建国后，迁移大批汉人到金代上京路境内，使金代上京路织布业发达起来。《大金国志》记载："土产无桑蚕，惟多织布，贵贱以布之粗细为别。又以化外不毛之地，非皮不可御寒，所以无贫富皆服之。富人春夏多以纻丝绵绸为衫裳，亦间用细布。秋冬以貂鼠、青鼠、狐貉皮或羔皮为裘，或作纻丝衣袖。贫者春夏并用布为衫裳，秋冬亦衣牛、马、猪、羊、猫、犬、鱼、蛇之皮，或獐、鹿皮为衫。裤袜皆以皮。至妇人衣，白大袄子，下如男子道服，裳

---

① 漆侠、乔幼梅：《辽夏金经济史》，河北大学出版社1994年版，第330页。
② 赵光林、张宁：《金代瓷器的初步探索》，《考古》1979年第5期。
③ 宇文懋昭撰：《大金国志校证》，崔文印校证，中华书局1986年版，第551页。

曰锦裙。去左右各阙二尺许，以铁条为圈，裹以绣帛，上以单裙笼之。"① 从这则文献来看，金初纺织种类还是丰富的，虽然大部分人家穿各种动物皮做的衣服，但是也有很多人家穿布做的衣服。金朝政府把丝织品作为各级官吏的俸给，从王公大臣到九品外官，乃至猛安谋克直到下层的阿里喜，其年俸中都有几十匹乃至几百匹数量不等的罗、绫、绢、锦。《金史·百官志》记载："红遍地云气翔鸾锦褾，金鸾五色罗十五幅，宝装犀轴。一品，红遍地云鹤锦褾，金云褾五色罗十四幅，犀轴。二品、三品，红遍地龟莲锦褾，素五色绫十二幅，玳瑁轴。四品、五品，红遍地水藻戏鳞锦褾，大白绫十幅，银裹间镀轴，元牙轴承安四年改之，大安二年复改为金缕角轴。六品、七品红遍地草锦褾，小白绫八幅，角轴，大安加银缕。"② 金朝对政府官员穿服装给予明确规定，使金代纺织品的管理更加严格。1988 年春天，在今哈尔滨市道外区巨源乡城子村发现的金齐国王墓中，出土的男女服饰，多刺绣精美纹饰图案的丝帛纺织品。研究者认为"金代官用丝帛主要来源于宋贡金岁币"③。此虽不是金代上京路作坊纺织品，但对金代上京路纺织作坊会有一定的影响。

4. 制盐作坊

在金代上京路境内，有很多地方产盐。"初，辽、金故地滨海多产盐，上京、东北二路食肇州盐，速频路食海盐，临潢之北有大盐泺，乌古里石垒部有盐池，皆足以食境内之民，尝征其税。及得中土，盐场倍之，故设官立法加详焉。然而增减不一，废置无恒，亦随时救弊而已"④。从这则史料可以看出，金代上京路下辖的乌古里石垒部、恤品路（速频路）、肇州等地方产食盐。乌古里石垒产池盐、恤品产海盐，全都归本地区食用。肇州土盐产量大，今天嫩江中下游广大地区，大庆、杜尔伯特、林甸、肇东、肇源、肇州等地，当时归金代肇州管辖。从今天嫩江中下游盐碱地来看，当年是产盐之地。肇州盐属于土盐，每年到产盐季节，人们到地里采集盐土，运输到作坊里，用大锅熬成食用盐。从今天盐碱地分布的情况来看，金代时期盐作坊应该是很多。关于肇州盐的产量，《金史·食货志》

---

① 宇文懋昭撰：《大金国志校证》，崔文印校证，中华书局 1986 年版，第 553 页。
② 脱脱：《金史·百官志》卷 58，中华书局 1975 年版，第 1338 页。
③ 赵评春、迟本毅：《金代服饰——金齐国王墓出土服饰研究》，文物出版社 1998 年版，第 50 页。
④ 脱脱：《金史·食货志》卷 49，中华书局 1975 年版，第 1093 页。

记载:"大定二十四年七月,……蒲与、胡里改等路食肇州盐,初定额万贯,今增至二万七千。"① 肇州产盐不仅自己食用,而且还供应上京、东北路、蒲与、胡里改等路食用。金朝每年收取肇州盐税二万七千贯,可见当时肇州盐的产量有多大。

5. 烧酒作坊

金代上京路在辽朝时期,烧酒、饮酒习俗就十分盛行。女真建国后,由于农业空前发展,为烧酒作坊提供了原料,民间酒作坊更加兴盛。《金史·后妃传》记载:"景祖昭肃皇后,唐括氏,帅水隈鸦村唐括部人,讳多保真。父石批德撒骨只,巫者也。后有识度,在父母家好待宾客,父母出,则多置酒馔享邻里,迨于行旅。"② 多保真家中储藏很多酒,经常拿出来给邻居们喝,可见当时唐括部酒作坊的兴旺。女真人饮酒习惯,较辽朝时期更加习以为常,每在出征前都要酒壮行志。阿骨打发动反辽战争,征得冀简皇后挐懒氏同意后,就酹酒祭天,祈祷反辽成功。《金史·后妃传》记载:"太祖奉觞为寿,即奉后出门,酹酒祷天。"③

金初上京路酒文化已经很兴旺。《金史·宗雄传》记载:"宗雄本名谋良虎,康宗长子。……年十一,射中奔鹿。世祖坐之膝上曰:儿幼已然,异日出伦辈矣。以银酒器赐之。"④《大金国志》记载:"金人旧俗多指腹为婚姻。……皆先期拜门,亲戚属偕行,以酒馔往……则以金银器贮之……先以乌金、银杯酌饮,贫者以木。"⑤ 世祖赏给宗雄银酒杯,女真婚庆场合用乌金、银酒杯,这不仅在文献中有记载,而且金代上京路还出土了文物。1978年秋天,在金上京城北城南偏东处,出土一批银器。在这批银器中,出土了"六曲葵瓣式银杯一件:银片锤制,口六缺与腹壁六条棱线相连,如同葵花。杯口8.5厘米,残高3厘米,焊接的圈足已残毁无存,其足直径原为2.4厘米。银酒盏一件:银片锤制,焊接圈足。盏呈厚斜壁,口收敛。通高3厘米,口径7.5厘米,足高0.5厘米,足径2.4厘米"⑥。金上京城内出土的银酒杯、银酒盏,印证了《金史》和《大金

---

① 脱脱:《金史·食货志》卷49,中华书局1975年版,第1096页。
② 脱脱:《金史·后妃传》卷63,中华书局1975年版,第1500页。
③ 脱脱:《金史·后妃传》卷63,中华书局1975年版,第1501页。
④ 脱脱:《金史·宗雄传》卷73,中华书局1975年版,第1678页。
⑤ 宇文懋昭撰:《大金国志校证》卷39,崔文印校证,中华书局1986年版,第553页。
⑥ 闫景全:《金上京故城内发现窖藏银器》,《黑龙江文物丛刊》1981年创刊号,第58页。

国志》女真人使用银酒杯的记载。

金代上京路酿酒业的发展，在金初太宗时就开始征收酒税。《金史·食货志》记载："酒，金榷酤因辽、宋旧制，天会三年始命榷官以周岁为满。"① 金初酒税制度是沿袭辽朝酒税制度。金朝不允许民间私自酿酒，并不是建国营酒厂，只是让民间酒作坊都办理酒作坊执照，以保证酒税的征收。征收酒税加重了酒作坊的负担。《金史·食货志》记载："二十四年七月，上在上京，……通又言可罢上京酒务，听民自造以输税。"② 从此以后，撤销了上京路酒税征收机构，任凭酒作坊自己根据产量自行交税。征收酒税制度改革，极大地调动了酒作坊的积极性，酒税不但没有减少反而增加了。《金史·食货志》记载："二十六年，省奏盐铁酒曲自定课后，增各有差。上曰：'朕顷在上京，酒味不嘉。'"③ 从中可见，上京路酒作坊的制酒情况。

第五节　上京路的商业贸易

女真人虽以武得国，但非常重视商业贸易。金代上京路在辽朝时期，"商业贸易乃有一定程度的发展，其行宫市场、城镇市场、属国部之间市场、边境榷场都初具规模"④。金朝继承辽朝的商业贸易，在上京路各地设立商品交易市场，开展内部商业贸易，在边境设立榷场，开展国际商业贸易。金代上京路农业和手工业的发展，使商品交易日趋活跃，呈繁荣景象。

一　金初货币应用与市场体系建立

1. 金初货币的应用

货币是商品交易的手段和途径。金初没有货币交易，金代上京路境内的女真族，一般都是以物换物方式的实物交换。金初北宋使臣许亢宗奉使金国，在进入金代上京路境内，发现"自此以东，散处原隰间尽女真人，

---

① 脱脱：《金史·食货志》卷49，中华书局1975年版，第1105页。
② 脱脱：《金史·食货志》卷49，中华书局1975年版，第1096页。
③ 脱脱：《金史·食货志》卷49，中华书局1975年版，第1106页。
④ 肖爱民、李潇：《辽朝境内市场探析》，《河北大学学报》2007年第6期。

更无异族。无市井买卖，不用钱，惟以物相贸易"。① 当时金源内地上京路，严格来说没有商品交易，人们之间为了生活需要，彼此交换劳动产品。即使是富裕家庭婚姻聘礼，也都是以实物形式给予女方家庭。《大金国志》记载："其婚嫁，富者则以牛马为币。"② 《金史·世纪》记载："景祖以币马求之于雅达，而命肃宗为之。"③ 女真人实物交易，持续了很长时间。女真人用货币交易，起初是用辽宋货币。《金史·太宗纪》记载："天会二年三月己酉朔（1124年3月18日），命宗望以宋岁币银绢分赐将士之有功者。"④《金史·食货志》记载："钱币，金初用辽、宋旧钱，天会末，虽刘豫'阜昌元宝''阜昌重宝'亦用之。"⑤ "皇统二年二月辛卯（1142年3月26日），宋使曹勋来许岁币银、绢二十五万两、匹，画淮为界，世世子孙，永守誓言。"⑥ 北宋货币进入金代上京路后，女真人开始用宋币交易，改变了以往以物换物的实物交易。今天从当年金代上京路境内出土大量北宋铜钱，就是女真人使用北宋货币进行商品交易的证明。《金史·食货志》记载："初，新钱之未行也，以宋大观钱作当五用之。二月，上闻上京修内所，市民物不即与直，又用短钱，责宰臣曰：如此小事，朕岂能悉知，卿等何为不察也。时民间以八十为陌，谓之短钱，官用足陌，谓之长钱。"⑦ 金朝政府发行自己的货币，始于海陵王时期。《金史·食货志》亦记载："海陵庶人贞元二年迁都之后，户部尚书蔡松年复钞引法，遂制交钞，与钱并用。正隆二年，历四十余岁，始议鼓铸。"⑧ 海陵王在贞元二年，采纳蔡松年的建议，开始印制交钞，这是中国历史上第一次发行纸币。金代发行纸币的原因，可能是缺少铸币原材料。"贞元二年五月丁卯（1154年6月27日），始置交钞库，设使副员。"⑨ 设立交钞库，这是金朝历史上最早的银行。海陵王发行的交钞，

---

① 確庵、耐庵编：《靖康稗史笺证》，崔文印笺证，中华书局2010年版，第34页。
② 宇文懋昭撰：《大金国志校证》卷39，崔文印校证，中华书局1986年版，第554页。
③ 脱脱：《金史·世纪》卷1，中华书局1975年版，第11页。
④ 脱脱：《金史·太宗纪》卷3，中华书局1975年版，第50页。
⑤ 脱脱：《金史·食货志》卷48，中华书局1975年版，第1069页。
⑥ 脱脱：《金史·熙宗纪》卷4，中华书局1975年版，第78页。
⑦ 脱脱：《金史·食货志》卷48，中华书局1975年版，第1071页。
⑧ 脱脱：《金史·食货志》卷48，中华书局1975年版，第1069页。
⑨ 脱脱：《金史·海陵纪》卷5，中华书局1975年版，第102页。

"面额分大钞、小钞两种……初以七年为限，到期兑换新钞"。① 正隆二年金朝正式铸造"正隆通宝"铜币，"三年二月，中都置钱监二，东曰宝源，西曰宝丰。京兆置监一，曰利用。三监铸钱，文曰'正隆通宝'轻重如宋小平钱，而肉好字文峻整过之，与旧钱通用"②。笔者的老师李如森考证"文中'正隆通宝'之通字误，实为'元'字。……今所见钱皆作元宝，则通字之误可知"③。金世宗还发行过"大定通宝铁钱"④。不过铁钱发行量很少，金朝还铸造过银币和金币，不过在市场上流通也较少。有金一代流通的钱，主要为纸币和铜币，纸币是金朝自己印制，铜币主要使用宋朝铸造的。

2. 市场体系的建立

市场是商品交易的场所。北宋使臣许亢宗出使金朝，发现金上京"无市井无买卖"，也就是说当时上京没有商品交易市场。金代上京路商品贸易市场的建立，是伴随着金代上京路人口的增加、农业和手工业的发展，社会劳动产品剩余以及金代上京路城镇体系的建立，逐渐形成商品贸易市场的。起初生女真各部族，分别住在各自的村寨里，人们的生活自给自足，基本没有商品交易，没有交易市场。随着生女真社会剩余产品的增多，出现了彼此交换所需物品。这种以物换物的交换，最初或是在各自的村寨，或是在田间地头，没有固定的交易场所。至于商品交易市场设置于何时，史料没有明确记载，但是太宗天会年间已经有了农副产品交易市场。《金史·太宗纪》记载："天会二年正月癸亥（1124年2月1日），以东京比岁不登，诏减田租、市租之半。"⑤ 这则史料虽说是东京路市场减租情况，但当时上京作为金朝的政治、经济中心，应该已有固定的商品交易场所。《金史·食货志》记载："酒，金榷酤因辽、宋旧制，天会三年始命榷官以周岁为满。"⑥ 由于酒的生产量大、销售额多，所以太宗设置官员负责酒类市场管理。同传还记载："金制，榷货之目有十，曰酒、

---

① 李侠、晓峰：《中国北方民族货币史》，黑龙江人民出版社1989年版，第80页。
② 脱脱：《金史·食货志》卷48，中华书局1975年版，第1069页。
③ 李如森：《中国古代钱币》，吉林大学出版社1998年版，第270页。
④ 刘森：《中国铁钱》，中华书局1996年版，第170页。
⑤ 脱脱：《金史·太宗纪》卷3，中华书局1975年版，第49页。
⑥ 脱脱：《金史·食货志》卷49，中华书局1975年版，第1105页。

曲、茶、醋、香、矾、丹、锡、铁，而盐为称首。"① 从这则史料来看，当时在商品交易市场上，主要有十种商品。金代上京路商品贸易市场体系的建立，是伴随着金代上京路，各级行政机构的设置，各治所城镇的建立及其各城镇之间交通网络的建设，逐渐形成完善的贸易市场。《金史·耶律怀义传》记载："天会初，帅府以新降诸部大小远近不一，令怀义易置之，乃择诸部冲要之地，建城市，通商贾。"② 金太宗为了建立上京路市场体系，先是设置各级地方行政机构，建立各级治所城镇，然后开辟驿路。《金史·太宗纪》记载："天会二年正丁丑（1124年3月6日），始自京师至南京每五十里置驿。"③ 不久，太宗又开辟上京到泰州之间的驿路。《金史·太宗纪》记载"闰散月辛巳（4月19日），命置驿上京、春、泰之间。"④ 通过开通驿路，把各城镇连接起来，在金代上京路形成以上京城为中心的贸易市场体系。

二　上京路内外商业贸易

1. 内部商业贸易

金代上京路的商业贸易，主要是内部贸易。居住在上京城、蒲与路城、胡里改、肇州城、隆州、信州等上京路境内各城镇的居民，每天都需要柴、米、油、盐，以及一些日常生活不可或缺的生活用品，这些商品都要在附近市场去购买。《金史·太宗纪》记载："天会元年九月癸酉（1123年10月14日），发春州粟，赈降人之徙于上京者。戊寅，诏诸猛安赋米，给户口在内地匮乏者。"⑤ 这里的赋米并不是无偿赈给迁徙到上京路的降人，而是要收一部分赋的，笔者的理解就是以优惠价格卖给降人。《金史·兵志》记载："上京路永屯驻军所除授，千户月给钱粟十五贯石、绢十疋、绵二十两、饲三马，谋克钱六贯、米二石八斗、绢六疋、饲二马，正军月支钱二贯五百文、米一石二斗、绢四疋、绵十五两、饲一马，阿里喜随色人钱二贯、米一石二斗、绢四疋、绵十五两。"⑥ "诸屯田

---

① 脱脱：《金史·食货志》卷49，中华书局1975年版，第1093页。
② 脱脱：《金史·耶律怀义传》卷81，中华书局1975年版，第1826页。
③ 脱脱：《金史·太宗纪》卷3，中华书局1975年版，第49页。
④ 脱脱：《金史·太宗纪》卷3，中华书局1975年版，第50页。
⑤ 脱脱：《金史·太宗纪》卷3，中华书局1975年版，第48页。
⑥ 脱脱：《金史·兵志》卷44，中华书局1975年版，第1009页。

军人,如差防送,日给钱一百五十文。看管孝宁宫人,月各给米五斗、柴一车、春秋衣粗布一段、秋绢二疋、绵一十五两。"① 金朝给上京路屯田军各种生活补助,这些商品的来源,也应该在附近市场去购买。《金史·兵志》记载:"二十四年以上京率、胡刺温之地广而腴,遂遣刑部尚书乌里也出府库钱以济行资牛畜,迁速频一猛安、胡里改二猛安二十四谋克以实之。"② 这些迁徙到上京路的猛安谋克,其生产资料和生活用品,也得到附近市场去购买。此外,金代上京路的餐饮市场,也应该是很活跃的。女真人早在建国前就有较为成熟的餐饮市场,《金史·习不失传》记载:"世祖尝疑术甲孛里笃或与乌春等为变,遣习不失单骑往观,孛里笃与忽鲁置酒楼上以饮之。"③ 这里的酒楼就是饭店,女真甲术部都有饭店,可见上京路的餐饮业应该很繁荣。在金上京城内,不仅民间应该有很多餐馆,国家亦建有大型国有饭店。《金史·熙宗纪》记载:"四月庚午(1142年5月4日),五云楼、重明等殿成。五月辛酉(6月24日),宴群臣于五云楼,皆尽醉而罢。"④ 五云楼当是金朝上京城内较大的国有饭店,或者说是当时的国宾馆,是皇帝宴请大臣的专门饭店,没有史料证明皇帝以外人员,可以在这里用餐、宴请宾客。无论何人在这里用餐,都得买卖农副产品,发生商品交易。

2. 外部商业贸易

外部商品贸易主要是指当时国与国之间的贸易。金朝建国后先后与宋朝、高丽和西夏国往来贸易。因为上京路与高丽接壤,"其地,鸭绿江以东,曷懒路以南,东南皆至于海。"⑤ 高丽与上京路下辖的曷懒路为邻,因此上京路与高丽直接发生贸易关系。金与高丽的关系是继承了高丽与契丹的关系,女真没有建国前女真附高丽,金灭辽和北宋后高丽转而附金。《金史·高丽传》记载:"天会四年,国王楷遣使奉表称藩,优诏答之。上使高伯淑、乌至忠使高丽,凡遣使往来当尽循辽旧,仍取保州路及边地人口在彼界者,须尽数发还。敕伯淑曰:若一一听从,即以保州地赐之。

---

① 脱脱:《金史·兵志》卷44,中华书局1975年版,第1010页。
② 脱脱:《金史·兵志》卷44,中华书局1975年版,第996页。
③ 脱脱:《金史·习不失传》卷70,中华书局1975年版,第1618页。
④ 脱脱:《金史·熙宗纪》卷4,中华书局1975年版,第78页。
⑤ 脱脱:《金史·高丽传》卷135,中华书局1975年版,第2881页。

高伯淑至高丽，王楷附表谢，一依事辽旧制。"① 从此以后金丽两国，按照辽与高丽制定的条约，开展两国贸易。从金初到金末，两国商贸往来几乎没有中断。金末，金宣宗还派遣夹谷必兰出使高丽，商定两国粮食贸易事项。《金史·交聘表》记载："兴定二年四月癸丑（1218年5月8日），以诏付辽东行省夹谷必兰，出谕高丽贷粮、开市二事，遣典客署书表刘丙从行。"② 此去购买粮食，可能高丽国没有同意卖给金国粮食，只能民间私下交易。《高丽史》记载："高宗三年闰七月丙戌，自去年金人因兵乱资竭，争赍珍宝款義，静州关外，互市米谷，至以一银一锭换米四五石，故商贾争射厚利，国家虽严刑籍货，然犹贪渎无厌，浅隐互市不绝。"③ 此后不久，金代上京路被蒲鲜万奴割据，金与高丽的贸易往来也就到此结束了。上京路与宋、夏也有经贸往来，主要是通过聘使携带互相贸易。虽然没有史料记载上京路与宋互相交易了什么，但是在金代上京路境内出土了宋朝丝绸。张博泉先生认为："在松花江下游的奥里迷古城附近墓中出土的中原瓷器和属于我国南方地区的传统产品丝绢的残迹，都说明这里与中原南北有着直接或间接经济来往和贸易关系。"④ 张博泉先生所言至为正确，在今哈尔滨市道外区巨源乡古城子村，金齐国王墓出土精美图案的丝绸服装，研究者认为"据此墓主人生前之品位，俸绢为浙产当无疑义"⑤。此外，在金代上京路一些遗址中，出土了一些瓷器及金银器等，有很多是从宋朝贸易来的。

三　上京路商业管理机构及其制度

1. 商业管理机构的设置

女真人建国前，在以物换物时期，没有商业管理机构。金朝建立后，统治者为了增加国家财政收入，效仿辽、宋商业管理，设置金朝商业管理机构，以达到征税的目的。《金史·食货志》记载："太祖肇造，减辽租

---

① 脱脱：《金史·高丽传》卷135，中华书局1975年版，第2885页。
② 脱脱：《金史·交聘表》卷62，中华书局1975年版，第1485页。
③ 金渭显：《高丽史中中韩关系史料会编》（上册），台北食货出版社1983年版，第377页。
④ 张博泉：《金代经济史略》，辽宁人民出版社1981年版，第75页。
⑤ 赵评春、迟本毅：《金代服饰——金齐国王墓出土服饰研究》，文物出版社1998年版，第51页。

第四章 金代上京路经济研究

税,规模远矣。熙宗、海陵之世,风气日开,兼务远略,君臣讲求财用之制,切切然以是为先务。"① 从太祖时期开始,金朝减免税收,仍旧设置商业管理机构。《金史·太祖纪》记载:"诏除辽法,省税赋,置猛安谋克一如本朝之制。"②《金史·太祖纪》记载:"天辅七年二月壬辰(1123年3月7日),诏曰:置榷场交易。"③ 金太祖为了加强税收管理,建立商品交易市场。有了商品交易市场,就应设置商业管理机构。最初的商业管理机构,不见记载。《金史·食货志》记载:"天会三年,始命榷官以周岁为满。"④ 金太宗正式设置商业管理机构,以一整年为收税周期。金熙宗即位后,进一步完善了商业管理机构设置。废除勃极烈制度,实行三省六部制,从中央到地方,建立起一整套的商业管理机构。金朝的商业管理职能,从中央到地方隶属于各级转运司。在中央政府户部内,设一员外郎,负责商业管理。《金史·百官志》记载:"户部,尚书一员,正三品。侍郎二员,正四品。(泰和八年减一员,承安二年复增。)郎中三员,从五品(天德二年置五员,泰和省作二员,又作四员,贞祐四年置八员,五年作六员)。员外郎三员,从六品。郎中而下,皆以一员掌户籍、物力、婚姻、继嗣、田宅、财业、盐铁、酒曲、香茶、矾锡、丹粉、坑冶、榷场、市易等事。"⑤ 在地方路、府、州、县,金朝亦设置商业管理机构。《金史·仪卫志》记载:"外任官从己人力,……都转运、……转运、同知都转运使事,……提举漕运司、诸五品盐使,二十五人。都转运副使、同知转运节度使事……转运节度副使……同提举漕运司,正六品,盐副使,从六品,酒曲盐税使……统军都转运司京府总管散府等判官,正七品,酒曲盐税副使、都转运判官、……从七品,盐判,同七品;酒使,正八品;酒使副……京府运司节镇司狱……一人。"⑥ 上述两则史料详载金朝从中央到地方各级转运司商业管理机构的设置,金代上京路前后商业管理机构的设置,发生了很大的变化。《金史·地理志》记载:"天德三年

---

① 脱脱:《金史·食货志》卷46,中华书局1975年版,第1027页。
② 脱脱:《金史·太祖纪》卷2,中华书局1975年版,第29页。
③ 脱脱:《金史·太祖纪》卷2,中华书局1975年版,第40页。
④ 脱脱:《金史·食货志》卷49,中华书局1975年版,第1105页。
⑤ 脱脱:《金史·百官志》卷55,中华书局1975年版,第1232—1233页。
⑥ 脱脱:《金史·仪卫志》卷42,中华书局1975年版,第963页。

置上京路都转运司，四年，改为济州路转运司。"① 由于当时上京城是金都所在，因此在上京设置都转运司，负责把全国各地转运司征收上来的税汇总到户部，交给中央政府。按：都转运司相当于现在的国家财政部，各路转运司相当于现在各省财政厅。都转运司不直属于尚书省，直接隶属于户部。海陵王迁都燕京前，天德四年改上京路都转运司为济州路转运司，设中都路都转运司，体现了金朝经济中心随政治中心南移而南移。金朝先后在上京路、中都路、汴京路、北京路等地方设过都转运司，在其他各路设置转运司，其原因就是都转运司，要设在诸京所在地。《金史·仪卫志》记载："诸京都转运使……。"② 海陵王改北京路为临潢府路时，改北京路都转运司为临潢府路转运司，亦是北京路去掉诸京地位，才把都转运司改为转运司的。金章宗时期，对各地转运司进行了改革。《金史·百官志》记载："泰和八年十一月，省议以转运司权轻，州县不畏，不能规措钱谷，遂诏中都都转运，依旧专管钱谷事，自余诸路按察使并兼转运使，副使兼同知，签按察并兼转运副，添按察判官一员，为从六品。……辽东路惟上京按察安抚使司事，转运副使兼按察及签事依旧署本司事。"③ 由于各路地方转运司在商业管理上，得不到各地方州县政府的支持，收税困难。金章宗为了改变这种现状，保留中都路都转运司不变，其他各路地方转运司并到按察司里，由按察使兼转运使，负责商业管理。因此，按察司与转运司合称为按察转运司。但在这次全国的按察司与转运司合并中，唯独上京路与其他地方不同，其他地方是按察使兼转运使，而上京路是转运副使兼按察及签事依旧。金宣宗时期，宣宗再次改革按察转运司。《金史·乌林荅与传》记载："贞祐二年，……按察转运司拘榷钱谷，纠弹非违，此平时之治法。今四方兵动，民心未定，军士动见刻削，乞权罢按察及劝农使。从之。"④ 金宣宗罢按察，就是把按察转运司中按察使职能取消，以后不称按察转运司，只称转运司，恢复转运司机构设置。在各地方转运司下，根据地方具体商贸情况，设置商业管理机构。具体负责商业管理的基层机构为榷场使司，榷场使司内设

---

① 脱脱：《金史·地理志》卷24，中华书局1975年版，第552页。
② 脱脱：《金史·仪卫志》卷42，中华书局1975年版，第960页。
③ 脱脱：《金史·百官志》卷55，中华书局1975年版，第1232—1233页。
④ 脱脱：《金史·乌林荅与传》卷104，中华书局1975年版，第2291页。

有使和副使、管勾，以及场官等工作人员。在金代上京路所辖的府、路、州、县等地方，上京路都转运司改济州路转运司后，先后与上京按察司合并，最后又独立出来，至于后来上京路负责商业管理的转运司，到底叫什么名称不清楚。但是在上京路设置酒类专卖管理机构，《金史·食货志》记载："大定二十四年七月，上在上京，……通又言：可罢上京酒务，听民自造以输税。"① 这则史料说明，在上京路设置过酒类专卖管理机构。此外，还应该设置食盐专卖机构。"上京、东北二路食肇州盐，速频路食海盐，乌古里石垒部有盐池，皆足以食境内之民，尝征其税。"② 金朝在上京路肇州等地尝征其税，就应该设有盐类专卖机构。金朝管理盐业专卖的机构是盐使司，未见史料记载有上京路盐使司，在东北地区设置过辽东盐使司，上京路盐类专卖机构，应该隶属于辽东盐使司管辖。

2. 商业管理制度

一般认为金朝商业管理制度，来源于辽、宋商业管理制度。金国继承辽国商业市场，并不是全盘照搬辽朝商业管理制度，而是根据本民族既有的交换规则，确定金初商业管理制度。《金史·太祖纪》记载："诏除辽法，省税赋，置猛安谋克一如本朝之制。"③ 金太祖废除辽朝商业税收等制度，根据本国猛安谋克制度，制定金初商业管理制度。其实，女真人在景祖乌古乃时期，就有商业贸易活动。《金史·世纪》记载："生女直旧无铁，邻国有以甲胄来鬻者，倾赀厚贾以与贸易，"④ 当时虽没有成熟的商业贸易，但在实物交换过程中，也是有约定俗成的规则的。因此，太祖废除辽法，在辽朝商业管理制度基础上，结合女真既有的猛安谋克内部商贸活动规则，设立商品交易市场，制定金初商业管理制度。金太宗即位后，一如本朝旧制，继续太祖制定的商业管理制度。虽然没有史料记载太祖时期商业管理制度的具体内容，但是从太宗时期的商业行为，还是可以了解大致情况的。《金史·太宗纪》记载："天会三年七月甲申（1125年8月15日），诏南京括官豪牧马，以等第取之，分给诸军。"⑤ 同传记载："天会八年十月甲申（1130年11月17日），天清节，

---

① 脱脱：《金史·食货志》卷49，中华书局1975年版，第1096页。
② 脱脱：《金史·食货志》卷49，中华书局1975年版，第1096页。
③ 脱脱：《金史·太祖纪》卷2，中华书局1975年版，第29页。
④ 脱脱：《金史·世纪》卷1，中华书局1975年版，第5页。
⑤ 脱脱：《金史·太宗纪》卷3，中华书局1975年版，第52页。

齐、高丽、夏遣使来贺。以铁骊突离刺同中书门下平章事。诏辽、宋官上本国诰命,等第换授。"① 从以上两则史料可以看出,金太宗无论在南京购买军马,还是在与伪齐、高丽、夏国等交聘贸易中,均是按照商品好坏质量等第交易。等第交易是金初商业管理的基本制度。这一商业管理制度原则,对后世金朝国家税收制度完善,产生了很大的影响。《金史·世宗纪》记载:"大定五年十一月癸亥(1165年12月22日),立诸路通检地土等第税法。"②

金初商业管理实行营业执照审批制度。《金史·食货志》记载:"榷货之目有十,曰酒、麹、茶、醋、香、矾、丹、锡、铁,而盐为称首。贞元初,蔡松年为户部尚书,始复钞引法,设官置库以造钞、引。钞,合盐司簿之符。引,会司县批缴之数。七年一厘革之。"③ 在这十种商品经营中,盐是国家专控经营商品,较其他商品管控严格。金国建立盐库,设置盐官专门管理。为了加强管理专门制印制盐钞、盐引,经营者根据盐司批准的数量取得盐钞,根据盐司和县一级政府部门联合批准取得盐引,每到七年厘清以往盐钞、盐引,重新换取盐钞、盐引。取得盐业经营执照,必须具备三证齐全的条件。《金史·食货志》记载:"钞、引、公据三者俱备然后听鬻。"④ 这则史料说明盐业经营者,在持有盐钞、盐引的前提下,还要到盐司和县一级行政部门,开具批准同意营业文件,才能得到营业执照。金朝为了实现盐业经营专控,还实行分区销售制度。《金史·食货志》记载:"上京、东北二路食肇州盐,速频路食海盐,临潢之北有大盐泺,乌古里石垒部有盐池,皆足以食境内之民,尝征其税。"⑤ 这样国家可以控制盐价,确保国家盐税征收。金朝对各类商品,实行国家按等定价格,不允许商品经营者自行定价。《金史·食货志》记载:"十年,上谕户部臣曰:'官钱积而不散,则民间钱重,贸易必艰,宜令市金银及诸物。其诸路酤榷之货,亦令以物平折输之。'十月,上责户部官曰:'先以官钱率多,恐民间不得流通,令诸处贸易金银丝帛,以图流转。'"⑥ 商

---

① 脱脱:《金史·太宗纪》卷3,中华书局1975年版,第62页。
② 脱脱:《金史·世宗纪》卷6,中华书局1975年版,第136页。
③ 脱脱:《金史·食货志》卷49,中华书局1975年版,第1093页。
④ 脱脱:《金史·食货志》卷49,中华书局1975年版,第1094页。
⑤ 脱脱:《金史·食货志》卷49,中华书局1975年版,第1093页。
⑥ 脱脱:《金史·食货志》卷48,中华书局1975年版,第1070页。

品价格由国家控制，可以保障商业贸易正常运行。金朝禁止一些商品自行贸易。《金史·海陵纪》记载："天德四年十一月辛丑（1152年12月8日），买珠于乌古迪烈部及蒲与路，禁百姓私相贸易。"[1] 此外，金朝对贸易时间也有规定，一般在农忙时禁止贸易。《金史·河渠志》记载："常岁必用之物，农隙均科则易输纳。自今堤埽兴工，乞令本监以实计度，量一岁所用物料，验数折税，或令和买，于冬月分为三限输纳为便。诏尚书省详议以闻。"[2] 金朝在上京路推行各项商业管理制度，保障了金代上京路商贸经济的发展。

---

[1] 脱脱：《金史·海陵纪》卷5，中华书局1975年版，第99页。
[2] 脱脱：《金史·河渠志》卷27，中华书局1975年版，第674页。

第五章

金代上京路军事研究

金国在很短的时间内，灭亡辽、宋两国，主要靠的是军事实力。金代上京路是金朝的军事大本营，金初军事的发展、壮大，都是在金代上京路实现的。金代军事机构的设置，经过了勃极烈议事会、元帅府、枢密院等演变。金代上京路为大金国的建立奠定了军事基础。阐述金朝军事制度的形成与演变，论证金朝军事发展的历史过程，可以让人们了解金代上京路在金朝历史中的地位。

第一节 金初军事机构的设置及制度演变

金初军事机构的设置，是由女真部落联盟贵族议事会，组织部落联盟长、国相、都孛堇构成。随着金初军事迅速扩张，金朝军事机构设置经过了都统府、都元帅府，后来按照辽宋军事制度，设置枢密院。金朝军事制度的演变，为女真族建立大金帝国，发挥了重要的历史贡献。

一 金初军事机构的设置及特点

1. 金初军事机构

金初中央最高军事机构是由部落联盟长、国相、都孛堇等组成的女真贵族议事会，对国家军国大事做出决策和部署。金朝建国前，金世祖劾里钵任女真部落联盟首长时，在他周围已经形成一个近僚集团，他们参与军国大事、率领军队出征作战，权势很大，有时地位超出诸孛堇。金朝建国后，金太祖为适应奴隶制国家需要，将部落联盟都孛堇、国相、孛堇等部落联盟议事会，改称为勃极烈议事会。部落联盟议事会称勃极烈会议，不称孛堇会议，其目的是防止与地方部落首领的孛堇会议混淆，以表明女真部落联盟最高军事会议。勃极烈议事会议是金朝最高军事机关，决定金国军政方针。金朝勃极烈议事会议由五到六位勃极烈参加，每位勃极烈都有特定的称呼。有谙班勃极烈、国论勃极烈、国论忽鲁勃极烈、国论阿买勃极烈、国论昃勃极烈、国论乙事勃极烈、国论移赉勃极烈、国论阿舍勃极烈、国论左勃极烈、国论右勃极烈、迭勃极烈等。

金初勃极烈议事会讨论的事情太宽泛，阿骨打为了反辽战争的需要，沿袭辽朝军事制度，在勃极烈制下设都统府专门军事机构。《金史·太祖纪》记载："收国二年（1116）五月，以斡鲁为南路都统、迭勃极烈。"①《金史·太祖纪》记载："天辅五年七月庚辰（1121年9月1日），命吴勃极烈昱为都统，移赉勃极烈宗翰副之，帅师而西。十二月辛丑（1122年1月20），以忽鲁勃极烈杲为内外诸军都统，以昱、宗翰、宗幹、宗望、宗盘等副之。"②都统和副都统由勃极烈成员担任，王曾瑜认为"中央辅政勃极烈制的军事职能，已被内外诸军都统所取代"③。天辅六年（1122），金国占有燕京后，沿袭辽朝军事制度设置枢密院。《金史·韩企先传》记载："初，太祖定燕京，始用汉官宰相赏左企弓等，置中书省、枢密院于广宁府，而朝廷宰相自用女直官号。"④金太祖沿袭辽朝南面官制度，在广宁府设置枢密院，而金廷仍用女真勃极烈官职称号。《金史·兵志》记载："燕山既下，循辽制立枢密院于广宁府，以总汉军。"⑤当时金太祖设置枢密院的目的，是管理投降金国的汉族军队。

金太宗即位后，随着对宋战争的需要，改都统府为都元帅府。《金史·兵志》记载："天会三年，以伐宋更为元帅府，置元帅及左、右副，及左、右监军，左、右都监。"⑥天会三年十月甲辰（1125年11月3日），"诏诸将伐宋。以谙班勃极烈杲兼领都元帅，移赉勃极烈宗翰兼左副元帅先锋，经略使完颜希尹为元帅右监军，左金吾上将军耶律余睹为元帅右都监"⑦，《金使·宗翰传》记载："谙班勃极烈杲领都元帅，居京师，宗翰为左副元帅，自太原路伐宋。"⑧完颜杲领都元帅居京师，就是都元帅府

---

① 脱脱：《金史·太祖纪》卷2，中华书局1975年版，第29页。
② 脱脱：《金史·太祖纪》卷2，中华书局1975年版，第35—36页。
③ 王曾瑜：《金朝军制》，河北大学出版社1996年版，第4页。
④ 脱脱：《金史·韩企先传》卷78，中华书局1975年版，第1777页。
⑤ 脱脱：《金史·兵志》卷44，中华书局1975年版，第1002页。
⑥ 脱脱：《金史·兵志》卷44，中华书局1975年版，第1002页。
⑦ 脱脱：《金史·太宗纪》卷3，中华书局1975年版，第53页。
⑧ 脱脱：《金史·宗翰传》卷74，中华书局1975年版，第1696页。

设在上京城。"金制,都元帅必以谙版孛极烈为之,恒居守而不出。"① 都元帅坐镇上京城,下设立两个左右副元帅,两个副元帅府设在军前。与此同时,太宗还在军前设置两个枢密院。"东路斡离不(宗望),建枢密院于燕山,以刘彦宗主院事;西路粘罕(宗翰),建枢密院于云中,以王时庆主院事,房呼东朝廷、西朝廷。"② 这两个枢密院分别隶属于左右两个副元帅府,专门负责管理汉军。金熙宗即位后,废除勃极烈制度,改三省六部制。改枢密院为行台尚书省。《金史·百官志》记载:"天会十五年,罢刘豫,置行台尚书省于汴。天眷元年,以河南地与宋,遂改燕京枢密为行台尚书省。"③ 从此,金朝最高军政机关尚书省,下设都元帅府和兵部及行台尚书省。都元帅府住上京会宁府。行台尚书省住燕山,后迁到汴京。海陵王登基后,改都元帅府为枢密院。"天德二年十二月己未(1151年1月6日),罢行台尚书省。改都元帅府为枢密院。诏改定继绝法。以右副元帅大臬为尚书右丞相兼中书令,参知行台尚书省事张中孚为参知政事,都元帅兗为枢密使,太尉、领三省事如故,元帅左监军昂为枢密副使。"④ 从此以后,金朝军事由枢密院主持,没有发生多大变化。海陵王迁都燕京后,中央最高军事机构变化,已经不在上京路,因此不在本书研究范围。

金初上京路地方军事机构,设有黄龙府都统司和泰州都统司。《金史·娄室传》记载:"命娄室为万户,守黄龙府,进都统。"⑤ 由完颜娄室守黄龙府进都统,可知金初设有黄龙府路都统司。《金史·婆卢火传》记载:"天辅五年,摘取诸路猛安中万余家,屯田于泰州,婆卢火为都统,赐耕牛五十。"⑥ 金初泰州都统司隶于上京,海陵王改泰州都统为泰州节度使,同时设德昌军节度使,泰州节度使隶北京路,德昌军节度使仍隶上京。在上京路还设有上京军帅司和曷懒路军帅司,《金史·太宗纪》记载:"天会二年四月戊午(1124年5月26日),以实古乃所筑上京新城名会平州。……五月丁丑朔(6月14日),上京军帅实古乃以所获印绶二十

---

① 脱脱:《金史·兵志》卷44,中华书局1975年版,第1002页。
② 徐梦莘:《三朝北盟会编》卷24,上海古籍出版社1987年版,第182页。
③ 脱脱:《金史·百官志》卷55,中华书局1975年版,第1219页。
④ 脱脱:《金史·海陵纪》卷5,中华书局1975年版,第96页。
⑤ 脱脱:《金史·娄室传》卷72,中华书局1975年版,第1650页。
⑥ 脱脱:《金史·婆卢火传》卷71,中华书局1975年版,第1638页。

二及银牌来上。……乙巳（7月12日），曷懒路军帅完颜忽剌古等言：……"① 此外，设有蒲与路万户府、胡里改路万户府、曷懒路总管府后改为节度使，以及金初乌古迪烈统军司后改招讨司，再改东北路招讨司，这些都属于上京路境内的军政机构。

2. 金初军事机构的特点

在金初勃极烈议事会中，每位勃极烈没有任职年限，一经授命则终身受命，只有死后才能选换新人替补。一般情况下每位勃极烈只升不降。例如：某一勃极烈成员，由于身体等原因，虽已经不能工作了，但也得等到死后，才能更换别人。金初勃极烈制度囊括国家机关全部职能，既是国家决策和审议机构，又是国家行政机构。金初勃极烈议事会议，遗留有原始氏族部落军事民主的影子。在金初参加勃极烈议事会议的人，几乎都是完颜部人，太祖阿骨打家族、国相撒改家族、昭祖石鲁家族和景祖乌古乃家族。因此，金初的勃极烈议事会议，其军事民主有一定的局限性。金初统治者对完颜部以外的人，采取既联合又抑制的方针，以达到稳固政权的目的。从中不难看出，金初勃极烈议事会议，既保留原始氏族制度联合执政的习惯，又凸显出完颜家族独尊的地位。

金太宗改都统府为都元帅府，由谙班勃极烈皇储兼任都元帅，都元帅府设在上京城，都元帅居上京城不动，名义上是军事统帅，左右副元帅在前方作战，才是实质的军事统帅。因此，当时人们把设在前线的左右两个副元帅府，称呼为"东朝廷、西朝廷"②。金熙宗废除勃极烈，实行三省六部制，尚书省领军事，其下设都元帅府、兵部、行台尚书省等军事机构，军政隶属关系不明晰，尚书令正一品、都元帅也不再是皇储，如果尚书令和都元帅不是一人兼任，会产生政令不一，势必影响军事决策。另外，兵部负责征兵和军用物资保障，隶属于尚书省，不隶属于都元帅府。以及海陵王改都元帅府为枢密院，"兵部和枢密院的具体关系不甚清楚。兵部属尚书省管辖，枢密院受尚书省提空、节制，两个机构既非平级，又非上下级"③。这样两个军事机构之间的关系，确实值得深入研究和探讨。

---

① 脱脱：《金史·太宗纪》卷3，中华书局1975年版，第50页。
② 徐梦莘：《三朝北盟会编》卷24，上海古籍出版社1987年版，第182页。
③ 王曾瑜：《金朝军制》，河北大学出版社1996年版，第14页。

二 金初军事制度的演变

从金初军事机构设置的沿革情况，已经了解了金初军事制度演变的大概情况。金初勃极烈制度，是从孛堇制度发展而来。随着金军反辽战争的胜利，金朝廷为了加强投降军队的管理，沿袭辽朝两面官制度。在女真军中仍实行女真制度，在投降军队中实行辽宋制度。女真入主中原之后，为了适应新形势统治需要，金朝统治者采取"因俗而治"的方针。在生女真居住的金源内地，依旧实行猛安谋克制度，在原辽宋地区沿用辽、宋旧制。建立适应辽宋军队管理的枢密院和行台尚书省军事机构，原先女真勃极烈制下的孛堇，改为封建制下的官吏名称。从天会五年以后，孛堇称谓不再见于文献中，说明女真奴隶军事制度，已经完全转化为封建军事制度。天会十年（1132），金太宗将继承皇位的谙班勃极烈，改称封建皇权国家的太子。从此以后，不再是统领百官的首辅，勃极烈名称改为忽鲁，其下设有国论左右勃极烈，昃勃极烈改为太尉。此后诸位勃极烈地位，已经相当于尚书令、门下侍中、中书令了。至此，勃极烈制度转变为三省六部制。尚书省提空、节制全国军队，太子不再兼任都元帅，尚书令应该是全国军队的最高指挥官。

金朝勃极烈制度向三省六部制的转变，是一个很长时间的转变过程。在金太祖时期，已经将金上京路管辖的曷苏馆路都孛堇，改为军帅司，上京路管辖的耶懒路都孛堇，改为万户长官，依旧世袭。天会五年（1127），辽与北宋灭亡之后，大片辽、宋土地被划入金政权版图，一些地区官制并不统一。于是太宗下诏将原辽、宋管辖地区，保留原来的府、州、县政权建置，女真地方官吏不再称孛堇，而是依照辽、宋的封建制度，改为封建性质的地方军政长官。到了天会十三年（1135），熙宗继位以后，勃极烈制度正式改为三省制，标志着女真政权正式封建化。金初军事制度是从原始氏族部落制演变而来，伴随着勃极烈制度被三省六部制所代替，转变为封建制下的枢密院军事制度。金朝军事勃极烈议会，转变军事枢密院，是金朝因时、因地制宜，顺应时代发展需要，对国家军事制度的重大改革，是金军封建化的结果。

第二节　上京路与反辽破宋战争

　　金军在很短的时间内，完成反辽破宋，建立大金帝国，主要依靠的是金源内地上京路的军事实力。金代上京路是金军反辽破宋的战略后方，金军反辽破宋无论从兵源还是军用物资，都要靠金代上京路的输出和供应。金军发展壮大，是在上京路实现的。

一　在上京路境内的反辽战役

1. 首战宁江州

　　辽天庆四年（1114），女真族首领阿疎因在完颜部统一女真过程中，反对完颜部统一，兵败后逃往辽国避难。阿骨打多次向辽国提出遣返阿疎，均遭到辽朝的拒绝。《辽史》记载："四年春正月……阿疎来奔。至是女直遣使来索，不发。……秋七月，女直复遣使取阿疎，不发，乃遣侍御阿息保问境上多建城堡之故。女直以慢语答曰：若还阿疎，朝贡如故，不然，城未能已。"① 在这种情况下，阿骨打决定发动反辽战争，要求遣返阿疎，这是阿骨打反辽战争的导火索。

　　辽朝知道阿骨打有反辽之意，遂调动军队驻防辽朝东方重镇宁江州，防备女真军西侵。《金史·太祖纪》记载："辽人始为备，命统军萧挞不野，调诸军于宁江州。"② 这样更加激起阿骨打反辽的决心。阿骨打派"僕聒剌复索阿疎，实观其形势。僕聒剌还言：辽兵多，不知其数。太祖曰：彼初调兵，岂能遽集如此。复遣胡沙保往，还言：惟四院统军司与宁江州军及渤海八百人耳。太祖曰：果如吾言。谓诸将佐曰：辽人知我将举兵，集诸路军备我，我必先发制之，无为人制。众皆曰：善"③。在辽乾统四年（1104）九月，阿骨打率领"诸路兵皆会于来流水，得二千五百人。致辽之罪，申告于天地曰：世事辽国，恪修职贡……罪人阿疎屡请不遣。今将问罪于辽，天地其鉴佑之"④。然后，阿骨打率军向宁江州发起

----

① 脱脱：《辽史·天祚帝纪》卷27，中华书局1974年版，第328页。
② 脱脱：《金史·太祖纪》卷2，中华书局1975年版，第23页。
③ 脱脱：《金史·太祖纪》卷2，中华书局1975年版，第23页。
④ 脱脱：《金史·太祖纪》卷2，中华书局1975年版，第24页。

了军事进攻。

女真人积极备战，没有引起辽朝重视。时任辽东北路统军使萧兀纳，曾两次上书说："自萧海里亡入女直，彼有轻朝廷心，宜益兵以备不虞。不报。"① 萧兀纳还说："臣治与女直接境，观其所为，其志非小，宜先其未发，举兵图之。章数上，皆不听。"② 可惜萧兀纳的建议没有被辽天祚帝重视。辽天祚帝认为女真军队在人数上毕竟无法与辽国相比，不会有多大隐患。当察觉女真不仅要统一女真各部，而且要推翻辽朝政权的时候，天祚帝仍然没有介意。《辽史·天祚帝纪》记载："及攻宁江州，东北路统军司以闻。时上在庆州射鹿，闻之略不介意。"③ 当阿骨打率军攻打宁江州的时候，天祚帝才开始派兵防备女真西侵。《金史·太祖纪》记载："辽人始为备，命统军司萧挞不野调诸军于宁江州。"④

宁江州距离辽朝其他城镇较远，女真人把反辽战争的第一个军事打击目标选在宁江州。军事打击目标确定后，阿骨打派胡沙補侦察敌情，胡沙補回来说："辽方调兵，尚未大集。"⑤ 胡沙補向阿骨打详细介绍说："及见统军，使其孙被甲立于傍，统军曰：人谓汝辈且反，故为备耳。及行道中，遇渤海军，渤海军向胡沙補且笑且言曰：闻女直欲为乱，汝辈是邪。"⑥ 胡沙補向阿骨打建议说："今举大事不可后时，若俟河冻，则辽兵盛集来攻矣。乘其未集而早伐之，可以得志。"⑦ 阿骨打采纳了胡沙補的建议，当年九月，就发起了攻克宁江州战役。

阿骨打在攻打宁江州誓师大会上说："汝等同心尽力，有功者，奴婢部曲为良，庶人官之，先有官者叙进，轻重视功。苟违誓言，身死梃下，家属无赦。"⑧ 当天，女真军到达了"唐括带斡甲之地"⑨。在辽朝与女真边界之间有壕堑，俗称辽长城。这是辽朝东部的军事防御工程。女真军要

---

① 脱脱：《辽史·萧兀纳传》卷98，中华书局1974年版，第1414页。
② 脱脱：《辽史·萧兀纳传》卷98，中华书局1974年版，第1414页。
③ 脱脱：《辽史·天祚帝纪》卷27，中华书局1974年版，第328页。
④ 脱脱：《金史·太祖纪》卷2，中华书局1975年版，第23页。
⑤ 脱脱：《金史·胡沙補传》卷121，中华书局1975年版，第2634页。
⑥ 脱脱：《金史·胡沙補传》卷121，中华书局1975年版，第2634页。
⑦ 脱脱：《金史·胡沙補传》卷121，中华书局1975年版，第2634页。
⑧ 脱脱：《金史·太祖纪》卷2，中华书局1975年版，第24页。
⑨ 脱脱：《金史·太祖纪》卷2，中华书局1975年版，第24页。

想攻打宁江州，必须得闯过辽长城。"将至辽界，先使宗幹督士卒夷堑。"① 然后女真军就向宁江州方向展开了猛烈的进攻，双方展开了激烈的战斗。在战斗中，辽军将领耶律谢十，被金军射于马下。《金史》记载："耶律谢十坠马，辽人前救。太祖射救者毙，并射谢十中之。有骑突前，又射之，徹扎洞胸。谢十拔箭走，追射之，中其背，饮矢之半，偾而死，获所乘马。宗幹与数骑陷辽军中，太祖救之，免胄战。或自傍射之，矢拂于颡。太祖顾见射者，一矢而毙。谓将士曰：尽敌而止。众从之，勇气自倍。敌大奔，相蹂践死者十七八。"② 女真军经过激烈战斗，基本上扫清了前往宁江州路上的辽军。很快就将宁江州包围了。在宁江州之战中，辽东北路统军使萧兀纳，"其孙移敌蹇死之，兀纳退走入城，留官属守御，自以三百骑渡混同江而西"，③ 辽军主帅逃跑后，军无斗志，失败在所难免。女真"诸军填堑攻城。宁江人自东门出，温迪痕、阿徒罕邀击，尽殪之。十月朔，克其城，获防御使大药师奴"④。女真军与辽军浴血奋战，在十月一日（1114 年 10 月 30 日）这天，攻入城内，活捉了辽宁江州防御使大药师奴。首战宁江州大捷，沉重地打击了"契丹统治者在辽朝脆弱的种族统治体系中的权威地位"⑤。

2. 出河店大捷

辽朝宁江州战败后，意识到不能小觑女真人。在宁江州失守的当天，有将领上书建议："提出全面动员军队，以威势压服女真，但辽朝显宦为了照顾大国的面子，怕显露出示弱的迹象，只肯进行局部的战争动员，派兵 7000 人，由司空、殿前都点检萧嗣先统领，进屯出河店。"⑥《辽史·天祚帝纪》记载："（四年）冬十月壬寅朔（1114 年 10 月 30 日），以守司空萧嗣先为东北路都统，静江军节度使萧挞不也为副，发契丹、溪军三千人，中京禁兵及土豪二千人，别选诸路勇武二千余人，以虞候崔公义为督押官，控鹤指挥邢颖为副，引军屯野出河店。"⑦ 辽军共计 7000 人，与

---

① 脱脱：《金史·太祖纪》卷 2，中华书局 1975 年版，第 24 页。
② 脱脱：《金史·太祖纪》卷 2，中华书局 1975 年版，第 24—25 页。
③ 脱脱：《辽史·萧兀纳传》卷 98，中华书局 1974 年版，第 1414 页。
④ 脱脱：《金史·太祖纪》卷 2，中华书局 1975 年版，第 25 页。
⑤ 刘庆、毛元佑：《中国宋辽金夏军事史》，人民出版社 1994 年版，第 85 页。
⑥ 刘庆、毛元佑：《中国宋辽金夏军事史》，人民出版社 1994 年版，第 85 页。
⑦ 脱脱：《辽史·天祚帝纪》卷 27，中华书局 1974 年版，第 328 页。

女真人隔鸭子河（今嫩江）相望，准备消灭女真军队。《金史·太祖纪》记载："十一月，辽都统萧糺里、副都统挞不野将步骑十万会于鸭子河北。"①《金史》里的记载，与《辽史》里的记载不一致，一是时间上不一致，《辽史》记载出兵的时间是十月壬寅朔，《金史》记载为十一月。《辽史》记载的时间，当是宁江州失守的时间，辽朝在知道宁江州失守后，开始调集军队。从辽上京到嫩江流域的出河店，大约得用上一段时间，这样看来辽军到达出河店的时候，也就十一月了。二是辽军出兵人数，《辽史》记载明确为7000人，《金史》记载十万，根据当时的情况，辽朝针对阿骨打率领2500人攻打宁江州的情况，不可能一下子就派出10万大军，《辽史》记载的7000人应该是准确的。辽朝派7000人，这在数量上与女真相比，还是占绝对优势的。当时女真军队有"甲士三千七百"②。在辽金双方兵力相差极为悬殊的情况下，阿骨打率领3700名女真士兵，"黎明及河，辽兵方坏凌道，选壮士十辈击走之。大兵继进，遂登岸"③。阿骨打趁着辽兵远道而来，还没有站稳脚的时机，起早踏过当时已经结冰的嫩江，对辽军驻扎的出河店，发起了突然袭击。《辽史·萧奉先传》记载："女直乃潜渡混同江，乘我师未备来袭。"④《辽史·天祚帝纪》记载："女直军潜渡混同江，掩击辽众。"⑤当时天气情况对女真有利，"会大风起，尘埃蔽天"，阿骨打利用有利天气条件，借助风势大败辽兵。"乘风势击之，辽兵溃"⑥。辽兵溃败后，阿骨打乘胜追击。"逐至斡论泺，杀获首虏及车马甲兵珍玩不可胜计，偏赐官属将士，燕犒弥日。"⑦ 这场战斗，辽军损失惨重。《辽史·天祚帝纪》记载："萧嗣先军溃，崔公义、邢颖、耶律佛留、萧葛十等死之，其获免者十有七人。"⑧阿骨打在取得了出河店大捷之后，乘势先后攻占了辽朝东部，距离女真较近的宾州、祥州、咸州等州县。《辽史·天祚帝纪》记载："十

---

① 脱脱：《金史·太祖纪》卷2，中华书局1975年版，第25页。
② 脱脱：《金史·太祖纪》卷2，中华书局1975年版，第25页。
③ 脱脱：《金史·太祖纪》卷2，中华书局1975年版，第25页。
④ 脱脱：《辽史·萧奉先传》卷111，中华书局1974年版，第1439页。
⑤ 脱脱：《辽史·天祚帝纪》卷27，中华书局1974年版，第328页。
⑥ 脱脱：《金史·太祖纪》卷2，中华书局1975年版，第25页。
⑦ 脱脱：《金史·太祖纪》卷2，中华书局1975年版，第25页。
⑧ 脱脱：《辽史·天祚帝纪》卷27，中华书局1974年版，第328—329页。

二月，咸、宾、祥三州及铁骊、兀惹皆叛入女直。"① 女真军取得了出河店大捷，鼓舞了士气，坚定了女真人推翻辽朝政权的信心。与此同时，女真军挫败了辽军士气，辽军"由是各无斗志，累年用兵，每遇女真，望风奔溃"②。女真军在占领辽朝大片国土之后，众大臣建议正式建国。阿离合懑、蒲家奴、宗翰等进言说："今大功已建，若不称号，无以系天下心。"③ 于是阿骨打在"收国元年正月壬申朔（1115年1月28日），群臣奉上尊号。是日，即皇帝位。上曰：'辽以镔铁为号，取其坚也。镔铁虽坚，终亦变坏，惟金不变不坏。金之色白。完颜部色尚白。'于是国号大金，改元收国"。④

3. 鏖战黄龙府

阿骨打在收国元年正月初一称帝后，立即于正月初五就着手谋划攻打辽国黄龙府。《金史·太祖纪》记载："丙子（2月1日），上自将攻黄龙府，近邻益州。州人走保黄龙，取其移民以归。"⑤ 辽朝方面，宁江州和出河店战败后，知道阿骨打称帝建立金国，公开要推翻辽政权。在这种情况下，辽天祚帝开始对女真起兵反辽重视起来。由于辽朝多年太平时期，特别是宁江州和出河店两战后，辽军都以失败而告终，于是"天祚帝不再信任本族将领，竟起用不知兵的汉人丞相张琳率军10万，分四路攻打来流河（今拉林河）女真地区，黄龙府尹耶律宁部向西北进攻女真地，复州节度使萧湜曷军从咸州向北迎战女真军队，左祗候朗君祥隐萧阿古从锦州进攻女真新占领区"⑥。关于辽天祚帝任用汉人丞相张琳率兵东征一事，《契丹国志》记载："辽国旧例，凡关军国大事，汉人不预。天祚自两战之败，意谓萧奉先不知兵，始欲改用将帅，付以东征之事。天祚遂召宰相张琳、吴庸，付以东征事。"⑦ 张琳率兵东征，《金史·太祖纪》记载："辽遣都统耶律讹里朵、左副统萧乙薛、右副统耶律张奴、都监萧谢弗留，骑二十万、步卒七万戍边。"⑧ 这里记载辽军二十万东征，实际上东

---

① 脱脱：《辽史·天祚帝纪》卷27，中华书局1974年版，第329页。
② 叶隆礼：《契丹国志》卷10，上海古籍出版社1985年版，第105页。
③ 脱脱：《金史·太祖纪》卷2，中华书局1975年版，第26页。
④ 脱脱：《金史·太祖纪》卷2，中华书局1975年版，第26页。
⑤ 脱脱：《金史·太祖纪》卷2，中华书局1975年版，第26页。
⑥ 刘庆、毛元佑：《中国宋辽金夏军事史》，人民出版社1994年版，第86页。
⑦ 叶隆礼：《契丹国志》卷10，上海古籍出版社1985年版，第103页。
⑧ 脱脱：《金史·太祖纪》卷2，中华书局1975年版，第26页。

征辽军不是 20 万，而是 10 万。《契丹国志》记载："前日之败，失于轻举，若用汉军二十万，分路进讨，无不克者。天祚谓其数多，且差十万。"① 关于张琳率军东征女真，《契丹国志》记载："分出四路：北路枢密副使耶律斡离朵来流河路都统，卫尉卿苏寿吉副之；黄龙府尹耶律宁黄龙府路都统、桂州观察使耿钦副之；复州节度使萧混曷咸州都统，将作监龚谊副之；左祗候朗君祥隐萧阿古好草峪都统，商州团练使张维协副之。"② 阿骨打面对辽军的围攻，采取先重点攻击辽军主力，然后各个击破的对策。《金史·太祖纪》记载："留娄室、银术可守黄龙，上率兵趋达鲁古城，次宁江州西。"③ 辽朝在对女真用兵的同时，想以最小的代价，使女真屈服。派出使臣到金国提出议和。"辽使僧家奴来议和，国书斥上名，且使为属国。"④ 阿骨打认为辽朝的国书措辞强硬，对辽在国书中把金国定为属国的地位不能接受，因此拒绝了议和。《辽史·天祚帝纪》记载："遣僧家奴持书约和，斥阿骨打名。阿骨打遣赛剌复书，若归叛人阿疎，迁黄龙府于别地，然后议之。"⑤ 于是辽金双方议和不成，为争夺黄龙府，展开了激烈的战斗。

阿骨打面对多于金军几十倍的辽军并不惧怕。在达鲁古城的战役中，阿骨打"登高望辽兵若连云灌木状，顾谓左右曰：辽兵心贰而情怯，虽多不足畏"⑥。在阿骨打来看，辽兵虽然人数众多，但队形不整、战斗意志不强，不足畏惧。将士们听了阿骨打的话，大受鼓舞，于是向辽兵扼守的达鲁古城发起了猛烈的进攻。《金史·太祖纪》记载："宗雄以右翼先驰辽左军，左军却。左翼出其阵后，辽右军皆力战。娄室、银术可冲其中坚。凡九陷阵，皆力战而出。宗翰请以中军助之。上使宗幹往为疑兵。宗雄已得利，击辽右军，辽兵遂败。乘胜追蹑，至其营，会日已暮，围之。"⑦ 战斗持续到次日清晨，"辽军溃围出，逐北至阿娄冈。辽步卒尽歼，得其耕具数千以给诸军。是役也，辽人本欲屯田，且战且守，故并其

---

① 叶隆礼：《契丹国志》卷 10，上海古籍出版社 1985 年版，第 104 页。
② 叶隆礼：《契丹国志》卷 10，上海古籍出版社 1985 年版，第 104 页。
③ 脱脱：《金史·太祖纪》卷 2，中华书局 1975 年版，第 26 页。
④ 脱脱：《金史·太祖纪》卷 2，中华书局 1975 年版，第 26 页。
⑤ 脱脱：《辽史·天祚帝纪》卷 28，中华书局 1974 年版，第 331 页。
⑥ 脱脱：《金史·太祖纪》卷 2，中华书局 1975 年版，第 27 页。
⑦ 脱脱：《金史·太祖纪》卷 2，中华书局 1975 年版，第 27 页。

耕具获之"①。达鲁古城之战，一路辽军大败，其"余三路闻之，各退保本路防城"。②辽金双方处于僵持相峙状态。是年（1115）八月，辽天祚帝下诏亲征。"丙寅（9月19日），以围场使阿不为中军都统，耶律张家奴为都监，率番、汉兵十万；萧奉先充御营都统，诸行营都部署耶律章奴为副，以精兵二万为先锋。余分五部为正军，贵族子弟千人为硬军，扈从百司为护卫军，北出骆驼口；以都点检萧胡觌姑为都统，枢密直学士柴谊为副，将汉步骑三万，南出于江州。自长春州分道而进，发数月粮，期必灭女直。"③"八月戊戌（8月22日），上亲征黄龙府。次混同江，无舟，上使一人道前，乘赭白马径涉，曰：视吾鞭所指而行。诸军随之，水及马腹。"④《辽史》记载："九月丁卯朔（9月20日），女直军陷黄龙府。"⑤辽朝东方重镇黄龙府，被女真军占领，金国敲响了辽国灭亡的钟声。

4. 决战护步荅岗

黄龙府是辽国东方军事重镇，距离辽上京临潢府较近。金军占领黄龙府后，威胁着辽上京的安全，并派使臣到辽国上书。《金史·太祖纪》记载："九月，克黄龙府，遣辞剌还，遂班师。至江，径渡如前。"⑥辞剌回来之后，阿骨打再次派使到辽国上书。《辽史·天祚帝纪》记载："辞剌还，女直复遣赛剌以书来报：若归我犯人阿疎等，当即班师。上亲征。粘罕、兀术等以书来上，阳为卑哀之辞，实欲求战。"⑦《契丹国志》记载："粘罕、兀室伪请为卑哀求生者，阳以示众，实以求战媛书上之。天祚大怒，下诏：女真作祸，大军剪除之语。"⑧辽天祚帝勃然大怒，于十一月，亲率大军东征，准备一举消灭女真势力。《辽史·天祚帝纪》记载："冬十一月，遣驸马萧特末、林牙萧查剌等将骑兵五万、步卒四十万、亲军七十万至驼门。"⑨《金史·太祖纪》记载："十一月，辽主闻取黄龙府，大

---

① 脱脱：《金史·太祖纪》卷2，中华书局1975年版，第27页。
② 叶隆礼：《契丹国志》，贾敬颜、林荣贵点校，中华书局2014年版，第117页。
③ 脱脱：《辽史·天祚帝纪》卷28，中华书局1974年版，第332页。
④ 脱脱：《金史·太祖纪》卷2，中华书局1975年版，第27—28页。
⑤ 脱脱：《辽史·天祚帝纪》卷28，中华书局1974年版，第332页。
⑥ 脱脱：《金史·太祖纪》卷2，中华书局1975年版，第28页。
⑦ 脱脱：《辽史·天祚帝纪》卷28，中华书局1974年版，第332页。
⑧ 叶隆礼：《契丹国志》卷10，上海古籍出版社1985年版，第105页。
⑨ 脱脱：《辽史·天祚帝纪》卷28，中华书局1974年版，第333页。

惧，自将七十万至驼门。驸马萧特末、林牙萧查剌等将骑五万、步卒四十万至斡邻泺。"① 天祚帝准备用两支军队攻打阿骨打。就在天祚帝准备一举灭阿骨打之时，针对天祚帝荒淫无道和镇压女真上的无能，辽国一些贵族便产生了换立新君的念头。都监耶律章奴发动叛乱，准备拥立燕王耶律淳为帝。《契丹国志》记载："耶律章奴系大横帐，与众谋曰：天祚失道，皇叔燕王淳亲贤，若废天祚而迎燕王，判燕京留守事，女真可不战而服也。章奴与同谋人二千余骑，夜半奔上京，迎立燕王。"② 天祚帝闻讯后，决定先征讨耶律章奴，秘密班师西返，平定耶律章奴叛乱。正当阿骨打准备迎击辽军之时，"知辽主以张［章］奴叛，西还二日矣"③。阿骨打探知辽军西去这一消息后，于"（收国元年十二月）戊申（1115年12月30日），诸将曰：今辽主既还，可乘怠追击之。上曰：敌来不迎战，去而追之，欲以此为勇邪？众皆悚愧，愿自效。上复曰：诚欲追敌，约齐以往，无事馈馈。若破敌，何求不得。众皆奋跃，追及辽主于护步荅冈。"④ 辽金两军在护步荅冈，展开了激烈的战斗。阿骨打面对数倍于己的辽兵，冷静观察战场形势。《金史·太祖纪》记载："是役也，兵止二万。上曰：彼众我寡，兵不可分。视其中军最坚，辽主必在焉。败其中军，可以得志。"⑤ 于是阿骨打"使右翼先战。兵数交，左翼合而攻之。辽兵大溃，我师驰之，横出其中。辽师败绩，死者相属百余里。获舆辇帝幄兵械军资，他宝物马牛不可胜计"⑥。阿骨打亲自指挥军队，全力打击辽的中军，并以左右两翼联合攻击，辽军阵营迅速溃败。《辽史》记载："辽天庆五年十二月戊申（1115年12月30日），亲战于护步荅冈，败绩，尽亡其辎重。"⑦《契丹国志》记载："天祚一日一夜走五百里，退保长春州。女真乘胜，遂并渤海、辽阳等五十四州。"⑧

护步荅冈战役之后，在辽金双方大小战斗中，金军始终处于上风，势如破竹，屡战屡胜，辽国的很多城镇大多没有抵抗就投降了。"东京州县

---

① 脱脱：《金史·太祖纪》卷2，中华书局1975年版，第28页。
② 叶隆礼：《契丹国志》卷10，上海古籍出版社1985年版，第106页。
③ 脱脱：《金史·太祖纪》卷2，中华书局1975年版，第28页。
④ 脱脱：《金史·太祖纪》卷2，中华书局1975年版，第28页。
⑤ 脱脱：《金史·太祖纪》卷2，中华书局1975年版，第28页。
⑥ 脱脱：《金史·太祖纪》卷2，中华书局1975年版，第28页。
⑦ 脱脱：《辽史·天祚帝纪》卷28，中华书局1974年版，第333页。
⑧ 叶隆礼：《契丹国志》卷10，上海古籍出版社1985年版，第106页。

及南路系辽女直皆降。"① 天辅元年（1117），阿骨打发动了攻打辽上京临潢府（今内蒙古巴林左旗）战役，历时三年多，于天辅四年春，兵分三路一举占领辽上京，基本上消灭了辽国的有生军事力量。六年正月乙亥（1122年2月23日），"取中京，遂下泽州"② 之后，辽国再也没有反抗的能力了。金太宗时期，继续对辽发动战争，于天会三年二月壬戌（1125年3月26日），"娄室获辽主于余睹谷"③。天祚帝被擒标志着辽国在军事上彻底灭亡。

二 上京路与破宋战争

辽朝灭亡以后，金与宋直接对峙。金太宗即位以后，在军事上积极扩军，为南下破宋做准备。天会三年（1125）十月，金太宗正式下诏伐宋，"以谙班勃极烈杲兼领都元帅，移赉勃极烈宗翰兼左副元帅先锋，经略使完颜希尹为元帅右监军……自西京入太原。六部路军帅挞懒为六部路都统，斜也副之，宗望为南京路都统，阇母副之，……自南京入燕京。"④ 杲坐镇京师，兵分两路，东路以宗望为主帅、西路以宗翰为主帅。"宗望本名斡鲁补，又作斡离不，太祖第二子也。"⑤ "宗翰本名粘没喝，汉语讹为粘罕，国相撒改之长子也。"⑥ 这两位主帅都是上京路人。他们的军事才能都是在上京路成长起来的。在太祖统一女真各部及反辽作战中，宗望"每从太祖征伐，常在左右"⑦。宗翰"年十七，军中服其勇"⑧。宗望、宗翰从太祖南征北战，锻炼了自己的军事才能。由于宗望、宗翰军功卓著，获得了上京路世袭猛安谋克，使其成为破宋的主要军事指挥官。十二月，东路宗望率领的军队，"甲辰（1126年1月2日），宗望诸军及宋郭药师、张企徽、刘瞬仁战于白河，"⑨ 郭药师投降金军，金军占领了燕山府及附属州县。西路宗翰所率领的军队，"戊申（6日），宗翰

---

① 脱脱:《金史·太祖纪》卷2，中华书局1975年版，第29页。
② 脱脱:《金史·太祖纪》卷2，中华书局1975年版，第36页。
③ 脱脱:《金史·太宗纪》卷3，中华书局1975年版，第52页。
④ 脱脱:《金史·太宗纪》卷3，中华书局1975年版，第53页。
⑤ 脱脱:《金史·宗望传》卷74，中华书局1975年版，第1700页。
⑥ 脱脱:《金史·宗翰传》卷74，中华书局1975年版，第1693页。
⑦ 脱脱:《金史·宗望传》卷74，中华书局1975年版，第1700页。
⑧ 脱脱:《金史·宗翰传》卷74，中华书局1975年版，第1693页。
⑨ 脱脱:《金史·太宗纪》卷3，中华书局1975年版，第54页。

克代州。乙卯（13日），中山降。……戊午（16日），宗翰围太原"①。与此同时，东路宗望军队，又相继占领了今天河北广大地区。"丙辰（14日），宗望破宋兵五千于真定。甲子（22日），宗望克信德府"② 等地。天会四年（1126）八月，金太宗再次下诏伐宋。宗望、宗翰依旧是东路军和西路军事统帅。"十一月甲子（11月18日），宗翰自太原趋汴，丙寅宗望自真定趋汴。"③ 宗望和宗翰两军，先后到达北宋都城汴梁。"宗望诸军渡河……丙戌（12月10日），克怀州。是日，宗望至汴。……闰月癸巳（12月17日），宗翰至汴。丙辰（1127年1月9日），克汴城。"④ 北宋灭亡。

天会五年（1127）四月，宗望、宗翰分别押送宋徽宗与宋钦宗北上。"五年四月，以宋二主及其宗族四百七十余人，及圭璋、宝印、衮冕、车辂、祭器、大乐、灵台、图书，与大军北还。"⑤ 北宋徽、钦二帝被押往上京后，先后在韩州和胡里改路等地生活，后客死在上京路。

三　上京路在反辽破宋中的作用

金代上京路是金源内地、女真族肇兴之地。女真人自辽天庆四年起兵反辽战争，一直到太宗天会五年灭北宋为止，建立与南宋划淮而治的大金帝国。从整个女真军事发展过程来看，金国的发展壮大主要依靠女真完颜部。女真完颜部统一金源内地女真各部后，使女真族形成了强大的军事力量。金源内地上京路的统一，为女真族反辽破宋提供了基础条件。可以说，金代上京路既为大金帝国提供兵源，又为大金帝国提供战略物资。金代上京路是反辽破宋的大本营。

在金军中杰出的军事将领，大都出自金代上京路。例如，习古迺和银术可，是上京路人。习古迺和银术可，从辽国索要阿疎回来之后，"言辽人可取之状，太祖始决意伐辽矣"⑥。《金史·银术可传》记载："银术可等还，具以辽政事人情告太祖，且言辽国可伐之状。太祖决议伐辽，盖自

---

① 脱脱：《金史·太宗纪》卷3，中华书局1975年版，第54页。
② 脱脱：《金史·太宗纪》卷3，中华书局1975年版，第54页。
③ 脱脱：《金史·太宗纪》卷3，中华书局1975年版，第56页。
④ 脱脱：《金史·太宗纪》卷3，中华书局1975年版，第56页。
⑤ 脱脱：《金史·宗望传》卷74，中华书局1975年版，第1705页。
⑥ 脱脱：《金史·习古迺传》卷72，中华书局1975年版，第1666页。

银术可等发之。"① 在伐辽过程中的斡鲁,是金景祖长子"韩国公劾者第三子",② 其部下"阇母是世祖的第十一子,太祖异母弟也"③。阇母在高永昌占据东京时,就跟随斡鲁讨伐高永昌。《金史·阇母传》记载:"与永昌隔沃里活水,众遇淖不敢进,阇母以所部先济,诸军毕济。军东京城下,城中人出城来战,阇母破之于首山,歼其众,获马五百匹。"④ 康宗长子宗雄,在宁江州一战中,"攻宁江州,渤海兵锐甚。宗雄以所部败渤海兵,以功授世袭千户谋克。"⑤ 在出河店战役中,"宗雄推锋力战,功多。达鲁古城之役,宗雄将右军,身先士卒战,辽兵当右军者已却,上命宗雄助左军击辽兵。宗雄绕辽后击之"⑥,大败辽兵,为出河店大捷发挥了重要作用。宗幹,太祖庶长子。在太祖阿骨打攻打辽朝东方重镇宁江州时,"将至辽界,先使宗幹督士卒夷堑"⑦,保证金军顺利通过辽军防线,为首战宁江州做出了贡献。在追击辽主的战斗中,完颜部人娄室率兵,于天会三年二月壬戌(1125年3月26日),"获辽主于余睹谷"⑧,辽天祚帝被抓,标志着辽朝灭亡。

在金破宋的战争中,金军主要军队和将领,大多是上京路的。《金史·兵志》记载:"天会四年,伐宋之役,调燕山、云中、中京、上京、东京、辽东、平州、辽西、长春八路民兵,"⑨ 上京路是最大的路,出动军队数量应该最多。在破宋战争中,主要将领都出自上京籍女真人。杲(斜也)兼领都元帅,宗望和宗翰是东、西两路军主帅。宗翰军中著名将领银术可,仍然是其军事主力。银术可"从宗翰伐宋,围太原,……太原未下,皆命银术可留兵围之。……及宗翰定太原,与宗望会兵于汴,银术可等攻汴城,克之"。⑩ 宗望军中著名将领完颜宗弼是金太祖第四子,"及宗望伐宋,宗弼从军,取汤阴县,降其卒三千人。至御河,宋人已焚桥,

---

① 脱脱:《金史·银术可传》卷72,中华书局1975年版,第1657—1658页。
② 脱脱:《金史·斡鲁传》卷71,中华书局1975年版,第1631页。
③ 脱脱:《金史·阇母传》卷71,中华书局1975年版,第1640页。
④ 脱脱:《金史·阇母传》卷71,中华书局1975年版,第1640页。
⑤ 脱脱:《金史·宗雄传》卷73,中华书局1975年版,第1679页。
⑥ 脱脱:《金史·宗雄传》卷73,中华书局1975年版,第1679页。
⑦ 脱脱:《金史·太祖纪》卷2,中华书局1975年版,第24页。
⑧ 脱脱:《金史·太祖纪》卷3,中华书局1975年版,第52页。
⑨ 脱脱:《金史·兵志》卷44,中华书局1975年版,第993页。
⑩ 脱脱:《金史·银术可传》卷72,中华书局1975年版,第1658—1959页。

不得渡，合鲁索以七十骑涉之，杀宋焚桥军五百人。……宗弼以三千骑薄汴城，宋上皇出奔，选百骑追之，弗及，获马三千而还。"① 当时在宗弼军中，还有一名后来与宋将岳飞抗衡的仆散浑坦，他是"蒲与路挟懑人也。身长七尺，勇健有力，善骑射。年十六，从其父胡没速征伐。……为宗弼扎也。天眷二年，与宋岳飞相拒。浑坦领六十骑，深入觇伺，至鄢陵，败宋护粮饷军七百余人，多所浮获。"② 此外，诸如婆卢火、拔离速、宗辅等一大批金源内地上京路境内的将领，率领各自的猛安谋克军队，在反辽破宋的战争中，身先士卒，立下赫赫战功。因此可以说，金代上京路在女真人反辽破宋的战争中，起着至关重要的作用。

第三节　金与蒙古的矛盾与战争

在金代上京路西北部，今嫩江以西广大地区，活跃着塔塔儿部、乌古迪烈部、萌古部、弘吉剌部等部族。其中萌古部，是《魏书》里记载的蒙兀室韦。《辽史》称萌古、盟古，《金史》称萌古，亦称蒙古子。金熙宗时期，蒙古等诸部游牧势力逐渐走向统一，时而越境侵犯金上京路。金蒙之间关系叛附不定，最终导致金、蒙之间爆发了一场战争。

一　金与蒙古之间的矛盾

金灭辽以后，在金上京路西北的塔塔儿、乌古、迪烈、萌古、弘吉剌等北边各部族，纷纷臣服金朝。金朝对这些部族的统治，沿用辽朝招讨司统治模式，仍设置乌古迪烈统军司统治各部族。天德二年（1150），乌古迪烈统军司改为乌古迪烈招讨司，大定后改为东北路招讨司。金初，乌古迪烈、萌古、弘吉剌等部，归乌古迪烈统军司管辖。

蒙古部在辽时称蒙兀室韦，臣服于辽政权。蒙古部"惟以牛、羊、驼、马、皮、毳之物与契丹为交易"。③ 逐渐积蓄力量。在金灭辽的战争中，蒙古看到辽朝的灭亡在所难免，便臣服于金朝。这样蒙古在金反辽破宋这段时间里，迅速壮大了自己的实力，成为蒙古草原上实力雄厚的部

---

① 脱脱：《金史·宗弼传》卷77，中华书局1975年版，第1751页。
② 脱脱：《金史·仆散浑坦传》卷82，中华书局1975年版，第1844—1845页。
③ 叶隆礼：《契丹国志》卷22，上海古籍出版社1985年版，第214页。

落。张博泉考证："谟葛失即蒙古子，金初谟葛失归附于金，向金贡方物，请授印绶。"①《金史·太宗纪》记载："天会三年三月辛巳（1125年4月14日），斡鲁献传国宝，以谋葛失来附，请授印绶。"② 蒙古部臣服金朝以后，成为金上京路乌古迪烈统军司管辖的乣军之一。当时金朝对上京路西北各族的统治，采取削弱各部实力的策略，往往是"联合一部去征讨和镇压另外一部，使其相互制约，达到分而治之的目的，并在战争中抢略牛羊等大批物资"③。金朝对蒙古的统治，基本是削弱蒙古的力量。由于乌古迪烈统军司设在境内，距离蒙古诸部较远，所以金朝对蒙古的统治还是有限的。在孛儿只斤部酋长时期，蒙古趋向统一，蒙古诸部都尊称孛儿只斤部酋长为"合不勒汗"。蒙古部落日益强大，对金朝产生威胁，使得金朝深感不安，于是金太宗召合不勒汗入朝觐见，"金主厚为之礼以归"。④ 合不勒汗这次到金朝觐见以后，了解了金朝的军事实力，开始对金朝有所反抗。在与金朝的交往中，把金朝派到蒙古的使者给杀了，"后因杀金朝使者失和结怨"⑤。这样，就激化了金蒙之间敌对情绪，金蒙之间由此产生了矛盾。特别是合不勒汗死后，继任蒙古汗位的俺巴孩，"因送女出嫁（有的史料称娶妻）至塔塔儿部，为塔塔儿人掳送金朝，被金人以木驴之刑处死"⑥。关于俺巴孩被塔塔儿人抓去，送给金朝一事，《蒙古秘史》记载："那河边住的塔塔儿一种人，俺巴孩将女儿嫁与他，亲自送去，被塔塔儿人拿了，送与大金家。"⑦ 金朝把俺巴孩杀了，这就加剧了金与蒙古之间的矛盾，并埋下了金蒙战争的火种。

二 金与蒙古之间的战争

金蒙之间战争的导火索，是金朝杀了蒙古部俺巴孩汗。俺巴孩汗死后，忽图剌被推荐为蒙古部汗。忽图剌为给俺巴孩报仇，"举兵入金界，大掠尔还。金遣都元帅兀术来讨，兵连岁不解，金人乃割西平河北二十七

---

① 张博泉：《金史简编》，辽宁人民出版社1984年版，第171页。
② 脱脱：《金史·太宗纪》卷3，中华书局1975年版，第52页。
③ 王尚：《金代招讨司研究》，硕士学位论文，吉林大学，2011年，第27页。
④ 张博泉：《金史简编》，辽宁人民出版社1984年版，第171页。
⑤ 高文德、蔡志纯：《蒙古世系》，中国社会科学出版社1979年版，第100页。
⑥ 高文德、蔡志纯：《蒙古世系》，中国社会科学出版社1979年版，第100页。
⑦ 额尔登泰、乌云达赉校勘：《蒙古秘史》，内蒙古人民出版社1980年版，第928页。

团寨议和而退，事在宋绍兴十七年（1147）"①。关于金初在上京路西北与蒙古之间战争的情况，《大金国志》记载："（天会十三年）冬，皇伯领三省事、宋王宗盘提兵攻盲骨子，败之。……宗磐乘其不意而攻之，由是失盲骨子之附，而诸部族离心矣。"②此后金与蒙古之间，发生多次战争。天眷元年（1138），宗弼曾率部征讨蒙古。《金史·耶律怀义传》记载："天眷初，（耶律怀义）为太原尹，治有能声。改中京留守。从宗弼过乌纳水。"③《金史·移剌温传》记载："会宗弼巡边，（移剌）温从军，不之官。"④《金史·乌林荅晖传》记载："从宗弼北征，迁广威将军。"⑤《建炎以来系年要录》载："绍兴五年即金天会十三年（1135）是冬，金主亶以蒙古叛，遣领三省事宋国王宗磐提兵破之。蒙古者，在女真之东北，在唐为蒙兀部。其人劲悍善战，夜中能视，以鲛鱼皮为甲，可捍流矢。"⑥金天眷二年（1139），"女真万户呼沙呼，北攻蒙古部，粮尽而还。蒙古追袭之，至上京之西北，大败其众于海岭。"⑦金皇统三年（1143），"是月，蒙古复叛，金主亶命将讨之。初，鲁国王昌既诛，其子星哈都郎君者，率其父故部曲以叛与蒙古通。蒙古由是强取二十余团塞，金人不能制。"⑧皇统六年（1146）八月，"金都元帅兀术之未卒也，自将中原所教神臂弓弩手八万人讨蒙古。因连年不能克，是月，领汴京行台尚书省事萧博硕诺与蒙古议和，割西平河以北二十七团寨与之，岁遣牛羊米豆，且命册其酋鄂伦贝勒为蒙古国王，蒙人不肯"。⑨皇统七年（1147）三月，"金人与蒙古始和，岁遣牛羊米豆、绵绢之属甚厚。于是蒙古鄂伦贝勒乃自称祖元皇帝，改元天兴。金人用兵连年，卒不能讨，但遣精兵分据要害而还。"⑩上述史料是可信的，国学大师王国维疑金天会十三年（1135）宋国王宗磐提兵伐蒙古事。当时完颜希尹神道碑还没有发现，在后来吉林省

---

① 高文德、蔡志纯：《蒙古世系》，中国社会科学出版社1979年版，第101页。
② 宇文懋昭：《大金国志校证》卷9，中华书局1986年版，第138页。
③ 脱脱：《金史·耶律怀义传》卷81，中华书局1975年版，第1827页。
④ 脱脱：《金史·移剌温传》卷82，中华书局1975年版，第1847页。
⑤ 脱脱：《金史·乌林荅晖传》卷120，中华书局1975年版，第2620页。
⑥ 李心传：《建炎以来系年要录》卷96，中华书局1956年版，第1594页。
⑦ 李心传：《建炎以来系年要录》卷133，中华书局1956年版，第2143页。
⑧ 李心传：《建炎以来系年要录》卷148，中华书局1956年版，第2388页。
⑨ 李心传：《建炎以来系年要录》卷155，中华书局1956年版，第2514页。
⑩ 李心传：《建炎以来系年要录》卷156，中华书局1956年版，第2529页。

舒兰县北城子乡发现的金完颜希尹神道碑的背面碑文:"萌古斯扰边,王偕太师宗磐奉诏往征之。□□其□落浮□□□□□以□□□入朝奏捷初陛辞曰太傅王曰:苦狄蓄牧,当留备边用。"①此碑证实《建炎以来系年要录》所载金初宗磐征蒙古一事属实,而非像王国维考证的"征蒙古事之无根也"②。王国维认为天会十三年(1135)征蒙之役,主帅为领三省事宋国王宗磐。按:"《金史·熙宗纪》宗磐与宗翰、宗干并领三省事在天会十四年(1136)三月,且《纪》及《宗磐传》,并无征蒙古事。"③王国维依据宗磐并领三省是在天会十四年(1136)三月,而《系年要录》记三省事宗磐征蒙是天会十三年(1135)的事而疑之。其实记于《系年要录》绍兴五年(1135)十二月的希尹偕太师宗磐征蒙古这条史料,与宗磐领三省事并无关系,《系年要录》并不是当时的实录,至于并领三省事太师宗磐是后来的记述。王国维忽视了"天会十三年(1135)十一月,以尚书令宋国王宗磐为太师"④这条史料正与《系年要录》记载绍兴五年(1135)十二月之后宗磐伐蒙古条吻合。笔者的理解是金天会十三年(1135),北边蒙古入侵,熙宗任宗磐为太师出征伐蒙古。王国维考证无北征事与完颜希尹神道碑记载不符,天会十三年(1135)金伐蒙古应属实。天眷二年(1139),女真万户呼沙虎攻蒙古而还时,被蒙古追上败于海岭。屠寄认为:"此海岭当是海拉尔之译音,或指今齐齐哈尔西呼伦贝尔东之兴安岭。"⑤败于海岭不论是今海拉尔或兴安岭,都说明蒙古已进入海拉尔以里地域,也就是说蒙古已跃入婆卢火所浚界壕边堡之内,此时婆卢火所浚的界壕,对于金政权来说已失去了作用。皇统三年(1143)三月,蒙古复叛金强取二十余团寨,以及皇统六年(1146)八月金割给蒙古二十七团寨,是否金所割二十七团寨含蒙古强取二十团寨,如果金所割二十七团寨不含前边强取二十团寨的话,两者加在一起,应是四十七团寨。这四十七团寨应是一个不小的地域,即使二十七团寨也应是不小的地方。查谭其骧主编《中国历史地图集》,金代与蒙古的疆界是以海拉尔以北的根河、克鲁伦河上游为界,这条界河在辽朝时期就是辽朝的边

---

① 李淑田:《金碑汇释》,吉林文史出版社1989年版,第81页。
② 王国维:《金界壕考》,载《观堂集林》卷15,河北教育出版社2011年版,第453页。
③ 王国维:《金界壕考》,载《观堂集林》卷15,河北教育出版社2011年版,第453页。
④ 脱脱:《金史·熙宗纪》卷4,中华书局1975年版,第70页。
⑤ 屠寄:《蒙兀儿史记》卷1,上海古籍出版社、上海古籍书店1989年版,第23页。

界。金初婆卢火在其南岸浚界壕，成为其金与北方蒙古等游牧势力的边界。米文平、冯永谦《岭北长城考》一文，依据西平河即胪朐河，也即克鲁伦河推定："割西平河以北二十七团寨与之，当即割让克鲁伦河及额尔古纳河以北之地，给与居住在鄂嫩河流域的蒙古。"[1] 如果真如米文平和冯永谦推定，那就谈不上金割地与蒙古了，因金初，根河、克鲁伦河以北已属于蒙古地域。金割地二十七团寨与蒙古应在根河、克鲁伦河以南。在根河、克鲁伦河以南，东西流向的河流，近者为海拉尔河或者东南西北流的兴安岭东嫩江西的某个支流，无论是海拉尔河以北，还是嫩江西的某个支流以北所割的二十七团寨或是皇统三年强取的二十团寨，金初婆卢火所浚界壕边堡已归属蒙古占有。金占有婆卢火所浚界壕边堡应是皇统三年前的事，因金鲁国王昌被诛，"其子星哈都率其父故部曲以叛，与蒙古通，蒙古由是强取二十余团寨，金不能制"[2]。鲁国王昌的儿子胜花都把婆卢火所浚界壕拱手送给蒙古，并且被蒙古占据二十团寨，金虽出兵征讨，但未能成功，此时婆卢火所浚的界壕当为蒙古所占有。三年后，金兀术派中原八万神臂弓弩手讨蒙古，连年不能克，由于此时南宋岳飞要迎接宋徽、钦二帝，直捣黄龙府，金朝在南北受敌的情况下，提出再割让二十七团寨与蒙古，蒙金于皇统七年（1147）三月始议和，金兵退守到兴安岭以东，今东北路长城以内，在要塞之地筑边堡以守，金蒙战事告一段落。

第四节　海陵王迁都对上京路的影响

海陵王不顾诸多贵族势力反对，毅然下诏迁都燕京。迁都燕京不仅使金国的政治、经济、文化重心南移，而且军事力量随之南移，对金代上京路军事产生了不利影响。迁移大批上京路猛安谋克于中原，削弱了上京路军事力量。金代上京路军事空虚，造成窝斡领导契丹人起义，以及蒙古游牧势力发展壮大。

---

[1] 米文平、冯永谦：《岭北长城考》，《辽海文物学刊》1990年第1期。
[2] 李心传：《建炎以来系年要录》卷156，中华书局1956年版，第2529页。

一 政变与迁都

1. 海陵王军事政变

海陵王发动军事政变、弑杀金熙宗，是金代上京路的重大事件，对金代上京路军事产生了重大影响。《金史·海陵纪》记载："废帝海陵庶人亮，字元功，本讳迪古乃，辽王宗幹第二子也。母大氏。天辅六年壬寅岁生。"① 海陵王在熙宗时期，"由于熙宗与其父完颜宗幹的深厚感情，因而熙宗对这位堂弟也宠爱有加，完颜亮的仕途一帆风顺"②。《金史·海陵纪》记载："皇统七年五月，召为同判大宗正事，加特进。十一月，拜尚书左丞，务揽持权柄，用其腹心为省台要职，……一日因召对，语及太祖创业艰难，亮因呜咽流涕，熙宗以为忠。八年六月，拜平章政事。十一月，拜右丞相。九年正月，兼都元帅。"③ 虽然大权在握，但海陵王深感自己为太祖长子宗幹之子，未能继承皇位表示不满。《金史》记载："海陵久畜不臣之心，尝与怀贞各言所志，海陵曰：吾志有三：国家大事皆自我出，一也。帅师伐国，执其君长问罪于前，二也。得天下绝色而妻之，三也。"④ 在皇统九年（1149）正月十六日，海陵王完颜亮生日时，"金熙派近侍大兴国以司马光画像、玉吐鹘、厩马赐之。即表示将完颜亮视为金朝的司马光，是可以倚赖的重臣。裴满皇后也让大兴国同时赐以完颜亮生日礼物，熙宗得知，大为震怒"⑤。由于熙宗与裴满皇后不和，害怕皇后与重臣结党于己不利，一怒之下，杖责大兴国百下，并追回皇后所赐礼物。《金史·后妃传上》记载："海陵本怀觊觎，因之疑畏愈甚，萧墙之变，从此萌矣。"⑥ 熙宗通过这件事，对海陵王产生怀疑，不再像从前那样信任海陵王，开始削弱海陵王的权力。《金史·海陵纪》记载："三月，拜太保、领三省事。"⑦ 海陵王表面上升了官，实际上被剥夺了实权。这样一来，"海陵由此不自安。……复为平章政事，由是益危迫"⑧。于是海

---

① 脱脱：《金史·海陵纪》卷5，中华书局1975年版，第91页。
② 周峰：《完颜亮评传》，民族出版社2002年版，第34页。
③ 脱脱：《金史·海陵纪》卷5，中华书局1975年版，第92页。
④ 脱脱：《金史·高怀贞传》卷129，中华书局1975年版，第2789页。
⑤ 周峰：《完颜亮评传》，民族出版社2002年版，第36页。
⑥ 脱脱：《金史·后妃传》卷63，中华书局1975年版，第1503页。
⑦ 脱脱：《金史·海陵纪》卷5，中华书局1975年版，第92页。
⑧ 脱脱：《金史·海陵纪》卷5，中华书局1975年版，第92页。

陵密谋发动政变，联络仆散忽土、徒单阿里出虎、大兴国、唐括辩、李老僧、徒单贞等人，闯进宫中弑杀熙宗。《金史·海陵纪》记载："十二月丁巳（1150年1月9日），忽土、阿里出虎内直。是夜，兴国取符钥启门纳海陵，秉德、辩、乌带、徒单贞、李老僧等入至寝殿，遂弑熙宗。秉德等未有所属。忽土曰：始者议立平章，今复何疑。乃奉海陵坐，皆拜，称万岁。"① 海陵王弑杀金熙宗后，即皇帝位。

2. 海陵王军事改革

海陵王即位后，为了巩固自己的统治地位，开始采取了一系列政治、经济、军事等项改革。在军事方面，仿照宋朝军事体制，改都元帅府为枢密院。《金史·海陵纪》记载："（天德二年十二月）己未（1151年1月6日），改都元帅府为枢密院。……都元帅充为枢密使，……元帅左监军昂为枢密副使。"② 枢密院的机构设置为"枢密使一员，从一品，掌凡武备机密之事。枢密副使一员，从二品。签书枢密院事一员，正三品。同签枢密院事一员，正四品。"③ 从这则史料来看，海陵王改都元帅府为枢密院，减少机构编制，四品以上官员，由过去的7人减少到4人，从而达到了军事指挥权牢牢地掌握在手中。

海陵王在对国家最高军事机构改革之后，对地方各级军事机关也进行了改革。"天德二年，省并中京、东京、临潢、咸平、泰州等路节镇及猛安谋克，削上中下之名，但称为诸猛安谋克，"④ 海陵王在省并各地方军事机构的同时，为了削弱女真贵族势力，加强中央集权，对上京路地方世袭万户军事机构，进行了改革。天德二年八月，海陵王首先"改诸京兵马都部署司为本路都总管府"。⑤ 然后让会宁府尹"兼本路兵马都总管"⑥，九月，"又改乌古迪烈路统军司为招讨司，以婆速路统军司为总管府"。⑦ "（天德三年）十一月癸亥（1152年1月5日），诏罢世袭万户官，前后赐姓人各复本姓。"⑧ 海陵王在诏书中说："太祖开创，因时制宜，材

---

① 脱脱：《金史·海陵纪》卷5，中华书局1975年版，第93页。
② 脱脱：《金史·海陵纪》卷5，中华书局1975年版，第96页。
③ 脱脱：《金史·百官志》卷55，中华书局1975年版，第1239—1240页。
④ 脱脱：《金史·兵制》卷44，中华书局1975年版，第993页。
⑤ 脱脱：《金史·兵制》卷44，中华书局1975年版，第1003页。
⑥ 脱脱：《金史·地理志》卷24，中华书局1975年版，第551页。
⑦ 脱脱：《金史·兵制》卷44，中华书局1975年版，第1003页。
⑧ 脱脱：《金史·海陵纪》卷5，中华书局1975年版，第98页。

堪统众授之万户，其次千户及谋克。当时官赏未定，城郭未下，设此职许以世袭，乃权宜之制，非经久之利。今子孙相继专揽威权，其户不下数万，与留守总管无异，而世权过之。可罢是官。若旧无千户之职者，续思增置。国初时赐以国姓，若为子孙者皆令复旧。"① 此诏发布后，先后罢免了上京路管辖下的蒲与路、恤品路、胡里改路等3个万户府路。《金史·地理志》记载："蒲与路，国初置万户，海陵例罢万户，乃改置节度使。"② "恤品路，辽时，为率宾府，置刺史。本率宾故地，太宗天会二年，以耶懒路都孛堇所居地瘠，遂迁于此。以海陵例罢万户，置节度使，因名速频路节度使。"③ "胡里改路，国初置万户，海陵例罢万户，乃改置节度使。"④ 海陵王为了加强中央集权，还对合懒路、济州（原黄龙府，后改为隆州）、肇州等进行了改制。《金史·地理志上》记载："合懒路，置总管府。真元元年，改总管为尹，仍兼本路兵马都总管。"⑤ "隆州，下，利涉军节度使。天德三年置上京路都转运司，四年，改为济州路转运司。"⑥ "肇州，下，防御使。海陵时，当为济州支郡。"⑦ 至此，海陵王完成了军事改革，加强了中央集权。

3. 海陵王迁都

海陵王完成军事改革，巩固了自己的统治地位。海陵王时期，金朝已与南宋划淮而治，幅员辽阔。金上京会宁府，相对偏僻落后，已不适应做国都了。海陵王顺应形势，加之为摆脱女真贵族反对势力，决定迁都燕京。海陵王迁都燕京，首先下诏征求意见。海陵王诏说："昨因绥抚南服，分置行台，时则边防未宁，法令未具，非本永计，只是从权。既而人拘道路之遥，事有岁时之滞，凡申款而待报，乃欲速而愈迟。今既庶政惟和，四方无侮，用并尚书之亚省，会归机政于朝廷。又以京师粤在一隅，而方疆广于万里，以北则民清而事简，以南则地远而事繁。深虑州府申陈，或至半年而往复，间阎疾苦，何由期月而周知。供馈困

---

① 脱脱：《金史·兵制》卷44，中华书局1975年版，第1003页。
② 脱脱：《金史·地理志》卷24，中华书局1975年版，第552页。
③ 脱脱：《金史·地理志》卷24，中华书局1975年版，第552页。
④ 脱脱：《金史·地理志》卷24，中华书局1975年版，第553页。
⑤ 脱脱：《金史·地理志》卷24，中华书局1975年版，第552页。
⑥ 脱脱：《金史·地理志》卷24，中华书局1975年版，第552页。
⑦ 脱脱：《金史·地理志》卷24，中华书局1975年版，第551页。

于转输，使命苦于驿顿，未可时巡于四表，莫如经营于两都。眷惟金燕，实为要会，将因宫庙而创官府之署，广阡陌以展西南之城。勿惮暂时之艰，以就得中之制。所贵两京一体，保宗社于万年，四海一家，安黎元于九府。咨尔中外，体予至怀。"① 此诏发布以后，"绝大多数官员，都赞成迁都燕京"②。于是海陵王以"会宁府僻在一隅，官难于转输，民艰于赴诉，宜徙居燕山，以应天地中会"③为由，在天德三年（1151）三月"壬辰（4月9日），诏广燕城，建宫室"④，开始在燕京营建金中都。"四月丙午（4月23日），诏迁都燕京。辛酉（5月8日），有司图上燕城宫室制度，营建阴阳五姓所宜。"⑤ 贞元元年（1153），海陵王正式下诏，改燕京为中都大兴府，原北宋故都汴京为南京，原中京改为北京。"三月乙卯（4月21日），以迁都诏中外。改元贞元。改燕京为中都，府曰大兴，汴京为南京，中京为北京。"⑥ 从此金国的政治中心，便从金上京转移到燕京。与此同时，海陵王还把上京的大批人口，迁往中原地区。《金史·兵志》记载："贞元迁都，遂徙上京路太祖、辽王宗幹、秦王宗翰之猛安，并为合扎猛安，及右谏议乌里补猛安，太师勗、宗正宗敏之族，处之中都。斡论、和尚、胡剌三国公，太保昂，詹事乌里野，辅国勃鲁骨，定远许烈，故杲国公勃迭八猛安处之山东。阿鲁之族处之北京。按达族属处之河间。"⑦ 海陵王迁女真猛安谋克于中原以后，编成禁卫军，称为合扎猛安谋克。"合扎者，言亲军也，以近亲所领，故以名焉。贞元迁都，更以太祖、辽王宗幹、秦王宗翰之军为合扎猛安，谓之侍卫亲军，故立侍卫亲军司以统之。旧常选诸军之材武者为护驾军，海陵又名上京龙翔军为神勇军，正隆二年将南伐，乃罢归，使就金调，复于侍卫亲军四猛安（旧止曰太祖、辽王、秦王猛安凡三，今曰四猛安，未详，岂太祖两猛安耶？）内，选三十以下千六百人，骑兵曰龙翔，步兵曰虎步，以备宿卫。"⑧ 周峰在《完颜亮评传》中，对海陵王迁上京路诸猛安谋克进行了

---

① 李心传：《建炎以来系年要录》卷162，商务印书馆1936年版，第2650页。
② 周峰：《完颜亮评传》，民族出版社2002年版，第86页。
③ 徐梦莘：《三朝北盟会编》卷242，上海古籍出版社1987年版，第1740页。
④ 脱脱：《金史·海陵纪》卷5，中华书局1975年版，第97页。
⑤ 脱脱：《金史·海陵纪》卷5，中华书局1975年版，第97页。
⑥ 脱脱：《金史·海陵纪》卷5，中华书局1975年版，第100页。
⑦ 脱脱：《金史·兵志》卷44，中华书局1975年版，第993页。
⑧ 脱脱：《金史·兵志》卷44，中华书局1975年版，第1001页。

统计,说有"总计42万余人"①,迁出金代上京路,造成了金代上京路军事空虚。

二　迁都对上京路的影响

1. 撒八契丹族大起义

金正隆五年(1160),海陵王诏令在各地征兵,准备南下侵宋。海陵王"派牌印苏赫(即燥合)、洋格(即杨葛)到契丹诸部,征集所有的丁壮从军"。②《金史·移剌窝斡传》记载:"正隆五年,海陵征诸道兵伐宋,使牌印燥合、杨葛尽征西北契丹丁壮,"③ 当时所有契丹人,"凡是二十岁以上,五十岁以下的,都在被签发充军之列"④。由于契丹人与北边邻国连年征战,相互结成仇恨,如果男丁全部充军,敌人来攻,剩下的老弱妇幼,必定成为敌人的俘虏。于是契丹人以防御北方邻族侵扰为由,请求免征。《金史·移剌窝斡传》记载:"契丹人曰:西北路接近邻国,世世征伐,相为仇怨。若男丁尽从军,彼以兵来,则老弱必尽系累矣。幸使者入朝言之。燥合畏罪不敢言,杨葛深念后西北有事得罪,遂以忧死。"⑤ 由于燥合不敢向朝廷上奏,并且继续加紧督促征兵。"契丹闻男丁当尽起,于是撒八、孛特補与部众杀招讨使完颜沃侧及燥合,而执耶律娜、没荅涅合,取招讨司贮甲三千,遂反。"⑥《金史·世宗纪》记载:"海陵南伐,天下骚动。是时,籍契丹部人丁壮为兵,部人不愿行,以告使者,使者燥合畏海陵不以告,部人遂反。"⑦ 在这种情况下,金西北路招讨司译史撒八等杀死招讨使完颜沃侧及燥合,推举都监老和尚为招讨使,率领契丹人发动起义。《金史·海陵纪》记载:"(正隆六年)五月庚辰(6月8日),契丹诸部反,遣右卫将军萧秃剌等讨之。"⑧ 这次起义虽然发生在西北路,但是很快波及乌古迪烈部及信州和济州。山后四群牧,山前诸群牧,以及东北各地契丹人民纷纷响应。起义者杀死乌古迪烈招讨使完颜麻泼,参与

---

① 周峰:《完颜亮评传》,民族出版社2002年版,第121页。
② 李有棠:《金史纪事本末》卷26,辽沈书社1994年版,第195页。
③ 脱脱:《金史·移剌窝斡传》卷133,中华书局1975年版,第2849页。
④ 张博泉:《金史简编》,辽宁人民出版社1984年版,第178页。
⑤ 脱脱:《金史·移剌窝斡传》卷133,中华书局1975年版,第2849页。
⑥ 脱脱:《金史·移剌窝斡传》卷133,中华书局1975年版,第2849页。
⑦ 脱脱:《金史·世宗纪》卷6,中华书局1975年版,第122页。
⑧ 脱脱:《金史·海陵纪》卷5,中华书局1975年版,第114页。

撒八起义活动。《金史·移剌窝斡传》记载："会宁八猛安牧马于山后，至迪谋鲁，贼尽夺其马。"① 上京会宁府八猛安的马群，被撒八的起义军抢去。此外，涉及上京路的还有"辟沙河千户十哥等与前招讨使完颜麻泼杀乌古迪列招讨使乌林荅蒲卢虎，以所部趋西北路。……合于撒八"。② "括里遂犯济州。会宿直将军孛术鲁吴括剌征兵于速频路，遇扩里于信州，与猛安乌彦查剌兵二千，击败扩里。"③ 括里引兵北上攻济州，中途与金兵在信州相遇，被金军打败。在撒八率领契丹族起义中，涉及上京路境内的乌古迪烈部、济州和信州，都没有多大的战事，最后都败退到西北路境内，与撒八合在一起。

2. 移剌窝斡契丹族大起义

海陵王为了南侵伐宋，必须解除后顾之忧，先后两次派重兵围剿撒八所率领的契丹族起义。第一次派"枢密使仆散忽土、西京留守萧怀忠将兵一万，与右卫将军萧秃剌讨平之。秃剌与之相持数日，连与战皆无功"，④ 金朝两路大军围剿起义军，都没有镇压成功。在这种情况下，海陵王再次派"白彦恭为北面兵马都统，纥石烈志宁为副之，完颜毅英为西北面兵马都统，西北路招讨使唐括孛姑副之，以讨萨八等"。⑤ 这次联合镇压撒八起义，金朝调动了大批军力。《金史》记载："势不可支，谋归于大石，乃率众沿龙驹河西出。"⑥ 撒八起义军在强大的金军围攻下，深感很难取胜，于是决定沿着龙驹河（今克鲁伦河）向西，去投奔耶律大石的西辽政权。"萨八既西行，而旧居山前者皆不欲往，伪署六院节度使移剌窝斡、兵官陈家杀萨八，执老和尚、孛特補等。"⑦ 这里的山后当指大兴安岭西侧呼伦贝尔草原，大兴安岭以东、嫩江以西之地。这一广阔地区，属于乌古迪烈部居地。起义军大多成员世代居住在大兴安岭两侧，不愿意背井离乡，远离故土，导致起义军内部发生了分裂。在这种情况下，署六部院节度使移剌窝斡杀死撒八，"至是，窝斡始自为都元帅，陈

---

① 脱脱：《金史·移剌窝斡传》卷133，中华书局1975年版，第2850页。
② 脱脱：《金史·移剌窝斡传》卷133，中华书局1975年版，第2850页。
③ 脱脱：《金史·移剌窝斡传》卷133，中华书局1975年版，第2850页。
④ 脱脱：《金史·移剌窝斡传》卷133，中华书局1975年版，第2850页。
⑤ 脱脱：《金史·移剌窝斡传》卷133，中华书局1975年版，第2851页。
⑥ 脱脱：《金史·移剌窝斡传》卷133，中华书局1975年版，第2850页。
⑦ 脱脱：《金史·移剌窝斡传》卷133，中华书局1975年版，第2851页。

家为都监，拥众东还"①，继续与金兵作战。

移剌窝斡率领起义军东进后，在乌古迪烈地与金军发生了很多战事。此时海陵王为了围剿撒八和移剌窝斡起义，已经将乌古迪烈统军司改为乌古迪烈招讨司。由于移剌窝斡所率领的起义军声势浩大，整个临潢以北，包括乌古迪烈招讨司管辖地区，全部被移剌窝斡起义军占领。"正隆六年十二月己亥（1161年12月30日），窝斡遂称帝，改元天正。"②此时金朝设在乌古迪烈地的乌古迪烈招讨司，被迫迁移到泰州城内。于是移剌窝斡在攻打临潢府之后，即攻打乌古迪烈统军司驻地泰州城。"泰州节度使乌里雅率千余骑与窝斡遇，乌里雅兵复败，仅以数骑脱归。贼势愈振，城中震骇，莫敢出战。贼四面登城，押军猛安乌古孙阿里補率军士数人，各持刀以身率先循城击贼力战，斫刈甚众，贼乃退走，城赖以完。"③泰州城攻克不下，遂攻打济州。"窝斡遂自泰州往攻济州"④，济州是金上京会宁府的西大门，济州如果被起义军占领，就直接威胁着金上京的安全，所以金朝为了保住济州，调动大批军队来与起义军作战。派"元帅完颜谋衍与右监军完颜福寿、左都监吾扎忽合兵，甲士万三千人，曷懒路总管徒单克宁、广宁尹僕散浑坦、同知广宁尹完颜岩雅、肇州防御使唐括乌也为左翼，临海节度使纥石烈志宁、曷速馆节度使神土懑、同知北京留守完颜骨只、淄州刺史尼庞古钞兀为右翼，至术虎崖，尽委辎重，士卒赍数日粮，轻骑袭之"⑤。移剌窝斡起义军在金军联合攻击下败退。"窝斡率其众西走，谋衍追及之于霿凇河。"⑥移剌窝斡起义军兵败，退出金代上京路。

撒八和移剌窝斡率领的契丹族大起义，席卷金朝北方，给金朝统治者以沉重的打击。撒八和移剌窝斡的起义之所以给上京路部分地区造成严重破坏，是由于海陵王大量迁移猛安谋克进入中原地区，金代上京路军事空虚，才使乌古迪烈统军司和济州地区遭到起义军的攻击。

---

① 脱脱：《金史·移剌窝斡传》卷133，中华书局1975年版，第2851页。
② 脱脱：《金史·移剌窝斡传》卷133，中华书局1975年版，第2851页。
③ 脱脱：《金史·移剌窝斡传》卷133，中华书局1975年版，第2852页。
④ 脱脱：《金史·移剌窝斡传》卷133，中华书局1975年版，第2853页。
⑤ 脱脱：《金史·移剌窝斡传》卷133，中华书局1975年版，第2853页。
⑥ 脱脱：《金史·移剌窝斡传》卷133，中华书局1975年版，第2854页。

第五节 弘吉剌部叛金与东北路长城的修建

金初蒙金战争结束后,金军被迫退守兴安岭以东,把守要塞。居住在大兴安岭两侧的弘吉剌部,可以与蒙古地域连在一起。由于弘吉剌部与蒙古部存在世婚关系,弘吉剌部叛金附蒙,蒙古势力强大起来,威胁上京路军事安全。从金世宗开始,为加强上京路的军事安全,开始大规模修建金东北路长城。金东北路长城的修建,在一定程度上缓解了金蒙关系。

一 弘吉剌部叛金附蒙

1. 弘吉剌部的发展与壮大

关于弘吉剌部的称谓,不同史籍对此有不同的称呼。《辽史》称为王纪剌,《金史》称为广吉剌或光吉剌,《元史》称弘吉剌、弘吉烈或瓮吉剌、雍吉剌等。弘吉剌部原居住克鲁伦河下游到额尔古纳河一带,是蒙古草原上较大的游牧部族。孙秀仁等先生考证:"弘古里惕是从辽、金时的乌古部发展而来,弘吉剌惕是从辽金时的于厥里部发展而来。"[①] "辽代乌古部这一名词的汉语记音很不统一"[②],于厥[③]、羽厥[④]、乌古里[⑤]、乌虎里[⑥]、于厥里[⑦]、于谐里[⑧]等都是这个部族的称呼。《室韦史研究》记载:"金末元初的弘吉剌部就是乌古部、于厥里部发展而来的。"[⑨] 在辽时期,乌古部、于厥里两部落经常联合起来反辽。辽朝为了统治这两个部族,设置乌古迪烈部统军司。《辽史·营卫志》记载:"乌古迪烈部有国内和国

[①] 孙秀仁、孙进己、郑英德、冯继钦:《室韦史研究》,北方文物杂志社1985年版,第91页。

[②] 孟广耀:《辽代乌古迪烈部初探》,载于《中国蒙古史学会成立大会纪念集刊》,中国蒙古史学会1979年版,第241页。

[③] 脱脱:《金史·太宗纪》卷3,中华书局1975年版,第50页。

[④] 脱脱:《金史·太宗纪》卷3,中华书局1975年版,第50页。

[⑤] 脱脱:《金史·太宗纪》卷3,中华书局1975年版,第50页。

[⑥] 徐松辑:《宋会要辑稿》第199册,中华书局1957年版,第7979页。

[⑦] 徐松辑:《宋会要辑稿》第199册,中华书局1957年版,第7979页。

[⑧] 徐松辑:《宋会要辑稿》第199册,中华书局1957年版,第7982页。

[⑨] 孙秀仁、孙进己、郑英德、冯继钦:《室韦史研究》,北方文物杂志社1985年版,第91页。

外之分。"① 这两个部族不好统治，国内、国外的乌古、迪烈部族，经常勾结在一起反辽扰边，金天辅元年（1117）克泰州后，虽然一度降金，但之后不久亦经常与金朝发生小规模战争。由于金初主要兵力用于对付宋朝，所以放松了对金朝蒙古等游牧势力的控制，给弘吉剌等部提供了发展壮大的机会。海陵王时期，弘吉剌部势力范围，已经从克鲁伦河下游发展到金东北路长城附近。金世宗时期，弘吉剌等诸部族势力逐渐强大起来，弘吉剌部势力范围达到"西南与塔塔儿相接，东南靠金朝边堡，西邻蒙古乞颜部"②，甚至有时越过金长城，侵犯金源内地。

2. 弘吉剌部与蒙古的关系

弘吉剌部与蒙古是世婚关系。《元史·薛特禅传》记载："弘吉剌氏生女世以为后，生男世尚公主，每岁四时孟月听读所赐旨，世世不绝。"③ 弘吉剌部与蒙古部的世婚关系由来已久，成吉思汗的太奶奶就是弘吉剌部人，"成吉思汗的曾祖母，合不勒的妻子就出身于弘吉剌氏。"④ 早在成吉思汗九岁时，随父亲也速该求亲时，在路上遇见了薛特禅。《蒙古秘史》记载："也速该携带帖木真去求亲时，路上遇见了弘吉剌部的薛特禅时，一见面薛特禅就称也速该为忽答（汉意为亲家）。"⑤ "而且还说我们弘吉剌部自古以来就凭外甥的容貌，女儿的颜色，不争人众，把容貌美丽的女子给你们当合罕的人作合屯（后妃）。"⑥ "汝若来顺，则女子面容，外甥资质俱在……。"⑦ 从上述记载可以看出，弘吉剌部与蒙古部互为亲家关系。

弘吉剌与蒙古世婚关系之外，他们的远祖还是一个祖先。据《史集》记载："所有蒙古人都是远古传说中的涅古思和乞颜二兄弟的后裔，他们原来住在额尔古纳山崖中的草原，以后子孙繁衍，形成蒙古迭儿列斤和蒙

---

① 脱脱：《辽史·营卫志》卷33，中华书局1974年版，第391页。
② 白拉都格其：《弘吉剌部与薛特禅》，《中国蒙古史学会成立大会纪念集刊》，中国蒙古史学会1979年版，第270页。
③ 宋濂：《元史·薛特禅传》，中华书局1976年版，第2915页。
④ ［波斯］拉施特：《史集》第二分册，余大钧译，商务印书馆1983年版，第40页。
⑤ 额尔登泰、乌云达赉校勘：《蒙古秘史》，内蒙古人民出版社1980年版，第66页。
⑥ 额尔登泰、乌云达赉校勘：《蒙古秘史》，内蒙古人民出版社1980年版，第69页。
⑦ 额尔登泰、乌云达赉校勘：《蒙古秘史》，内蒙古人民出版社1980年版，第393页。

古尼仑两个集团。弘吉剌是涅古的后代，属于蒙古迭儿列斤集团。"① "弘吉剌部是最先离开额尔古纳山崖的。他们都是从一个黄金器里生出的三个儿子的后代。弘吉剌出自长子一系。"② 由此可见，弘吉剌与蒙古同是一个祖先的后代。"约1200年，弘吉剌部与合答斤等五部在阿雷泉盟誓，进攻成吉思汗和汪罕，弘吉剌部长迭夷遣人告变，成吉思汗和汪罕遂起兵败合答斤等部于杯赤烈川。"③ 其后不久，弘吉剌部依附成吉思汗，到1203年，弘吉剌各部都归附成吉思汗了。以后弘吉剌部跟随成吉思汗起兵，完成了蒙古草原上诸游牧部落的统一。

二　东北路长城的修建

北方蒙古游牧势力的强大，使金朝不得不把修筑长城提到议事日程上来。金大定二十一年（1181）三月，"世宗遣大理司直蒲察张家奴等往视其处置。于是东北路自达里带石铺子至鹤午河地分，临潢路自鹤午河堡子至撒里乃，皆取直列置堡戍。评事移剌敏言：东北及临潢所置，土堞樵绝，当今所徙之民逐水草而居，分遣丁壮营毕，开壕暂以备边。上令无水草地官为建屋，及临潢路诸堡皆以放良人戍守。……四月，遣吏部郎中奚胡失海经画壕堑，旋为沙雪堙塞。不足为御"。④ 这一史料叙述了金朝修建长城的大致过程。首先是派蒲察张家奴到东北路察看，然后经过省议，再派奚胡失海主持修筑东北路长城。金长城修建完之后，由于东北路多风沙，到了冬天被沙雪堙平，不起防御的作用。为此，金世宗决定在"沿边筑二百五十堡，堡日用工三百，计一月可毕，粮亦足备，可为边防久计"⑤。其实，金东北路长城沿线边堡，在此之前已经修筑一些，只是边堡参差不齐。

金章宗时期，金朝北部边疆危机。《金史·宗浩传》记载："合底忻者，与山只昆皆北方别部，恃强中立，无所羁属，往来阻䪁、广吉剌间，

---

① ［波斯］拉施特：《史集》（第一卷第二分册），余大钧译，商务印书馆1983年版，第152页。

② ［波斯］拉施特：《史集》（第一卷第二分册），余大钧译，商务印书馆1983年版，第160页。

③ 白拉都格其：《弘吉剌部与薛特禅》，《中国蒙古史学会成立大会纪念集刊》，中国蒙古史学会1979年版，第271页。

④ 脱脱：《金史·地理志》卷24，中华书局1975年版，第563—564页。

⑤ 脱脱：《金史·地理志》卷24，中华书局1975年版，第564页。

连岁扰边,皆二部为之也。"① 在金代上京路西北边疆,游牧部落广吉剌阻䪁、合底忻、山只昆等部族经常骚扰。金朝为保护边疆安全,再次把修筑长城提到了议事日程。《金史·移剌益传》记载:"翰林修撰移剌益说:太尉克宁锐意用兵,益言天时未利,宜候后图。"② 御使中丞张万公提出反对意见,《金史·张万公传》记载:"会北边屡有警,上命枢密使夹谷清臣发兵击之,诏百官议于尚书省,遂罢兵。"③ 大多数官员反对,加之当时经济困难,修筑东北路长城之事就被搁置下来了。北边蒙古等游牧民族势力,经常骚扰金朝北部边境,威胁金朝的统治,一直是章宗一块心病。时隔不久,章宗再次把修筑东北路长城一事提到议事日程上。明昌三年四月戊午(1192年5月29日),章宗"诏集百官议北边开壕事"④。范军、高锋在《金章宗传》里认为:"随即,界壕的修筑就开始了。但是很快又终止了。"⑤ 五月癸酉(6月13日),"罢北边开壕之役"⑥。由于党怀英等十六人反对,"议开边防壕堑,怀英等十六人请罢其役,诏从之"⑦。东北路长城的修建又停止了。停止的时间并不长,又断断续续地修起来,修筑不长时间又停止了。《金史·张万公传》记载:"初,明昌间,有司自西南、西北路沿临潢达泰州,开筑壕堑以备大兵,役者三万人,连年未就。御史台言,所开旋为风沙所平,无益于防悔,而徒劳民。上因旱灾,问万公所由致。万公对以劳民之久,恐伤和气,宜从御史台所言,罢之为便。"⑧

承安三年(1198),金朝"北方有警,命宗浩佩金虎符驻泰州便宜从事"⑨。《金史·宗浩传》记载:"宗浩以粮储未备,且度敌未敢动,遂分其军就食隆、肇间。是冬,果无警。"⑩ 宗浩到达泰州后,积极备战,待到转年春天,"乘其春暮,马弱击之。"⑪ 完颜襄认为"若攻破广吉剌,则

---

① 脱脱:《金史·宗浩传》卷93,中华书局1975年版,第2073页。
② 脱脱:《金史·移剌益传》卷97,中华书局1975年版,第2160页。
③ 脱脱:《金史·张万公传》卷95,中华书局1975年版,第2102页。
④ 脱脱:《金史·章宗纪》卷9,中华书局1975年版,第221页。
⑤ 范军、周峰:《金章宗传》,中国广播电视出版社2003年版,第111页。
⑥ 脱脱:《金史·章宗纪》卷9,中华书局1975年版,第222页。
⑦ 脱脱:《金史·党怀英传》卷125,中华书局1975年版,第2727页。
⑧ 脱脱:《金史·张万公传》卷95,中华书局1975年版,第2103—2104页。
⑨ 脱脱:《金史·宗浩传》卷93,中华书局1975年版,第2073页。
⑩ 脱脱:《金史·宗浩传》卷93,中华书局1975年版,第2073页。
⑪ 脱脱:《金史·宗浩传》卷93,中华书局1975年版,第2073页。

阻卜无东顾之忧，不若留之，以牵其势。宗浩奏：国家以堂堂之势，不能扫灭小部，顾欲藉彼为捍乎？"① 于是完颜宗浩请求朝廷，允许"先破广吉剌，……章在上，从之"②。宗浩首先迫使广吉剌降，然后"命人赍三十日粮，报撒会于移米河（今伊敏河）共击敌，而所遣人误入婆速火部，由是东军失期。宗浩前军至忒里葛山，遇山只昆所统石鲁、浑滩两部，……击走之，斩首千二百级，俘生口车畜甚众。进至呼歇水，敌势大蹙，于是合底忻部长白古带、山只昆部长胡必剌及婆速火所遣和火者皆乞降"。③《金史·襄传》记载："泰州军与敌接战，宗浩督其后，杀获过半，诸部相率送款，襄纳之。自是北陲遂定。"④ 完颜襄是承安三年十一月丁酉（1198年12月3日），完成了临潢的修筑工程，回到中京的。金朝对戍边主要将士嘉奖，承安三年十一月辛亥（1198年12月17日），金朝"以边事定，诏中外，……赐左丞相襄以下将士金币有差"。⑤

　　金代长城分四路。承安三年，临潢府路长城由完颜襄负责建成，西南路长城由仆散揆负责建成。承安五年，西北路长城由独吉思忠负责建成。唯独东北路长城由谁负责、什么时间建成，记载不清晰。宗浩至泰州时已是冬天了，当时已不可能开工建设了。第二年春天，宗浩独军深入乌古部腹地，大败北边各部，取得了很大胜利。胜利之后，宗浩对东北路军政机构进行了调整。《金史·宗浩传》记载："初朝廷置东北路招讨司泰州，去境三百里，每敌入，比出兵追击，敌已遁去。至是，宗浩奏徙之金山，以据要害，设副招讨二员，分置左右，由是敌不敢犯。"⑥ 把东北路招讨司移驻金山，这里的金山当指金山县，距离金东北路长城较近，对弘吉剌等部族起着震慑作用。当时弘吉剌等刚被宗浩击败，已不对金朝有重大威胁。王国维《金界壕考》认为"缘当时北部入寇，泰州临潢首当其冲，诸路界壕皆于承安三年竣工，不应最要冲之东北路，独迟至泰和三年始修也。"⑦ 王国维没有考虑金长城，在大定十七年（1177）至二十一年

---

① 脱脱：《金史·宗浩传》卷93，中华书局1975年版，第2073页。
② 脱脱：《金史·宗浩传》卷93，中华书局1975年版，第2073页。
③ 脱脱：《金史·宗浩传》卷93，中华书局1975年版，第2073—2074页。
④ 脱脱：《金史·襄传》卷90，中华书局1975年版，第2091页。
⑤ 脱脱：《金史·章宗纪》卷11，中华书局1975年版，第249页。
⑥ 脱脱：《金史·宗浩传》卷93，中华书局1975年版，第2075页。
⑦ 王国维：《观堂集林》卷15，河北教育出版社2001年版，第450页。

(1181）已修建了。当时东北路长城建筑较为完善，其他三路因为不是要冲，就没有下功夫建筑，承安三年才先后建成。

金东北路长城建筑时间较为漫长。熙宗时期就开始筹划，并建起一些边堡。大安年间先修东北路，当时西南、西北两路长城，没有受到北边部族严重威胁，因此还没有纳入建筑计划。从大定二十一年（1181）到承安三年（1198），在不到20年时间里，金东北路长城应该保存完好，还能起防御作用。因此在修筑其他三路长城时，没有修筑东北路长城。从中可以推断金东北路长城修筑时间，应在泰和三年（1203），而不是王国维所推测在承安元年至二年。日本学者外山军治《金朝史研究》关于东北路长城修筑的时间问题，前后矛盾，没有说清楚。他承认王国维"命宗浩行省事，以督其役，与宗浩传开头的北边有警，命宗浩佩金虎符驻泰州便宜从事是一回事"①。其实，宗浩佩金虎符驻泰州与命宗浩行省事是两码事。北边有警命宗浩佩金虎符驻泰州，应是承安二年，而传命宗浩行省事以督其役是泰和三年。如果按外山军治的理解，那么宗浩行省事以督其役所修筑的就不是泰和三年了，而应是承安二年以前。北边有警，宗浩佩金虎符驻泰州，便宜从事，应与《金史·襄传》里，时议北讨，襄奏遣同判亲府事宗浩出军泰州是一回事，而与宗浩行省事，以督其役是两回事。宗浩被丞相襄于承安二年遣泰州，到时入冬，没有修建长城，第二年北伐成功，也没有修长城，宗浩主持修筑东北路长城，是在其后的泰和三年（1203）。故此，可以推定宗浩于泰和三年三月壬申（1203年4月16日），在议筑金东北路长城之后，赴泰州主持修筑东北路长城的。到当年九月壬辰（1203年11月2日），诏右丞相宗浩还朝时已修完了。金东北路长城的修建，在一定程度上阻止了蒙古等游牧势力侵扰。特别是成吉思汗，没能东侵，转而西去，建立欧亚蒙古帝国。

第六节　耶律留哥、蒲鲜万奴叛金及上京沦陷

金朝末年，上京路先后发生了耶律留哥抗金、蒲鲜万奴叛金事件。这两起重大军事事件，对上京路产生了重大影响。沉重地打击了金朝的军事

---

① ［日］外山军治：《金朝史研究》，李东源译，黑龙江朝鲜民族出版社1988年版，第347页。

力量，动摇了金朝的统治地位。从此，金代上京路一蹶不振，被蒙古军占领，陷于蒙古。

一 耶律留哥叛金

1. 耶律留哥叛金原因

耶律留哥叛金的原因是多方面的，但主要原因是金政权对契丹人的残暴统治。金初熙宗时期，熙宗取消了契丹族猛安谋克世袭制，并把兵权转移给女真人。《金史·兵志》记载："熙宗皇统五年，又罢辽东汉人、渤海猛安谋克承袭之制，浸移兵柄于其国人。"① 金朝对契丹人的残酷统治及其不信任的态度，导致了撒八和斡窝领导的契丹族大起义。金世宗时期，金世宗再次罢黜契丹人猛安谋克。《金史·世宗纪》记载："大定三年八月戊寅（1163 年 9 月 19 日），诏罢契丹猛安谋克，其户分隶女直猛安谋克。"②《金史·完颜兀不喝传》记载："世宗以诸契丹未尝为乱者与来降者一概隶女直猛安中，非是。"③ 金朝将契丹猛安谋克迁徙到别地，以降低其反抗金朝的能力。金世宗为了加强对契丹人的统治，采取监管的方法。《金史·兵志》记载："（大定）二十一年，勅诸所，马三岁者付女直人牧之，牛或以借民耕，或又令民畜羊，或以赈贫户。时遣使阅实其数，缺则杖其官，而令牧人偿之，匿其实者监察举觉。"④ 金朝这种监管方法，极大地损害了契丹人的利益，使契丹人处在水深火热之中。金朝统治者为了缓和民族矛盾，采取印发纸币的办法，愚弄契丹人。《金史·食货志》记载："国虚民贫，经用不足，专以交钞愚百姓。"⑤ 乱发纸币造成了通货膨胀，使契丹人民更加贫困。金朝为了防止契丹人与蒙古人联合，卫绍王下令女真人监视契丹人的行动起居。《元史·耶律留哥传》记载："太祖起兵朔方，金人疑辽遗民有他志，下令辽民一户，以二女真户夹居防。"⑥ 金朝对契丹人的态度，与成吉思汗对契丹人的态度，有着鲜明的对比。成吉思汗视契丹与蒙古人无异，从政治上，对契丹人与蒙古

---

① 脱脱：《金史·兵志》卷 44，中华书局 1975 年版，第 993 页。
② 脱脱：《金史·世宗纪》卷 6，中华书局 1975 年版，第 132 页。
③ 脱脱：《金史·完颜兀不喝传》卷 90，中华书局 1975 年版，第 1999 页。
④ 脱脱：《金史·兵志》卷 44，中华书局 1975 年版，第 1005 页。
⑤ 脱脱：《金史·食货志》卷 48，中华书局 1975 年版，第 1078 页。
⑥ 宋濂：《元史·耶律留哥传》卷 149，中华书局 1976 年版，第 3511 页。

人给予平等的地位和优厚待遇。金与蒙古这种对待契丹人的不同态度，促使契丹人叛金附蒙。

2. 耶律留哥叛金经过

金大安三年（1211）九月，元军围困金中都。《金史·卫绍王纪》记载："九月……大元前军至中都，中都戒严。"① 金廷为了加强中都防卫，将上京路和泰州境内的守军调到金中都。《金史·卫绍王纪》记载："上京留守徒单镒遣同知乌古孙兀屯将兵二万卫中都。泰州刺史术虎高琪屯通玄门外。"② 金廷将上京路和泰州境内的守军调往中都，造成了上京路守备空虚。耶律留哥乘此时机，发动兵变叛金。《元史·耶律留哥传》记载："岁壬申（1212），遁至隆安、韩州，纠壮士剽掠其地。州发卒追捕，留哥皆击走之。……数月众至十余万，推留哥为都元帅……营帐百里，威震辽东。"③ 耶律留哥叛金以后，金朝派出帅右监军兼咸平府路兵马都总管、辽东宣抚使完颜承裕前往镇压。《元史·耶律留哥传》记载："金人遣胡沙（完颜承裕）帅军六十万，号百万，来攻留哥，声言有得留哥骨一两者，赏金一两，肉一两者，赏银亦如之，仍世袭千户。"④ 当时正值蒙古军将领按陈那衍，率部攻入辽东境内。《元史·耶律留哥传》记载："太祖命按陈那衍、浑都古行军至辽，遇之，问所徙来，留哥对曰：我契丹军也，往附大国，道阻马疲，故逗遛于此。按陈曰：我奉旨讨女真，适与尔会，庸非天乎！然尔欲效顺，何以为信？留哥乃率所部会按陈于金山，刑白马、白牛，登高北望，折矢以盟。"⑤ 于是耶律留哥与按陈那衍联合，共同对抗完颜承裕，并将其打败。《元史·耶律留哥传》记载："帝命按陈、孛都欢、阿鲁都罕引千骑会留哥，与金兵对阵于迪吉脑儿。留哥以侄安奴为先锋，横冲胡沙军，大败之，以所俘辎重献。"⑥

金贞祐元年（1213），耶律留哥在澄州（今辽宁省海城市）称王建国。《元史·耶律留哥传》记载："癸酉（1213）三月，推留哥为王，立妻姚氏为妃，以其属耶厮不为郡王，坡沙、僧家奴、耶的、李家奴等为丞

---

① 脱脱：《金史·卫绍王纪》卷13，中华书局1975年版，第294页。
② 脱脱：《金史·卫绍王纪》卷13，中华书局1975年版，第294页。
③ 宋濂：《元史·耶律留哥传》卷149，中华书局1976年版，第3511页。
④ 宋濂：《元史·耶律留哥传》卷149，中华书局1976年版，第3512页。
⑤ 宋濂：《元史·耶律留哥传》卷149，中华书局1976年版，第3511页。
⑥ 宋濂：《元史·耶律留哥传》卷149，中华书局1976年版，第3512页。

相、元帅、尚书,统古与、著拨行元帅府事,国号辽。"① 金廷看到耶律留哥势力过大,以武力难以征服,于是派广宁知府温迪罕青狗招降耶律留哥。《元史·耶律留哥传》记载:"甲戌(1214),金遣使青狗诱以重禄使降,不从。青狗度其势不可,反臣之。"② 温迪罕青狗不但没有招降耶律留哥,反而投奔了耶律留哥,这引起金廷震怒。于是再次派辽东宣抚使蒲鲜万奴,率军讨伐耶律留哥。《元史·耶律留哥传》记载:"金主怒,复遣宣抚万奴领军四十余万攻之。"③ 蒲鲜万奴又被耶律留哥打败,逃入东京辽阳府。至此,耶律留哥占据了辽东绝大部分州县。贞祐三年(1215),耶律留哥出兵攻占了东京辽阳。《元史·耶律留哥传》记载:"乙亥(1215),留哥破东京,……既而耶厮不等劝留哥称帝,留哥曰:向者吾与按陈那衍盟,愿附大蒙古国,削平疆宇。倘食其言而自为东帝,是逆天也,逆天者必有大咎。众请愈力,不获已,称疾不出。"④ 耶律留哥拒绝部下劝其称帝之后,前往蒙古觐见成吉思汗。耶律留哥见到成吉思汗之后,成吉思汗给予耶律留哥很高的待遇。《元史·耶律留哥传》记载:"因问旧何官,对曰:辽王。帝命赐金虎符,仍辽王。"⑤ 成吉思汗赐给耶律留哥金虎符,并封为辽王,标志耶律留哥正式附蒙。

二 蒲鲜万奴叛金

金辽东宣抚使蒲鲜万奴叛金,亦是金代上京路重大军事事件。金朝为镇压耶律留哥反叛金,先后派完颜承裕和温迪罕青狗失败后,又派蒲鲜万奴率军讨伐耶律留哥。《元史·耶律留哥传》记载:"金主怒,复遣宣抚万奴领军四十余万攻之。留哥逆战于归仁县北河上,金兵大溃,万奴收散卒奔东京。"⑥ 蒲鲜万奴到东京辽阳后,叛金自立。《金史·宣宗纪》记载:"辽东贼蒲鲜万奴僭号,改元天泰。"⑦ 《元史·太祖纪》亦记载:"冬十月,金宣抚蒲鲜万奴据辽东,僭称天王,国号大真,改元天

---

① 宋濂:《元史·耶律留哥传》卷149,中华书局1976年版,第3512页。
② 宋濂:《元史·耶律留哥传》卷149,中华书局1976年版,第3512页。
③ 宋濂:《元史·耶律留哥传》卷149,中华书局1976年版,第3512页。
④ 宋濂:《元史·耶律留哥传》卷149,中华书局1976年版,第3512页。
⑤ 宋濂:《元史·耶律留哥传》卷149,中华书局1976年版,第3513页。
⑥ 宋濂:《元史·耶律留哥传》卷149,中华书局1976年版,第3512页。
⑦ 脱脱:《金史·宣宗纪》卷14,中华书局1975年版,第314页。

泰。"① 蒲鲜万奴以东京为根据地，逐渐扩大自己的势力范围。蒲鲜万奴先后占领了咸平、沈州、澄州、婆速路、曷懒路等地区。由于金中都被蒙古军围攻，因此金政权对蒲鲜万奴叛金，只能采取曲赦策略，以达到瓦解蒲鲜万奴军心。《金史·宣宗纪》记载："（贞祐四年）三月丙子（1216年4月11日），曲赦辽东路。己卯，处士王浍以右谏议大夫复迁中奉大夫、翰林学士，仍赐诏褒谕。"② 在金朝对蒲鲜万奴束手无策的情况下，蒲鲜万奴四处攻城掠寨，发展自己的势力。由于蒲鲜万奴四处用兵，造成东京辽阳空虚，于是东京被耶律留哥攻占。蒲鲜万奴在蒙古与耶律留哥联合军事压力下，为了保存实力，投降了蒙古，将儿子贴哥送到蒙古做人质。"冬十月，蒲鲜万奴降，以其子贴哥入侍。"③

金贞祐四年（1216），辽东局势发生了新的变化。金婆速路兵马督总管纥石烈桓端、上京行省蒲察五斤，先后被金廷调离辽东，减轻了蒲鲜万奴的军事压力，这给蒲鲜万奴的发展提供了时机。所以蒲鲜万奴很快就于宣宗兴定元年脱离蒙古，定都开元，建立东夏国。《元史·太祖纪》记载："既而复叛，僭称东夏。"④ 万奴叛离蒙古之后，金、蒙双方忙于交战，都无暇顾及蒲鲜万奴所建立的东夏政权，蒲鲜万奴很快占领了曷懒路、恤品路、胡里改路等地区。使东夏国疆域北接混同江、南到高丽、东临大海成，为辽东较为强大的军事力量。

三　上京路被蒙古军占领

蒙古军起兵攻打金国，首先把主要军事打击目标放在华北战场上。《金史·卫绍王纪》记载："大安三年九月，大元前军至中都。"⑤ 蒙古军围困金中都以后，金蒙双方从大安三年（1211）九月，到贞祐二年（1214）三月，展开了长达三年的战争。此时金中都附近的一些城镇，先后被蒙古军占领。金廷在这种情况下，派尚书右丞相兼都元帅完颜承晖与蒙古军议和。《金史·宣宗纪》记载："贞祐二年三月辛未（1214年4月

---

① 脱脱：《元史·太祖纪》卷1，中华书局1976年版，第19页。
② 脱脱：《金史·宣宗纪》卷14，中华书局1975年版，第317页。
③ 宋濂：《元史·太祖纪》卷1，中华书局1976年版，第19页。
④ 宋濂：《元史·太祖纪》卷1，中华书局1976年版，第19页。
⑤ 脱脱：《金史·卫绍王纪》卷13，中华书局1975年版，第294页。

17日），遣承晖诣大元讲和。"① 蒙古军利用金与蒙古讲和之机，开始征讨辽东。《元史·木华黎传》记载："从围燕，金主请和，北还。命统诸军征辽东。"②

木华黎在征讨辽东的过程中，蒙古军几乎没有遇到多大的阻力，一路上金军非败即降。贞祐三年（1215），金朝为了阻止蒙古军，攻打女真族的发祥地金代上京路，派蒲鲜万奴为辽东宣抚使，驻防沈州以阻止蒙古军进攻上京路。《金史·宣宗纪》记载："（贞祐三年）三月庚午（1215年4月11日），谕辽东宣抚使蒲鲜万奴选精锐屯沈州、广宁，以俟进止。"③ 金贞祐四年（1216），"广宁刘琰、懿州田和尚降，……拔苏、复、海三州，斩完颜众家奴。咸平宣抚蒲鲜等率众十余万，遁入海岛"④。至此，蒙古军基本上占领了金东京路、北京路、咸平路等地方。至于金上京路会宁府、肇州、隆州、信州、蒲与路、合懒路、恤品路、曷苏馆路、胡里改路、乌古迪烈统军司等地，由于此前已经被耶律留哥和蒲鲜万奴占领，基本没有发生战事。耶律留哥占领区域，自然归降蒙古。蒲鲜万奴建立的东夏国，在蒙古军抓获蒲鲜万奴的过程中，也先后投降蒙古军了。元朝建立后，金代上京路地区，改归辽阳行省管辖。至于上京路大部分治所城变成废墟，那是元初忽必烈镇压乃彦叛乱的结果。

---

① 脱脱：《金史·宣宗纪》卷14，中华书局1975年版，第303页。
② 宋濂：《元史·木华黎传》卷119，中华书局1976年版，第2930页。
③ 脱脱：《金史·宣宗纪》卷14，中华书局1975年版，第307页。
④ 宋濂：《元史·木华黎传》卷119，中华书局1976年版，第2932页。

第六章

金代上京路文化研究

金代上京路文化，很有女真民族特色。女真人建国前，世居白山黑水，创造了独具特色的金源文化。女真人建国后，随着国土面积的扩大，以及入主中原，吸收了新鲜文化血液，迅速汉化，使文化面貌发生了改观。女真人积极学习辽、宋文化，效仿契丹大小字，创制女真大小字，效仿辽、宋科举，兴办金朝科举。女真人在迅速汉化过程中，不忘本民族传统文化本色，这就使金代上京路文化的方方面面，呈现出女真传统与汉文化二元结构局面。

第一节 上京路文化传统及汉化过程

女真建国前，世居白山黑水的女真人，从事传统的渔猎经济。人们食之以肉，穿之以皮，逐水草而居，没有固定的居住场所。自女真完颜部定居阿什河后，出现了原始农业，文化生活发生了改变，开始居住半地穴式的房屋，饮食品种逐渐增多。女真建国后，伴随着伐辽灭宋，大量辽、宋人口迁入金代上京路，使金代上京路文化发生了改观。由于女真与契丹、汉人杂居，接触先进文化，迅速汉化，使金代上京路文化发生了质的变化。

一 女真族文化传统及其变化

女真族是生活在东北的古老民族。历史悠久，文化灿烂。女真族是肃慎族的后裔，女真是肃慎的音译，女真"本名朱里真，番语舌音讹为女真或曰虑真，避契丹兴宗名又曰女直"。[①] 为了避耶律宗真之名，致女真为

---

① 宇文懋昭：《金志》，商务印书馆1939年版，第1页。

女直。女真还有"朱先""诸申"等不同称谓。这些都是历史上不同时期对女真的不同称谓。《松漠纪闻》记载："女真，即古肃慎国也。东汉谓之挹娄，元魏谓之勿吉，隋唐谓之靺鞨。……其属分六部，有黑水部，即今之女真。"① 女真有熟女真和生女真之分。唐朝末年，契丹担心女真为患，"诱其强宗大姓数千户移置辽阳之南，以分其势，使不得相通。迁入辽阳著籍者曰曷苏馆，所谓熟女真者是也"②。没有被迁走，仍然散居在白山黑水间的女真人被后来学界称为生女真。《三朝北盟会编》记载："居束沫之北，宁江之东北者，地方千余里，户口十余万。散居山谷间，依旧界外野处，自推雄豪为酋长，小者千户，大者数千户，则谓之生女真。"③ 迁居到辽阳的熟女真，较之居住在白山黑水的生女真，由于接触汉族机会多，因此汉化程度较高。生女真文化发展缓慢，经历了从始祖函普到金初的发展历程。《金史·世纪》记载："金之始祖讳函普，初从高丽来，年已六十余矣。兄阿古迺好佛，留高丽不肯从……独与弟保活里俱。始祖居完颜部仆幹水之涯，保活里居耶懒。"④ 金始祖函普从原先的居住地高丽迁到仆幹水，带来了较为先进的文化，帮完颜部调解两家族之间互相仇杀的局面。《金史·世纪》记载："凡有杀伤人者，征其家人口一、马十偶、牸牛十、黄金六两，与所杀伤之家，即两解，不得私斗。"⑤ 金始祖函普因为调解完颜部纠纷有功，得到了完颜部的认可，从此开始了以牛马作价来补偿的文化习俗。《金史·世纪》记载："谢以青牛一，并许归六十之妇。始祖乃以青牛为聘礼而纳之，并得其资产。"⑥ 金始祖函普到女真族完颜部之后，改变了完颜部以往的文化传统，为后来金源文化发展奠定了基础。女真族到了献祖时期，文化又发生很大的变化。《金史·世纪》记载："献祖乃徙居海古水（今哈尔滨市阿城区海沟河），耕垦树艺，始筑室，有栋宇之制，人呼其地为纳葛里。纳葛里者，汉语居室也。自此遂定居于按出虎水之侧矣。"⑦ 金献祖把完颜部迁

---

① 洪皓：《松漠纪闻》，吉林文史出版社 1986 年版，第 9 页。
② 徐梦莘：《三朝北盟会编》卷 3，上海古籍出版社 1987 年版，第 16 页。
③ 徐梦莘：《三朝北盟会编》卷 3，上海古籍出版社 1987 年版，第 16 页。
④ 脱脱：《金史·世纪》卷 1，中华书局 1975 年版，第 2 页。
⑤ 脱脱：《金史·世纪》卷 1，中华书局 1975 年版，第 2 页。
⑥ 脱脱：《金史·世纪》卷 1，中华书局 1975 年版，第 2 页。
⑦ 脱脱：《金史·世纪》卷 1，中华书局 1975 年版，第 3 页。

到阿什河定居后，改变了生女真"夏逐水草、冬则穴处"，迁徙不常的生活状态。特别是改变了以往穴居地下，在地上建筑房舍居住。由于阿什河流域"土多林木，田宜麻谷，以耕凿为业，不事蚕桑"①。而绥可"自幼习射、採生，长而善骑射猎，教人烧炭炼铁，刳木为器，制造舟车，种植五谷，建造屋宇，稍有上古之风"②。生女真完颜部到了阿什河流域后，人们的生产生活，"其俗刳木为舟，长八尺，形如梭，曰梭船。上施一桨，止以捕鱼"③。从始祖函普至献祖绥可这段时间，女真族还处在完颜部氏族部落时期。女真族的首领称大人，由选举产生；没有约束各部的纲纪，往往出现"两族交凶，哄斗不能解"④的局面。女真族这种好斗的性格，后来逐渐演变成崇尚武力的文化传统。

献祖绥可去世后，昭祖石鲁继任为完颜部落首领，开始着手改变"生女真无书契，无约束，不可检制"⑤的状况，《金史·世纪》记载："稍以条教为治，部落浸强。辽以惕隐官之。诸部犹以旧俗，不肯用条教。昭祖耀武至于青岭、白山，顺者抚之，不从者讨伐之，入于苏滨（今大绥芬河）、耶懒（今俄罗斯塔乌墨河）之地，所至克捷。"⑥这些所谓的条教，其实就是女真族早期的法律。昭祖卒于姑里甸（今黑龙江省宁安至沙兰站之间）之后，"众推景祖为诸部长，白山、耶悔、统门、耶懒、土骨论、五国部皆从服"⑦。景祖担任诸部长，是按照当时女真族法律规范选举产生的。从景祖开始，生女真完颜部族首领的人选，改变了景祖以前依法选举产生，而是由完颜部内部世袭了。辽咸雍五年（1069），辽朝开始任命景祖为生女真节度使。《金史·百官志》记载："金自景祖始建官属，统诸部以专征伐，巍然自为一国。其官长，皆称曰勃极烈。"⑧"勃极烈"系"孛堇"之异译。生女真部节度使一职，均由按出虎水完颜部内一个家族担任，兄终弟及辅以父死子继。辽朝承认其传承袭职这一事实，以达到羁縻管理的效果，女真族这样的文化生活，延续很长时间，一直到金太祖阿

---

① 徐梦莘：《三朝北盟会编》卷3，上海古籍出版社1987年版，第17页。
② 徐梦莘：《三朝北盟会编》卷18，上海古籍出版社1987年版，第127页。
③ 洪浩：《松漠纪闻》，吉林文史出版社1986年版，第40页。
④ 脱脱：《金史·世纪》卷1，中华书局1975年版，第2页。
⑤ 脱脱：《金史·世纪》卷1，中华书局1975年版，第3页。
⑥ 脱脱：《金史·世纪》卷1，中华书局1975年版，第4页。
⑦ 脱脱：《金史·石显传》卷67，中华书局1975年版，第1573页。
⑧ 脱脱：《金史·百官志》卷55，中华书局1975年版，第1215页。

骨打。女真族在伐辽灭宋过程中，把俘获的辽、宋人口迁往金源内地，才使女真族传统文化遗风发生了改变。

二　女真族的汉化过程

金代上京路女真族汉化，是伴随着金军占领辽、宋地区，迁移大批辽、宋人口到金源内地而实现的。金军每占领一个地区，或一个城镇，都把当地的人口迁往金源内地。被迁移的辽、宋人口，汉文化程度较高，他们来到金代上京路，带来先进的文化。被迁移到金代上京路的辽、宋人口，与女真人一起生产、生活，逐渐使女真人习染上汉文化。女真汉化的途径，再就是女真人外迁。在汉族人口迁入金代上京路的同时，金代上京路女真人口也大量迁入中原。无论人口的迁出与迁入，都使金代上京路文化发生了变化。这种文化演变的过程，亦是女真族从奴隶社会过渡到封建社会的过程。

金代上京路汉文化的传入，主要是从辽、宋地区传入的。辽朝契丹族与女真族一样，都是北方游牧民族，其传统文化基本相差无几，只是契丹族早于女真族与中原接触，汉文化程度较女真族高些。金代上京路汉文化的传入，虽先是从辽朝契丹族传入，但没有使金源文化发生根本上的改变。使金源文化发生根本改变，还是受中原汉文化的影响。金军占领北宋都城以后，大量掠夺中原古籍及迁徙能工巧匠，到金源内地上京路，使金源文化发生了根本性的变化。

金军攻占北宋都城汴京后，大量掠夺北宋先进文化典籍。北宋的文物、古籍等，被金军抢掠一空，都运到金上京城。《三朝北盟会编》记载："二十三日甲申，金人索监书藏经，苏、黄文及古文书、《资治通鉴》诸书。金人指名取索书籍甚多，又取苏、黄文墨迹，及古文书籍。开封府支拨见钱收买，又直取于书籍铺。"[①]《金史·礼志》记载："金人之入汴也，时宋承平日久，典章礼乐粲然备具。金人既悉收其图籍，载其车辂、法物、仪仗而北。"[②]《书林清话》记载："宋太学生丁时起《泣血录》载：金人入汴，据青城，索监书藏经，如《资治通鉴》、《苏、黄文集》

[①] 徐梦莘：《三朝北盟会编》卷73，上海古籍出版社1987年版，第548页。
[②] 脱脱：《金史·礼志》卷28，中华书局1975年版，第691页。

之属，皆指名取索。"①《金史·宗宪传》记载："宗宪本名阿懒。……兼通契丹、汉字。未冠，从宗翰伐宋，汴京破，众人争趋府库取财物，宗宪独载图书以归。"②《三朝北盟会编》记载："正月初十日以后，……取五辂、副辂、卤薄仪仗，皇后以下军辂、卤薄仪仗，皇太后、诸王以下车辂、卤薄仪仗，百官车辂、仪仗、礼器、法物、礼经、礼图、大学轩架、乐舞、乐器、舜文王琴、女娲笙、孔子冠图、识竹简、古画、教坊乐器、乐书、乐章、祭器、明堂布政图。……古器秘阁三馆书籍，监本印板古圣贤图像，明堂辟雍图、皇城宫阙图、四京图、大宋百司并天下州府职贡、今宋人文集、阴阳医卜之书，诸科医工百七十人，教坊乐工四百人，金玉杂伎诸工、课命卜祝司天台官、六尚局、搭材修内司、广固诸司、诸军曹司，并许以家属行日下津般，赴南薰门、朝天门交割，不得住滞。……凡千余人自选端丽者，府尹悉捕倡优内夫人等，莫知其数，押赴教坊，铃择开封府尹四壁官主之，俟採择里巷为之一空。"③金军占领北宋都城后，不仅大肆掠夺文物古籍，还把能工巧匠掠往金国。金军大肆掠夺中原文化，虽给北宋人民带来了沉痛灾难，但中原先进文化传到金源地区后，给金源文化注入了活力，使金源文化水平得到了极大的提高。

中原汉文化传到金代上京路以后，对女真族政治、经济、宗教、艺术、姓氏、服饰、风俗等方面都产生了影响。金初女真族实行的勃极烈制度，皇帝与大臣之间没有尊卑之分。《大金国志》记载："女真之初，尚无城郭，星散而居。国主晟尝浴于河，牧于野，屋舍、车马、衣服、饮食之类与其下无异。金主所独享者，惟一殿，名曰乾元，所居四外栽柳，以作禁围而已。其殿宇绕壁尽置大炕，平居无事则锁之，或时开钥，则与臣下杂坐于炕，后妃躬侍饮食。或国主复来臣下之家，君臣宴乐，携手握臂，咬颈扭耳，至于同歌共舞，无复尊卑，故情通而心一，无复觊觎意。"④女真族接触中原汉文化后，改变了这种君臣之间没有尊卑的局面。《大金国志》记载："天辅三年，……知枢密院杨朴建言：惟我国家兴自遐荒，朝仪、典章犹所未备，以中朝言之，威仪、侍卫尊无二上，诸亲

---

① 叶德辉：《书林清话》卷10，国家图书馆出版社2008年版，第183页。
② 脱脱：《金史·宗宪传》卷70，中华书局1975年版，第1615页。
③ 徐梦莘：《三朝北盟会编》卷77，上海古籍出版社1987年版，第584页。
④ 宇文懋昭撰：《大金国志校证》卷10，崔文印校证，中华书局1986年版，第151页。

从、诸王部族尊贵者驰驱戎行，虽不可尽责，其自番汉群臣以下，宜致敬尽礼，所合定朝仪、建典章，上下尊卑粗有定序。国主从之。"① 金军灭北宋后，中原汉文化进一步传入金源地区，金太宗深受中原文化影响，使传统的勃极烈制向封建君主专制过渡，《金史·韩企先传》记载："天会四年（1126），始定官制，立尚书省以下诸司府寺。"② 《金史·选举志》记载："五年，以河北、河东初降，职员多阙，以辽、宋之制不同，诏南北各因其素所习之业取士，号为南北选。"③ 金太宗效仿北宋官制，为其后金熙宗实行三省六部制奠定了基础。到金熙宗时候，女真族汉化程度达到了较高的水平，《大金国志》记载："国主亶自践位以来，左右诸儒日进谄谀，教以宫室、服御、妃嫔、禁卫之盛，出则清道警跸，入则端居九重，旧功大臣非时莫得见，"④ 此时金朝制度文化，已经与中原宋朝很接近了。海陵王即位后，为了加强中央集权，合并三省为一省。《金史·百官志》记载："止置尚书省。自省而下官司之别，曰院、曰台、曰府、曰司、曰寺、曰监、曰局、曰署、曰所，各统其属以修其职。职有定位，员有常数，纪纲明，庶务举，是以终金之世守而不敢变焉。"⑤ 自此以后，女真族国家政治制度，与中原王朝相差无几，其他各方面也都随之发生了变化。经济方面，由于中原人口大量迁入，使金代上京路农业、手工业、工商业等得到了很快的发展。从今天金代上京路出土的大量铁制农具来看，金代手工业相当发达，农业生产力水平较高。

女真族受汉文化影响，还表现在女真社会中形成一种热衷起汉名、改汉姓的风潮。女真人改汉姓起汉名，从金初就开始了。金太祖阿骨打起汉名为"旻"，金太宗乌乞买起汉名为"晟"，阿骨打这辈人都以"日"字作为名字的部首，如斜也汉名"杲"，异母弟吾都补汉名"昂"，从弟蒲家奴汉名"昱"、乌也汉名"勖"；阿骨打下一辈汉名以"宗"字，如阿骨打子宗幹、宗望、宗峻、宗辅、宗杰、宗强、宗敏、宗弼等，阿骨打侄名宗磐、宗贤、宗叙、宗固、宗本等；阿骨打孙子辈汉名用"亠"作字的部首，如亶、雍、亮、充、齐、京、文等；其下三辈用"允"、"王"

---

① 宇文懋昭撰：《大金国志校证》卷1，崔文印校证，中华书局1986年版，第17页。
② 脱脱：《金史·韩企先传》卷78，中华书局1975年版，第1777页。
③ 脱脱：《金史·选举志》卷51，中华书局1975年版，第1134页。
④ 宇文懋昭撰：《大金国志校证》卷10，崔文印校证，中华书局1986年版，第151页。
⑤ 脱脱：《金史·百官志》卷55，中华书局1975年版，第1216页。

(偏旁)、"守"来排序。入主中原后改汉姓,如完颜改王,乌古论改商,乞石烈改高,浦察改李,斡准改赵等。女真皇族宗室起名,是深受北宋赵氏家族影响,起名特点基本上与赵宋没有差别。

金初尚无在元宵节举办灯笼游戏的风俗。金海陵王时期,女真人在每年元宵节时,举办灯笼游戏成为当时重要的文化活动。《大金国志》记载:"海陵贞元元年春正月,元夕张灯,宴丞相以下于燕之新宫,赋诗纵饮,尽欢而罢。"① 除此之外,女真族文体娱乐活动,还有"结绺山,作倡乐、寻幢角觝之伎、斗鸡击鞠之戏,与中国同"②。这些文娱活动与中原基本相同。在金源内地出土的围棋、象棋等文物,说明当时在金代上京路地区围棋、象棋等已经很流行。"粘罕以正旦,兀室以元夕,乌拽马以上巳,国主亶以七夕矣。其他如重午、重九、中秋、中元、下元、四月八日,皆然。"③ 金代上京路女真这些文娱活动,都是受迁移汉族人口而影响的。中原汉文化传入金代上京路后,对金源文化产生了深刻的影响。特别是金军掠夺大量文物古籍,把北宋大批能工巧匠、知识分子,掠夺到金代上京路,为金上京路带来了先进文化,对于金源文化的发展发挥了重要作用。

第二节 女真文字的创制与儒学的传播

文字的出现是人类文明的标志。女真人在建国前,虽有自己的语言,但没有自己的文字。文书往来,使用契丹文字。女真建国后,阿骨打为了提高女真人的民族自觉,命令完颜希尹创制女真字。女真字的创制,极大地增强了女真族的文化自信,提高了金朝的国际地位。伴随着金灭辽与北宋,掠夺大批文物、典籍、书画、礼器及知识分子,开始了儒学在金代上京路的传播。

一 女真文字的创制

1. 女真大字的创制

女真族有语言没有文字。《金史·世纪》记载:"生女真之俗,至昭

---

① 宇文懋昭撰:《大金国志》卷13,崔文印校证,中华书局1986年版,第188页。
② 宇文懋昭撰:《大金国志》卷3,崔文印校证,中华书局1986年版,第40页。
③ 宇文懋昭撰:《大金国志》卷12,崔文印校证,中华书局1986年版,第176页。

祖时稍用条教，民颇听从，尚未有文字，无官府，不知岁月晦朔，是以年寿修短莫得而教焉。"① 随着女真族与周围民族文化交往日益频繁，特别是女真族建国后，与周边国家文书往来，需要通过文书来实现，这就要求女真人会使用文字，用以与他族或他国之间交往。《金史·完颜勖传》记载："女直初无文字，乃破辽获契丹、汉人始，通契丹、汉字。于是，诸子皆学之。"② 金初女真人学习契丹字和汉字，在女真族对外交往中使用契丹字和汉字。由于女真族在建国前没有文字，使得女真先人的一些事迹没有记载。《金史·完颜勖传》记载："女直既未有文字，亦未尝有记录，故祖宗事皆不载。"③ 随着金军伐辽战争的推进，金朝国土面积的扩大，提高女真族的民族觉悟，凝聚女真民族的向心力，需要制定女真文字。《金史·完颜希尹传》载："金人初无文字，国势日强，与邻国交好，乃用契丹字。太祖命希尹撰本国字，备制度。希尹乃依仿汉人楷字，因契丹字制度，合本国语，制女直字。"④ 完颜希尹按照太祖阿骨打的命令，效仿契丹字创制的方法，采取对汉字、契丹字加减笔画的方法，在很短的时间内就完成了女真字的创制。天辅三年（1119）八月，"字书成，太祖大悦，命颁行之"⑤。完颜希尹创制的女真文字，被称为女真大字。女真大字的创制，结束了女真族没有文字的历史，使女真族跨进了文明的门槛。完颜希尹创制女真文字的贡献，在金朝时期就被金章宗充分肯定。《金史·章宗纪》载："以叶鲁、谷神（希尹）始制女真字，诏加封赠，依仓颉（汉字创造发明者）立庙盩厔例，祠于上京纳里浑庄。岁时致祭，令其子孙拜奠，本路官一人及本千户春秋二祭。"⑥ 在今吉林省舒兰县小城子镇东北，完颜希尹家族墓地附近，有一处堡寨遗址，被考古学界称为"小城子山堡寨"⑦。这处堡寨遗址在完颜希尹家族墓地附近，完颜希尹家族墓地与完颜希尹祠堂不会太远。这样看来完颜希尹祠于上京纳里浑庄，当为小城子山堡寨。即小城子山堡寨为上京纳里浑庄故城。

---

① 脱脱：《金史·世纪》卷 1，中华书局 1975 年版，第 4 页。
② 脱脱：《金史·完颜勖传》卷 66，中华书局 1975 年版，第 1558 页。
③ 脱脱：《金史·完颜勖传》卷 66，中华书局 1975 年版，第 1558 页。
④ 脱脱：《金史·完颜希尹传》卷 73，中华书局 1975 年版，第 1684 页。
⑤ 脱脱：《金史·完颜希尹传》卷 73，中华书局 1975 年版，第 1684 页。
⑥ 脱脱：《金史·章宗纪》卷 10，中华书局 1975 年版，第 231 页。
⑦ 吉林省文物志编委会：《舒兰县文物志》，1985 年，第 52 页。

2. 女真小字的创制

女真大字颁布以后，到了金熙宗时期，"金熙宗完颜亶鉴于契丹文字有大小字两种的制度，因而在原有女真文字基础上，又创造了一种女真文字，于天眷元年（1138）颁行"。①《金史·完颜希尹传》记载："其后，熙宗亦制女直字，与希尹所制字俱行用。希尹所撰谓之女直大字，熙宗所撰谓之小字。"② 自此以后，后世人们把完颜希尹创制的女真文字称女真大字，金熙宗完颜亶创制的女真文字称女真小字。天眷元年（1138），金熙宗颁布诏令，开始创制女真小字。《金史·熙宗纪》记载："天眷元年正月戊子朔（1138年2月12日），上朝明德宫。高丽、夏遣使来贺。颁女直小字。"③ 到熙宗皇统五年（1145）的时候，金熙宗创制的女真小字开始在全国使用。《金史·熙宗纪》记载："五月戊午（6月5日），初用御制小字。"④ 自此以后，金朝官方往来文书，一般并行使用女真大字和女真小字。

目前在金代上京路境内，还有很多女真文字资料遗存。主要分为文献、金石、墓志、墨迹等，如文献有《女真字书》《女真译语》，金石有《大金得胜陀颂佛》《永宁寺碑》，墓志有《完颜希尹神道碑》等；在官印和铜镜上，也发现了女真字，可陈山谋克印侧女真字、叩畏猛安铜镜、女真画押铜印、吉抄发现女真文题字等。1994年在阿城区城子村出土了《女真大字碑》，该碑雕刻花阳文和阴文刻石，现存于哈尔滨市天北科技有限公司总经理、金源文物收藏家刘华为先生处。金代女真文字资料还有很多散落在民间，有待考古工作者、史学研究者进一步搜集整理。

二 儒学在上京路的传播

1. 金朝统治者带头尊孔崇儒

儒学之所以在金代上京路迅速传播，主要原因是金朝统治者重视学习汉文化。金初，女真贵族开始让羁留在金朝的宋朝使臣，教授女真贵族子弟学习儒家经典。朱弁、张邵、洪皓都是金初被金国扣留在金代上京路的

---

① 《中华文明史》编纂工作委员会：《中华文明史》（6册），河北教育出版社1994年版，第1112页。
② 脱脱：《金史·完颜希尹传》卷73，中华书局1975年版，第1684页。
③ 脱脱：《金史·熙宗纪》卷4，中华书局1975年版，第72页。
④ 脱脱：《金史·熙宗纪》卷4，中华书局1975年版，第81页。

宋朝使臣，很多女真贵族都让自己的子弟到他们那里学习儒家经典。金熙宗和海陵王都受到良好的汉文化教育，深受儒家思想影响，金熙宗和海陵王都特别重视儒学在金朝的传播。《金史·孔璠传》记载："孔璠字文老，至圣文宣王四十九代孙，故宋朝奉郎袭封端友弟端操之子。齐阜昌三年補迪功郎，袭封衍圣公，主管祀事。天会十五年，齐国废。熙宗即位，兴制度礼乐，立孔子庙于上京。天眷三年，诏求孔子后，加璠承奉郎，袭封衍圣公，奉祀事。是时，熙宗颇读《论语》、《尚书》、《春秋左氏传》及诸史、《通历》、《唐律》，乙夜乃罢。皇统元年三月戊午（1141年4月27日），上谒奠孔子庙，北面再拜，顾谓侍臣曰：朕幼年游侠，不知志学，岁月逾迈，深以为悔。大凡为善，不可不勉，孔子虽无位，其道可尊，万世高仰如此。"[1] 金熙宗特别重视尊孔崇儒，亲自到孔庙祭孔。《金史·熙宗纪》记载："皇统元年二月戊子（1141年3月28日），上亲祭孔子庙，北面再拜。退谓侍臣曰：'朕幼年游侠，不知志学，岁月逾迈，深以为悔。孔子虽无位，其道可尊，使万世景仰。大凡为善，不可不勉。自是颇读《尚书》、《论语》及《五代》、《辽史》诸书，或以夜继焉。"[2] 海陵王完颜亮自幼跟随张用直学习经史，"张用直，临潢人。少以学行称。辽王宗斡闻之，延置门下，海陵与其兄充皆从之学。"[3] 海陵王即位后，让自己的太子跟随张用直学习经史。《金史·张用直传》记载："海陵尝谓用直曰：朕虽不能博通经史，亦粗有所闻，皆卿平昔辅导之力。太子方就学，宜善导之。朕父子并受卿学，亦儒者之荣也。"[4] 金世宗即位后，亦是特别重视儒学在金国的传播。大定四年（1164），开始用女真大小字翻译中原儒家典籍。《金史·选举志》记载："以女直大小字译经书颁行之。"[5] 金世宗大定六年（1166），颁布诏令对熟读经书者，在俸禄上给予优厚。《金史·选举志》记载："更定收补内侍格，能诵一大经、以《论语》、《孟子》内能诵一书并善书札者，月给奉八贯石，稍识字能书者七贯石，不识字六贯石。"[6] 金世宗晚年，为了传播儒家文化，开始大量翻

---

[1] 脱脱：《金史·孔璠传》卷105，中华书局1975年版，第2311页。
[2] 脱脱：《金史·熙宗纪》卷4，中华书局1975年版，第77页。
[3] 脱脱：《金史·张用直传》卷105，中华书局1975年版，第2314页。
[4] 脱脱：《金史·张用直传》卷105，中华书局1975年版，第2314页。
[5] 脱脱：《金史·选举志》卷51，中华书局1975年版，第1133页。
[6] 脱脱：《金史·选举志》卷53，中华书局1975年版，第1182页。

译儒家经典著作。《金史·世宗纪》记载:"译经所进所译《易》、《书》、《论语》、《孟子》、《老子》、《扬子》、《文中子》、《刘子》及《新唐书》。上谓宰臣曰:朕所以令译《五经》者,正欲女直人知仁义道德所在耳。命颁行之。"① 这些用女真大小字翻译的儒家典籍,推动了儒家文化在金代上京路的传播,使金朝涌现出了一大批精通儒家文化的女真学者。

2. 宋儒积极传播儒学

金代上京路儒学的传播,主要靠被掠至上京的汉族知识分子。如宇文虚中、洪皓、朱弁、张邵等宋儒,被金朝扣留在金上京,他们本着传播文化的使命感,积极宣讲儒家文化。在他们当中或以教书的方式,或以专题演讲的方式,积极传播儒家文化。《金史·宇文虚中传》记载:"宇文虚中字叔通,蜀人。初仕宋,累官资政殿大学士。……(建炎)二年,为祈请使。是时,兴兵伐宋,已留王伦、朱弁不遣,虚中亦被留,实天会六年也。朝廷方议礼制度,颇爱虚中有才艺,加以官爵,虚中即受之,"② 宇文虚中是典型宋儒,他被金朝扣留在金上京,金朝爱惜宇文虚中文才,重用宇文虚中。"天眷间,累官翰林学士知制诰兼太常卿,封河内郡开国公。书《太祖睿德神功碑》,进阶金紫光禄大夫。"③ 宇文虚中虽然在金朝官运亨通,但是由于"虚中恃才轻肆,好讥讪,凡见女直人辄以矿卤目之,贵人达官往往积不能平。"④ 这样一来宇文虚中得罪了很多女真贵族,遭到了很多人的嫉恨,被人诬告成谋反罪,被金熙宗下诏杀害。《金史·熙宗纪》记载:"皇统六年六月乙巳(1146 年 7 月 17 日),杀宇文虚中及高士谈。"⑤ 与宇文虚中一起被杀的高士谈,就是因为宇文虚中说高士谈家藏书比他家藏书多,而被金朝一起杀害。《金史·宇文虚中传》记载:"六年二月,唐括酬斡家奴杜天佛留告虚中谋反,诏有司鞫治无状,乃罗织虚中家图书为反具,虚中曰:死自吾分。至于图籍,南来士大夫家家有之,高士谈图书尤多于我家,岂亦反耶。"⑥ 从宇文虚中、高士谈以及南来宋儒,每家都存有大批图书来看,这些宋儒在金上京路,为

---

① 脱脱:《金史·世宗纪》卷 8,中华书局 1975 年版,第 184—185 页。
② 脱脱:《金史·宇文虚中传》卷 79,中华书局 1975 年版,第 1791 页。
③ 脱脱:《金史·宇文虚中传》卷 79,中华书局 1975 年版,第 1792 页。
④ 脱脱:《金史·宇文虚中传》卷 79,中华书局 1975 年版,第 1792 页。
⑤ 脱脱:《金史·熙宗纪》卷 4,中华书局 1975 年版,第 82 页。
⑥ 脱脱:《金史·宇文虚中传》卷 79,中华书局 1975 年版,第 1792 页。

传播儒学做出了重要贡献。在金熙宗年间，被金朝扣留在金代冷山的南宋使臣洪皓，也是南朝有名的宋儒。《金史·宇文虚中传》记载："明年（天会七年），洪皓至上京，"①洪皓与宇文虚中一样，也是因为有才华出众被金朝扣留在上京路，只不过是宇文虚中接受金朝官职，洪皓不接受金朝官职，后被流放到冷山。洪皓被流放冷山期间，被完颜希尹聘为家庭教师，教授完颜希尹八个儿子儒学经典。因为当时没有纸张，洪皓用当地的桦树皮当纸张，"书写《论语》、《大学》、《中庸》、《孟子》，时称'桦叶四书'，传为汉族与女真文化交流的佳话。"②《金史·熙宗纪》记载："皇统二年八月丁卯（1142年8月29日），诏归朱弁、张邵、洪皓于宋。"③洪皓于天会七年（1129）至上京被金朝扣留，至皇统二年放还，前后被金朝扣留14年。他始终不接受金朝的高官厚禄，甘愿布衣素食，孑然一身，体现了高尚的民族气节。洪皓在扣留金朝期间，除被完颜希尹聘为家庭教师之外，他笔耕不辍，著述颇丰，先后撰写了《文集》十卷、《春秋纪咏》三十卷、《輏轩唱和集》三卷、《帝王通要》五卷、《金国文具录》十卷、《松漠纪闻》二卷。洪皓被扣留在金上京14年，凭其博学能文，为儒学在金上京地区传播汉文化做出了很大的贡献。

第三节　上京路文学与艺术

金代上京路文学与艺术，从金初太祖到海陵，经历了一个从无到有的发展过程。金初三十八年四位皇帝，都很重视文化事业的发展，他们采取"借才异代"的策略，促进了金代上京路文学与艺术的发展。金代上京路文学与艺术，主要有两个群体，一是辽宋入金的文人，主要是北宋入金的文人，以宇文虚中、蔡松年、高士谈为代表，他们以清丽悲凉的笔调，写出饱经忧患的处境，抒发故国情怀。二是金代上京路女真人群体，他们多是皇家子弟、女真贵族，由于受到良好的汉文化教育，喜爱文学与艺术，以海陵王为代表的文学作品，体现了女真族豪爽粗犷的心理素质及其追求

---

① 脱脱：《金史·宇文虚中传》卷79，中华书局1975年版，第1791页。
② 《中华文明史》编纂工作委员会：《中华文明史》（6册），河北教育出版社1994年版，第1116页。
③ 脱脱：《金史·熙宗纪》卷4，中华书局1975年版，第79页。

正统的文治武功思想。

一　上京路的文学

1. 金上京路文人群体

女真在建国前，因为没有文字，当时属于原始状态的口头文学，表现形式为即兴创作。如《思嫁歌》《解纷歌》《巫歌》等。女真建国后，女真统治者采取"借才异代"的文化政策，吸引大批辽宋文人，使女真文化与中原文化相融合，形成二元文化结构的文人群体。金代上京路文人由两类人群组成：一类是入金的辽、宋文化素养较高的文人；一类是受汉文化影响较深的女真贵族文人。金代上京路文人群体的形成，是伴随着金灭辽、宋过程，大批具有较高文学素养的辽宋文人进入金代上京路。按：由辽、宋入金的文人，他们被金朝任命为中央政府官员，就应该住在金上京城，因此，我们把他们都视为金代上京路文人群体。他们到了金代上京路后，对女真贵族文化产生了很大的影响，进而形成了女真文人群体。在辽宋入金的文人群体中，由辽入金上京路的以韩昉、左企弓、虞仲文、张通古、宁鉴、王枢等人为代表。由宋入金上京路的主要以宋徽宗赵佶、宇文虚中、蔡松年、高士谈、吴激、张斛、洪皓等人为代表。女真文人群体主要是接受汉文化教育的女真皇族和贵族，在与中原文化的交流中，金代上京路出现了女真文人群体。主要代表人物有完颜亮、完颜雍、完颜勖等人。

现在分别介绍辽、宋入金代上京路的文人群体情况。辽入金的韩昉（1082—1149），字公美，燕京人。辽亡入金，得到重用。起初为金熙宗帝师，后官至翰林学士兼太常卿修国史尚书。左企弓（1051—1123）字君材，蓟州（今天津蓟县）人。辽亡入金，天会三年（1125），奉金命，迁燕民北行，过平州，为平州军帅张毂所杀。虞仲文（1069—1123），字质夫，五州宁远（今山西五寨北）人。"七岁知作诗，十岁能属文。"[①] 天辅六年，与辽知枢密院士左企弓等降金，金太祖命为侍中，七年，在平州为张毂杀害。张通古（1088—1156），字乐之，易州易县人。入金后为平章政事，正隆初以司徒致仕。王枢，字子慎，良乡人，入金后，仕金朝国史馆。宋朝入金代上京路的大批文人，多是被扣留在金代上京路的。这批

[①] 脱脱：《金史·虞仲文传》卷75，中华书局1975年版，第1724页。

宋朝文人，国破家亡，远离故土，他们怀念故国，思念家乡，内心的痛苦通过散文和诗歌表现出来。宋徽宗赵佶（1082—1135），于靖康二年（1127）北宋都城汴京被金军占领后，与钦宗被金军俘虏押往金上京路。宋徽宗从1129年8月被迁移到金代上京路，到1135年病逝，在金代上京路滞留长达7年之久。前后在金代上京路共写诗词千余首。宋徽宗的作品主要流露出亡国之君悔恨、悲凉的心情。宇文虚中（1079—1146），宋朝资政殿大学士。宋建炎二年（1128）使金，被金强行扣留在金代上京路，出任金朝礼部尚书兼翰林院承旨。宇文虚中在金代上京路时期，写了大量诗词，仅《中州集》就保留50余首。宇文虚中的文学作品，主要是抒发流落异乡的情愁，思念故国情怀。吴激（？—1142），字彦高，建州（今福建建瓯）人，原北宋苏州知府吴栻之子，奉命出使金国，被金扣留，任命为翰林待制。元好问《中州集》中收录了吴激诗作25首，词作5首。洪皓（1088—1155），字光弼，江西鄱阳人。宋建炎三年（1129）使金被金国扣留，流放到上京路冷山。在流放期间，洪皓在完颜希尹家当家庭教师。皇统二年（1142），金熙宗因皇子出生而大赦天下，洪皓才被允许返回南宋。洪皓在流放期间，著有很多诗文。

金代上京路本地文人，海陵王完颜亮（1122—1161），金朝第四位皇帝，出生在金上京城，金太祖完颜阿骨打之孙，自幼接受汉文化教育，笔力雄健、气势恢宏。完颜亮一生虽写过数百首诗词，但留存下来的仅有十余首。完颜亮有"辞怪"之称，"金酋亮未篡伪，封岐王，为平章政事，颇知书，好为诗词，语出辄崛疆，憝憝有不为人下之意，境内多传之"。① 完颜雍（1123—1189），金朝第五位皇帝，金太祖阿骨打之孙，出生于金上京城。他从小就接受良好的汉文化教育。他写有传统风怀的诗词。完颜勖（1099—1157），字勉道，女真名乌野，穆宗的第五子。完颜勖在金初的女真贵族中，"好学问，国人呼为秀才"。② 史载完颜勖曾著有大量诗文，"能以契丹字为诗文，凡游宴有可言者，辄作诗以见意"。③ 完颜亮、完颜勖等为代表的女真文人文学作品，体现出质朴豪放、直率粗犷的金代上京路文学特色。

① 岳珂：《桯史》卷8，商务印书馆1936年版，第63页。
② 脱脱：《金史·完颜勖传》卷66，中华书局1975年版，第1557页。
③ 脱脱：《金史·完颜勖传》卷66，中华书局1975年版，第1559页。

2. 金上京路诗词

金代上京路三大文人群体，都写了大量诗词，可惜存世不多，现在选择存世的几首列出来，让人们对上京路诗词有一个简单的了解。

由辽入金的韩昉，在金代上京路写有《太祖睿德神功碑》。"昉虽贵，读书未尝去手，善属文，最长于诏册，作《太祖睿德神功碑》，当世称之。"① 此碑现在没有发现，具体情况不得而知，有待以后考古发现才能知其真容。张通古《灵壁寺》写道："万壑千岩里，林开一径深。数年劳相望，此日快登临。胜境情难尽，危塗力不任。楼台相映抱，松柏自萧森。花散诸天雨，灯传古佛心。鹤泉寒漱玉，园地旧铺金。石磴崎岖上，桃谿窈窕寻。渊明能止酒，叔夜况携琴。所恨无长暇，徒勤惜寸阴。清宵谁我伴，乘兴但孤斟。"② 此诗表达了作者的真实感情。王枢《三河道中》写道："十载归来对故山，山光依旧白云闲，不须更读元通偈，始信人间是梦间。"③ 表达了作者回到家乡如梦的感受。

由宋入金代上京路的赵佶，所写的诗词多是惆怅笔调。例如《在北题壁》诗中写道：彻夜西风撼破扉，萧条孤影一灯微。家山回首三千里，目断天南无雁飞。在《清明日作》诗中写道：茸母初生忍禁烟，无家对景倍凄然。帝城春色谁为主？遥指乡关涕泪涟。一代帝王流落到异国他乡，被软禁在金代上京路，其诗词多是伤感情怀。宇文虚中《在金日作》写道："遥夜沉沉满幕霜，有时归梦到家乡。传闻已筑西河馆，自许能肥北海羊。回首两朝俱草莽，驰心万里绝农桑。人生一死浑闲事，裂眦穿胸不汝忘！"④ 吴激《人月圆》写道："南朝千古伤心事，犹唱后庭花。旧时王谢，堂前燕子，飞向谁家？恍然一梦，仙肌胜雪，宫鬓堆鸦。江州司马，青衫泪湿，同是天涯。"《春从天上来》词曰："海角飘零。叹汉苑秦宫，坠露飞萤。梦里天上，金屋银屏。歌吹竞举青冥。问当时遗谱，有绝艺鼓瑟湘灵。促哀弹，似林莺呖呖，山溜泠泠。梨园太平乐府，醉几度春风，鬓变星星。舞破中原，尘飞沧海，飞雪万里龙庭。写胡笳幽怨，人憔悴，不似丹青。酒微醒。对一窗凉月，灯火青荧。"抒发了自己对故国沦亡的

---

① 脱脱：《金史·韩昉传》卷125，中华书局1975年版，第2715页。
② 吴文治：《辽金元诗话全编》，凤凰出版社2006年版，第52页。
③ 薛瑞兆、郭明志：《全金诗》，南开大学出版社1995年版，第5页。
④ 薛瑞兆、郭明志：《全金诗》，南开大学出版社1995年版，第22页。

哀叹。

女真人文人群体完颜亮七绝《见几间有岩桂植瓶中索笔赋》写道："绿叶枝头金缕装，秋深自有别般香。一朝扬汝名天下，也学君王著赭黄。"① 七绝《书壁述怀》写道："蛟龙潜匿隐沧波，且与虾蟆作混和。等待一朝头角就，撼摇霹雳震山河。"② 完颜亮用托物言志的手法，抒发了一统天下的政治抱负。世宗完颜雍《减字木兰花·赐玄悟玉禅师》写道："但能了净，万法因缘何足问。日月无为，十二时中更勿疑。常须自在，识取从来无□碍。佛佛心心，佛若休心也是尘。"这首词表达了他的宗教和文化宽容政策。在《金史》中，还记载了完颜勖写有《射虎赋》。《金史·完颜勖传》记载："熙宗猎于海岛，三日之间，亲射五虎获之。勖献《东狩射虎赋》，上悦，赐以佩刀、玉带、良马。"③ 只可惜，完颜勖的作品无一存世。

3. 金上京路散文

金代上京路散文作品已经达到了很高的水平，但是由于大量散失，流传至今已经不多见。我们所能见到的金代散文，主要是收入在《金文最》中的诏、表、疏以及祝文、祭文、碑文等。金代散文作家很少，主要是从辽、宋入金的韩昉、宇文虚中、蔡松年，以及女真人完颜勖、完颜希尹等，还有金代中后期的王庭筠，史料记载他们都写有散文。

诏书主要有《太祖创业诏》《太宗劝农诏》《海陵议迁都燕京诏》等。金太祖谕辽诏书，《金史·太祖纪》记载："辽主失道，上下同怨。朕兴兵以来，所过城邑负固不服者即攻拔之，降者抚恤之，汝等必闻之矣。今尔国和好之事，反覆见欺，朕不欲天下生灵久罹涂炭，遂决策进讨。比遣宗雄等相继招谕，尚不听从。今若攻之，则城破矣。重以吊伐之义，不欲残民，故开示明诏，谕以祸福，其审图之。"④ 这篇诏书，代表了金代上京路散文的较高水平。太宗劝农诏，《金史·太宗纪》记载："朕惟国家，四境虽远而兵革未息，田野虽广而畎亩未辟，百工略备而禄秩未均，方贡仅修而宾馆未赡。是皆出乎民力。苟不务本业而抑游手，欲上下皆足，其

---

① 薛瑞兆、郭明志：《全金诗》，南开大学出版社1995年版，第356页。
② 薛瑞兆、郭明志：《全金诗》，南开大学出版社1995年版，第356页。
③ 脱脱：《金史·完颜勖传》卷66，中华书局1975年版，第1559页。
④ 脱脱：《金史·太祖纪》卷2，中华书局1975年版，第34页。

可得乎。其令所在长吏,敦劝农功。"① 海陵王议迁都燕京诏,《建炎以来系年要录》记载:"昨因绥抚南服,分置行台,时则边防未宁,法令未具,本非永计,只是从权。既而人拘道路之遥,事有岁时之滞,凡申款而待报,乃欲速而愈迟。今既庶政惟和,四方无侮,用并尚书之亚省,会归机政于朝廷。又以京师粤在一隅,而方疆广于万里,以北则民清而事简,以南则地远而事繁。深虑州府申陈,或至半年而往复,闾阎疾苦,何由期月而周知。供馈困于转输,使命苦于驿顿,未可时巡于四表,莫如经营于两都。眷惟金燕,实为要会。将因宫庙而创官府之署,广阡陌以展西南之城。勿惮暂时之艰,以就得中之制。所贵两京一体,保宗社于万年,四海一家,安黎元于九府。咨尔中外,体予至怀。"②

熙宗《下宗翰狱诏》和完颜宗翰《狱中上疏》。《三朝北盟会编》记载:"先王制赏罚,赏所以褒有功,罚所以诛有罪,非喜怒也。朕惟国相粘罕辅佐先帝,曾立边功。迨先帝上仙,朕继承丕祚,眷惟元老,俾董征诛。不谓持吾重权,阴怀异议。国人皆曰可杀,朕躬匪敢私徇,奏对悖慢,理当弃殛以彰厥辜。呜呼!四皓出而复兴汉室,二叔诛而再造周基,去恶用贤,其鉴如此。布告中外,咸使闻知。"③ 完颜宗翰《狱中上疏》,《三朝北盟会编》记载:"臣闻功大则谤兴,德高则毁来,此言是也。自振古论之,以周公之圣人也。当成王即政之初,以言其业,则未盛也。以言其时,则未太平也;以言其君,则幼君也。周公是时,建功立事,制礼作乐,尽忠竭力,勤劳王家。公之功德,编于诗书,流传天下,自古及今,称之无愧焉。尚有四国之流言,诛弟之过也!况后世不及周公者乎?臣今所虑辄敢辨于陛下,念臣老矣!臣于天会之初,从二先帝破辽攻宋。兵无五万之众,粮无十日之储。长驱深入,旄旗指处,莫不请命受降。辽宋二主及血属并归囚虏,辽宋郡邑归我版图。方今东濒大海,西徹陶溪,南连交广,北底室韦,罔不臣妾,以大金创基洪业,继治盛朝,先帝所委,臣之力也。又扶持陛下,幼冲以临大宝,南面天下,此成王之势也。臣之忠勤,过于周公之,赖成王之圣虑也。今臣虽吐其言,在陛下察情,臣再陈前日之罪。御林牙兵,忽然猖獗,干冒陛下,用臣出师之,任臣受

---

① 脱脱:《金史·太宗纪》卷3,中华书局1975年版,第56页。
② 李心传:《建炎以来系年要录》卷162,商务印书馆1936年版,第2650页。
③ 徐梦莘:《三朝北盟会编》卷178,上海古籍出版社1987年版,第1289—1290页。

命欲竭驽钝之力，尽浅拙之谋，以狂孽指日可定。不期耶律潜伏沙党，复反交攻，凡三昼夜，其胜负未分，犹可为战。奈杜允粮草已断，人马冻死。御林牙兵，知我深入重地，前不樵苏，后又粮断，所以王师失利。又副将外家得，心生反逆，背负朝廷。外家得之反背，有其由也。知父兄妻子并在御林牙军中，两军发衅，其外家得将军下数千骑自乱，我军使臣不得施，此大败之罪也。非臣悖慢，愿陛下察臣之肝胆。念臣有立国之功，陛下有继统之业，可贷臣蝼蚁之命。呜呼！功成名遂身退，天下之道也。臣尝有此志，贪恋陛下之圣意，眷慕陛下之宗庙，踌躇犹豫，以至于此。使臣伊吕之功，反当长乐之祸，愿陛下释臣缧绁之难，愿成五湖之游，誓竭犬马之报。"① 金熙宗《下宗翰狱诏》和宗翰《狱中上疏》，这两篇文章都是文学水平很高的散文。在金代上京路祝文、祭文、碑文中，还有很多散文，这里就不列举了。

二　上京路的艺术

1. 金上京路音乐

金代上京路音乐表现为宫廷音乐和民间音乐两种，即雅乐和散乐。金代上京路音乐受两方面影响，一是受辽音乐影响，二是受汉族音乐影响。金代上京路女真族音乐，受辽音乐影响，主要是金军在伐辽过程中，掠取辽朝乐工和乐器。《金史·太祖纪》记载："天辅五年十二月戊申（1122年1月27日），诏曰：若克中京（今内蒙古宁城大名城），所得礼乐仪仗图书文籍，并先次津发赴阙。"② 从这条史料来看，一是说明金太祖很重视女真音乐发展，二是说明女真族音乐发展，受到了辽朝音乐的影响。现在分别介绍一下金代上京路宫廷音乐和民间音乐。

金代上京路宫廷音乐的发展，经过了一段很长时间。金初，女真族的音乐水平较低。金天会三年（宋宣和七年，1125），宋朝使臣出使金上京，在欢迎宴会上歌舞，看出女真族音乐水平较低。《三朝北盟会编》记载："乐作有腰鼓、芦管、笛、琵琶、方响、筝笙、篆、篥篌、大鼓、拍板，曲调与中朝一同，但腰鼓下手太阔，声遂下而管瑟声高，韵多不

---

① 徐梦莘：《三朝北盟会编》卷178，上海古籍出版社1987年版，第1289页。
② 脱脱：《金史·太祖纪》卷2，中华书局1975年版，第36页。

合。"① 金代上京路的音乐，虽然与中原音乐曲调相同，但是音韵大多不合。金灭北宋后，大批掠夺北宋乐工和乐器，使金代上京路音乐发生了变化。《金史·乐志》记载："太宗取汴，得宋之仪章钟磬乐簴，挈之以归。"② 《三朝北盟会编》记载："金人来索……教坊乐人、内侍官四十五人，露台祇候妓女千人，蔡京、童贯、王黼、梁师成等家歌舞、宫女数百人。先是权贵家舞伎、内人，自上即位后，皆散出民间，令开封府勒牙、婆媒人追寻之。又要御前后苑作文思院，上下界明堂所修内司军器监工匠，广固搭材兵三千余人。"③ 同书记载："宣和录曰：金人来取……蔡玉、王黼、童贯家姬四十七人，大晟乐工三十六人。"④ 金军不仅掠夺北宋教坊乐人，还掠夺北宋乐器、乐书和乐章。同书记载："金人来索什物仪仗等……从正月初十日，以后节次取皇帝南郊法驾之属。是日，尚书省奉军前圣旨，令取……大学轩架、乐舞、乐器……教坊乐器、乐书、乐章。"⑤ 金朝虽然大量掠夺辽与北宋乐工、乐器、乐书、乐章，但是金朝宫廷音乐还没有正式发展起来。《金史·乐志》记载："金初得宋，始有金石之乐，然而未尽其美也。"⑥ 金朝正式采用宋朝宫廷雅乐较晚，《金史·乐志》记载："皇统元年，熙宗加尊号，始就用宋乐，"⑦ 从金熙宗时期开始，金朝正式设置管理音乐的官员。金代设置太常寺掌管郊庙、祀享、大宴、大朝会、宫悬、乐舞等礼乐仪典。《金史·百官志》记载："太常寺皇统三年正月始置。……掌礼乐、郊庙、社稷、祠祀之事。"⑧ 此外设置教坊管理宫廷音乐，《金史·百官志》记载："教坊，提点，正五品。使，从五品。副使，从六品。判官，从八品。掌殿庭音乐，总判院事。诸音郎，从九品。不限资考、员数。"⑨《金史·乐志》记载："隶教坊者，则有铙歌鼓吹，天子行幸卤簿导引之乐也。"⑩ 金代宫廷音乐制度，

---

① 徐梦莘：《三朝北盟会编》卷20，上海古籍出版社1987年版，第144页。
② 脱脱：《金史·乐志》卷39，中华书局1975年版，第882页。
③ 徐梦莘：《三朝北盟会编》卷77，上海古籍出版社1987年版，第583页。
④ 徐梦莘：《三朝北盟会编》卷78，上海古籍出版社1987年版，第586页。
⑤ 徐梦莘：《三朝北盟会编》卷77，上海古籍出版社1987年版，第584页。
⑥ 脱脱：《金史·乐志》卷39，中华书局1975年版，第881页。
⑦ 脱脱：《金史·乐志》卷39，中华书局1975年版，第882页。
⑧ 脱脱：《金史·百官志》卷55，中华书局1975年版，第1247页。
⑨ 脱脱：《金史·百官志》卷56，中华书局1975年版，第1261页。
⑩ 脱脱：《金史·乐志》卷39，中华书局1975年版，第881页。

经过熙宗和海陵王时期逐渐完备。《金史》里记载海陵王迁都以前的宗庙乐歌七十二首。《金史·乐志》记载:"宗庙。皇帝入门,宫县以无射宫,升殿,登歌以夹钟,皆奏《昌宁之曲》。迎神、送神奏《来宁之曲》,九成。天德二年,晨祼毕,还小次,方奏迎神曲。"① 海陵王以前诸帝和皇后,祭祀都有固定的歌曲。"诸室之曲,德帝曰《大熙》,安帝曰《大安》,献帝曰《大昭》,昭祖曰《大成》,景祖曰《大昌》,世祖曰《大武》,肃宗曰《大明》,穆宗曰《大章》,康宗曰《大康》,太祖曰《大定》,太宗曰《大惠》,熙宗曰《大同》,昭德皇后庙曰《仪坤》……"。② 如皇帝升殿奏《昌宁之曲》,"皇帝升殿,登歌夹钟宫《昌宁之曲》:笙镛既陈,罍樽在户。升降有容,惟规惟矩。恭敬明神,上仪交举。永言保之,承天之祐。"③ 海陵王出行鼓吹导引曲,"天德二年三月,祫享回銮,导引曲:礼成庙享,御卫拱飞龙,诸道起祥风。太平天子多受福,孝德与天通。凤箫龙管《韶》音奏,声在五云中。粲然文物昭治世,万亿禩无穷。"④ 海陵王迁都燕京之后,不仅演奏导引曲,还演奏采茨曲。《金史·乐志》记载:"贞元元年三月,驾幸中都,导引曲:銮舆顺动,嘉气满神京,辇路宿尘清。钩陈万旅随天仗,缥缈转霓旌。都人望幸倾尧日,鳌抃溢欢声。临观八极辰居正,寰宇庆升平。采茨曲:新都春色满,华盖定全燕。时运千龄协,星辰五纬连。六龙承晓日,丹凤倚中天。王气盘山海,皇居亿万年。"⑤ 海陵王时期,金朝宫廷音乐制度基本完善。

金代上京路民间音乐,在《金史》里记载为"本朝乐曲",也称本国旧音。这里的本国旧音就是指女真族,在金代上京路时期的音乐。在金朝皇帝当中,金世宗特别重视本民族音乐。大定九年十一月庚申(1169 年 11 月 28 日),金世宗在皇太子生日的宴会上,"命奏新声,谓大臣曰:朕制此曲,名《君臣乐》,今天下无事,兴卿等共之,不亦乐乎。辞律不传"。⑥ 世宗自己写的《君臣乐》歌词,可惜曲调没有传下来,谁都不会唱。金世宗

---

① 脱脱:《金史·乐志》卷 39,中华书局 1975 年版,第 885 页。
② 脱脱:《金史·乐志》卷 39,中华书局 1975 年版,第 885 页。
③ 脱脱:《金史·乐志》卷 40,中华书局 1975 年版,第 899 页。
④ 脱脱:《金史·乐志》卷 40,中华书局 1975 年版,第 917 页。
⑤ 脱脱:《金史·乐志》卷 40,中华书局 1975 年版,第 917—918 页。
⑥ 脱脱:《金史·乐志》卷 39,中华书局 1975 年版,第 891 页。

为了改变这种局面,开始让皇子们练习女真族民间乐谱。《金史·乐志》记载:"十三年四月乙亥(1173年5月26日),上御睿思殿,命歌者歌女直词,顾谓皇太子曰:朕思先朝所行之事,未尝暂忘,故时听此词,亦欲令汝辈知女直醇质之风。"① 金世宗让歌唱女真词,就是让歌唱本国旧音。金世宗让歌唱上京路本国音乐,其目的是教育皇太子,女真建国来之不易,不要忘了女真族淳朴之风。《金史·世宗纪》记载:"四月乙亥(1173年5月26日),上御睿思殿,命歌者歌女直词。顾谓皇太子及诸王曰:朕思先朝所行之事,未尝暂忘,故时听此词,亦欲令汝辈知之。汝辈自幼惟习汉人风俗,不知女直纯实之风,至于文字语言,或不通晓,是忘本也。"② 在二十三年三月,金世宗生日的万春节上,章宗(世宗孙子)用女真乐曲唱睿宗功德歌,得到了世宗的赞许。章宗所唱的歌词的曲调,就是金代上京路时期的民间音乐曲调。《金史·完颜匡传》记载:"我祖睿宗,厚有阴德。国祚有传,储嗣当立。满朝疑惧,独先启策。徂征三秦,震惊来附。富平百万,望风奔仆。灵恩光被,时寸春旸。神化周浃,春生冬藏。"③ 这首生动的歌词,"为四言汉文,实际上原来应是生动的女真语歌曲。"④ 二十五年(1185)四月,金世宗东巡来到金上京会宁府,在一次宴请群臣晚宴上,世宗让大家唱金代上京路民间音乐。《金史·乐志》记载:"幸上京,宴宗室于皇武殿,饮酒乐,上谕之曰:今日甚欲成醉,此乐不易得也。昔汉高祖过故乡,与父老欢饮,击筑而歌,令诸儿和之。彼起布衣,尚且如是,况我祖宗世有此土,今天下一统,朕巡幸至此,何不乐饮。"⑤ 在世宗的倡议下,群臣和宗室妇女,开怀畅饮,载歌载舞。《金史·乐志》记载:"时宗室妇女起舞,进酒毕,群臣故老起舞,上曰:吾来故乡数月矣,今回期已近,未尝有一人歌本曲者,汝曹来前,吾为汝歌。乃命宗室子叙坐殿下者皆上殿,面听上歌。曲道祖宗创业艰难,及所以继述之意。"⑥ 金世宗听了金国旧歌曲后,感慨万千,回

---

① 脱脱:《金史·乐志》卷39,中华书局1975年版,第891页。
② 脱脱:《金史·世宗纪》卷7,中华书局1975年版,第159页。
③ 脱脱:《金史·完颜匡传》卷98,中华书局1975年版,第2164页。
④ 《中华文明史》编纂工作委员会:《中华文明史》(6册),河北教育出版社1994年版,第1171页。
⑤ 脱脱:《金史·乐志》卷39,中华书局1975年版,第891—892页。
⑥ 脱脱:《金史·乐志》卷39,中华书局1975年版,第892页。

想起了先辈开创基业的艰辛，自己也随着大家唱起了女真民间歌曲。金世宗唱了一首女真民间歌曲，唱到激动的时候，回想起了祖宗音容，泪流满面。"至慨想祖宗音容如睹之语，悲感不复能成声，歌毕，泣下数行。右丞相元忠暨群臣宗戚捧觞上寿，皆称万岁。于是诸老人更歌本曲，如私家相会，畅然欢洽。上复续调歌曲，留坐一更，极欢而罢"。① 在场的许多男女老人，也都跟着世宗唱起了女真民间乐曲，整个宴会场面十分融洽随和，犹如民间私人宴会。金世宗特别高兴，接着又唱了一首女真民间歌曲，整个宴会推迟了一个时辰，大家才尽欢而散。金世宗所唱的歌词，《金史·乐志》记载："猗欤我祖，圣矣武元。诞膺明命，功光于天。拯溺救焚，深根固蒂。克开我后，传福万世。无何海陵，淫昏多罪。反易天道，荼毒海内。自昔肇基，至于继体。积累之业，渝胥且坠。望戴所归，不谋同意。宗庙至重，人心难拒。勉副乐推，肆予嗣绪。二十四年，竞业万几。亿兆庶姓，怀保安绥。国家闲暇，廓然无事。乃眷上都，兴帝之第。属兹来游，恻然予思。风物减耗，殆非昔时。于乡于里，皆非初始。虽非初始，朕自乐此。虽非昔时，朕无异视。瞻恋慨想，祖宗旧宇。属属音容，宛然如睹。童嬉孺慕，历历其处。庄岁经行，恍然如故。旧年从游，依稀如昨，欢诚契阔，旦暮之若。于嗟阔别兮，云胡不乐。"② 金世宗所唱的女真歌曲，被译成四言汉文，记在《金史》里，今天已经无法了解曲调了。

2. 金上京路女真人舞蹈

女真人是一个能歌善舞的民族。生活在白山黑水的女真人，其先靺鞨人在与唐朝交往中，就把舞蹈带到中原，与汉族进行交流。女真建国后，特别是在灭亡北宋以后，金朝统治者十分重视吸收辽、宋舞蹈文化。在伊春市金山屯出土的乐舞石幢，"石幢上的人物体态、脸型、服饰等，具有女真人的特点，而所用的鼓、琴、琵琶、箫、阮咸等，都是我国唐、宋时期中原地区常用的乐器"。③ 这件出土文物充分说明，中原的舞蹈文化已在金代上京路地区扎根。金代上京路舞蹈文化，表现为女真本民族的传统民间舞蹈和金朝宫廷舞蹈两种。女真本民族舞蹈是女真族传统舞蹈，金

---

① 脱脱：《金史·乐志》卷 39，中华书局 1975 年版，第 892 页。
② 脱脱：《金史·乐志》卷 39，中华书局 1975 年版，第 892 页。
③ 干志耿：《黑龙江省志·文物志》，黑龙江人民出版社 1994 年版，第 230 页。

朝宫廷舞蹈是金朝向宋朝宫廷舞蹈学习而来。

金代上京路女真本民族舞蹈，有着悠久的历史。女真先世在游猎之余，就模仿动物姿势跳狩猎舞。《隋书·东夷传》记载："使者与其徒皆起舞，其曲折多战斗之容。"① 女真人历来善骑射，他们主要依靠游猎经济为生，他们的歌舞多反映生产生活。《契丹国志·天祚皇帝上》记载："天庆二年（1112）春，天祚如混同江钓鱼，界外生女真酋长在千里内者，以故事皆来会。适遇头鱼酒筵，别具宴劳，酒半酣，天祚临轩，使诸酋次第歌舞为乐。次至阿骨打，端立直视，辞以不能，谕之再三，终不从。"② 在头鱼宴上，天祚帝命令阿骨打跳舞，阿骨打拒绝为天祚帝跳舞，并不是阿骨打不会跳舞，而是对天祚帝残暴统治不满的一种表现。其实，生活在白山黑水的女真人，与各种野兽打交道，与大自然做斗争，整天拉弓射箭，挥舞长枪短棒，搏熊、刺虎，养成了女真人勇敢善战的体魄和性格。他们的舞蹈，多是与他们的生产生活相关。《三朝北盟会编》记载："其婚嫁富者则以牛马为币，贫者则女年及笄行歌于途。其歌也，乃自叙家世，妇工容色，以申求侣之意。听者有未娶欲纳之者，即携而归之。后方具礼，偕女来家以告父母。贵游子弟及富家儿，月夕饮酒则相率携尊，驰马戏饮其地，妇女闻其至，多聚观之。间令侍坐，与之酒则饮，亦有起舞歌讴以侑觞者。邂逅相契，调谑往返，即载以归，不为所顾者，至追逐马足不远数里。携妻归宁谓之拜门。因执子壻之礼，其乐则惟鼓笛，其歌有鹧鸪之曲，但高下长短鹧鸪二曲而已。"③ 女真人这种模仿鹧鸪飞走形状，翩翩起舞，其旋律有高有低，跌宕起伏，曲调婉转动听，表达了女真青年男女追求美好生活的向往，展现了女真民间歌舞的魅力。女真人定居阿什河流域后，跳舞的场合更加多了，他们在从事农耕之时，在田间地头休息时，以及工作之余朋友聚会，都可以跳女真族民间舞蹈。女真人信奉萨满教，谁家有病人便请萨满医治，萨满医治主要是跳萨满舞。《三朝北盟会编》记载："又有五六妇人，涂丹粉艳衣，立于百戏后，各持两镜，高下其手，镜光闪烁，如祠庙所画电母，此为异尔。酒五行各起就帐，戴

---

① 魏征：《隋书·东夷传》卷81，中华书局1973年版，第1822页。
② 叶隆礼：《契丹国志》卷10，上海古籍出版社1985年版，第101页。
③ 徐梦莘：《三朝北盟会编》卷3，上海古籍出版社1987年版，第18页。

色绢花各二十余枚，谢罢复坐，酒三行归馆。"① 这则史料生动地描述了女真族跳萨满舞的情景。

金国统治者也很重视民间舞蹈。大定二十五年四月，金世宗巡幸上京，在一次宴会上，金世宗让所有参加宴会的人员跳女真传统的民间舞蹈，自己也亲自唱歌跳民间舞蹈。《金史·乐志》记载："二十五年四月，幸上京，宴宗室于皇武殿，饮酒乐，上谕之曰：今日甚欲成醉，此乐不易得也。昔汉高祖过故乡，与父老欢饮，击筑而歌，令诸儿和之。彼起布衣，尚且如是，况我祖宗世有此土，今天下一统，朕巡幸至此，何不乐饮。于时宗室妇女起舞，进酒毕，群臣故老起舞。"② 这次宴会跳民间舞蹈，在《金史·世宗纪》里记载更为详细。《金史·世宗纪》记载："上谓群臣曰：上京风物朕自乐之，每奏还都，辄用感怆。祖宗旧邦，不忍舍去。……丁丑（5月25日），宴宗室、宗妇于皇武殿……曰：朕寻常不饮酒，今日甚欲成醉，此乐亦不易得也。宗室妇女及群臣故老以次起舞，进酒。上曰：吾来数月，未有一人歌本曲者，吾为汝等歌之。命宗室子弟叙坐殿下者皆坐殿上，听上自歌。其词道王业之艰难，及继述之不易，至慨想祖宗，宛然如睹，慷慨悲激，不能成声，歌毕泣下。右丞相元忠率群臣、宗戚，捧觞上寿，皆称万岁。于是，诸夫人更歌本曲，如私家之会。既醉，上复续调，至一鼓乃罢。"③ 从这次宴会上，金世宗让参加宴会的宗室男女和大臣们，跳女真族民间传统舞蹈来看，一是说明金世宗特别重视女真族传统民间舞蹈的文化传承，二是说明女真族传统民间舞蹈在金朝宫廷舞蹈中也存在。

金朝宫廷舞蹈是在女真族传统的民间舞蹈基础上，吸收辽与北宋宫廷舞蹈而形成的。金朝宫廷舞蹈主要成分是女真贵族统治者羡慕宋朝舞蹈文化，为了享乐而学习宋朝宫廷舞蹈。女真族建国后，皇帝即位都要进行郊祀仪式。《金史·礼志》记载："金之郊祀，本于其俗有拜天之礼。其后，太宗即位，乃告祀天地，盖设位而祭也。天德以后，始有南北郊之制，大定、明昌其礼浸备。"④ 女真族宫廷舞蹈，最初的形式就是郊祀活动中所

---

① 徐梦莘：《三朝北盟会编》卷20，上海古籍出版社1987年版，第146页。
② 脱脱：《金史·乐志》卷39，中华书局1975年版，第891—892页。
③ 脱脱：《金史·世宗纪》卷8，中华书局1975年版，第188—189页。
④ 脱脱：《金史·礼志》卷28，中华书局1975年版，第693页。

跳的女真传统的祭祀舞蹈。《金史·礼志》记载:"初,亚献至盥洗位,文舞退,武舞进,乐作。亚献诣昊天上帝神座前,摺笏跪,执事者以爵授之,乃执爵三祭酒,奠爵,执笏,俯伏,兴,少退,再拜。次诣皇地祇及配位,并如上仪。献毕,降复位。"① 女真传统祭祀舞分文舞和武舞两种,文舞和武舞一前一后轮流跳。《金史·礼志》记载:"文、武二舞。皇统年间,定文舞曰《仁丰道洽之舞》,武舞曰《功成治定之舞》。《贞元仪》又改文舞曰《保大定功之舞》,武舞曰《万国来同之舞》。大定十一年又有《四海会同之舞》,于是一代之制始备。"② 金国宫廷舞蹈,在金熙宗时期基本形成,国家郊祀、皇帝登基、册封皇后、国际交往等,都跳文、武二舞。随着宋朝宫廷舞蹈传入金代上京路,使金朝宫廷舞蹈更加完美,并成为金国皇帝朝会的一种常规仪式。《金史·礼志》记载:"初引时,乐奏《归美扬功之曲》,至位立定,乐止。典仪曰:"拜",赞者承传,太尉以下应在位官皆舞蹈,五拜。班首出班起居讫,又赞:"再拜",如朝会常仪。"③ 金朝国都在上京会宁府时期形成的具有女真族特色的文舞蹈和武舞蹈,一直影响着以后金国宫廷舞蹈,虽然金朝学习并吸纳宋朝宫廷舞蹈,但是女真族传统的文舞蹈和武舞蹈一直是金国宫廷舞蹈的精髓。大定二十四年(1184)五月,金世宗巡幸上京,君臣宫廷跳舞,《金史·世宗纪》记载:"五月己丑(6月11日),至上京,居于光兴宫。庚寅,朝谒于庆元宫。戊戌,宴于皇武殿。上谓宗戚曰:朕思故乡,积有日矣,今既至此,可极欢饮,君臣同之。赐诸王妃、主,宰执百官命妇各有差。宗戚皆沾醉起舞,竟日乃罢。"④ 这场舞会,应该既有女真族传统民间舞蹈,也有金国向宋朝学习后的宫廷舞蹈。金朝的宫廷舞蹈经过熙宗和海陵王时期基本成形,到金世宗时期,金朝宫廷舞蹈较为完善。

3. 金上京路戏曲与杂剧

金代戏曲为"北曲之祖——诸宫调"⑤,金代杂剧亦称院本,"院本、

---

① 脱脱:《金史·礼志》卷28,中华书局1975年版,第706页。
② 脱脱:《金史·礼志》卷39,中华书局1975年版,第882页。
③ 脱脱:《金史·礼志》卷36,中华书局1975年版,第834页。
④ 脱脱:《金史·世宗纪》卷8,中华书局1975年版,第187页。
⑤ 《中华文明史》编纂工作委员会:《中华文明史》(6册),河北教育出版社1994年版,第1174页。

杂剧，其实一也"。① 金代上京路戏曲与杂剧说唱艺术，既来源于女真人生产生活，也来源于辽、宋艺人的迁入。《中华文明史》说："金朝说唱艺术诸宫调和院本的繁荣，固然有各种伎艺出自北方民间的原因，但也还因为在金人与宋朝交战中，金人不断向宋室索取各种工匠，伎艺人北上有密切关系。"② 世代生活在白山黑水之间的女真人，素有剽悍粗犷的性格，他们在生产生活中，为了追求幸福生活，喜欢以说唱的形式，边唱边跳祭祀天地神灵，这是金代上京路戏曲与杂剧艺术来源之一。另一方面，金代上京路戏曲与杂剧发展，主要是金军在围攻北宋京城汴梁时，强行迁移北宋京城大批伎艺人才。《三朝北盟会编》记载："是日……诸般百戏一百人，教坊四百人。"③ 这些被金军迁移到上京路的北宋百戏艺人，对金代上京路戏曲和杂剧的发展，产生了很大的影响。

金军在围攻北宋京城汴梁时，不仅掠夺北宋说唱艺人，还掠夺北宋演戏道具。《三朝北盟会编》记载："金人索元宵灯烛于刘家寺，放上元请帝观灯。粘罕、斡离不布张筵会，召教坊乐人、大合乐艺人，悉呈百戏露台弟子，祗应倡优杂剧，罗列于庭宴。设甚盛有致语云：七将渡河，溃百万之禁，旋八人登垒，摧千仞之坚城。"④ 这则史料记载了金军在正月十五元宵节，索要北宋灯笼用于在刘家寺灯笼宴会。在这场文艺晚会上，众多百戏艺人登台演出。在其后正月十六的文艺演出，戏曲与杂剧更为丰富多彩。《三朝北盟会编》记载："次日诣房庭，赴花宴并如仪，酒三行则乐作。鸣钲击鼓，百戏出场，有大旗狮豹刀牌砑鼓、踏跷踏索、上竿斗跳、弄丸挝籫箕、筑球角抵、斗鸡杂剧等。服色鲜明，颇类中朝。"⑤ 从这则史料来看，这场演出应该是女真人与汉人同台演出，表演的内容和形式与北宋基本相同。

金代戏曲——诸宫调表演形式是有说有唱，"用白与曲相间的说唱方式

---

① 《中华文明史》编纂工作委员会：《中华文明史》（6册），河北教育出版社1994年版，第1175页。
② 《中华文明史》编纂工作委员会：《中华文明史》（6册），河北教育出版社1994年版，第1182页。
③ 徐梦莘：《三朝北盟会编》卷78，上海古籍出版社1987年版，第587页。
④ 徐梦莘：《三朝北盟会编》卷74，上海古籍出版社1987年版，第562页。
⑤ 徐梦莘：《三朝北盟会编》卷20，上海古籍出版社1987年版，第146页。

叙述故事。曲用韵文,白用散文;曲以歌唱,白以讲说,曲白相间而进"①。目前虽然没有关于金代上京路诸宫调的记载,但是在元人石君宝《诸宫调风月紫云亭》中提到有《三国志》《五代史》《七国志》等历史类题材唱本。金朝在天德三年始置国子监,在没有迁都燕京以前,已经把《三国志》《五代史》等书籍,纳入教科书了。《金史·选举志》记载:"《史记》用崔骃注,《前汉书》用颜师古注,《后汉书》用李贤注,《三国志》用裴松之注,及唐太宗《晋书》、沈约《宋书》、萧子显《齐书》、姚思廉《梁书》、《陈书》、魏收《后魏书》、李百药《北齐书》、令狐德棻《周书》、魏征《隋书》、新旧《唐书》、新旧《五代史》。"②从当时金朝国子监选用的史籍来看,朝廷科举已经用《三国志》《五代史》等书,说明石君宝在《诸宫调风月紫云亭》,所说的《三国志》《五代史》等内容的唱本,已经在金代上京路地区流传。金代诸宫调是我国说唱艺术发展的一个高峰,对后世影响较大,现在东北民间流传艺人说书,一边说一边唱,一边打鼓,应该就是受金代诸宫调戏曲影响。

金杂剧称金院本,其实是北宋杂剧传到金源地区的。金杂剧之所以被称为金院本,是由于金杂剧行院特点决定的。朱权《太和正音谱》记载:"院本者,行院之本也。"③意思是说金演杂剧的各戏班子,都是流动到各地演出的。每个戏班子都有相对固定的杂剧脚本,不同戏班子的杂剧脚本,被称之为金院本。《太和正音谱》亦记载:"金为院本、杂剧合而为一。"④《南村辍耕录》记载:"金有院本、杂剧、诸宫调。院本、杂剧,其实一也。"⑤杂剧艺术在金朝得到了很好的发展,主要原因是流传在民间的院本,受北宋杂剧艺术影响较大。金代上京路女真族杂剧艺术,其表演内容、表演形式,都表现出一种"滑稽"的特点,活跃于金初女真族文化生活中。《渤海国记》记载:"官民岁时聚会作乐,先命善歌舞者,数辈前行,士女相随更相唱和,回旋婉转,号曰踏锤。"⑥这则史料充分

---

① 《中华文明史》编纂工作委员会:《中华文明史》(6册),河北教育出版社1994年版,第1175页。
② 脱脱:《金史·选举志》卷51,中华书局1975年版,第1131—1132页。
③ 朱权著,姚品文点校笺评:《太和正音谱笺评》,中华书局2010年版,第105页。
④ 朱权著,姚品文点校笺评:《太和正音谱笺评》,中华书局2010年版,第104页。
⑤ 陶宗仪撰,王雪玲点校:《南村辍耕录》卷25,辽宁教育出版社1998年版,第295页。
⑥ 黄维翰:《渤海国记·礼俗》,辽沈书社1985年版,第150页。

描述了女真祖先，每逢节日时朋友聚会表演杂剧艺术的生动场面。在金代上京路女真人中，还流传着"蓬蓬歌"。北宋宣和初，金将燕山还给北宋，金人到北宋京师汴梁城，宋朝为了欢迎金人的到来，唱的就是"蓬蓬歌"。《大宋宣和遗事》记载："及金兵之来，京师竞唱小词，其尾声云：蓬蓬蓬，蓬乍乍，乍蓬蓬，是这蓬蓬乍。此妖声也。刘屏山《汴京事纪》有诗云，诗曰：仓皇禁陌夜飞戈，南去人稀北去多。自古胡沙埋皓齿，不堪重唱蓬蓬歌。"① 可见当时这首蓬蓬歌，在我国北方是广为流传的。当初阿骨打在辽天祚帝主持的鱼头宴上，天祚帝让阿骨打跳舞，其实流传于北方民间的蓬蓬歌，阿骨打应该会唱的。《全辽诗话》记载："万漠千庐月似波，头鱼宴罢更头鹅。罗衣轻学黄幡绰，齐唱蓬蓬扣鼓歌。"② 从这则诗话来看，天祚帝主持的鱼头宴，主要唱蓬蓬歌，阿骨打不给天祚帝唱，实质是对天祚帝残暴统治不满。金杂剧在《金史》亦有记载，《金史·礼志》记载："引都管、上中节分左右上厅，北入，南为上，立。下节于西廊下南入，北为上，立。候押宴等初盏毕，乐声尽，坐。至五盏后食，六盏、七盏杂剧。八盏下，酒毕。押宴传示使副，依例请都管、上中节当面劝酒。使者答上闻，复引都管、上中节于栏子外阶下排立，先揖，饮酒，再揖，退。至九盏下，酒毕，教坊退。"③ 从这则史料来看，在金初的女真人文化生活中，杂剧占有很重要的地位。

4. 上京路绘画与书法

金代上京路绘画与书法，虽有女真本身特色，但主要体现的是北宋的风格。金初上京路绘画与书法艺术，受北宋影响较大，基本上是北宋绘画与书法艺术在金代上京路传播。《三朝北盟会编》记载："索金银系笔和墨，雕、刻图画工匠三百余人。"④ 金军在攻占北宋汴京后，一次性从北宋掠夺三百余名画匠，这些画匠被迁移到金上京后，对金代上京路绘画与书法产生了很大的影响。北宋画匠进入金代上京路后，在自身绘画书法艺术发展的同时，对金代上京路女真人绘画与书法艺术产生了很大的影响，使金代上京路绘画书法艺术，继唐宋以来，具有我国北方民族特色和风

---

① 佚名：《大宋宣和遗事》，上海古典文学出版社 1954 年版，第 85—86 页。
② 蒋祖怡、张涤云整理：《全辽诗话》，岳麓书社 1992 年版，第 108 页。
③ 脱脱：《金史·礼志》卷 38，中华书局 1975 年版，第 875 页。
④ 徐梦莘：《三朝北盟会编》卷 77，上海古籍出版社 1987 年版，第 583 页。

格。金代上京路绘画主要表现为山水画和人马画特色；金代上京路书法主要表现为宋人苏、米风格。

金代上京路绘画艺术，既源于女真人的游猎生活，又受北宋绘画艺术影响，主要表现为山水画和人马画。金代上京路人马画是"以李公麟传派为主，由汉族、女真族画家共同开创的具有金代特性的绘画艺术"①。金代上京路画家群体，由女真贵族画家和辽、北宋入金的画家共同构成。金代上京路女真绘画家有完颜允恭、完颜王寿等，由辽入金的有虞仲文，由北宋入金的画家有宇文虚中、高士谈、吴激等。金初女真族绘画艺术，在艺术风格上保留契丹绘画遗风，其人马画受胡瓌和耶律倍（李赞华）画风影响。胡瓌绘画的主题是契丹族的游牧生活，或骑射，或放牧，其传世的代表作为《卓歇图》。《五代名画补遗》记载："胡瓌，山后契丹人，善画蕃马，骨格体状，富于精神，其于穹庐部族、帐幕旗旆、孤矢鞍鞯，或随水草放牧，或在驰逐戈猎，而又胡天惨冽，沙碛平远，能曲尽塞外不毛之景趣。"②《图画见闻志》记载："东丹王，契丹天皇王之弟，号人皇王，名突欲。后唐长兴二年投归中国。明宗赐姓李名赞华。善画本国人物鞍马，多写贵人酋长，胡服鞍勒，率皆珍华。而马上丰肥，笔乏壮气。"③《辽史·耶律倍传》记载："倍，……善画本国人物，如《射骑》、《猎雪骑》、《千鹿图》，皆入宋秘府。"④他们二人的绘画风格，被北宋画家所追崇，《宋史·李公麟传》记载："李公麟字伯时，舒州人。……雅善画，自作《山庄图》，为世宝。传写人物尤精，识者以为顾恺之、张僧繇之亚。襟度超轶，名士交誉之，黄庭坚谓其风流不减古人，然因画为累，故世但以艺传云。"⑤李公麟约生于仁宗皇祐元年（1049），死于徽宗崇宁五年（1106），先后在北宋中书门下省和御史台任过职，他一生虽在政治上不得意，但在绘画艺术上很有成就。他在京师任职，有机会目睹胡瓌、耶律倍等人马画。《画继·轩冕才贤》记载："公麟初喜画马，大率学韩干略有损增，有道人教以不可习，恐流入马趣，公麟悟其旨，更为道

---

① 《中华文明史》编纂工作委员会：《中华文明史》（6册），河北教育出版社1994年版，第1185页。
② 陈高华：《宋辽金画家史料》，文物出版社1984年版，第789页。
③ 陈高华：《宋辽金画家史料》，文物出版社1984年版，第786页。
④ 脱脱：《辽史·耶律倍传》卷72，中华书局1974年版，第1211页。
⑤ 脱脱：《宋史·李公麟传》卷444，中华书局1977年版，第13125—13126页。

佛尤佳。尝写骐骥院御马，……由是先以画马得名。"① 李公麟虽学于韩干，但热衷于道佛，这正是耶律倍所追崇的，因此李公麟喜爱画马，应当受契丹耶律倍画风影响。胡瓌、耶律倍的人马画风格，通过李公麟传到了金代上京路，被女真人所继承。金世宗子完颜允恭，天眷二年（1139）生于上京，"画獐鹿人马，学李伯时（李公麟），曾作有《百马图》"②。女真贵族尚人马画遗风，是怎样传入金代上京路的呢？罗世平、余辉认为"女真贵族对李公麟画风的追崇，很可能来自于当时在朝中任秘书监修起居注的杨邦基"③。这一观点当不无道理，《金史·杨邦基传》记载："杨邦基字德懋，华阴人。父绚，宋末为易州州佐。宗望伐宋，蔡靖以燕山降，易州即日来附。绚被杀，邦基年十余岁，匿僧舍中，得免。既长，好学。天眷二年，登进士第，……召为礼部主事，以兵部员外郎摄吏部差除，"④ 杨邦基于天眷二年登进士第后，先后在礼部和兵部当差，这段时间应与金世宗接触，"邦基能属文，善画山水人物，尤以画名当世云"。⑤ 世宗子完颜允恭的绘画，一定是受杨邦基影响，学画李伯麟画法而画《百马图》。

在金代上京路绘画中，除了人马画之外，还有一部分人文山水画。画这部分画的人，既有从北宋入金的画家，也有女真画家。金海陵王从小就接受汉文化熏陶，热衷于画人文山水画。《图绘宝鉴》记载："海陵炀王亮，尝作墨戏，多喜画方竹。"⑥ 海陵王喜欢画竹子，而北方不生长竹子，这应该与深受汉文化影响有关。金初从宋入金的画家，自身的发展及其对女真族画风的影响，使金代上京路人文山水画，不逊色于南宋。金代上京路山水画艺术，主要是宋入金的画家作品。宇文虚中、高士谈、吴激等，他们在金代上京路受北国风光影响，画了很多人文山水绘画作品，具有北方民族特色。金代上京路人文山水画作品，还表现在工艺美术作品上。在金代上京路出土的一些工艺品，有很多属绘画作品，如出土的陶器、铜

---

① 陈高华：《宋辽金画家史料》，文物出版社1984年版，第452页。
② 《中华文明史》编纂工作委员会：《中华文明史》（6册），河北教育出版社1994年版，第1185页。
③ 《中华文明史》编纂工作委员会：《中华文明史》（6册），河北教育出版社1994年版，第1185页。
④ 脱脱：《金史·杨邦基传》卷90，中华书局1975年版，第2006—2007页。
⑤ 脱脱：《金史·杨邦基传》卷90，中华书局1975年版，第2007页。
⑥ 夏文彦：《图绘宝鉴》卷4，中国书店1983年版，第75页。

镜、纺织品等，都有人文山水绘画作品。如在今吉林农安，当时金上京路隆州境内，出土了窖藏瓷器，分别有印花碟、刻花鱼碗、刻荷花纹钵，在今克东县金代蒲与路故城，出土了一面铜镜，铜镜的背面刻有山水、月亮、飞鹤、人物等组合图案。在今哈尔滨道外区巨源古城附近金齐国王墓，出土了云鹤图案等纺织品，这些金代上京路人文山水画作品，说明金代上京路绘画艺术，已经达到了较高的水平。

金代上京路书法艺术，主要是由金代上京路女真书法家、北宋入金的书法家，共同推动发展起来的。金朝统治者很重视书法艺术的发展，《三朝北盟会编》记载："粘罕为元帅后，虽贵亦袭父官，而不改其号。其法律吏治，则无文字，刻木为契，谓之刻字赋敛，调度皆刻箭为号，事急者三刻之。"[1] 金初上京路书法艺术发展，来自两方面的原因，一是女真贵族的重视，二是入金的北宋官员爱好。金太祖阿骨打在建国初期，就命令完颜希尹创制女真文字，这是金代书法艺术的开始。《金史·希尹传》记载："希尹乃依仿汉人楷字，因契丹字制度，合本国语，制女直字。天辅三年八月，字书成，太祖大悦，命颁行之。"[2] 完颜希尹效仿楷书和契丹字，创制女真文字，说明当时金初上京路书法艺术，应当有汉字楷书书法，但由于金初使用契丹字，以及金朝政府颁布女真字，因此金代上京路早期书法艺术，应该以契丹字和女真字为主。金灭亡北宋以后，大批北宋文官被迫迁入金上京，以及掠夺大量中文典籍，推动了金代上京路书法艺术发展。由北宋进入金代上京路的书法家，除宋徽宗还有宇文虚中、王竞、吴激、任询等。宇文虚中于金天会六年（1128）使金被扣，接受金朝任命，官至礼部尚书。《金史·宇文虚中传》记载："天眷间，累官翰林学士知制诰兼太常卿，封河内郡开国公。书《太祖睿德神功碑》，进阶金紫光禄大夫。"[3] 宇文虚中因书写《太祖睿德神功碑》，而官至光禄大夫。在入金的北宋官员中，王竞书法水平也是较高的。关于王竞书法成就，《金史·王竞传》记载："竞博学而能文，善草隶书，工大字，两都宫殿榜题皆竞所书，士林推为第一云。……皇统初，参政韩昉荐之，召权应奉翰林文字，兼太常博士。诏作《金源郡王完颜娄室墓碑》，竞以行状

---

[1] 徐梦莘：《三朝北盟会编》卷3，上海古籍出版社1987年版，第19页。
[2] 脱脱：《金史·希尹传》卷73，中华书局1975年版，第1684页。
[3] 脱脱：《金史·宇文虚中传》卷79，中华书局1975年版，第1791页。

尽其实，乃请国史刊正之，时人以为法。二年，试馆阁，竞文居最，遂为真。"① 王竞的《金源郡王完颜娄室墓碑》，1988 年长春文物部门在吉林省长春市东 10 公里石碑岭发现。当时考古挖掘完颜娄室墓时，出土了石碑残片，碑文字体为楷书。《金源郡王完颜娄室墓碑》已经破碎，虽然文字已经不完整了，但是在《柳边纪略》中保留了碑文，全文共有四千多字，记载了完颜娄室生平事迹。《柳边纪略》记载："讣闻，太宗震悼，诏遣亲卫驰驿，护其丧归，葬于济州之东南奥吉里。"② 说明完颜娄室死后，归藏于上京路之济州。《金史》里说《金源郡王完颜娄室墓碑》是王竞所撰写，但《柳边纪略》和《吉林通志》记载为王彦潜。《金史》与《柳边纪略》记载矛盾，按：完颜娄室天会八年去世，当时还不是金源郡王。完颜娄室是在海陵"天德二年，改封金源郡。配曰温都氏，追封王夫人"③。这说明《金源郡王完颜娄室墓碑》的撰写和雕刻，当在这之后不会在这之前，当时王竞正在朝中为官。《金史·王竞传》记载："天德初，转翰林待制，迁翰林直学士，改礼部侍郎，迁翰林侍讲学士，改太常卿，同修国史，擢礼部尚书，同修国史如故。"④ 天德二年追封完颜娄室为金源郡王时，王竞当在礼部尚书任上，正负责这项工作，《金史·刘萼传》记载"天德三年，赐王彦潜榜及第"⑤。这样看来，怀疑《金源郡王完颜娄室墓碑》不是王竞撰写，就没有道理了，而当时王彦潜还是个学生，不可能撰写《金源郡王完颜娄室墓碑》。虽然《柳边纪略》里记录的《金源郡王完颜娄室墓碑》，没有落款书写时间，但在墓碑的内容里有"大定十六年，天子思其功烈，诏图像太祖原庙。明年大袷，配享太宗庙庭，谥曰壮义，又敕词臣撰次之，建碑墓隧"⑥。这段内容说明，世宗又让人重新撰写了完颜娄室墓碑，撰写后的完颜娄室墓碑，名称为《大金故开府仪同三司左副元帅金源郡壮义王完颜公神道碑》。这次修改的完颜娄室墓碑，当是王彦潜在原先王竞基础上改定的。世宗重新让王彦潜修改墓碑，不只完颜娄室墓碑，还有完颜希尹墓碑。《完颜希尹神道碑》记载："大定十

---

① 脱脱：《金史·王竞传》卷 125，中华书局 1975 年版，第 2723 页。
② 杨宾：《柳边纪略》卷 4，吉林文史出版社 1993 年版，第 65 页。
③ 杨宾：《柳边纪略》卷 4，吉林文史出版社 1993 年版，第 65 页。
④ 脱脱：《金史·王竞传》卷 125，中华书局 1975 年版，第 2723 页。
⑤ 脱脱：《金史·刘萼传》卷 78，中华书局 1975 年版，第 1771 页。
⑥ 杨宾：《柳边纪略》卷 4，吉林文史出版社 1993 年版，第 66 页。

六年,诏图像衍庆宫。明年,配享太宗庙庭,命词臣撰次之。"① 完颜娄室神道碑和完颜希尹神道碑的修改时间,《吉林通志》作者也认为"同时立,故撰书、篆额人皆同"②。这两通碑都在金代上京路境内,都是由王彦潜撰文、任询书写。王彦潜的书法作品目前没有留下来,具体情况我们还不知道。任询的书法在当时很有影响,任询出身易州(今河北省易县)书香之家,父亲就善于书画。《金史·任询传》记载:"询生于虔州,为人慷慨多大节。书为当时第一,画亦入妙品,评者谓画高于书,书高于诗,诗高于文,然王庭筠独以其才具许之。登正隆二年进士第。"③ 任询仕途较为一般,没有多大造就,官至北京盐使就致仕,告老还乡,家中书法名画很多。任询"草书入能品,山水亦佳"。④ 元好问对任询的书法,也给予了很高的评价。在《跋国朝名公书》中说:"任南麓书,如老法家断狱,网密文峻,少不免而少恩,……。"⑤ 元好问评价任询书法的意思,不能只看表面,要像对待深山道人那样,看内在的本质。任询的书法作品,现在日本京都藤井有邻馆,还藏有《杜甫古柏行》拓本。它是任询在海陵王正隆五年的作品,曹宝麟认为:"这种气度不特金初无人出其右,就是在南宋也是很罕见。……至于他的学苏,至少在《古柏行》中很难认可。我觉得此中倒不无米芾的若干成分。"⑥ 不管怎么说,任询的书法艺术,还是北宋苏、米书法风格在金代上京路的扩展。

由北宋入金的书法家,还有蔡松年、吴激、高士谈等,在金上京活动过。《金史·蔡松年传》记载:"蔡松年字伯坚。父靖,宋宣和末,守燕山。松年从父来,管勾机宜文字。宗弼入为左丞相,荐松年为刑部员外郎。……皇统七年,松年迁左司员外郎。……天德初,擢吏部侍郎,俄迁户部尚书。"⑦ 蔡松年自任刑部员外郎后,就在金上京活动,官至户部尚书。他入仕途就负责文书工作,练就了一手好字,在金初书法界很是有地位。《金史·蔡松年传》记载:"文词清丽,尤工乐府,与吴激齐名,时

---

① 王世华:《完颜希尹家族墓地考略》,吉林省舒兰市文史资料委员会,1996年,第19页。
② 长顺:《吉林通志》卷120,吉林文史出版社1986年版,第1776页。
③ 脱脱:《金史·任询传》卷125,中华书局1975年版,第2719页。
④ 夏文彦:《图绘宝鉴》卷4,中国书店出版社1983年版,第75页。
⑤ 姚奠中:《元好问全集》(下册),山西人民出版社1990年版,第104页。
⑥ 曹宝麟:《中国书法史》(宋辽金卷),江苏教育出版社2002年版,第390页。
⑦ 脱脱:《金史·蔡松年传》卷125,中华书局1975年版,第2717页。

号吴、蔡体。有集行于世。"① 吴激是中国历史上著名书法家米芾的女婿，《金史·吴激传》记载："激，米芾之婿也，工诗能文，字画俊逸得芾笔意。尤精乐府，造语清婉，哀而不伤。"② 吴激的书法得到米芾真传，当时很是有名气。同书记载："将宋命至金，以知名留不遣，命为翰林待制。皇统二年，出知深州，到官三日卒。有《东山集》十卷行于世。"③ 吴激因为书法名气较大，由于奉命使金被金朝扣留。他在金朝翰林院做翰林待制，虽然官职不大，但是他的书法与蔡松年齐名，被当时称为吴、蔡体。在金初由宋入金，比较有名的书法家还有高士谈，他从金军灭亡北宋后就入金翰林院任翰林直学士。《金史·宇文虚中传》记载："士谈字季默，高琼之后。宣和末，为忻州户曹参军。入朝，官至翰林直学士。虚中、士谈俱有文集行于世。"④ 高士谈的书法以草书为主，陶宗仪评价他说："高士谈，善草书。"⑤

在金代上京路境内，今天还保留一通"大金得胜陀颂碑"。大金得胜陀颂碑为我国第一批全国重点文物保护单位，位于吉林省松原市得胜镇石碑崴子屯，是金世宗为纪念太祖阿骨打建国功绩而立。纪念碑为青石雕成，全高320厘米，由首、身、座三部分组成。碑首高79厘米，宽100厘米，厚38厘米。碑文由赵可撰写，碑额刻有大字篆书"大金得胜陀颂"六个字，此为金代书法家党怀英书写。《扶余县文物志》记载："碑身高177厘米，宽85厘米，厚31厘米，正面刻有汉字碑序及颂词八百十五字，计三十行，最长一行七十九字。"⑥ 碑的背面刻有女真大字，"碑额三行十二字，碑文三十三行，计行六、七十字不等一千五百余字"。⑦ 石碑碑额和碑文，既没有留下刻工，也没有史料记载何人书写。

关于大金得胜陀颂碑颂词正文书丹者是谁，由于此碑年代久远、字迹模糊，破坏严重，不好辨认，给研究者带来很大困难，致使自清以来书丹者是谁，一直没有弄清楚。有关大金得胜陀颂碑书丹者，目前记载最早的

---

① 脱脱：《金史·蔡松年传》卷125，中华书局1975年版，第2717页。
② 脱脱：《金史·吴激传》卷125，中华书局1975年版，第2718页。
③ 脱脱：《金史·吴激传》卷125，中华书局1975年版，第2718页。
④ 脱脱：《金史·宇文虚中传》卷79，中华书局1975年版，第1792页。
⑤ 陶宗仪：《书史会要》卷8，上海书店1984年版，第359页。
⑥ 陈相伟、李殿福：《扶余县文物志》，吉林省文物志编委会，1982年，第81页。
⑦ 陈相伟、李殿福：《扶余县文物志》，吉林省文物志编委会，1982年，第81页。

史料当属《吉林外纪》。萨英额《吉林外纪》记载："儒林郎咸平府清安县令、武骑尉、赐绯鱼袋臣孙侯奉敕书丹。"① 之后《吉林通志》沿用《吉林外纪》的记载，亦把书丹者记载为孙侯。长顺《吉林通志》记载："儒林郎、咸平府清安县令、□骑尉、赐绯鱼袋臣孙侯奉敕书丹。"② 长顺等《吉林通志》作者，对缺字进行了考补。《吉林通志》记载："惟书丹之孙侯无传，其系衔骑上一字已泐。吉林外纪作武字。考《百官志》：县令从七品，又凡勋级从七品曰武骑尉。官勋皆合，其为武字无疑。夫以纪功弘文，命一县令书之，则其见重当时，盖可想见。虽文籍无征，得此碑以存名姓，亦其幸也。"③ 这样一个国家规格的碑文，由一个县令来书丹，表示怀疑，但没有对其进行研究与考证。日本田村实造《大金得胜陀颂碑之研究》记载："儒林郎、咸平府清安县令、武骑尉、赐绯鱼袋臣孙侯奉敕书丹。"④ 田村实造依据以往史料记载，对书丹者为孙侯没有提出多大的疑问，只是说孙侯的个人情况尚属不明。罗福颐《满洲金石考》记载："儒林郎咸平府清安县令武骑尉赐绯鱼袋臣孙俣奉敕书丹。"⑤ 罗福颐提出侯当为俣之误写，他"根据通志侧书之通志跋，称书丹之孙侯，《金史》无传。家伯兄谓今拓本孙字正在断处，已不可见。其下有一字是俣非侯，疑俣上殆是郝字。郝俣见《金史·党怀英传》。今细审墨本，良然。案传称怀英大定二十九年，与凤翔府治中郝俣，充辽史刊修官，应奉翰林文字移剌益赵讽等七人为编修官。是时，章宗初即位，好尚文辞，旁求文学之士，以备侍从。谓宰相曰：翰林缺人，如之何？张汝林奏曰：郝俣能属文，宦业亦佳。上曰：近日制诏，惟党怀英最善。又上谓宰相曰：郝俣赋诗颇佳，旧时刘迎能之李宴不及也。俣之事迹，止此而已"⑥ 的记载，认为"《吉林外纪》载此碑亦作孙侯书丹，《吉林通志》殆沿《吉林外纪》之误，惜旧拓今不可见矣！《吉林通志》所录有讹脱字，第一行得胜陀下脱并序二字，第二行臣赵可奉敕撰下，误衍文字……"⑦ 怀疑此碑书丹者

---

① 萨英额：《吉林外纪》卷9，吉林文史出版社1986年版，第127页。
② 长顺：《吉林通志》卷120，吉林文史出版社1986年版，第1761页。
③ 长顺：《吉林通志》卷120，吉林文史出版社1986年版，第1763页。
④ [日]田村实造：《大金得胜陀颂碑之研究》，见《民族史译文集》（8），中国社会科学院民族研究所，1980年，第33页。
⑤ 罗福颐：《满洲金石志》卷3，艺文印书馆1976年版，第268页。
⑥ 罗福颐：《满洲金石志》卷3，艺文印书馆1976年版，第290页。
⑦ 罗福颐：《满洲金石志》卷3，艺文印书馆1976年版，第291页。

可能是郝俣，但是没有明确提出来，在其录文中仍写孙俣。陈相伟等在《扶余县文物志》中，依据《金史·章宗纪》明昌三年四月条，认定此碑书丹者为孙俣，此观点也得到了罗福颐的认同。《扶余县文物志》说："候、俣有异，而孙姓记载无二，此碑在道光初年完整，诸书所记，必有所本，再观拓片和石碑，孙字之下端清晰可见，故考为'孙俣'，这个看法在通信中得到了罗先生的赞同。"①

陈相伟等凭借道光初年此碑完整，认定当时此碑书丹者为孙俣应有所本。其实此石碑字迹模糊，是很长时间的事情，从大定二十五年到道光年间，已经几百年了，石碑上的很多字迹，有的已经辨认不清了，正如《吉林通志》作者所说字迹已经被水冲成泐了。凭借当时辨认不清的记录，来考订书丹者为孙俣，是值得商榷的。笔者认为罗福颐把侯改正为俣，是对考证此碑真正的书丹者最大的贡献，检索中国历史上的人名，几乎没有用"候"字作名的，一般都用"侯"字作姓氏。反而"俣"字当时已经有很多人用作名字了。罗福颐怀疑此碑书丹者为郝俣是对的，如果他再进一步研究，一定会得出正确的结论。《扶余县文物志》根据"以侍御史孙俣为宣问高丽王王晧使"②，推断此碑书丹者为孙俣，在《金史》等历史文献中都没有相关记载，属于孤证，孙俣在金朝只是侍御史，且在《金史》等文献中，没有记载孙俣是书法家；孙俣所从事的御史官职，也不是负责碑文书丹工作。

然而罗福颐所怀疑的郝俣，不仅是当时很有名气的书法家，且在金朝翰林院专门从事书丹碑文工作。《金史·交聘表》记载："二十四年二月丙戌（1184年4月9日），以高丽王晧母丧，遣东上阁门使完颜进儿、翰林修撰郝俣为敕祭使，"③郝俣在翰林院从事文字工作，与当时著名书法家在一起工作。《金史·党怀英传》记载："怀英能属文，工篆籀，当时称为第一，学者宗之。大定二十九年（1189），与凤翔府治中郝俣充《辽史》刊修官，应奉翰林文字移剌益、赵渢等七人为编修官。凡民间辽时碑铭墓志及诸家文集，或记忆辽旧事，悉上送官。"④郝俣的书法水平，当

---

① 陈相伟、李殿福：《扶余县文物志》，吉林省文物志编委会1982年版，第85—86页。
② 脱脱：《金史·章宗纪》卷11，中华书局1975年版，第248页。
③ 脱脱：《金史·交聘表》卷61，中华书局1975年版，第1444页。
④ 脱脱：《金史·党怀英传》卷125，中华书局1975年版，第2726页。

时已经被朝廷认可。《金史·党怀英传》"是时，章宗初即位，好尚文辞，旁求文学之士以备侍从，谓宰臣曰：翰林阙人如之何？张汝林奏曰：'郝俣能属文，宦业亦传。'上曰：'近日制诏惟党怀英最善。'移剌履进曰：'进士擢第后止习吏事，吏不复读书，近日始知为学矣。'上曰：'今时进士甚灭裂，《唐书》中事亦多不知，朕殊不喜。'上谓宰臣曰：'郝俣赋诗颇佳，旧时刘迎能之，李晏不及也。'"① 郝俣的书法得到章宗的认可，在当时唯党怀英书法最善，言外之意除党怀英就是郝俣了。郝俣与党怀英都在翰林院工作，书法水平相差无几，大金得胜陀颂碑碑额由党怀英书丹，正文由郝俣书丹是自然而然的事情。

在《金史》里郝俣虽没有单独立传，其事迹附在党怀英传内，但在《大金国志》里有传。《大金国志》记载："郝俣字子玉，太原人。正隆二年进士，仕至河东北路转运使。"② 郝俣为海陵天德二年进士，是金朝科举殿试设置儒林郎之始。《大金国志》记载："将殿试第一人依旧承德郎，第二、第三人儒林郎，并赐绿，余皆从仕郎，至今不易。此海陵炀王天德以后科举之制也。"③ 郝俣通过殿试，中进士应为儒林郎。《三朝北盟会编》记载："将殿试第一人，依旧承议郎；第二第三人儒林郎，并赐绯，余皆从仕郎，至今不易。"④《大金国志》记载："裒立、于府、省试各添策论一场，将殿试第一人依旧承义郎，第二、第三人儒林郎，并赐绯，余皆从仕郎，至今不易。"⑤ 这两则史料都说明，金朝殿试设置儒林郎职衔，一直没有变化。《大金国志》记载："六品至七品，谓文臣奉政大夫至儒林郎，武臣武将军至忠显校尉。文臣则服绯，武臣则服紫，并象笏红鞓乌犀带，文臣佩银鱼。"⑥ 郝俣是天德二年殿试进士，应为儒林郎，朝廷赐给绯，佩银鱼袋，官阶应为七品等同县令。这与碑文中记载的儒林郎、赐绯，佩银鱼袋一致，至于咸平府清安县令、武骑尉，就不得而知了，有待今后研究考证。

---

① 脱脱：《金史·党怀英传》卷125，中华书局1975年版，第2726页。
② 宇文懋昭：《大金国志》卷28，中华书局1986年版，第401页。
③ 宇文懋昭：《大金国志》卷35，中华书局1986年版，第510页。
④ 徐梦莘：《三朝北盟会编》卷244，上海古籍出版社1987年版，第1753页。
⑤ 宇文懋昭：《大金国志》附录2，中华书局1986年版，第599页。
⑥ 宇文懋昭：《大金国志》卷34，中华书局1986年版，第483页。

5. 金上京文娱游戏

金代上京路女真人的文娱游戏活动，主要源于他们的生产生活。女真人在建国前，以渔猎经济生活为主，靠打猎为生，因此他们的文娱游戏活动，多与渔猎经济生活有关。如射柳、滑冰滑雪、打球、下棋等文娱游戏活动，都带有女真特色。

射柳：女真人射柳活动，是与女真人善骑射有紧密关系的一项游戏活动。女真人射柳游戏活动，原先没有固定的时间，根据喜好和兴趣随时举办。女真建国后，女真人为了庆祝传统节日，每当传统节日前后，大都举办射柳游戏活动。《金史·太祖纪》记载："收国元年五月庚午朔（1115年5月26日），避暑于近郊。甲戌（5月30日），拜天射柳。故事，五月五日、七月十五日、九月九日拜天射柳，岁以为常。"① 女真族从收国元年开始，每年春夏之交的端午节前后，都要举办射柳游戏活动。《金史·宗翰传》记载："天辅五年五月戊戌（1121年5月22日），射柳，宴群臣。"② 从此以后，每年端午节这天，金国都举办射柳比赛活动，成为金朝传统节日经常举办的游戏活动。《金史·礼志》记载："凡重五日拜天礼毕，插柳毬场为两行，当射者以尊卑序，各以帕识其枝，去地约数寸，削其皮而白之。先以一人驰马前导，后驰马以无羽横镞箭射之，既断柳，又以手接而驰去者，为上。断而不能接去者，次之。或断其青处，及中而不能断，与不能中者，为负。每射，必伐鼓以助其气。"③ 女真人在射柳活动时，场地周围围着很多观众，他们擂鼓助威，为比赛者加油鼓劲。女真族射柳活动源于契丹族，《金史·礼志》记载："行射柳、击球之戏，亦辽俗也，金因尚之。"④ 女真族的射柳活动，较比契丹族更加制度化，每年不同时期的射柳比赛活动，都规定在不同的地方举行。《金史·礼志》记载："拜天金因辽旧俗，以重五、中元、重九日行拜天之礼。重五于鞠场，中元于内殿，重九于都城外。"⑤ 金代上京路女真人"拜天射柳"比赛活动，后来逐渐演变成女真族传统的文娱游戏活动了。

滑冰滑雪：滑冰滑雪游戏在金朝十分盛行。女真人每到冬天，主要经

---

① 脱脱：《金史·太祖纪》卷2，中华书局1975年版，第27页。
② 脱脱：《金史·宗翰传》卷74，中华书局1975年版，第1693页。
③ 脱脱：《金史·礼志》卷35，中华书局1975年版，第826—827页。
④ 脱脱：《金史·礼志》卷35，中华书局1975年版，第826页。
⑤ 脱脱：《金史·礼志》卷35，中华书局1975年版，第826页。

济生活是打猎。每年都在下雪后,根据动物行走留在雪地上的印迹,寻找动物的去向。女真人为了追赶动物,练就了滑冰滑雪的本领,养成了热爱滑冰滑雪的习惯。女真人滑冰滑雪技术,较周围其他民族技术都熟练。《大金国志》记载:"大中祥符三年(1010),契丹往伐高丽,过其国,乃与高丽合拒契丹。女真众才一万,弓矢精强,又善冰城,以水沃而成冰,坚不可上,契丹大败,丧师而还。"①虽然女真军才一万人,但是由于善于滑冰滑雪,冰上作战有很大优势,大败契丹军队。《金史·斜卯阿里传》记载:"高丽入寇,以我兵屯守要害,不得进,乃还。阿里追及于曷懒水,高丽人争走冰上,阿里乘之,杀略几尽,遂合兵于石适欢。"②高丽军队不善于冰上作战,被女真军队打败。阿骨打反辽战争,首战宁江州和出河店大捷,靠的是金兵善于滑冰滑雪,突袭辽军取得胜利。《金史·礼志》记载:"昔我太祖武元皇帝,受天明命,扫辽季荒芜,成师以出,至于大江,浩浩洪流,不舟而济,虽穆满渡江而鼋梁,光武济河而水冰,自今观之无足言矣。"③阿骨打趁松花江封冻之机,率领金军突破鸭子河大败辽兵,在《金史》里有详细的记载。《金史·太祖纪》记载:"辽天庆四年(1114)十一月,辽都统萧糾里、副都统挞不野将步骑十万会于鸭子河北。太祖自将击之。未至鸭子河,既夜,太祖方就枕,若有扶其首者三,寤而起,曰:神明警我也。即鸣鼓举燧而行。黎时及河,辽兵方坏凌道,选壮士十辈击走之。大军继进,遂登岸。甲士三千七百,至者才三之一。俄与敌遇于出河店,会大风起,尘埃蔽天,乘风势击之,辽兵溃。"④从这则史料来看,虽然辽兵破坏了鸭子河上的冰道,但是由于金军善于滑冰滑雪,很快就通过了鸭子河,取得出河店大捷。女真人滑冰滑雪习惯,一直延续到今天。现在东北地区各地每到冬天,举办冰雪文化活动,开展各种形式的冰雪文娱游戏,就是女真族善于滑冰滑雪文化的遗风。

双陆棋:双陆是中国古老的棋艺游戏,何时传入中国,说法不一,这里不做探讨。在辽金时期,双陆棋是北方民族所喜爱的游戏之一。金代上

---

① 宇文懋昭:《大金国志》附录1,中华书局1986年版,第588页。
② 脱脱:《金史·斜卯阿里传》卷80,中华书局1975年版,第1798页。
③ 脱脱:《金史·礼志》卷35,中华书局1975年版,第821页。
④ 脱脱:《金史·太祖纪》卷2,中华书局1975年版,第25页。

京路女真族双陆棋游戏，应该是从契丹那里学来的。《松漠纪闻》记载："道宗末年，阿骨打来朝，以悟室从，与辽贵人双陆。"① 关于阿骨打在辽朝对弈双陆棋一事，在《大金国志》里有较为详细的记载。《大金国志》记载："道宗末年，阿骨打来朝，以悟室从，与辽贵人双陆，贵人投琼不胜，妄行马，阿骨打愤甚，拔小佩刀欲刺之，悟室急以手握鞘，阿骨打止得柄劄其胸，不死。道宗怒，侍臣以其强悍，咸劝诛之。道宗曰：吾方示信以待远人，不可杀。"② 阿骨打双陆棋艺很高，对辽人不按规矩走棋，表示不满。《金史·阿离補传》记载："女直旧风，凡酒食会聚，以骑射为乐。今则弈棋双陆，宜悉禁止，令习骑射。"③ 这则史料已经说明，下双陆棋在辽末已经成为女真族一种文娱风俗。《大金国志》记载："辽既亡，林牙大实亦降。大实，小名；林牙，犹翰林学士也。大实与粘罕双陆，争道，粘罕心欲杀之，而口不言。"④ 粘罕本想杀耶律大石，由于跟耶律大石下双陆棋，致使耶律大石趁机逃跑。目前考古发掘还没有在女真族墓葬中发现双陆棋，只是在契丹族墓葬中发现了双陆棋。1974 年，辽宁省博物馆在辽宁法库县叶茂台 7 号辽墓考古发掘中，出土了"漆木双陆一副，棋盘为长方形，在两个长边各雕出一个月牙形纹样和左右共十二个圆坑（左右各六，是谓双陆），雕处涂以白色。盘上堆放着三十粒椎形棋子，黑白各十五粒。旁边还放着两粒角骰，已腐朽"。⑤ 双陆棋为甲乙两个人对下。分黑白两色，双方投骰子决定谁先谁后走，双陆棋是由棋盘、黑白棋子各 15 枚、骰子 2 枚构成。在棋盘上面刻有对等的 12 竖线，骰子呈六面体，分别标有从 1 到 6 的数值。游戏时二人各拿一枚骰子，每人按掷出骰子顶面所显示的数值走棋子。白棋从右到左，黑棋从左到右，谁先将 15 枚棋子走进 6 条竖线内，谁就算是赢家。双陆棋没有定数，趣味性较强，一般用来当赌具，是女真人喜爱的文娱游戏。

击鞠球：击鞠球是女真族一种经常性的体育比赛。金代上京路女真族人击鞠球，应当是从契丹人和汉人那里学来的。《金史·礼志》记载："金因辽旧俗，以重五、中元、重九日行拜天之礼。重五于鞠场，……击

---

① 洪皓：《松漠纪闻》，吉林文史出版社 1986 年版，第 22 页。
② 宇文懋昭：《大金国志》附录 1，中华书局 1986 年版，第 589 页。
③ 脱脱：《金史·阿离補传》卷 80，中华书局 1975 年版，第 1812 页。
④ 宇文懋昭：《大金国志》卷 14，中华书局 1986 年版，第 193 页。
⑤ 辽宁省博物馆、铁岭地区文物组：《法库叶茂台辽墓记略》，《文物》1975 年第 12 期。

球之戏，亦辽俗也，金因尚之。"① 金代上京路女真族人后来击鞠球，与宋朝没有什么区别。《大金国志》记载："如结彩山、作倡乐、寻幢角抵之伎、斗鸡击鞠之戏，与中国同。"② 在辽金时期，当时人们用动物的皮缝制成皮囊，在皮囊里面装上动物毛以增加鞠球弹力，这就是当时的鞠球。鞠球后来发展成不装动物的毛改为打气，演变成充气的皮球。金代上京路女真人无论是达官贵人，还是普通百姓，都爱好击鞠球。普通百姓击鞠球没有固定的场所，只要有个空地方，插上两个木杆当球门，就能开始击鞠球比赛。金国皇帝击鞠球，有相对固定的地方。《金史·地理志》记载："有皇武殿，击球校射之所也。"③《金史·宗宁传》记载："宴宗室于皇武殿，击球为乐。"④ 皇帝击鞠球一般都在皇武殿，让百姓观看。"皇武殿击鞠，令百姓纵观。"⑤ 海陵王以击鞠球的名义，谋杀了完颜宗本。《金史·宗本传》记载："使人召宗本等击鞠，海陵王先登楼，命左卫将军徒单特思及萧裕妹婿近侍局副使耶律辟离刺，小底密伺宗本及判大宗正事宗美，至，即杀之。"⑥ 女真族击鞠球有时骑马进行，因此有把击鞠球说成马球。《金史·礼志》记载："击球各乘所常习马，持鞠杖。杖长数尺，其端如偃月。分其众为两队，共争击一球。先于球场南立双桓，置板，下开一孔为门，而加网为囊，能夺得鞠击入网囊者为胜。或曰：两端对立二门，互相排击，各以出门为胜。"⑦ 当时金朝出现了专业击鞠球的国家队，专用击鞠马匹和鞠杖。击鞠球比赛分两队，每人各乘一马，各持鞠杖，杖长数尺，争相击球。击鞠球双方均都向门中击球，以进球多少决定胜负。

第四节 上京路教育与科举

金朝统治者十分重视教育与科举，使金代上京路教育和科举得到了很

---

① 脱脱：《金史·礼志》卷35，中华书局1975年版，第826页。
② 宇文懋昭：《大金国志》卷3，中华书局1986年版，第40页。
③ 脱脱：《金史·地理志》卷24，中华书局1975年版，第551页。
④ 脱脱：《金史·宗宁传》卷73，中华书局1975年版，第1676页。
⑤ 脱脱：《金史·海陵王纪》卷5，中华书局1975年版，第103页。
⑥ 脱脱：《金史·宗本传》卷76，中华书局1975年版，第1732页。
⑦ 脱脱：《金史·礼志》卷35，中华书局1975年版，第827页。

好的发展。金原先没有专门教育机构和科举制度，随着国土面积的扩大，金国为了培养管理人才，效仿辽与北宋科举取士的做法，开始设置教育机构，逐渐从中央到地方设立学校，培养人才、选拔人才。金朝为培养和选拔人才，实行教育和科举制度相结合举措。金代上京路是金初政治、经济、文化中心，金朝许多教育制度、科举制度，都是在金代上京路制定的。

一　上京路的教育

1. 上京路的教育政策

女真族原是文化相对落后的民族。女真建国后，为了培养人才，统治者十分重视教育，出台了一系列教育政策并加以实施。金初随着伐辽战争节节胜利，国土面积扩大，需要大批有知识的文化人来管理刚建立的国家。太祖阿骨打为了国家的治理，在选任各级政府官员时，特别重视选拔有文化之人。《金史·太祖纪》记载："（天辅二年）九月戊子（1118年9月25日），诏曰：国书诏令，宜选善属文者为之。其令所在访求博学雄才之士，敦遣赴阙。"① 由于女真族原先没有文字书籍，因此太祖、太宗在伐辽灭宋过程中，特别重视搜集辽宋书籍。《金史·太祖纪》记载："（天辅五年十二月）戊申（1122年1月27日），诏曰：若克中京，所得礼乐仪仗图书文籍，并先次津发赴阙。"② 阿骨打为了加强本民族教育，培养女真族人才，让完颜希尹仿照汉字和契丹字，结合女真族语言创制女真字。"天辅三年八月己丑（1119年9月21日），颁女直字。"③ 女真字颁布后，金朝即着手建立专门教授女真字的学校。《金史·太宗纪》记载："天会三年十月甲辰（1125年11月3日），召耶鲁赴京师教授女真字。"④ 这说明上京会宁府应该设立女真学校了，而且女真学校已有一定的规模，为金朝培养了一些人才。《金史·纥石烈良弼传》记载："天会中，选诸路女直字学生送京师，良弼与纳合椿年皆童卯，俱在选中。"⑤ 纥石烈良弼和纳合椿年，都是被选拔上来送到金上京女真学校培

---

① 脱脱：《金史·太祖纪》卷2，中华书局1975年版，第32页。
② 脱脱：《金史·太祖纪》卷2，中华书局1975年版，第36页。
③ 脱脱：《金史·太祖纪》卷2，中华书局1975年版，第33页。
④ 脱脱：《金史·太宗纪》卷3，中华书局1975年版，第53页。
⑤ 脱脱：《金史·纥石烈良弼传》卷88，中华书局1975年版，第1949页。

养出来的人才，后来都被朝廷所重用。《金史·温迪罕缔达传》记载："初，丞相希尹制女直字，设学校，使讹离剌等教之。其后学者渐盛，转习经史，故纳合椿年、纥石烈良弼皆由此致位宰相。"① "椿年与诸部儿童俱入学，最号警悟。久之，选诸学生送京师，俾上京教授耶鲁教之，椿年在选中。"② 太祖、太宗对金初教育的重视，主要是培养女真人才，以实现对国家的统治。金熙宗即位后，金朝的教育政策发生了变化。由于熙宗从小受到良好的儒家文化熏陶，金熙宗本人"自是颇读《尚书》、《论语》及《五代》、《辽史》诸书，或以夜继焉"。③ 特别是金熙宗受宇文虚中等人影响，使得熙宗重视儒家文化教育。熙宗在"金国统治区域内各民族、各阶层在文化教育方面的强烈需求，顺应形势，于天眷元年（1138）进行女真文字的改革，颁行女真小字并翻译儒家经典作为学生的教材。这一措施标志着儒学教育的进一步深化"。④《金史·熙宗纪》记载："天眷元年正月戊子朔（1138年2月12日），颁女直小字。"⑤ 女真小字颁布后，"皇统元年二月戊子（1141年3月28日），上亲祭孔子庙，北面再拜。退谓侍臣曰：朕幼年游佚，不知志学，岁月逾迈，深以为悔。孔子虽无位，其道可尊，使万世景仰。大凡为善，不可不勉。自是颇读《尚书》、《论语》及《五代》、《辽史》诸书，或以夜继焉"⑥。金"熙宗即位，兴制度礼乐，立孔子庙于上京。天眷三年，诏求孔子后，加璠承奉郎，袭封衍圣公，奉祀事。是时，熙宗颇读《论语》、《尚书》、《春秋左氏传》及诸史、《通历》、《唐律》，乙夜乃罢。皇统元年三月戊午（1141年4月27日），上谒奠孔子庙，北面再拜，顾谓侍臣曰：朕幼年游佚，不知志学，岁月逾迈，深以为悔。大凡为善，不可不勉，孔子虽无位，其道可尊，万世高仰如此"。⑦ 金熙宗时期，宋金两国没有大的战事，基本处于和平状态，使宋金两国交往频繁，文化进一步融合，加速了女真族汉化步伐。和平时期国家的治理，客观上需要儒家文化。《金史·熙宗纪》记载："帝览之曰：

---

① 脱脱：《金史·温迪罕缔达传》卷105，中华书局1975年版，第2321页。
② 脱脱：《金史·纳合椿年传》卷83，中华书局1975年版，第1872页。
③ 脱脱：《金史·熙宗纪》卷4，中华书局1975年版，第77页。
④ 姜树卿、单雪丽：《黑龙江教育史》，黑龙江人民出版社2002年版，第119页。
⑤ 脱脱：《金史·熙宗纪》卷4，中华书局1975年版，第72页。
⑥ 脱脱：《金史·熙宗纪》卷4，中华书局1975年版，第77页。
⑦ 脱脱：《金史·孔璠传》卷105，中华书局1975年版，第2311页。

太平之世，当尚文物，自古致治，皆由是也。"① 由于金熙宗积极倡导儒家文化，使得儒家文化在金代上京路广泛传播。金熙宗在上京立文庙、拜孔祭孔，使"金代的文教政策进一步完善为'尊孔崇儒'，并付诸实施"②。自金熙宗之后，金朝历代帝王都把"尊孔崇儒"作为基本教育政策。海陵王弑杀熙宗即位后，继续推行"尊孔崇儒"教育政策。《金史·海陵纪》记载："天德三年正月甲午（1151年2月10日），初置国子监。"③ 海陵王始设国子监为金朝最高教育行政机构，统一管理金朝从中央到地方各级学校。海陵王在推进"尊孔崇儒"教育政策之下，也重视女真本民族传统文化教育。《金史·光英传》记载："海陵尝言：太子宜择硕德宿学之士，使辅导之，庶知古今，防过失。诗文小技，何必作耶。至于骑射之事，亦不可不习，恐其懦柔也。"④ 金世宗既推行熙宗以来的教育政策，又加强女真族传统文化教育。"自大定四年，以女直大小字译经书颁行之。……十三年，始设女直国子学，诸路设女直府学，以新进士为教授。"⑤ 虽然金朝国都迁到中都，但金熙宗特别重视上京路的发展，在上京路设立女真府学。大定二十五年（1185），金世宗在上京时，"闻有女直人诉事，以女直语问之，汉人诉事，汉语问之。大抵习本朝语为善，不习，则淳风将弃"⑥。女真人诉讼能用女真语问，汉人诉讼能用汉语问，说明当时上京路实行双轨制教育政策。在上京路境内，会宁府、肇州、隆州等地汉人居住多的地方用汉语教学，在蒲与路、胡里改路等女真人居住多的地方用女真语教学。此外，金朝为了推动国民教育，划拨土地当学田，学田免收各种杂税。《金史·食货志》记载："学田，租税、物力皆免。"⑦ 金朝政府为了鼓励适龄青年入学，制定"终场举人、系籍学生、医学生，皆免一身之役"⑧ 的政策，极大地调动了人们求学的积极性，推动了金代上京路教育事业发展。

---

① 脱脱：《金史·熙宗纪》卷4，中华书局1975年版，第77页。
② 兰婷：《金代教育》，吉林文史出版社2005年版，第81页。
③ 脱脱：《金史·海陵纪》卷5，中华书局1975年版，第96页。
④ 脱脱：《金史·光英传》卷82，中华书局1975年版，第1853页。
⑤ 脱脱：《金史·选举志》卷51，中华书局1975年版，第1133页。
⑥ 脱脱：《金史·世宗纪》卷8，中华书局1975年版，第191页。
⑦ 脱脱：《金史·食货志》卷47，中华书局1975年版，第1056页。
⑧ 脱脱：《金史·食货志》卷47，中华书局1975年版，第1056页。

2. 上京路教育制度

金代上京路教育制度，主要包括金初朝廷颁布的各类官办学校，以及海陵迁都后，对上京路有影响的教育制度。严格来说，金太祖、太宗时期，没有形成教育制度。金朝教育制度是沿袭辽、宋教育制度，熙宗改勃极烈制为三省六部制，始设礼部为国家教育管理机构。《金史·百官志》记载："礼部。掌凡礼乐、祭祀、燕享、学校、贡举、仪式、制度、符印、表疏、图书、册命、祥瑞、天文、漏刻、国忌、庙讳、医卜、释道、四方使客、诸国进贡、犒劳张设之事。"① 熙宗时期的教育管理，还没有形成真正的制度，金朝真正的教育行政管理、招生考试、教学管理等制度，形成于海陵王时期。海陵王天德三年（1151），正式设置专门教育管理机构。《金史·选举志》记载："凡养士之地曰：国子监，始置于天德三年。"② 国子监是隶属于礼部最高教育行政机构，《金史·选举志》记载："凡试补学生，太学则礼部主之，州府则以提举学校学官主之。"③ 国子监设立后，负责全国的教育行政管理，但是招生工作和太学的管理，还是由礼部主管，州府教育以提举学校学官负责管理。《金史·百官志》记载："国子监国子学、太学隶焉。祭酒，正四品。司业，正五品，掌学校。丞二员，从六品，明昌二年增一员，兼提控女直学。"④ 从这则史料可以看出，国子监是最高教育行政部门，管理国子学和太学。国子学和太学应该是国子监直接管辖学校，《金史·选举志》记载："国子学。博士二员，正七品，分掌教授生员、考艺业。太学同。……国子校勘，从八品，掌校勘文字。国子书写官，从八品，掌书写实录。"⑤ "太学。博士四员，正七品。"⑥ 金初在金上京办的国子学和太学，海陵王迁都后，先后都迁到金中都了。金朝在上京城办国子学和太学迁走后，在各府州还设有府州办学机构。《金史·徒单镒传》记载："在都设国子学，诸路设府学，并以新进士充教授，士民子弟愿学者听。岁久，学者当自众。"⑦ 国子监

---

① 脱脱：《金史·百官志》卷55，中华书局1975年版，第1234页。
② 脱脱：《金史·选举志》卷51，中华书局1975年版，第1131页。
③ 脱脱：《金史·选举志》卷51，中华书局1975年版，第1131页。
④ 脱脱：《金史·百官志》卷56，中华书局1975年版，第1271页。
⑤ 脱脱：《金史·百官志》卷56，中华书局1975年版，第1271页。
⑥ 脱脱：《金史·百官志》卷56，中华书局1975年版，第1271页。
⑦ 脱脱：《金史·徒单镒传》卷99，中华书局1975年版，第2185页。

是全国最高的教育行政管理部门，相当于现在的国家教委，负责制定、监督执行全国教育管理。金朝招生制度还是比较严格的，招生名额规定："词赋、经义生百人，小学生百人，"① 生源也有明确规定："以宗室及外戚皇后大功以上亲、诸功臣及三品以上官兄弟子孙年十五以上者入学，不及十五者入小学。"② 金朝的太学，在生源和学额上也规定得很严格。《金史·选举志》记载："大定六年始置太学，初养士百六十人，后定五品以上官兄弟子孙百五十人，曾得府荐及终场人二百五十人，凡四百人。府学亦大定十六年置，凡十七处，共千人。初以尝与廷试及宗室皇家袒免以上亲、并得解举人为之。后增州学，遂加以五品以上官、曾任随朝六品官之兄弟子孙，余官之兄弟子孙经府荐者，同境内举人试補三之一，阙里庙宅子孙年十三以上不限数，经府荐及终场免试者不得过二十人。"③ 金朝制定全国统一教材，"凡经，《易》则用王弼、韩康伯注，《书》用孔安国注，《诗》用毛苌注、郑玄笺，《春秋左氏传》用杜预注，《礼记》用孔颖达疏，《周礼》用郑玄注、贾公彦疏，《论语》用何晏集注、邢昺疏，《孟子》用赵岐注、孙奭疏，《孝经》用唐玄宗注，《史记》用崔骃注，《前汉书》用颜师古注，《后汉书》用李贤注，《三国志》用裴松之注，及唐太宗《晋书》、沈约《宋书》、萧子显《齐书》、姚思廉《梁书》、《陈书》、魏收《后魏书》、李百药《北齐书》、令狐德棻《周书》、魏征《隋书》、新旧《唐书》、新旧《五代史》，《老子》用唐玄宗注疏，《荀子》用杨倞注，《扬子》用李轨、宋咸、柳宗元、吴秘注，皆自国子监印之，授诸学校。"④ 在日常教学管理上，"凡学生会课，三日作策论一道，又三日作赋及诗各一篇。三月一私试，以季月初先试赋，间一日试策论，中选者以上五名申部。遇旬休、节辰皆有假，病则给假，省亲远行则给程。犯学规者罚，不率教者黜。遭丧百日后求入学者，不得与释奠礼。凡国子学生三年不能充贡，欲就诸局承应者，学官试，能粗通大小各一经者听。"⑤ 金朝这些行之有效的教育制度，推动了金代上京路教育事业的繁荣与发展。

---

① 脱脱：《金史·选举志》卷51，中华书局1975年版，第1131页。
② 脱脱：《金史·选举制》卷51，中华书局1975年版，第1131页。
③ 脱脱：《金史·选举志》卷51，中华书局1975年版，第1131页。
④ 脱脱：《金史·选举志》卷51，中华书局1975年版，第1131—1132页。
⑤ 脱脱：《金史·选举志》卷51，中华书局1975年版，第1132页。

3. 上京路官办公学

金朝在上京路官办学校，分前后两个阶段，前期既有隶属于国子监在上京城办的国子学，又有各府路州办的府学、州学、节镇学和防御州学。海陵王迁都后，国子学随国子监迁往金中都，上京路只剩下各府路州办的地方学校了。

金初上京路民间私学发达，官办学校起步较晚，大约始于女真文字创制以后。《金史·温迪罕缔达传》记载："温迪罕缔达，该习经史，以女直字出身，累官国史院编修官。初，丞相希尹制女直字，设学校，使讹离刺等教之。其后学者渐盛，转习经史，故纳合椿年、纥石烈良弼等皆由此致位宰相。"[1] 从这则史料来看，完颜希尹创制女真文字之后，金朝即开始官办学校。《金史·宗宪传》记载："宗宪本名阿懒。颁行女直字书，年十六，选入学。太宗幸学，宗宪与诸生俱谒，宗宪进止恂雅，太宗召至前，令诵所习，语音清亮，善应对。……上嗟赏久之。兼通契丹、汉字。"[2] 宗宪16岁入学，说明在宗宪16岁时，金朝已经开始官办学校了。宗宪是"大定六年，薨，年五十九"[3]。从宗宪大定六年（1166）去世时是59岁往前推，宗宪16岁时正是太宗天会元年（1123），这说明金朝在天会元年，就已经有了官办学校，太宗即位后还到学校视察。但此时金朝官办学校规模不大，国家各项制度属于草创阶段，没有设立专门教育管理机构。金朝正式设置管理机构，是在海陵王天德三年（1151）设置国子监。国子监主管的国子学设于上京。国子学在上京设置时间很短，海陵贞元迁都，国子学迁往金中都。金世宗即位后，为了培养女真族人才，在女真族聚居地区设女真国子学。《金史·选举志》记载："十三年，以策、诗取士，始设女直国子学，诸路设女直府学，以新进士为教授。国子学策论生百人，小学生百人。府州学二十二，中都、上京、胡里改、恤频、合懒、蒲与、婆速、咸平、泰州、临潢、北京、冀州、开州、丰州、西京、东京、盖州、隆州、东平、益都、河南、陕西置之。"[4] 金世宗设置的女真国子学，在金代上京路境内上京城、胡里改、曷懒、恤品、蒲与、泰

---

[1] 脱脱：《金史·温迪罕缔达传》卷105，中华书局1975年版，第2321页。
[2] 脱脱：《金史·宗宪传》卷70，中华书局1975年版，第1615页。
[3] 脱脱：《金史·宗宪传》卷70，中华书局1975年版，第1617页。
[4] 脱脱：《金史·选举志》卷51，中华书局1975年版，第1133页。

州、隆州等地都设置了。除女真国子学外，世宗还在上京路设置了府学和州学。《金史·徒单镒传》记载："在都设国子学，诸路设府学，并以新进士充教授，士民子弟愿学者听。"① 金朝府学的规模，《金史·选举志》记载："府学亦大定十六年置，凡十七处，共千人。"② 有人认为这里记载的金代设置府学十七处，与《金史》记载的十九路不符，说："所谓17所京府学校，当与上述19路府大体对应。其中的上京为女真故地，中都为国子学和太学所在，故上京、中都可能未设此类学校。"③ 此推测不敢认同，因为金"袭辽制，建五京，置十四总管府，是为十九路"。④ 金朝十九路行政区划是逐渐形成的，不是从金初到金末一直是十九路。《金史》里的十九路行政建置是变动的，李昌宪《金代行政区划史》里，熙宗皇统二年是十九路，海陵正隆二年是十九路，大定二十九年是二十路，章宗泰和八年是二十路。如果按照对应的说法，那大定十六年设置的府学应该是20所，即使上京和中京不设府学，也应是18所府学。因此，世宗时期所设府学，不一定与十九路是对应关系，因为金朝行政区划变动，所设置府学数量也在变化。金朝府学设置最多时达到24所，且中都大兴府也设置了府学。《金史·选举志》记载："府学二十有四，学生九百五人。大兴……。"⑤ 至于没有史料记载上京路设置府学，可能是因为在此之前，大定十三年已经在上京设置了女真国子学。女真国子学设置面较广，上京路所属的蒲与路、胡里改、隆州等地，都设置了女真国子学。由于上京路境内居民一般都说女真语和汉语两种语言，这样在大定十六年设置府学时，就不用再设府学了。金世宗时期，还对府以下地方城镇设州学。《金史·选举志》记载："节镇学三十九，共六百一十五人。绛、定、卫、怀、沧州各三十人，莱、密、潞、汾、冀、邢、兖州各二十五人，代、同、邠州各二十人，奉圣州十五人，余二十三节镇皆十人。防御州学二十一，共二百三十五人。博、德、洺、棣、亳各十五人，余十六州各十人。凡千八百人。"⑥ 金代上京路辖区节镇有蒲与路、胡里改路、合懒路、恤

---

① 脱脱：《金史·徒单镒传》卷99，中华书局1975年版，第2185页。
② 脱脱：《金史·选举志》卷51，中华书局1975年版，第1131页。
③ 乔卫平：《中国教育制度通史》（第三卷），山东教育出版社2000年版，第435页。
④ 脱脱：《金史·地理志》卷24，中华书局1975年版，第549页。
⑤ 脱脱：《金史·选举志》卷51，中华书局1975年版，第1133页。
⑥ 脱脱：《金史·选举志》卷51，中华书局1975年版，第1133页。

品路、曷苏馆路、隆州，防御州有肇州，在这些地方节镇里，都已经设置了女真国子学，因此就不用再设节镇学，只有肇州没有设女真国子学，这次应该设防御州学，招生名额为 10 人。

4. 上京路民办私学

金代民办私学早于官办公学。金代民间私学始于何时，目前史料不可确考。女真私学在没有女真文字以前，就已经在民间存在。女真私学是受契丹与渤海的影响，主要是学习汉字和契丹字。完颜部很早就聘请家庭教师，教育子女学习汉字和契丹字。在景祖被辽授以生女真部族节度使时，由于与辽朝的交往中需要文字，因此景祖聘请家庭教师，教育子女学习汉字和契丹字。《金史·世纪》记载："世祖天性严重，有智识，一见必识，暂闻不忘。"①世祖是景祖次子，世祖有知识，说明接受了文化教育。当时女真族还没建国，没有正规的学校，世祖接受教育自然是私学。从世祖给两个儿子太祖起汉名旻、太宗起汉名晟来看，世祖当接受过良好的汉文化教育。金太祖、太宗亦很重视对子女的教育。有学者认为太祖、太宗对皇子的教育属于宫廷教育，其实太祖、太宗对子女的教育，还谈不上是宫廷教育。太祖、太宗子女接受教育时，女真族还在征伐过程中，没有正式建立学校，皇子们的教育虽聘请教师，但是主要在家里接受教育，属于私塾类型的民间私学。女真贵族对子女的教育，不像北宋设置"宗学"机构教育，而是聘请在金上京的辽宋使臣，为非官方的家庭教育皇子们。《金史·太祖以下诸子传》记载："女直初无文字，乃破辽，获契丹、汉人，始通契丹、汉字，于是诸子皆学之。"②《金史·宗雄传》记载："宗雄好学嗜书，尝从上猎，误中流矢，而神色不变，恐上知之而罪及射者。既拔去其矢，托疾归家，卧两月，因学契丹大小字，尽通之。"③宗雄在家学习契丹大小字，就属于民间私学教育。金熙宗和海陵王接受的教育，也谈不上是宫廷教育。《大金国志》记载："熙宗自为童时聪悟，适诸父南征中原，得燕人韩昉及中国儒士教之，"④"张用直，临潢人。少以学行称。辽王宗幹闻之，延置门下，海陵与其兄充皆从之学。"⑤金熙宗和海

---

① 脱脱：《金史·世纪》卷 1，中华书局 1975 年版，第 10 页。
② 脱脱：《金史·太祖以下诸子传》卷 66，中华书局 1975 年版，第 1558 页。
③ 脱脱：《金史·宗雄传》卷 73，中华书局 1975 年版，第 1680 页。
④ 宇文懋昭：《大金国志》卷 12，中华书局 1986 年版，第 179 页。
⑤ 脱脱：《金史·张用直传》卷 105，中华书局 1975 年版，第 2314 页。

陵王都是在家里接受教育，属于民间私学教育。金朝正式建立官办学校以后，女真贵族才结束了聘请家庭教师。《金史·温迪罕缔达传》记载："初，丞相希尹制女直字，设学校，使讹离刺等教之。"① 女真文字颁布后，金朝正式设立官办学校，女真贵族子弟在学校上学。虽然设立了女真学校，但私学还占有很大比例，因为官办女真学校招生人数有限，不能满足所有女真子弟到学校就学，仍有一部分女真子女，还在民间私学接受教育。金代上京路民办私学较为发达，条件好的家庭开设私塾学堂。完颜希尹神道碑记载："性尤喜文墨，征发所在，□［获］儒士必接纳之，访以古今成败。诸孙幼学，聚之环堵，中凿还圜窦，仅能过饮食。先生晨夕教授，其意方如此。"② 完颜希尹家里还聘请被金朝扣留在上京，并流放到冷山的南宋使臣洪皓为私学教师。女真族殷富之家聘请滞留在上京路的辽宋文人，到私塾学堂教育女真子弟，推动了金上京路教育事业的发展。

二 上京路的科举

1. 金初科举制度形成过程

金代上京路科举制度，大致可分为前后两个阶段，前期金初制定的科举制度，都是在上京城发布实施的。后期金朝颁布了一些科举制度，对上京路产生了很大影响。金朝科举制度的产生，是随着金军对辽、宋两国战争的推进，国家领土面积的扩大，急需管理人才而产生的。《续文献通考·选举考》记载："初太宗时，急欲得汉士，抚辑新附，故设科取士，无定数，亦无定期。"③ 金太宗为实现辽人治辽、宋人治宋的办法，开始以科举考试的形式，从原辽、宋地区选拔官员。当时没有确定固定录取人数，也没有确定考试时间，根据实际情况需要，随时确定录取人数和考试时间。当时随意性很强，没有形成科举制度。金朝科举制度是继承辽、宋科举制度而创建的，《金史·选举志》记载："金承辽后，凡事欲轶辽世，故进士科目兼采唐、宋之法而增损之。其及第出身，视前代特重，而法亦密焉。"④ 金朝继承辽、宋科举制度，不是全盘照搬，而是有增有减，形

---

① 脱脱:《金史·温迪罕缔达传》卷105，中华书局1975年版，第2321页。
② 长顺:《吉林通志》卷120，吉林文史出版社1986年版，第1773页。
③ 王圻:《续文献通考·选举考》卷34，浙江古籍出版社1988年版，第3147页。
④ 脱脱:《金史·选举志》卷51，中华书局1975年版，第1129页。

成金朝自己的科举制度。《三朝北盟会编》记载:"自侵辽后,所在处以科举取士,遂有沈州榜、平州榜、真定榜者是也。至天会十年,海内小安,下诏如契丹开辟制限,以三岁有乡、府、省三试,乡中曰:乡荐,府中曰:府解,省中曰:及第,时有秀士,有未愿起者,州县必根,刷遣之程,文分两科,曰:诗赋,曰:经义,各一场。殿试则诗赋加论经义,加试策,榜首与魁各分焉。是年,赵洞为诗赋第一人,孙九鼎为经义第一人,并补承议郎。第二人承德郎,第三人承奉郎,余不限甲次,尽补承事郎,科举由是而定。"① 金朝真正创立科举制度,当是金太宗创立南北选制度。《金史·选举志》记载:"天会五年,以河北、河东初降,职员多阙,以辽、宋之制不同,诏南北各因其素所习之业取士,号为南北选。"②《续文献通考》记载:"太宗天会五年八月,以河北、河东,初降职员多阙,诏南北各因其素,所习之业,取士号为南北选。"③《金史·选举志》记载:"国朝设科,始分南北两选,北选词赋进士擢第一百五十人,经义五十人,南选百五十人,计三百五十人。"④ 金太宗之所以实行南北选制度,是因为辽、宋不同地域的契丹人和汉人文化底蕴不同,因此采取"辽人应辞赋,两河人应经义"的考试制度。金熙宗时期,在沿袭"南北选"制度基础上,统一了考试科目,为海陵王把考试权力收归中央奠定了基础。《金史·选举志》记载:"熙宗天眷元年五月,诏南北选各以经义、词赋两科取士。"⑤《金史·选举志》记载:"海陵庶人天德二年,始增殿试之制,而更定试期。三年,并南北选为一,罢经义策试两科,专以词赋取士。"⑥ 海陵王设殿试,把考试权力收归中央,结束了太宗以来考试权力由地方掌控的局面。《续文献通考·选举考》记载:"贞元元年,定贡举程试、条理格式。正隆元年,命以五经三史正文内出题,三年一举。"⑦ 虽然金上京不再是金朝首都,但作为金朝的发源地,金世宗特别重视龙兴之地的发展,先后东巡上京路,在金代上京路各地设置乡试和府

---

① 徐梦莘:《三朝北盟会编》卷244,上海古籍出版社1987年版,第1753页。
② 脱脱:《金史·选举志》卷51,中华书局1975年版,第1134页。
③ 王圻:《续文献通考·选举考》卷34,浙江古籍出版社1988年版,第3147页。
④ 脱脱:《金史·选举志》卷51,中华书局1975年版,第1136页。
⑤ 脱脱:《金史·选举志》卷51,中华书局1975年版,第1134页。
⑥ 脱脱:《金史·选举志》卷51,中华书局1975年版,第1135页。
⑦ 王圻:《续文献通考·选举考》卷34,浙江古籍出版社1988年版,第3147页。

试。金章宗时期，为了扩招武举人才，在各路设置考试场所。《金史·选举志》记载："泰和二年，省奏，武举程式当与进士同时，今年八月府试，欲随路设考试所，临期差官，恐以创立未见应试人数，遂权令各处就考之。"①"兴定元年正月乙未（1217年2月24日），诏中都、西京、北京等路策论进士及武举人权试于南京、东平、婆速、上京等四路。"② 在上京路设武举人考点，推动了金代上京路科举制度的发展。

2. 金初考试科目及程序

金代科举考试科目的设置，虽然是效仿辽宋科目，但也有很大的区别。《金史·选举志》记载："金设科皆因辽、宋制，有词赋、经义、策试、律科、经童之制。海陵天德三年，罢策试科。世宗大定十一年，创设女直进士科，初但试策，后增试论，所谓策论进士也。明昌初，又设制举宏词科，以待非常之士。故金取士之目有七焉。其试词赋、经义、策论中选者，谓之进士。律科、经童中选者，曰举人。"③ 金代科举制度虽然效仿辽宋，但是有自己的特色。《金史·选举志》记载："金取士之制，有词赋、经义、策论、律科、经童，其试词赋、经义、策论，中选者谓之进士；律科、经童，中选者曰举人。凡诸进士、举人，由乡至府、由府至省及殿廷，凡四试皆中选，则官之至廷试。五被黜则赐之第，谓之恩例。又有特命，及第者，谓之特恩。词赋进士，试赋诗、策论各一道，经义进士，试所治一经义、论策各一道。"④《金登科记》亦记载："金天会改元，始设科举，有词赋、有经义、有同进士、有同三传、有同学究，凡五等词赋，初以经传、子史内出题。次又令逐年改一经，亦许注内出题。以诗、书、易、礼、春秋为次，循辽旧也。天眷三年，于析津府试。天德三年，始亲试于两京。贞元二年，迁都于燕自后，止试于析津府。正隆二年，以五经、三史正文内出题。明昌二年，改令五经、子史内出题。仍与本传，此词赋之大略也。经义初试于真定府，所放号七十二贤榜，后及蔚州、析津，令易、书、诗、礼、春秋，专治一经内出题，盖循宋旧。天德三年，罢此经义之大略也。天眷三年，令大河以南，别开举场，谓之南选，贞元

---

① 脱脱：《金史·选举志》卷51，中华书局1975年版，第1151页。
② 脱脱：《金史·宣宗纪》卷15，中华书局1975年版，第327页。
③ 脱脱：《金史·选举志》卷51，中华书局1975年版，第1130—1131页。
④ 王圻：《续文献通考·选举考》卷34，浙江古籍出版社1988年版，第3146页。

二年，迁都遂合南北试于燕。正隆二年，令每二年一开科，立定程限，月日更不择日。府试初分六路，次九路，后十路。此月日，路分格也。天德二年，诏举人乡、府、省、御，四试中第。"①金熙宗天眷年间的科举，初步规定了乡试、府试、会试三级考试制度。《三朝北盟会编》记载："亶立，又增专经、神童、法律三科为杂科，亦设乡、府、省三试，中选之人，并补将仕郎，迨亮杀亶自立，甚有尊经术、崇儒雅之意。始设殿试，又以乡试聚于州。限三人取一府试，分立五处。河北东西两路，中都于大兴府，临潢、会宁、东京等路于大定府，……。"②金熙宗还增设武举考试科目，《金史·选举志》记载："武举，尝设于皇统时，……有上中下三等。"③武举考试科目还必须佐以孙、吴兵法，才能最后分出上中下三等。同书记载："府试则许射三反，省试二反，程试三反……左右各刺落一板者。又依荫例问律一条，又问《孙》、《吴》书十条，能说五者为上等。凡程试，若一有不中者，皆黜之。若射贴弓八斗，远射二百一十步，射鹿弓六斗，《孙》、《吴》书十条通四，为中等。射贴弓七斗，远射二百五步，射鹿弓五斗，《孙》、《吴》书十条通三，为下等。解律、刺板，皆欲同前。凡不知书者，虽上等为中，中则为下。凡试中中下，愿再试者听。"④《续文献通考·选举考》记载："律科进士，又称为诸科，其法以律令内出题。府试十五题，每五人取一人。其制始见于海陵正隆元年，世宗大定二十二年定制。会试每场十五题，二场共通三十六条。以上文理优，拟断当用字切者为中选。临时约取之无定数。二十九年章宗即位，有司言：律科止知读律，不知教化之原，可使通治论语、孟子，以涵养其气度。遂令自今举后，复于论语、孟子，内试小义一道，府会试别作一日，引试命经义试，官出题与本科通考定之。"⑤金代各地科举考试地点以及监考人数都有明确规定。同书记载："府试策论进士，大定二十年，定以中京、上京、咸平、东平四处。明昌元年，添北京、西京、益都为七处，兼试女直经童。凡上京、海兰、率宾、呼尔哈、扶余、东北招讨司等路者，则赴会宁府试。咸平、隆州、博索、东京、盖州、懿州者，则

---

① 王圻：《续文献通考·选举考》卷34，浙江古籍出版社1988年版，第3149页。
② 徐梦莘：《三朝北盟会编》卷244，上海古籍出版社1987年版，第1753页。
③ 脱脱：《金史·选举志》卷51，中华书局1975年版，第1151页。
④ 脱脱：《金史·选举志》卷51，中华书局1975年版，第1151页。
⑤ 王圻：《续文献通考·选举考》卷34，浙江古籍出版社1988年版，第3147页。

赴咸平府试。……明昌初，上京、东京、咸平府等路，则试于辽阳府，余各试于其境。至考试官，大定间府试六处，各差词赋试官三员，策论试官二员，明昌初，增为九处，路各差九员大。"① 此外，还有天台和医学考试。《金史·选举志》记载："凡司天台学生，女直二十六人，汉人五十人，听官民家年十五以上、三十以下试补。又三年一次，选草泽人试补。"② 同传记载："凡医学十科，大兴府学生三十人，余京府二十人，散府节镇十六人，防御州十人，每月试疑难，以所对优劣加惩劝，三年一次试诸太医，虽不系学生，亦听试补。"③ 上述这些科举科目及其程序设立，很多涉及金代上京路。

3. 上京路的进士

金代上京路为女真族故乡，金上京城是前期金朝科举考试中心，迁都后金朝亦在上京设点考试。这些为金代上京路学子参加科举考试提供了方便，也促进了金代上京路人积极参加科举考试。过去《黑龙江教育史》查到金代上京路先后有 7 人中进士。其实，应该把隶属于上京路的隆安等地所中进士者纳入上京路范围内，包括金代为弘扬女真族传统尚武风气，而设置的武举人。现分述之。

《金史·完颜匡传》记载："完颜匡本名撒速，始祖九世孙。事豳王允成，为其府教读。……教女直小字，习国朝语。"④ 同传记载："二十五年，匡中礼部策论进士。"⑤ "抹撚尽忠本名彖多，上京路猛安人。中大定二十八年进士第，"⑥《金史·抹撚尽忠传》记载："夹谷石里哥，上京路猛安人。明昌五年进士，"⑦《金史·纳坦谋嘉传》记载："纳坦谋嘉，上京路牙塔懒猛安人。初习策论进士，"⑧ 同传记载："五年，特赐同进士出身，调东京教授、汤池主簿、大学助教。"⑨《金史·徒单镒传》记载："徒单镒本名按出，上京路速速保子猛安人。……镒颖悟绝伦，甫七岁，

---

① 王圻：《续文献通考·选举考》卷 34，浙江古籍出版社 1988 年版，第 3148 页。
② 脱脱：《金史·选举志》卷 51，中华书局 1975 年版，第 1152 页。
③ 脱脱：《金史·选举志》卷 51，中华书局 1975 年版，第 1153 页。
④ 脱脱：《金史·完颜匡传》卷 98，中华书局 1975 年版，第 2163 页。
⑤ 脱脱：《金史·完颜匡传》卷 98，中华书局 1975 年版，第 2164 页。
⑥ 脱脱：《金史·抹撚尽忠传》卷 101，中华书局 1975 年版，第 2227 页。
⑦ 脱脱：《金史·夹谷石里哥传》卷 103，中华书局 1975 年版，第 2277 页。
⑧ 脱脱：《金史·纳坦谋嘉传》卷 104，中华书局 1975 年版，第 2287 页。
⑨ 脱脱：《金史·纳坦谋嘉传》卷 104，中华书局 1975 年版，第 2288 页。

习女直字。……十三年八月,诏策女直进士,……镒等二十七人及第。"①《金史·蒲察思忠传》记载:"蒲察思忠本名畏也,隆安路合懒合兀主猛安人。大定二十五年进士,"②《金史·纥石烈胡失门传》记载:"纥石烈胡失门,上京路猛安人。明昌五年进士。"③《金史·赤盏尉忻传》记载:"赤盏尉忻字大用,上京人。当袭其父谋克,不愿就,中明昌五年策论进士第。"④《金史·蒲察娄室传》记载:"蒲察娄室,东北路按出虎割里罕猛安人。泰和三年进士。"⑤《金史·完颜讹出虎传》记载:"完颜讹出虎,隆安府猛安人。大定二十八年进士。"⑥ 此外,完颜素兰和完颜奴申兄弟二人是金宗室,应属于上京路人,二人都是进士出身。《金史·完颜素兰传》记载:"完颜素兰一名翼,字伯扬,至宁元年策论进士也。"⑦《金史·完颜奴申传》记载:"完颜奴申字正甫,素兰之弟也。登策论进士第。"⑧ "古里甲石伦,隆安人。以武举登第。"⑨ 这些有记载的上京路进士,为金朝社会发展做出了很大的贡献。

第五节 上京路的建筑

建筑是文化的载体,人类文明的标志。女真人原逐水草而居,没有房屋建筑。完颜部迁居阿什河定居后,始有房屋建筑。金代上京路建筑文化,随着女真社会的发展,城市建设规模随之扩大,逐渐学习辽、宋建筑文化发展起来的,但不失自己的建筑风格。在金代上京路境内,遗存的古城建筑遗址,体现了女真族建筑特色,无论是城市的建筑,还是房屋建筑,都堪称中国建筑史上的奇葩,在中国建筑文化史上占有重要地位。

---

① 脱脱:《金史·徒单镒传》卷99,中华书局1975年版,第2185页。
② 脱脱:《金史·蒲察思忠传》卷104,中华书局1975年版,第2299页。
③ 脱脱:《金史·纥石烈胡失门传》卷104,中华书局1975年版,第2300页。
④ 脱脱:《金史·赤盏尉忻传》卷115,中华书局1975年版,第2532页。
⑤ 脱脱:《金史·蒲察娄室传》卷122,中华书局1975年版,第2669页。
⑥ 脱脱:《金史·完颜讹出虎传》卷122,中华书局1975年版,第2674页。
⑦ 脱脱:《金史·完颜素兰传》卷109,中华书局1975年版,第2397页。
⑧ 脱脱:《金史·完颜奴申传》卷115,中华书局1975年版,第2523页。
⑨ 脱脱:《金史·古里甲石伦传》卷111,中华书局1975年版,第2439页。

一 上京路城镇建设

1. 金上京城建筑过程

在献祖迁居阿什河以前，女真族过着游牧生活，几乎没有建筑文化。完颜部定居阿什河后，女真各部族相继建有城池。《金史》里记载有阿疏城、留可城、坞塔城、纯恩城等，都是当时女真各部族建筑的城堡。这些村寨型城堡与行政治所城是有区别的。《大金国志》记载："国初无城郭，星散而居，呼曰皇帝寨、国相寨、太子庄，后升皇帝寨曰会宁府，建为上京。"[①]《三朝北盟会编》记载："初，女真之域尚无城郭，星散而居。金主完颜晟，常浴于河、牧于野，其为君草创，斯可见矣。盖女真初起，阿骨打之徒为君也，粘罕之徒为臣也，虽有君臣之称，而无尊卑之别。……金主所独享惟一殿，名曰乾元殿。此殿之余，于所居四外，栽柳行以作禁围而已。其殿也绕壁尽置大炕，平居无事则锁之，或开之，则与臣下杂坐于炕。"[②] 以上两则史料所说金初无城郭，并不是说当时金朝境内没有城，只是说当时金上京城没有建。在金代上京路境内五国部、铁骊部及渤海等都有城池。金上京城始建于什么时候，笔者认为绝不是金朝建国后才建的。一个城市的发展是一定历史阶段的产物，女真族到阿什河定居不久，就应有小规模的城堡。随着完颜部发展壮大，特别是金景祖时期，金景祖为生女真部族节度使，有设置就应该有治所城。当时五国部、铁骊部等都有治所城，生女真部节度使设置后，不能没有生女真部族节度使治所城。生女真部族节度使城，不见《辽史》和《金史》记载，是因为当时阿什河流域已经有城。景祖被辽授为生女真部族节度使后，应该住在已有城池里。《金史·习古乃传》记载："习古乃筑新城于契丹周特城，诏置会平州。"[③]《金史·地理志》记载："旧有会平州，天会二年筑，契丹之周特城也，"[④] 从这两则史料可以看出，会平州是在周特城基础上建成的，说明阿什河在辽朝时有周特城。金天会初年，许亢宗奉使出使金，正赶上金朝修建上京城。许亢宗在行程录里说："云近阙，复北行百余步，有阜宿

[①] 宇文懋昭：《大金国志》卷 33，中华书局 1986 年版，第 470 页。
[②] 徐梦莘：《三朝北盟会编》卷 166，上海古籍出版社 1987 年版，第 1197 页。
[③] 脱脱：《金史·习古乃传》卷 72，中华书局 1975 年版，第 1666 页。
[④] 脱脱：《金史·地理志》卷 24，中华书局 1975 年版，第 550 页。

围绕三四顷，高丈余，云皇城也。至宿围门，就龙台下马，行入宿围西，西设毡帐四座，各归帐歇定。客省使、副相见就坐，酒三行。少顷，闻鞞鼓声，八歌引三奏乐作，合门使祇班引入，即捧国书自山棚东入，陈礼物于庭下。传进如仪，赞通拜舞抃蹈讫，使、副上殿，女真首领数十人，班于西厢，以次拜讫，贵近者，各百余人上殿，以次就坐，余并退。其山棚左曰桃源洞，右曰紫极洞，中作大牌，题曰翠微宫，高五七丈，以五色彩间结山石，及仙、佛、龙象之形，杂以松柏枝，以数人能为禽鸣者，吟叫山内。木建殿七间，甚壮。未结盖以瓦仰铺及泥补之，以木为鸱吻及屋脊。下铺帷幕，榜额曰乾元殿，阶高四尺许，阶前土坛方阔数丈，名曰龙墀，两厢旋结，架小苇屋，幕以青幕，以坐三节人。殿内以女真兵数十人分两壁立，各持长柄、小骨朵，以为仪卫。日役数千人兴筑，已架屋数千百间未就，规模甚伟也。"① 从许亢宗所见宿围（城墙）高一丈余，但城的规模不大，只有三四顷来看，许亢宗所见城墙，不是天会年间所建，应该是周特城的城墙。关于许亢宗所见宿围，景爱先生认为"太宗即位之初的营建，最先修筑的是以乾元殿为主的皇宫。……当时金都内的外围城墙尚未修建，只有皇宫城墙（宿围）而已"。② 景爱先生认为金太宗时期建城，只是城内宫殿等建筑，外围城墙没有建筑，至为正确。因为当时金朝正是发展时期，所建筑的会平州不会规模那么小，因此许亢宗见到太宗时期的金上京城，当时是在周特城内建筑宫殿，所谓宿围应该是周特城的城墙。那么金上京城外城墙，到底是什么时期建筑的呢？笔者认为当在金熙宗即位以后。金熙宗从天眷元年（1138）到皇统六年（1146），先后两次大规模修建上京城。《大金国志》记载："皇统六年春三月，上以上京会宁府旧内太狭，才如郡治，遂役五路工匠，撤而新之。"③ 由于原老城地方狭窄不够用，于是撤而新之，把原先周特城部分城墙拆掉，重新建筑新城墙。关于上京南北二城之间的城墙，笔者认为应该是原周特城的南城墙。北城是原周特城，熙宗在原周特城南扩建新城。整个上京外城墙都应该是熙宗以后建筑。北城墙是对原周特城墙一部分维修，南城墙是重新建筑。南北二城之间的城墙，扩建新城之后，在城内已失去防御功能，因此

---

① 徐梦莘：《三朝北盟会编》卷20，上海古籍出版社1987年版，第146页。
② 景爱：《金上京》，生活·读书·新知三联书店1991年版，第16—17页。
③ 宇文懋昭：《大金国志》卷12，中华书局1986年版，第174页。

在扩建的时候，就没有再加筑防御功能的马面。以后金朝虽对上京城进行改扩建，但是都是城内建筑，金上京城的整体建筑格局没有大的变化，只是城墙坏了加固而已。我们现在所看到的金代上京会宁府故城遗址，"南北长，东西短，呈 L 形。其南北长 3351 米，靠南侧东西宽 2148 米，靠北侧东西宽 1553 米，"① 是从金初到金中后期建筑文化遗存。

2. 金代城镇建筑形制特征

女真人建筑风格主要受辽文化影响。目前东北地区遗留下来的辽金古城，大多是辽朝时期的建筑。金灭辽后，辽朝城镇被金朝沿用。金代城镇建筑文化，不可避免地受辽朝建筑文化影响。除此之外，金代城镇建筑还受宋朝影响，如上京会宁府故城，就受宋朝建筑文化的影响。《大金国志》称："规模虽仿汴京，然仅得十之二三而已。"② 其实上京会宁府故城建筑，不只是规模仿北宋汴京城，其建筑形制也受宋朝建筑文化影响，因为建筑工匠大多来自宋朝移民，他们的建筑风格必然有北宋的建筑风格。因此，金代上京路各级城镇建筑文化，既有辽朝契丹文化因素，又有宋朝汉文化因素。两种建筑文化在金上京路相互融合，形成金朝自己的建筑风格。目前金代上京路遗存下来的辽金古城，大多是府、路、州、县及猛安谋克城治所。例如：金上京会宁府故城遗址，金代蒲与路故城遗址，金代胡里改路故城遗址（一说依兰古城，一说小城子古城），金代肇州故城遗址，金代泰州故城遗址，等等。这些遗留下来的金代古城遗址，从建筑形制来看大多呈方形，城内有中轴线分布格局，以及城墙的外围有护城河，这种城镇建筑形制，基本与宋朝城镇建筑形制没有区别。金代城墙建筑工艺，普遍是夯土版筑，为了加强防御，在城墙上附筑马面，城墙四角建角楼，在城门外建筑瓮城等，这些建筑形制特征，是受辽朝建筑文化影响。有些金朝沿用辽朝的古城，建筑形制基本保留原貌。从对金上京会宁府故城、蒲与路故城的考古发掘来看，金代的城镇建筑较辽朝城镇建筑有所发展，金朝在上京会宁府故城、蒲与路故城等重要城镇，为了加强城市防御功能，在城墙修建过程中，采用了砖石材料建筑城门。2014 年，黑龙江省文物考古研究所，在金上京城南垣西门考古发掘，揭露了该城门建

---

① 郭黛姮：《中国古代建筑史》（宋辽金西夏建筑），中国建筑工业出版社 2003 年版，第 67 页。

② 宇文懋昭：《大金国志》卷 12，中华书局 1986 年版，第 174 页。

筑结构。"城门址由单门道、路面和东西两侧的夯土城墙（墩台）组成。其中两侧中部尚存有门砧石，中间有石门限。西侧门砧石北部存留有石地栿，石地栿上有少量的木痕。"[①] 在南垣西门瓮城北侧，还发现了"由青灰砖错缝叠砌而成，外侧以白灰涂抹勾缝，东西宽1.9米、高约1米；北侧正立面中间砌出一纵向凹槽，凹槽宽0.4、进深0.2米"[②]。这样的城门建筑结构和建筑工艺，应该是金世宗以后的建筑。此外，值得一提的是在东北路招讨司境内金东北路长城，其建筑结构是三道城墙、三道城壕，在主城墙上附筑马面，在马面上建筑敌楼，这一建筑形制具有女真族特色。它虽然属于军事防御工程，但其建筑形制基本源于防御城镇形制。金代古城墙夯土版筑，附筑马面和敌楼，外加瓮城和护城河，是金代城镇建筑的基本形制和特征。

二　上京路房屋建筑

女真人原先没有房屋建筑。《三朝北盟会编》记载："其俗依山谷而居，联木为栅，屋高数尺，无瓦，覆以木板，或以桦皮或以草绸缪之。墙垣篱壁率皆以木，门皆东向，环屋为土炕，炽火其下，寝食、起居其上，谓之炕，以取其暖。"[③] 这则史料基本上说明了女真族，从依山而居，没有房屋建筑，到用木板、桦树皮等建筑材料建筑房屋的历史过程，特别是女真族房屋普遍建有土炕，以达到取暖的目的。关于金代上京路房屋建筑情况，许亢宗在其行程录中有记载。《三朝北盟会编》记载："第三十九程至馆，行二十里，乌舍郎君宅。……又行三十里至馆。馆唯茅舍数十余间，墙壁全密，堂室加帟幕，寝榻皆土床，铺厚毡褥及锦绣貂鼠被，大枕头等。以女真兵数十人佩刀、执弓矢，守护甚严。去北庭尚十里余，次日赐酒果，至晚阁门使躬来说议，约翼日赴北庭朝见。次日，馆伴使、副同行，马可六七里，一望平原旷野，间有居民数十百家，星罗棋布，分躈错杂，不成伦次。更无城郭、里巷率皆背阴向阳。便于牧放，自在散

[①] 黑龙江省文物考古研究所：《哈尔滨市阿城区金上京南城南垣西门址发掘简报》，《考古》2019年第5期。

[②] 黑龙江省文物考古研究所：《哈尔滨市阿城区金上京南城南垣西门址发掘简报》，《考古》2019年第5期。

[③] 徐梦莘：《三朝北盟会编》卷3，上海古籍出版社1987年版，第17页。

居。"① 这里说清楚了上京路民房建筑情况。

至于当时城镇里的房屋建筑，文献记载的多为上京城内的宫殿。《金史·地理志》记载："其宫室有乾元殿，天会三年建，天眷元年更名皇极殿。庆元宫，天会十三年建，殿曰辰居，门曰景晖，天眷二年安太祖以下御容，为原庙。朝殿，天眷元年建，殿曰敷德，门曰延光，寝殿曰宵衣，书殿曰稽古。又有明德宫、明德殿，熙宗尝享太宗御容于此，太后所居也。凉殿，皇统二年构，门曰延福，楼曰五云，殿曰重明。东庑南殿曰：东华，次曰：广仁。西庑南殿曰：西清，次曰；明义。重明后，东殿曰；龙寿，西殿曰：奎文。时令殿及其门曰：奉元。有泰和殿，有武德殿，有薰风殿。其行宫有天开殿，爻剌春水之地也。有混同江行宫。太庙、社稷，皇统三年建，正隆二年毁。原庙，天眷元年以春亭名天元殿，安太祖、太宗、徽宗及诸后御容。春亭者，太祖所尝御之所也。"②"天德二年（1150）正月，徒单与大氏俱尊为皇太后。徒单居东宫，号永寿宫，大氏居西宫，号永宁宫。"③"贞元元年（1153），迁都于燕，削上京之号，止称会宁府，称为国中者以违制论。"④ 正隆二年十月壬寅（1157 年 11 月 13 日），"命会宁府毁旧宫殿、诸大族第宅及储庆寺，仍夷其址而耕种之。"⑤ 海陵王毁坏上京城内宫殿之后，时隔几年金世宗即位后，为了取得女真贵族的支持，将海陵王毁坏的上京城内宫殿，重新建设。《金史·礼志》记载："世宗大定二年（1162）十二月，诏以"会宁府国家兴王之地，宜就庆元宫址建正殿九间，仍其旧号，以时荐享"，⑥ 世宗大定五年（1165），重建太祖庙。同志记载："五年，会宁府太祖庙成，有司言宜以御容安置。"⑦ 大定二十一年（1181），世宗又重修宫殿，并建城隍庙。《金史·地理志》记载："大定二十一年复修宫殿，建城隍庙。"⑧ 关于金世宗时期金上京宫殿建筑情况，2015 年黑龙江省文物考古研究所，在上京城皇城西部建筑址考古发掘中，出土了大量建筑构件。其"种类有瓦

---

① 徐梦莘：《三朝北盟会编》卷 20，上海古籍出版社 1987 年版，第 145—146 页。
② 脱脱：《金史·地理志》卷 24，中华书局 1975 年版，第 550 页。
③ 脱脱：《金史·后妃传》卷 63，中华书局 1975 年版，第 1504 页。
④ 脱脱：《金史·地理志》卷 24，中华书局 1975 年版，第 550 页。
⑤ 脱脱：《金史·海陵纪》卷 5，中华书局 1975 年版，第 108 页。
⑥ 脱脱：《金史·礼志》卷 33，中华书局 1975 年版，第 787 页。
⑦ 脱脱：《金史·礼志》卷 33，中华书局 1975 年版，第 787 页。
⑧ 脱脱：《金史·地理志》卷 24，中华书局 1975 年版，第 551 页。

当、龙纹滴水、筒瓦和板瓦、兽头、螭首、砖、釉陶塑像、迦陵频伽佛像、仕女头像和门抠石等"。①从出土的龙纹瓦当、螭首等建筑构件来看，世宗时期上京城内房屋建筑，已经与中原建筑风格没有什么区别了。在金代上京路其他一些古城内，也出土了一些类似的建筑构件，但主要在古城散布着布纹瓦，说明当时金代城镇房屋建筑，基本上达到了砖瓦结构。在金代猛安谋克村落，从遗存稀少的布纹瓦来看，有的富裕家庭也建有砖瓦结构的房屋。但农村还是以简单的泥草房为主。许亢宗在没有到达上京城前，看见了"茅舍数十余间，墙壁全密"的女真村庄，说明当时女真人居住着茅草房，整个房屋只设一个房门，没有窗户，墙壁全封闭。这就是当时金代广大农村房屋建筑的大致情况。

第六节 上京路的宗教

女真建国前，当时社会生产力低下，人们崇拜自然、崇拜神灵、崇拜祖先，认为自然和祖先神灵，主宰人们的命运。巫师是沟通人与神的媒介，因此信仰萨满教。女真建国后，随着国家制度的建立，汉化程度的加深，女真人信仰发生了变化。女真人信仰的变化，是统治阶级积极推进的结果。金朝统治者为了国家统治需要，有步骤地扶植佛教和道教。金代上京路的宗教信仰，属于混合型宗教体制，既信奉传统的萨满教，也信奉后来传入的佛教和道教。

一 上京路萨满教

生活在我国东北的女真族，由于生产力水平低下，人们对某些自然现象不理解，认为有一种神灵力量，主宰人们的命运。每当人们有灾有难时，求助巫师帮助沟通，巫师为其代理人到神灵那里，把愿望带给神灵，以达到求神消灾免祸。萨满教是巫师帮助人们祈祷神灵、消灾免祸的活动。萨满一词是通古斯语巫师的音转，"萨满"又作"珊蛮"，《三朝北盟会编》记载："兀室（完颜希尹）奸猾而有才，自制女真法律文字成，其

---

① 黑龙江省文物考古研究所：《哈尔滨市阿城区金上京皇城西部建筑址 2015 年发掘简报》，《考古》2017 年第 6 期。

国国人号珊蛮。珊蛮者，女真语巫也。以其通变如神，粘罕以下皆莫之能有及。"① 完颜希尹是女真族的一个萨满巫师，由于他通神语，他的话代表神的意志，因此粘罕对他都没有办法。女真人认为萨满巫师是神的化身，能知道神的意思，能把人的想法说给神听。《金史·谢里忽传》记载："乌古出初，昭祖久无子，有巫者能道神语，甚验，乃往祷焉。巫良久曰：'男子之魂至矣。此子厚有福德，子孙昌盛，可拜而受之。若生，则名之曰乌古乃'。是为景祖。"② 由于萨满巫师有预知未来的本领，可以直接与鬼神沟通，所以当时的人们在求子、生病、红白喜事等，都求助萨满巫师祈祷神灵，保佑平安。因此，当时"萨满教，为满洲一种宗教，……金时此教盛行"。③

女真人信奉萨满教较为普遍，萨满教充斥着女真社会生活各个方面，无论是统治阶级，还是普通百姓，都信仰萨满教。金初世祖每出战，都要以梦的方式问卜能否取胜，能取胜则出兵打仗。《金史·世纪》记载："每战未尝被甲，先以梦兆候其胜负。"④ 阿骨打在伐辽战争中，也以梦问卜战争胜败。《金史·太祖纪》记载："太祖自将击之。未至鸭子河，既夜，太祖方就枕，若有扶其首者三，寤而起，曰：神明警我也。即鸣鼓举燧而行。黎时及河，辽兵方坏凌道，选壮士十辈击走之。大军继进，遂登岸。"⑤ 阿骨打以神明警我，就是信奉萨满教的表现。其实，阿骨打是否真做了此梦就不好说了，但阿骨打利用女真人信仰萨满，以此为士兵鼓舞作战士气当是真的。在海陵王以前的金朝皇帝登基，都要举行郊祀活动，这种郊祀实质也是一种萨满活动。《金史·礼志》记载："金之郊祀，本于其俗有拜天之礼。其后，太宗即位，乃告祀天地，盖设位而祭也。天德以后，始有南北郊之制。"⑥ 皇帝登基祭拜天地，就是祈祷神灵保佑自己。萨满教还体现在女真人生活方面，如请萨满巫师为家人治病，《大金国志》记载："其疾病无医药，尚巫祝，病者杀猪狗以禳之，或用车载病者

---

① 徐梦莘：《三朝北盟会编》卷3，上海古籍出版社1987年版，第21页。
② 脱脱：《金史·谢里忽传》卷65，中华书局1975年版，第1541页。
③ 万福麟监修，张伯英总纂：《黑龙江志稿》卷6，黑龙江人民出版社1992年版，第261页。
④ 脱脱：《金史·世纪》卷1，中华书局1975年版，第10页。
⑤ 脱脱：《金史·世纪》卷2，中华书局1975年版，第25页。
⑥ 脱脱：《金史·礼志》卷28，中华书局1975年版，第693页。

入深山大谷以避之。"①《三朝北盟会编》记载："其疾病则无医药，尚巫祝，病则巫者杀猪狗以禳之，或车载病人之深山大谷以避之。"②《大金国志》与《三朝北盟会编》的记载基本一样，只是个别词语有些不同。女真人认为生男生女，还能求得神灵的帮助，于是求助巫师跳神帮助解决。《金史·谢里忽传》记载："昭祖方念后嗣未立，乃曰：虽不良，亦愿受之。巫者曰：当名之曰乌古出。既而生二男二女，其次第先后皆如巫者之言，遂以巫所命名名之。"③ 当女真人与别人有仇恨时，有请巫师念咒语，让仇家遭祸灾的习惯。同传记载："国俗，有被杀者，必使巫觋以诅祝杀之者，乃系刃于杖端，与众至其家，歌而诅之曰：取尔一角指天、一角指地之牛，无名之马，向之则华面，背之则白尾，横视之则有左右翼者。其声哀切凄婉，若《蒿里》之音。既而以刃画地，劫取畜产财物而还。其家一经诅祝，家道辄败。"④ 女真族信奉萨满教的传统，对其后来满族信仰习俗有很大的影响。在富裕县三家子满族村、昂昂溪水师营满族乡、泰来县大兴镇依布气满族村等地方，还有很多人头戴萨满神帽，身穿萨满神衣，腰系萨满神铃，手持萨满神鼓，用满语唱萨满神歌。

二 上京路佛教

女真人在很早以前就信仰佛教，景爱先生认为"女真人最初不信奉佛教，金上京的佛教，是由汉族僧侣传播而来"。⑤ 其实，金上京的佛教，最初并不是从汉族僧侣传来的。《金史·世纪》记载："金之始祖讳函普，初从高丽来，年已六十余矣。兄阿古乃好佛，留高丽不肯从。"⑥ 从这则史料可以看出，金始祖兄阿古乃信仰佛教。虽然阿古乃当时留在高丽，没有与函普一起出来，但是阿古乃后世子孙金初就归阿骨打了。《金史·胡十门传》记载："胡十门者，曷苏馆人也。……始祖兄阿古乃留高丽中，胡十门自言如此，盖自谓阿古乃之后云。于是率其族属部众诣撒改……以

---

① 宇文懋昭：《大金国志》卷39，中华书局1986年版，第551页。
② 徐梦莘：《三朝北盟会编》卷3，上海古籍出版社1987年版，第18页。
③ 脱脱：《金史·谢里忽传》卷65，中华书局1975年版，第1541页。
④ 脱脱：《金史·谢里忽传》卷65，中华书局1975年版，第1540页。
⑤ 景爱：《金上京》，生活·读书·新知三联书店1991年版，第197页。
⑥ 脱脱：《金史·世纪》卷1，中华书局1975年版，第2页。

其父所管七部为曷苏馆都勃堇。"① 始祖函普兄阿古乃信佛，其后代胡十门就应该信佛。金代曷苏馆隶属于上京路，势必影响上京城及其他地方信仰佛教。再者辽与渤海都信仰佛教，因此女真人最初信仰佛教，最早当是渤海人和契丹人传播而来。

女真人在建国以前，就已经从邻近的渤海、高丽、契丹等国传入佛教。女真族灭辽伐宋取得胜利后，伴随着女真汉化的步伐，女真佛教也就与宋朝佛教同化了。金初在上京的几位皇帝，都崇奉佛教。《金史·太宗纪》记载："天辅七年十月己亥（1123年11月9日），上京庆元寺僧献佛骨，却之。"② 这则史料透露出两个问题，一是金太祖阿骨打崇奉佛教，否则不会在金初建上京庆元寺。天辅七年"八月戊申（1123年9月19日），太祖崩。"③ 金太宗乌乞买是十月己亥日（11月9日），拒绝接受所献佛骨的，从太祖去世到太宗拒绝接受佛骨，前后才两个月的时间。在当时来看，这两个月时间是不可能建成庆元寺的，因此上京庆元寺应是在太祖朝，或是金建国以前就建有庆元寺。二是金太宗之却佛骨，并不能说金太宗不信仰佛教，只能说金太宗信仰佛教谨慎。《三朝北盟会编》载："金奉佛尤谨。"④ 金太宗吸取辽朝佛教膨胀的教训，对佛教采取有所抑制的政策。《金史·太宗纪》记载："天会八年五月癸卯（1130年6月9日），禁私度僧尼。"⑤ 金太宗本人还是崇奉佛教的，《金史·五行志》记载："九年七月丙申（1131年7月27日），上御西楼听政，闻咸州所贡白鹊音忽异常，上起视之，见东楼外光明中有像巍然高五丈许，下有红云承之，若世所谓佛者，乃擎跽修虔，久之而没。"⑥ 金熙宗更是崇奉佛教，不仅在上京城建筑佛寺，而且还把佛教纳入国家行政体制管理，几乎使佛教成为国教了。《大金国志》记载："浮图之教，虽贵戚望族，多舍男女为僧尼。惟禅多而律少，在京曰'国师'，师府曰'僧录'、'僧正'。列郡曰'都纲'，县曰'维那'。披剃威仪与南宋等。所赐号曰'大师'，曰'大德'，并赐紫，所谓国师，在京之老尊宿也，威仪如王者。国主有时

---

① 脱脱：《金史·胡十门传》卷66，中华书局1975年版，第1561页。
② 脱脱：《金史·太宗纪》卷3，中华书局1975年版，第48页。
③ 脱脱：《金史·太宗纪》卷3，中华书局1975年版，第48页。
④ 徐梦莘：《三朝北盟会编》卷3，上海古籍出版社1987年版，第17页。
⑤ 脱脱：《金史·太宗纪》卷3，中华书局1975年版，第61页。
⑥ 脱脱：《金史·五行志》卷23，中华书局1975年版，第535页。

而拜，服真红袈裟，升堂问话、讲经与南朝等。僧录、僧正，师府僧职也，皆择其道行高者，限三年为一任，任满则又别择人。"① 到了金熙宗时期，金代上京路的佛教活动与宋朝没有什么区别了。熙宗本人特别崇信佛教，太子济安夭折后，还到佛寺烧香哀祷。《金史·济安传》记载："皇统二年十二月，济安病剧，上与皇后幸佛寺焚香，流涕哀祷，曲赦五百里内罪囚。"② 金熙宗还"命工塑其像于储庆寺，上与皇后幸寺安置之"。③ 熙宗与皇后亲自到佛寺，把济安塑像安置在佛寺里，可见熙宗崇信佛教的程度。海陵王时期，金代上京路佛教活动更加兴盛。海陵王嫡母徒单氏和生母大氏都信奉佛教，嫡母徒单氏居东宫，生母大氏居西宫。出土的《宝严大师塔铭志》记载："东宫太后请住兴王寺。开演大华严经讲，聚徒二百余人，皆精锐学者慕之。至贞元二年，宝胜寺临坛宣戒，大德至彦等，坚请住本寺摄持，至正隆元年四月，□□□仕豪贵人等，礼请复开大华严经讲，徒满三百，其前声名已播京华。"④ 从《宝严大师塔铭志》记载的海陵王两宫太后，分别在兴王寺和宝胜寺，开演大华严经讲时，佛教信徒达到二三百人，可见海陵王时期，很多女真贵族都信奉佛教，当时在金上京佛教很流行。金世宗即位后，很重视佛教的发展。世宗赐给宝胜寺主持宝严大师"紫衣，诠园大德"⑤。从海陵王到世宗，上京路佛教呈现发展趋势。金代后期，金代上京路佛教随着金朝的衰落而衰落。

三 上京路道教

女真人信道教的历史很早。金代上京路的道教，最早是由渤海人传入的。女真族在未建国以前，与渤海人比邻，渤海国信道教，必然影响到女真族。渤海人信道教，在当时渤海上京城内曾修筑有城隍庙，提供了有利的线索，因为"所谓城隍，主要指护城河。城隍庙为护城之庙，所供奉之神，是道家所传守护城池之神，当然，也就成为道教在渤海境内存在的一

---

① 宇文懋昭：《大金国志》附录3，中华书局1986年版，第616页。
② 脱脱：《金史·济安传》卷80，中华书局1975年版，第1797、1798页。
③ 脱脱：《金史·济安传》卷80，中华书局1975年版，第1798页。
④ 干志耿：《黑龙江省志·文物志》，黑龙江人民出版社1994年版，第228页。
⑤ 干志耿：《黑龙江省志·文物志》，黑龙江人民出版社1994年版，第228页。

件重要物证"①。渤海国道教很盛行，女真人与渤海人之间往来，道教由渤海人传入，是很正常的事情。金上京城亦修建有城隍庙，《金史·地理志》记载："上京路，即海古之地，……大定二十一年复修宫殿，建城隍庙。"② 金上京城修建城隍庙，或许是受渤海国影响，此亦可证明金代道教文化，是由渤海传入的。

女真族入住中原之后，金朝道教开始盛行。《大金国志》记载："金国崇重道教，与释教同。自奄有中州之后，燕南、燕北皆有之。所设道职，于帅府置司，正曰道录，副曰道正，择其法箓精专者授之，以三年为任，任满则别择人。其后，熙宗又置道阶，凡六等，有侍宸、授经之类。诸大贵人奉一斋施，动获千缗。道教之传有自来矣。"③ 金朝道教兴盛以后，主要有太一教、大道教和全真教等三个教派。太一教创立于金初，《元史·释老传》记载："太一教者，始金天眷中道士萧抱珍，传太一三元法箓之术，因名其教曰太一。"④ 从这条史料可知，太一教创于金熙宗时期。《浮南遗老集》记载："太一教，兴于金朝天眷间，卫郡萧真人，其始祖也。灵异之迹，上动至尊，敕赐观名太一，万寿世嗣其法，一再传而得师焉。"⑤ 太一教创立后发展很快，影响很大，引起了金朝统治者的重视。金皇统八年，金熙宗将太一教创始人萧抱珍诏至上京会宁府。《大都宛平县京西乡创建太一集仙观记》记载："金源氏熙宗朝，一悟真人萧公以仙圣所授秘籍，创太一教法于汲郡。悼后命之驱逐鬼物，愈疗疾苦，皆获应验，事迹悃悦，惊动当世。"⑥ 萧抱珍治好了悼后的病，悼后对萧抱珍的法术深信不疑，在熙宗面前为萧抱珍说好话，奏请观额，得到了熙宗的认可。《王恽全集》记载："敕额太一广福万寿宫，命主秘祀。"⑦ 金熙宗颁给萧抱珍观额，标志着金朝对太一教的认可。

在金代上京路会宁府郊区，今天哈尔滨市阿城区松峰山，有一"太虚

---

① 魏国忠、朱国忱、郝庆云：《渤海国史》，黑龙江人民出版社2014年版，第457页。
② 脱脱：《金史·地理志》卷24，中华书局1975年版，第551页。
③ 宇文懋昭：《大金国志》附录36，中华书局1986年版，第518页。
④ 脱脱：《元史·释老传》卷202，中华书局1976年版，第4530页。
⑤ 王若虚：《浮南遗老集》卷42，辽海出版社2006年版，第509页。
⑥ 王恽：《大都宛平县京西乡创建太一集仙观记》，见《王恽全集》卷40，中华书局2013年版，第1921页。
⑦ 王恽：《大都宛平县京西乡创建太一集仙观记》，见《王恽全集》卷40，中华书局2013年版，第1922页。

洞",为金代道教遗址。景爱先生以全真教"以无为为本,以清净为宗"①的主张,松峰山太虚洞《曹道士碑》中记载的"以恬愉为务,以淡泊为心,疏食备祀,布衣蔽体"。这与全真教的宗旨和修道方法是一致的,因此,曹道清是属于全真教的道士"②。金朝时期除全真教之外还有大道教,《元史·释老传》记载:"真大道教者,始自金季,道士刘德仁之所立也。"③刘德仁依据《道德经》,创建大道教,立教宗旨在《大道延祥观碑》中说:"其教以无为清静为宗,真常慈俭为宝。其戒则不色、不欲、不杀、不饮酒、不茹荤,以仁为心,恤困苦,去纷争,无私邪,守本分,而不务化缘,日用衣食,自力耕桑赡道之。"④ 从全真教和大道教立教宗旨看,都是以无为清静为宗,因此凭立教宗旨这一点,判定松峰山"太虚洞"道教遗址为全真教有些证据不足。且全真教于"明昌元年(1190)十一月乙卯(1190年12月3日),以惑众乱民,禁罢全真及五行毗卢"。⑤ 曹道士碑立于"承安四年(1199)五月初五日"⑥,此时金朝已经禁止全真教活动9年了,全真教在金朝禁止的情况下,承安四年立曹道士碑,有些不太可能,因此很难考证曹道士碑为全真教遗存。另外,大道教传至元朝时期,被朝廷"授希成太玄真人",⑦ 大道教曾有"大都南城之天宝、玉虚"⑧ 之观名。松峰山太虚洞明确"太虚崇道邑"⑨,这样的命名方式,是否有内在联系,值得深入研究,太虚洞很有可能是大道教遗存。

四 上京路宗教文化遗存

金代上京路宗教文化遗存,现在已很少了。大多是通过史料记载,了解金朝在上京路修建寺庙的情况。女真人信奉萨满教,崇拜自然神和祖

---

① 张金吾:《金文最》卷39,中华书局1990年版,第572页。
② 景爱:《金上京》,生活·读书·新知三联书店1991年版,第202页。
③ 脱脱:《元史·释老传》卷202,中华书局1976年版,第4529页。
④ 《中华文明史》编纂工作委员会:《中华文明史》第6册,河北教育出版社1994年版,第1142页。
⑤ 脱脱:《金史·世宗纪》卷9,中华书局1975年版,第216页。
⑥ 干志耿:《黑龙江省志·文物志》,黑龙江人民出版社1994年版,第190页。
⑦ 脱脱:《元史·释老传》卷202,中华书局1976年版,第4529页。
⑧ 《中华文明史》编纂工作委员会:《中华文明史》第6册,河北教育出版社1994年版,第1143页。
⑨ 干志耿:《黑龙江省志·文物志》,黑龙江人民出版社1994年版,第190页。

先，因此在上京路境内，修建了一些祭祀祖先和自然神的庙宇。这些庙宇虽不复存在，但曾经是热闹的宗教场所。《金史·礼志》记载："金初无宗庙。天辅七年九月，太祖葬上京宫城之西南，建宁神殿于陵上，……自是诸京皆立庙，惟在京师者则曰太庙，……皇统三年，初立太庙，八年，太庙成，则上京之庙也。"① 金太祖庙是金朝祭拜祖先的第一个庙宇。"太宗天会二年，立大圣皇帝庙于西京。熙宗天眷二年九月，又以上京庆元宫为太祖皇帝原庙。"② 《金史·地理志》记载："乾元殿，天会三年建，……庆元宫，天会十三年建，……天眷二年安太祖以下御容，为原庙。太庙、社稷，皇统三年建，正隆二年毁。原庙，天眷元年以春亭名天元殿，安太祖、太宗、徽宗及诸后御容。……天眷二年作原庙，皇统七年改原庙乾文殿曰世德，正隆二年毁。大定五年复建太祖庙。"③《金史·礼志》记载："大定二年十二月，诏以会宁府国家兴王之地，宜就庆元宫址建正殿九间，仍其旧号。"④ "大定五年复建太祖庙。"⑤ "五年，会宁府太祖庙成，……先是，衍庆宫藏太祖御容十有二：法服一、立容一、戎衣一、佩弓矢一、坐容二、巾服一，旧在会宁府安置。"⑥ 金朝除在上京修建祭祀祖先庙宇之外，还在上京修建了文宣王庙和贞献郡王庙。"皇统元年二月戊子（1141年3月28日），熙宗诣文宣王庙奠祭。"⑦ "贞献郡王庙　明昌五年正月，陈言者谓：叶鲁、谷神二贤创制女直文字，乞各封赠名爵，建立祠庙。……遂诏令依苍颉立庙于盩厔例，官为立庙于上京纳里浑庄。"⑧

女真人崇拜自然神，封金源肇兴之山水为神，修建庙宇每年祭拜。金大定十二年，因"长白山在兴王之地，礼合尊崇，议封爵，建庙宇"⑨。当年十二月，长白山神庙建成，"即其山北地建庙宇"⑩。大定二十五年，金世宗"封神为兴国应圣公，致祭如长白山仪，册礼如保陵公故事"⑪。

---

① 脱脱：《金史·礼志》卷30，中华书局1975年版，第727页。
② 脱脱：《金史·礼志》卷33，中华书局1975年版，第787页。
③ 脱脱：《金史·地理志》卷24，中华书局1975年版，第550页。
④ 脱脱：《金史·礼志》卷33，中华书局1975年版，第787页。
⑤ 脱脱：《金史·地理志》卷24，中华书局1975年版，第550页。
⑥ 脱脱：《金史·礼志》卷33，中华书局1975年版，第788页。
⑦ 脱脱：《金史·礼志》卷35，中华书局1975年版，第815页。
⑧ 脱脱：《金史·礼志》卷35，中华书局1975年版，第825页。
⑨ 脱脱：《金史·礼志》卷35，中华书局1975年版，第819页。
⑩ 脱脱：《金史·礼志》卷35，中华书局1975年版，第819页。
⑪ 脱脱：《金史·礼志》卷35，中华书局1975年版，第821页。

大定二十五年，金世宗再次"敕封上京护国林神为护国嘉荫侯，……是后，遇月七日，上京幕官一员行香，著为令"。①

佛教和道教传入金上京路后，金朝先后在上京路修建了庆元寺和储庆寺。"天会元年十月己亥（1123 年 11 月 19 日），上京庆元寺僧献佛骨，却之。"② "十二月，济安病剧，……是夜，薨。……命工塑其像于储庆寺。"③ 除以上《金史》里记载之外，在《宝严大师塔铭志》记载中，可知金上京路还建有宝胜寺、兴王寺和光林寺。金世宗大定二十一年，金朝还在上京路"建城隍庙"④。在金代上京路境内，还遗存《宝严大师塔铭志》和《曹道士碑》金代宗教碑刻两通。据《黑龙江省志·文物志》介绍，《宝严大师塔铭志》1908 年发现于哈尔滨市阿城城外西北约 0.25 公里土台上，此碑现藏黑龙江省博物馆。此碑是用花岗岩石雕凿而成，"六角六面形，通高 92 厘米，……铭志六面刻有汉字 646 个，是迄今在金代内地发现的最长的有关佛教的石刻碑文"。⑤ 《曹道士碑》60 年代在阿城区山河乡松峰山太虚洞发现，碑身以汉白玉凿琢而成，"长条形，高 102 厘米，宽 65 厘米，厚 13 厘米。……曹道士碑是金代内地发现的唯一一件道教碑刻"。⑥ 继《宝严大师塔铭志》《曹道士碑》之后，在阿城区老南门外路西，还发现了《金上京释迦院尼临坛首座宣微大师法性墓瓦铭》。《黑龙江区域考古学》说："二瓦在棺内原是相叠压在一起的，凸面均朝上，相叠的两面均有墨书的文字。其中在上面的瓦长 33、上宽 10、下宽 12、厚 1.3—1.5 厘米，……下面的瓦长 33.4、上宽 10.5、下宽 11.7、厚 1.3—1.5 厘米。……上瓦为 83 字，下瓦为 54 字，共 137 字。"⑦ 此外，在金代上京路各地，还出土了大量的小铜像、铜佛龛、千手观音铜镜等金代宗教文物。

---

① 脱脱：《金史·礼志》卷 35，中华书局 1975 年版，第 822 页。
② 脱脱：《金史·太宗纪》卷 3，中华书局 1975 年版，第 48 页。
③ 脱脱：《金史·济安传》卷 80，中华书局 1975 年版，第 1797—1798 页。
④ 脱脱：《金史·海陵纪》卷 5，中华书局 1975 年版，第 108 页。
⑤ 干志耿：《黑龙江省志·文物志》，黑龙江人民出版社 1994 年版，第 228 页。
⑥ 干志耿：《黑龙江省志·文物志》，黑龙江人民出版社 1994 年版，第 199 页。
⑦ 谭英杰、孙秀仁、赵虹光、干志耿：《黑龙江区域考古学》，中国社会科学出版社 1991 年版，第 154—155 页。

第七节 上京路的民俗

金代上京路地域辽阔，杂居着女真、契丹、渤海、汉族等人。金上京会宁府是金朝的国都，聚集着大批辽和北宋迁来之人。金代上京路民俗文化多样，呈现出以女真文化为主、多元文化相包容的局面。金代上京路既有女真族传统文化，又有中原汉族传统文化，使金代上京路民俗文化有别于历史时期各地区的文化面貌，显示其独有的特点。

一　饮食习惯

生活在金代上京路的女真人，由于常年散居在白山黑水之间，他们主要依靠得天独厚的自然资源，从事传统的渔猎生产生活。《金史·兵志》载："金之初年，诸部先民无它徭役，壮者皆兵。平居则听以佃渔、射猎习为劳事。"[1] 这样的生产生活方式，决定了女真族的饮食文化，他们主要食烧烤猎获的野兔、野猪等野生动物，以及在江河里捕捞的鱼虾，在山野之间采集的野菜野果。随着女真族迁居到阿什河流域定居后，特别是汉文化的传入，使女真族的饮食文化发生了变化。起初，女真族生产生活方式是以渔猎为主农业为辅，农作物品种较少，人们的饮食主要靠渔猎产品：鹿、兔、狼、熊、獐、狐、麋、狍、牛、马、羊、鹅、鸭、雁、鱼、虾等。牛乳和羊乳可以生饮，也可以煮成块状的酪，以便存放和携带。平常生活中以饮用鲜乳为主，待客时还用乳煮菜；特别是外出狩猎的时候一去几天，要在马背上驮一袋子乳酪。随着女真族定居时间长，农业生产的发展，农业产品增多，饮食文化发生了改观。《三朝北盟会编》载："其饮食则以糜酿酒，以豆为酱，以半生米为饭，渍以生狗血及葱、韭之属，和而食之，芼以芜荑。食器无瓢陶，无匕箸，皆以木为盆。春夏之间，止用木盆贮粥，随人多寡盛之，以长柄小木勺子数柄回环共食。下粥肉味无多品，止用鱼生、獐生，间用烧肉。冬亦冷饮，却以木碟盛饭，木盆盛羹，下饭肉味与下粥一等。饮酒无算，只用一木勺子，自上而下循环酌之。炙股烹脯，以余肉和菜捣臼中，糜烂而进。"[2] 此时生活在金代上京

---

[1] 脱脱：《金史·兵志》卷44，中华书局1975年版，第992页。
[2] 徐梦莘：《三朝北盟会编》卷3，上海古籍出版社1987年版，第17页。

路的女真族，饮食文化仍以肉和乳为主要食物。生活在白山黑水之间的野生动物种类繁多，这就使生活在金代上京路的女真人所能吃的肉食种类很多。虽然种类很多，但是吃法却很简单，主要有烤、煮和生吃三种，后来渐渐学会了做肉酱、肉汁和肉干。女真人做肉酱、肉干的方法有的复杂，有的简单。大户人家待客、祭祀的时候，做法较为复杂，一般家庭在日常生活中做法较为简单，主要是烤和煮。女真人生食动物肉的习惯，随着汉化程度的加深，逐渐减少。

在女真人各种肉类作方法中，鱼的做法最具特色，煮出鲜美的鱼羹，这与女真人生活在江河湖边有关。生活在上京路的女真人时常把动物的乳汁，制成奶酪当主食吃。随着女真族汉化及农业生产发展，虽保留着吃奶酪的习惯，但在人们饮食文化生活中，主食中有了农产品。金代上京路女真人最早开始种植的是谷子和小麦，女真人能用小麦磨面，面逐渐成为女真人的主食。金代上京路境农作物主要有粟、麦、稻、稗、荞麦、粱、菽、豆类和糜等。女真人最初的食用方法主要是炒米、炒面和煮粥。女真人这种炒米、炒面，可以在家食用，也可外出携带路途上吃。在外出途中用水冲泡一下，就可以吃了。用米煮粥是女真人每家最常见的吃法，起初在粥中放进碎肉和血，后来改放枣和栗子。女真人面食吃法很简单，不会做馒头、包子、饺子等主食，中原汉族人口迁入上京路地区后，女真人从汉人那里学会了做馒头、包子、饺子等。《归潜志》记载："又因会宴，诸将并妻皆在座，时共食猪肉馒头，有一将妻言素不食猪肉，牙虎带趣左右易之。须臾食讫，问曰：'尔食何肉'其人对曰：'蒙相公易以羊肉，甚美。'牙虎带笑曰：'不食猪肉而食人肉何也？尔所食非羊，人也。'其人大呕，疾病数日。"[①] 这里纥石烈牙虎招待客人所吃的猪肉馒头，就是用面做的猪肉馅包子。当时女真人可以用各种肉馅做包子，有猪肉馅和羊肉馅。纥石烈牙虎在家中宴请部下及其家属，其中一个部下的妻子说不吃猪肉馅的，纥石烈牙虎便换成羊肉馅的，说明当时女真人做包子的手艺，已经与中原汉族人相差不多，能做各种馅的包子。纥石烈牙虎与部下妻子开玩笑，说所吃的包子是人肉馅的，部下的妻子吓出一场大病。这是逸闻轶事，不可不信，亦不可为真。

女真人还会烤烧饼，称作炊饼，中原汉人把女真人做的烧饼叫胡饼。

---

① 刘祁：《归潜志》卷6，中华书局1983年版，第64页。

女真人制作的烧饼，可以在烧饼外面抹上蜂蜜，然后用油煎着吃。除此之外，女真人还有汤饼、蒸糕、松糕、蜜糕、细酒、白面、细白米、羊肉、粉、醋、盐、油、面酱、果子饯等日常食品。《大金国志》记载："北方有光烛地，火星出，……是年，生红芍药花，北方以为瑞。女真多白芍药花，皆野生，绝无红者。好事之家采其芽为菜，以面煎之，凡待宾斋素则用之。其味脆美，可以久留。金人珍甚，不肯妄设，遇大宾至，缕切数丝寘楪中，以为异品。"[①] 女真人家庭常吃的蔬菜有葱、韭、姜、蒜、长瓜、芹、笋、蔓菁、葵、回鹘豆。女真人和汉人一样，在秋天腌制咸菜和酸菜，储存起来冬天吃。野生的白芍药花在刚吐芽的时候采下来，在煮粥的时候放一些可以提神。此外，荠、蒲、榆荚以及松皮也可以做菜用。

金代上京路女真人，很早就有酿酒的传统。"其饭食则以糜酿酒，以豆为酱，以半生米为饭，渍以生狗血，及葱韭之属和而食之，芼以芜荑"[②]。最初是"嚼米为酒"，人们把米粒嚼碎，后来才懂得了自然糖化的原理。茶比酒还珍贵，因为茶叶是从南方运来的，以至于有的人家在婚宴上请来宾客尽情地吃肉喝酒，然后只留下"上宾"饮茶。金代上京路女真人饮茶习俗，是中原汉族人迁移到金源地区后影响的。由于金代上京路地域寒冷，不产茶叶，所饮用的茶叶都是从南宋购买，造成金代上京路茶叶价格昂贵，茶叶的价格比酒都贵，一般的普通家庭根本买不起，因此，金代上京路女真人家，生活中常用的饮料一直是乳汁。

二　服饰习俗

生活在金代上京路的女真人，服饰文化随着女真社会的发展而变化。起初女真人传统的服饰，与女真人所从事的渔猎生活相适应，服饰原料多为所猎获的动物，用动物的皮做衣服，用动物的牙或骨头做饰品。女真族迁移到阿什河流域定居后，从事农业生产后，开始穿布料衣服，使得女真人的衣服以布、皮质料为主。《金志》记载："土产无桑蚕，惟多织布，贵贱以布之粗细为别。又以化外不毛之地，非皮不可御寒，所以无贫富皆服之。富人春夏多以纻丝、锦䌷为衫裳，亦间用细皮布。秋冬以貂鼠、青鼠、狐貉或羔皮或作纻丝细绢。贫者春夏并用为衫裳。秋冬亦衣牛、马、

---

① 宇文懋昭：《大金国志》卷1，中华书局1986年版，第13页。
② 宇文懋昭：《大金国志》附录1，中华书局1986年版，第585页。

猪、羊、猫、犬、鱼、蛇之皮,或獐、鹿麋皮为袴为衫,袴袜皆以皮至妇人衣。"① 从这则史料来看,金初女真人服饰文化,没有贫穷富贵等级之分,人们为了防御北方寒冷的冬天,无论贫富都用野生动物皮做衣服。

金军灭亡北宋后,女真族服饰受中原汉文化影响,发生了变化。《大金国志》记载:"金俗好白衣,辫发垂肩,与契丹异。"② 女真人崇尚白色,男女衣着都以白色为主色调。女真人"衣布,好白衣,短巾左衽"。③ 妇女穿围裙,也是以白色为主,下层劳动家庭妇女为了干活方便,后来改用黑紫色了,直领左衽,露出白色衬衣的袖子,前面到脚面,后面拖地,用红绿带子在裙子外面束腰。与男人不同的是女人穿衣服以宽大为特色。《金志》记载:"至妇人衣,曰大袄子。不领如男子道服。裳曰锦裙,裙去左右各缺二尺许,以铁条为圈,裹以锦帛,上以单裙袭之。"④ 金灭北宋后,迁移大批北宋王公贵族到金代上京路,北宋贵族来到金代上京路,给金代上京路带来了中原服饰文化。《宋史·后妃传》记载:"入谒禁中,服饰华侈。"⑤ 北宋服饰文化较金代上京路服饰文化复杂,就连普通百姓的服饰也多是带有纹饰,《宋史·仁宗纪》记载:"民间织锦刺绣为服饰。"⑥ 中原汉族人口迁到金代上京路以后,对女真族服饰文化产生了很大的影响。《大金国志》记载:"自灭辽侵宋,渐有文饰。妇人或裹逍遥巾,或裹头巾,随其所好。"⑦《金志》记载:"自灭辽侵宋,渐有文饰,妇女或裹道遥,或裹头巾。"⑧ 金初太祖、太宗时期,女真贵族与平民服饰还没有明显区别。随着女真族汉化程度的加深,女真族服饰文化渐染华风,富裕的女真贵族之家,与普通女真族之间的服饰文化,逐渐拉开档次,有了等级之分。随着女真人与汉人频繁接触,中原服饰文化逐渐对女真产生影响。随着与汉人交往的增多,中原服饰文化传入金朝,女真人渐渐喜欢上了汉人服饰。特别是女真人与汉人"蕃汉杂处",使女真人学汉人服饰文化趋势不可阻挡。金代上京路女真人服饰文化,主要受

---

① 宇文懋昭:《金志》,商务印书馆1939年版,第6—7页。
② 宇文懋昭:《大金国志》卷39,中华书局1986年版,第552页。
③ 徐梦莘:《三朝北盟会编》卷3,上海古籍出版社1987年版,第16页。
④ 宇文懋昭:《金志》,商务印书馆1939年版,第7页。
⑤ 脱脱:《宋史·后妃传》卷242,中华书局1977年版,第8612页。
⑥ 脱脱:《宋史·仁宗纪》卷10,中华书局1977年版,第198页。
⑦ 宇文懋昭:《大金国志》卷39,中华书局1986年版,第552页。
⑧ 宇文懋昭:《金志》,商务印书馆1939年版,第6页。

北宋贵族的影响，对于普通百姓的影响并不大。北宋皇宫贵族穿金戴银，服饰华贵，使得女真贵族效仿，后来女真贵族服饰亦多是穿金戴银，服饰华贵。

女真族服饰汉化后，形成了金朝的服饰制度。《金史·舆服志》记载："金人之常服四：带，巾，盘领衣，乌皮靴。其束带曰吐鹘。……其衣色多白，三品以皁，窄袖，盘领，缝腋，下为襞积，而不缺袴。……其从春水之服，则多鹘捕鹅，杂花卉之饰，其从秋山之服，则以熊鹿山林为文，其长中骭，取便于骑也。"① 女真男人头饰"以皂罗若纱为之，上结方顶，折垂于后。顶之下际两角各缀方罗径二寸许，方罗之下各附带长六、七寸。当横额之上，或为一缩襵积。贵显者于方顶，循十字缝饰以珠，其中必贯以大者，谓之顶珠"。② 女真妇女服装，为"妇人服襜裙，多以黑紫，上编绣全枝花，周身六襵积。上衣谓之团衫，用黑紫或皁及绀，直领，左衽，掖缝，两旁复为双襵积，前拂地，后曳地尺余。带色用红黄，前双垂至下齐。年老者以皂纱笼髻如巾状，散缀玉钿于上，谓之玉逍遥。此皆辽服也，金亦袭之。许嫁之女则服绰子，制如妇人服，以红或银褐明金为之，对襟彩领，前齐拂地，后曳五寸余"。③ 女真族服饰制度逐渐形成，由于女真人身份、地位不同，使用的衣料也有了规定。《金史·舆服志》记载："庶人止许服䌷绸、绢布、毛褐、花纱、无纹素罗、丝绵，其头巾、系腰、领帕许用芝麻罗、绦用绒织成者，不得以金玉犀象诸宝玛瑙玻璃之类为器皿及装饰刀把鞘并银装钉床榻之类。妇人首饰，不许用珠翠钿子等物，翠毛除许装饰花环冠子，余外并禁。兵卒许服无纹压罗、䌷绸、绢布、毛褐。奴婢止许服䌷绸、绢布、毛褐。倡优遇迎接、公筵承应，许暂服绘画之服，其私服与庶人同。"④ 女真人的发饰也有明确的规定，《三朝北盟会编》记载："妇女辫发盘髻，男子辫发垂后，耳垂金银，留颅后发，以色丝系之。"⑤ 从女真族服饰制度来看，金代上京路女真人服饰文化，既保留女真人传统服饰习惯，又深受中原汉族服饰文化影响。

---

① 脱脱：《金史·舆服志》卷43，中华书局1975年版，第984页。
② 脱脱：《金史·舆服志》卷43，中华书局1975年版，第984页。
③ 脱脱：《金史·舆服志》卷43，中华书局1975年版，第985页。
④ 脱脱：《金史·舆服志》卷43，中华书局1975年版，第986页。
⑤ 徐梦莘：《三朝北盟会编》卷3，上海古籍出版社1987年版，第17页。

三 居住风格

世居在白山黑水的女真族,在完颜部迁居阿什河流域以前,没有固定的居住场所,大多是临时搭建的简陋窝棚。《金史·世纪》记载:"黑水旧俗无室庐,负山水坎地,梁木其上,覆以土,夏则出随水草以居,冬则入处其中,迁徙不常。"[1] 女真人依山傍水建立的简陋居室,由于当时女真人没有从事农业生产,没有长时期定居,因此随着迁徙无常大多废弃。女真族完颜部在献祖绥可时,迁居到阿什河流域始定居,从事农业生产,开始有了固定的居室。《金史·世纪》记载:"始筑室,有栋宇之制,人呼其地为纳葛里,'纳葛里'者,汉语居室也。自此遂定居于安出虎水之侧矣。"[2]

女真人定居阿什河流域后,起初居室相当简陋。女真人采伐山林木材,把原木劈开,一个一个摞起来加固成墙。房顶上用木板铺盖,在上面用草盖上,已达到防寒和防水的目的。房门朝东南方向开,门上挂一个草帘子,以达到防风御寒作用。这样的居室当地人俗称木刻楞。大多数女真人为了防寒,在建筑房舍时,在土坡上挖坑,坑上用木板覆盖,建成半地下室式的居室。这样的居室当地人叫地窨子。《三朝北盟会编》记载:"其俗依山谷而居,联木为栅。屋高数尺,无瓦覆以木板。或以桦皮,或以草绸缪之。墙垣篱壁,率皆以木。门皆东向。环屋为土床,炽火其下,相与寝食起居其上,谓之炕,以取其暖。"[3] 金代上京路女真人居室风俗,从献祖绥可到太祖阿骨打,一直没有发生多大的变化。《三朝北盟会编》记载:"阿骨打云:我家自上祖相传,止有如此风俗,不会奢饰。祇得这个屋子,冬暖夏凉,更不别修宫殿,劳费百姓也,南使勿笑。"[4] 金代上京路女真人房舍,一般都是东向南开门,这样一来可以避风,二来便于采光,使室内阳光充足,温暖如春。女真人为了冬天取暖,在室内北、西、南三面,建有取暖用的土炕。一进房门便是外屋厨房,在厨灶旁边有一块空地,用来放置各种用具以及烧柴,煮饭的灶台与内屋的火炕相连,火炕

---

[1] 脱脱:《金史·世纪》卷1,中华书局1975年版,第3页。
[2] 脱脱:《金史·世纪》卷1,中华书局1975年版,第3页。
[3] 徐梦莘:《三朝北盟会编》卷3,上海古籍出版社1987年版,第17页。
[4] 徐梦莘:《三朝北盟会编》卷4,上海古籍出版社1987年版,第31页。

是白天吃饭坐卧休息的地方，晚上睡觉的床铺。南宋使臣朱弁，在《炕寝三十韵》中，描写了女真人使用火炕的情况。"风土南北殊，习尚非一躅。出疆虽仗节，入国暂同俗。淹留岁再残，朔雪满崖谷。御冬貂裘蔽，一炕且跧伏。……"① 这首诗词生动地描写了女真人的居室，在冰天雪地的冬天，全家男女老少在热火炕上取暖睡觉的情形。女真人使用火炕历史悠久，到金朝建国时期，火炕已经在金代上京路女真人中广泛应用。

四 交通特色

交通运输是一个地区、一个民族文化发展的标志。金代上京路交通发达，以金代上京路会宁府为中心，形成了通往周边各国及各地区的交通网络。女真族在建国前，受辽朝管辖和统治，每年都要向辽朝朝贡，因此，在女真族建国前，就有通往辽上京临潢府的交通道路。《辽史·萧凤先传》记载："天庆二年，上幸混同江钓鱼。故事，生女直酋长在千里内者皆朝行在。适头鱼宴，上使诸酋次第歌舞为乐，至阿骨打，但端立直视，辞以不能。再三旨谕，不从。"② 这则史料说明，在女真建国前，金源上京路地区交通就很发达。女真伐辽灭宋建立大金帝国后，为了加强对辽宋地区的统治，加强了交通道路建设。《金史·太宗纪》记载："（天会二年（1124）正月），丁丑，始自京师至南京每五十里置驿。"③ 闰三月，"命置驿上京、春、泰之间"。④ 这两则史料分别说明了，自金上京会宁府至南京、泰州，分别重修了交通驿路。这里说的京师系指金代上京路会宁府，上京和南京指辽上京临潢府和南京析津府（今北京）。春是指长春州，位于辽上京府临潢府和金上京会宁府（今哈尔滨市阿城区南白城旧址）交通线上一交通驿站。此外，金代上京路会宁府有通往蒲与路、胡里改路、恤品路、曷懒路、肇州、隆州、信州、曷苏馆路，以及咸平路、东京路等陆路交通道路。金代上京路驿路建设，促进了金代上京路经济社会发展。

金代上京路交通工具主要是车辆。女真人制作车辆的历史很早，在女真完颜部祖先献祖绥可时，女真族就开始制造车辆了。《三朝北盟会编》

---

① 朱弁：《炕寝三十韵》，见《全金诗》（第一册），南开大学出版社1995年版，第96页。
② 脱脱：《辽史·萧凤先传》卷102，中华书局1974年版，第1439页。
③ 脱脱：《金史·太宗纪》卷3，中华书局1975年版，第49页。
④ 脱脱：《金史·太宗纪》卷3，中华书局1975年版，第50页。

记载:"绥可自幼习射、採生,长而善骑射猎,教人烧炭炼铁,剡木为器,制造舟车。"① 说明金代上京路女真人,在绥可时期就已经会制作车了。女真人做的车子形状,与契丹人的"奚车"相同。契丹人的车是从奚人那里学的手艺,所以辽朝管车子叫奚车。《辽史》记载:"(会同八年)三月癸亥(945年5月11日),……符彦卿以万骑横击辽军,率步卒并进,辽军不利。上乘奚车退十余里,晋追兵急,获一橐驼乘之乃归。"② 契丹人很早就学会了做奚车,奚车与中原汉人的马车基本相同,有两个大木轮,车上有帐幔,可以运东西,也可以坐人。女真人不仅造车,而且还造船。《松漠纪闻》记载:"其俗剡木为舟,长可八尺,形如梭,曰梭船。上施一桨,止以捕鱼。至渡车,则方舟或三舟。后悟室得南人,始造船如中国。运粮者,多自国都往五国头城载鱼。"③ 女真人制作的这种小船,很小巧适合家庭使用。女真人造船的技术,是从中原汉族人那里学来的,所造的船与中原宋朝造的船一样没有区别。

金代上京路地区以产马著称,因此女真人主要是以马代步,马是女真人日常必备的交通工具,女真人出行时,有时马拉车,有时用牛拉车。女真人运东西时,用马车或牛车,一般在不拉东西的情况,有骑马出行,或骑牛出行。金代上京路女真人,无论贵族还是平民百姓,围猎、出行都能"上下崖壁如飞,济江不用舟楫,浮马而渡"④。马不仅是女真族的主要交通工具、农业生产的主要力量,而且也是女真人主要的军需物资。《金史·世宗纪》记载:"马者军旅所用,牛者农耕之资,杀牛有禁,马亦何殊,其令禁之。"⑤ 除马之外,牛是女真族主要运输工具和农业生产的主要畜力。《金史·食货志》记载:"前时近官路百姓以牛夫充递运者,"⑥ 牛成为金代女真人重要的交通工具,一般的"未尝就役之家"⑦,"征钱偿之"用牛充当,称为"牛夫钱"。即牛和人必须为官府服运输劳役,否则,就要出牛夫钱。此外,当时在上京路境内的东北路招讨司、迭

---

① 徐梦莘:《三朝北盟会编》卷18,上海古籍出版社1987年版,第127页。
② 脱脱:《辽史·太宗纪》卷4,中华书局1974年版,第56页。
③ 洪皓:《松漠纪闻续》,吉林文史出版社1986年版,第40页。
④ 徐梦莘:《三朝北盟会编》卷3,上海古籍出版社1987年版,第17页。
⑤ 脱脱:《金史·世宗纪》卷6,中华书局1975年版,第141页。
⑥ 脱脱:《金史·食货志》卷47,中华书局1975年版,第1058页。
⑦ 脱脱:《金史·食货志》卷47,中华书局1975年版,第1058页。

刺、唐古部等地，出现了靠驴驼运输的专业户。《金史·章宗纪》记载："（明昌六年三月），（1195年4月24日）戊戌，以北边粮运，括群牧所、三招讨司猛安谋克、随糺及迭刺、唐古部诸抹、西京、太原官民驼五千充之，惟民以驼载为业者勿括"①。

五 婚姻礼俗

金代上京路女真人的婚姻，带有母系社会习俗。《魏书·勿吉传》记载："初婚之夕，男就女家，执女乳而罢。便以为定，仍为夫妇。"② 当时男方先到女方家里，生活一段时间，才能确定婚姻关系。随着女真社会的发展，这种择偶方式虽然存在但有所变化，一般富贵之家子女婚姻，多由长辈决定；贫困之家子女婚姻，多为自主选择。《三朝北盟会编》记载："其婚嫁，富者则以牛马为币，贫者则女年及笄，行歌于途其歌也，乃自叙家世，妇工容色，以伸求侣之意。听者有未娶欲纳者，即携而归之。后方具礼，偕女来家，以告父母。"③ 不同的家庭条件，择偶方式有很大差别，其原因是社会地位不同，社会地位高的家庭，找门当户对的，需要父母做主，普通家庭子女婚姻选择要求不高，任其子女自己选择，父母不干涉。女真贵族子女婚姻，传统习俗变化很大。《三朝北盟会编》记载："贵游子弟及富家儿，月夕饮酒，则相率携尊驰马戏饮。其地妇女闻其至，多聚观之。间令侍坐与之酒则饮，亦有起舞歌讴，以侑觞者，邂逅相契调谑，往返即载以归。"④ 富贵之家婚礼形式多样，文娱活动亦丰富多彩。

女真完颜部自昭祖以后，出现异姓通婚现象。完颜部出于政治联姻的需要，建立稳定的联姻部族。完颜部在建国前，就开始实行族外婚。与完颜部通婚的姓氏有徒单、拏懒、唐括、蒲察、裴满、纥石烈、仆散等姓氏部族。异姓婚姻虽然扩大了择偶范围，但是仍然有一定的局限性。女真族建国后，择偶的机会逐渐增多，范围相继扩大，陆续有渤海大氏、李氏、张氏，汉人刘氏、李氏、王氏，以及契丹耶律氏。女真族普通人家子女，

---

① 脱脱：《金史·章宗纪》卷10，中华书局1975年版，第235页。
② 魏收：《魏书·勿吉传》卷100，中华书局1974年版，第2220页。
③ 徐梦莘：《三朝北盟会编》卷3，上海古籍出版社1987年版，第18页。
④ 徐梦莘：《三朝北盟会编》卷3，上海古籍出版社1987年版，第18页。

变化不大，一般都是"男女自媒"传统求婚方式。《松漠纪闻》记载："不为所顾者，至追逐马足不远数里。其携去者，父母皆不问。留数岁，有子，始具茶、食、酒数车归宁，谓之拜门，因执子婿之礼。其俗谓男女自媒，胜于纳币而婚者。"① 女真人行纳币礼，亦称拜门。婚期快到了的时候，男方亲戚、家人一同前往女方家，呈上一定数量的酒菜，以宴请女方亲族。《大金国志》记载："妇家无大小，皆坐炕上，婿党罗拜其下，谓之'男下女'。礼毕，婿牵马百匹，少者十匹，陈其前，妇翁选子姓之别马者视之，好则留，不好则退。留者不过什二三，或皆不中选，虽婿所乘亦以充数。"② 女真人婚姻有聘礼习俗，产生于从母系向父系社会过渡时期，作为男方向女方赔偿损失的一种方式。除此之外，亦是双方显示财富的方式。金代后期，这种攀比财富、讲究排场的现象，愈演愈烈，以致朝廷不得不用行政手段加以约束。男子成婚后需要住在女家，侍奉女方父母，从事各种劳动。《大金国志》记载："既成婚，婿留于妇家，执仆隶役，虽行酒进食，皆躬亲之。"③ 三年之后，男方才能携妻回家，女方则赠送礼物。

在整个女真族婚姻中，无论富贵之家，还是贫困之家。都存在指腹婚、偷婚、收继婚习俗。指腹婚是双方父母，在小孩出生之前，定下婚约，待小孩降生后，如果为同性，则拜为兄弟姐妹，如果为异性便结为夫妇。《松漠纪闻》记载："金国旧俗，多指腹为婚姻。既长，虽贵贱殊隔必不可谕。"④ 指腹婚是一种以婚姻为纽带，加强友情的方式。偷婚也叫偷放婚，"是女真人原始婚俗的一种遗风"⑤，每年正月十六日，为女真人的放偷日。在放偷日当天，父母或兄长带着姑娘外出游玩，到僻静处故意把姑娘留下，让小伙子趁机偷去。青年男女如果不满意，姑娘可以自己回家；如果满意一个月后，小伙子到女方家中，备上彩礼正式求婚。女真族有一种收继婚，也称"妻母报嫂"，与契丹人一样，父亲死后可以娶父亲的婢妾，哥哥死后可以娶嫂子为妻，或者"妇女寡居，宗族接续

---

① 洪皓:《松漠纪闻》, 吉林文史出版社1986年版, 第17页。
② 宇文懋昭:《大金国志》卷39, 中华书局1986年版, 第553、554页。
③ 宇文懋昭:《大金国志》卷39, 中华书局1986年版, 第553页。
④ 洪皓:《松漠纪闻》, 吉林文史出版社1986年版, 第28页。
⑤ 王可宾:《女真国俗》, 吉林大学出版社1988年版, 第21页。

之"。① 收继婚的存在，主要是由于当时妇女社会地位低下，自己没有生存能力，收继者也是对死者负责。

六 丧葬习俗

女真人原先丧葬习俗，由于史料鲜有记载，不知道什么情况。史料记载女真人定居阿什河后，人死了埋葬。《大金国志·附录》记载："房人都上京，本无山陵。祖宗以来，止卜葬于护国林之东，仪制极草创。迨亮徙燕（今北京），始有置陵寝意，遂令司天台卜地于燕山之四围。"② 女真人死了埋葬的方式有火葬、土葬两种，也有的先焚烧尸体，然后再土葬，亦即火葬与土葬结合。《建炎以来系年要录》记载："陈过庭且死，其卒自割其肋，取肝为羹以献，愈过庭之疾。既死，以北俗焚之。其卒又自剔股肉，投之于火。曰：此肉与相公同焚，其感人如此。"③ 陈过庭按北俗火葬，就是女真人的火葬习俗。女真人的火葬可能源于早期的游牧生活。女真人定居后，人死了主要是土葬。《三朝北盟会编》记载："死者埋之，而无棺椁。"④ 早期的土葬简单，没有装尸体的棺椁。随着金代经济社会的发展，土坑墓发展到有棺材。棺椁种类有用木材、用石头，或用砖石砌成墓室。此外还有瓮棺葬，一般平民百姓家庭，人死后就用日常生活陶盒、陶罐作棺椁。经济条件好的家庭，用专用瓮棺。随着女真族建国，社会经济的发展，汉化程度的加深，女真贵族墓葬开始修筑豪华的墓室，以便放置木棺、石函、瓮棺和随葬品。在吉林省舒兰市小城子东，完颜希尹家族墓地，有九座较为豪华的石函墓。在完颜希尹家族墓地，还放有石人、石马和石羊。

女真人有殉葬的习俗，主要殉生活器物、牲畜。《三朝北盟会编》记载："贵者生焚所宠奴婢，所乘鞍马以殉之。所有祭祀饮食之物尽焚之，谓之烧饭。其道路则无旅店行者，悉主于民家主人，初则拒之。拒之不去，方具饮食而纳之。苟拒而去之，则余家无复纳者，其市易则惟以物博易无钱、无蚕桑、无工匠、屋舍、车帐，往往自能为之。"⑤ 目前在上京

---

① 脱脱：《金史·后妃传》卷64，中华书局1975年版，第1518页。
② 宇文懋昭：《大金国志·附录》，中华书局1986年版，第596页。
③ 李心传：《建炎以来系年要录》卷149，商务印书馆1936年版，第2405页。
④ 徐梦莘：《三朝北盟会编》卷3，上海古籍出版社1987年版，第18页。
⑤ 徐梦莘：《三朝北盟会编》卷3，上海古籍出版社1987年版，第18页。

路地区考古发掘中，出土有生产工具、马鞍、生活用品，以及首饰、配饰、服饰等随葬品，还有金银器和玉器，如银钏、金簪、银钗、银耳环、金指环、金列、玉鱼、玉人、玉飞天、嘎拉哈等及铜、铁、石、高岭土为原料做成的首饰、佩饰、服饰等。女真贵族死了，有殉葬活人的习惯。《大金国志》记载："贵者生焚所宠奴婢、所乘鞍马以殉之。"① 女真贵族死后，有马殉葬习俗。《金史·阿离合懑传》记载："国俗多以良马殉葬。"②

女真人死后，有劗面、烧饭、烧纸等习俗。劗面即用刀割面流血，以表示对死者的哀悼。《大金国志》记载："其亲友死，则以刀劗额，血泪交下，谓之'送血泪。'"③ 烧饭是把死者生前的物件及其祭品放在一起烧掉。《大金国志》记载："其祀祭饮食之物'尽焚之，谓之烧饭'。"④《三朝北盟会编》记载："金主吴乞买以病殂，传位于谙版孛极烈、都元帅完颜亶。……于五年之春，方告诸路诸郡邑，立吴乞买之灵，抛盏烧饭，金俗也。"⑤ 此外，女真人还有烧纸钱的习俗。《王恽全集》记载："无问贵贱，多破钱物，市一切纸作房屋、侍从、车马等仪物。"⑥ 女真人死后烧纸钱的习俗，现在在东北广大城乡还一直延续。

七 岁时礼仪

女真人原先纪年，也就没有固定的节日。"其人不知纪年，问之则曰：我见草青几度，以草一青为一岁。"⑦ 女真人接触契丹人、渤海人、汉人以后，开始有了岁时节日。元旦，每年的正月初一，亦称元日。女真人元旦有拜日活动，《三朝北盟会编》记载："元日则拜日"⑧ 习俗，女真人的拜日活动，是萨满活动的一项内容。一般每年正月初一，宋、高丽、夏，都遣使来贺。除此之外与北宋相似，家家户户都要张灯结彩，贴对联和门神，燃放爆竹和饮酒。女真人每年正月十五过元宵节。女真人原没有

---

① 宇文懋昭：《大金国志》卷39，中华书局1986年版，第552页。
② 脱脱：《金史·阿离合懑传》卷73，中华书局1975年版，第1672页。
③ 宇文懋昭：《大金国志》卷39，中华书局1986年版，第551—552页。
④ 宇文懋昭：《大金国志》卷39，中华书局1986年版，第552页。
⑤ 徐梦莘：《三朝北盟会编》卷165，上海古籍出版社1987年版，第1193页。
⑥ 王恽：《王恽全集》卷84，中华书局2013年版，第3468页。
⑦ 徐梦莘：《三朝北盟会编》卷3，上海古籍出版社1987年版，第18页。
⑧ 徐梦莘：《三朝北盟会编》卷3，上海古籍出版社1987年版，第18页。

此节日，女真人过元宵节，是从汉族那里学来的。"金人索元宵灯烛于刘家寺，放上元请帝观灯。"① 从此以后，金上京城开始学汉人每年元宵节家家开始挂灯笼。立春亦称打春，是与农业生产密切相关的节日。金朝有观击土牛和做春饼习俗。《金史·海陵纪》记载："癸未，立春，观击土牛。"② 清明节，金朝对此节很重视，有郊外祭祀习俗。被金朝扣在上京城的朱弁，在《寒食》中写道："纸钱灰入松楸梦，饧粥香随榆柳烟。"③ 充分说明了金代上京路，在清明节这天祭祀烧纸钱的场面。端午节，又称端阳、重五，亦称五月节。《金史·礼志》记载："金因辽旧俗，以重五、中元、重九行拜天之礼。"④ 金朝每年五月节这天都举办拜天射柳活动。《金史·章宗纪》记载："以重五、拜天、射柳，"⑤ 金代射柳活动，前文已经讲过，这里不再重复。

---

① 徐梦莘：《三朝北盟会编》卷74，上海古籍出版社1987年版，第562页。
② 脱脱：《金史·海陵纪》卷5，中华书局1975年版，第96页。
③ 元好问：《中州集》卷10，中华书局1962年版，第524页。
④ 脱脱：《金史·礼志》卷35，中华书局1975年版，第826页。
⑤ 脱脱：《金史·章宗纪》卷11，中华书局1975年版，第260页。

第七章

金代上京路姓氏、婚姻家庭及人口

金代上京路女真人的姓氏，大多源于女真各部居住地方的山川河流名称。"金有天下，诸部各以居地为姓。"① 金代上京路婚姻家庭与人口的变化，对女真族社会发展，特别是金军灭辽伐宋、入主中原，建立大金帝国，都产生了重要的历史影响。

第一节 上京路女真人的姓氏

女真人姓氏的产生，是从金代上京路开始的。女真人随着政权的建立，姓氏逐渐演变分化。在女真文字创制之前，女真人没有姓氏记载。女真人在隋唐时期，有"渤海粟末靺鞨附高丽，姓大氏"② 的记载，后来随着金朝国土的扩张，姓氏逐渐分化增多。女真姓氏的演变分化，是与女真人自觉汉化及其民族融合分不开的。女真人姓氏的演变分化，是完颜部接纳渤海、契丹等部族，逐渐融入女真社会的历史过程。

一 女真人的姓氏基础

女真人原先没有姓氏。女真人的姓氏源于渤海人的姓氏。据洪皓《松漠纪闻》记载："其王旧以大为姓，姓曰高、张、杨、窦、乌、李，不过数种。"③ 金初，入女真的渤海人有三大家族，分别为大氏、李氏、张氏。大氏是渤海国皇族，辽灭渤海以后，大氏仍为豪门显贵，他们当中有的不甘心被契丹奴役，转而加入女真群体。金朝"大氏"曾出大药师奴、大

---

① 陈述：《金史拾补五种》，科学出版社1960年版，第4页。
② 脱脱：《金史·世纪》卷1，中华书局1975年版，第1页。
③ 洪皓：《松漠纪闻》，吉林文史出版社1986年版，第19页。

家奴、大臬等人物，其代表人物大臬（挞不野），其先辽阳人，金攻破宁江州，他被金太祖收养，授猛安兼同知东京留守事。后以军功起家，在伐辽战争中，面对二十万辽军，他以"丈夫不得一决胜负，尚何为"，[1]率领本部兵马，英勇善战，杀敌数百人。天会四年（1126），挞不野被任命为都统领渤海八猛安，到海陵王时期，官至太傅，领三省事。他的三个女儿都是皇妃。

渤海李姓代表人物是李石，他不仅是金世宗母亲贞懿皇后的弟弟，又是世宗元妃的父亲，既是世宗的亲舅舅，又是世宗的岳父。渤海张姓代表人物是张浩及其子张汝弼和侄汝霖。张浩，字浩然，渤海人，在金太祖天辅时期，官至承应御前文字。天会八年（1130），赐进士及第。天眷二年（1139），迁礼部尚书，行六部事。海陵王时期，被授为参知政事，最后擢升为尚书右丞。天德三年（1151），主持燕京城市扩建工作。贞元元年（1153），金朝迁都燕京后，被任命为平章政事，时间不久，改左丞相。正隆三年（1158），主持营建汴京，拜太傅、尚书令，进封秦国公。大定元年（1161），海陵王南伐侵宋，留在京城负责尚书省日常管理事务。大定二年（1162），授为太师、尚书令，封南阳郡王。渤海贵族融入女真社会中，对女真人姓氏产生了重要影响。有一些女真人效仿渤海人姓氏，以大、李、高、张、王等姓氏，为女真人姓氏。

二 女真人的姓氏分化

女真人姓氏主要分为"白号"与"黑号"两种，也就是女真族最初的两大氏族集团。随着女真社会的发展，女真姓氏逐渐分化、组合为完颜、徒单、乌古论、蒲察四个大支系，共47部。《金史·百官志》记载："凡白号之姓，完颜、温迪罕、夹谷、陁满（驰满）、僕散、术虎、移剌荅、斡勒、斡准、把、阿不罕、卓鲁、回特、黑罕、会兰、沈谷、塞蒲里、吾古孙、石敦、卓陀、阿斯准、匹独思、潘术古、谙石剌、石古苦、缀罕、光吉剌皆封金源郡；裴满、徒单、温敦、兀林荅、阿典、纥石烈、纳兰、孛术鲁、阿勒根、纳合、石盏、蒲鲜、古里甲、阿迭、聂摸栾、抹然、纳坦、兀撒惹、阿鲜、把古、温古孙、耨盌、撒合烈、吾塞、和速嘉、能偃、阿里班、兀里坦、聂散、蒲速烈皆封广平郡；吾古论（乌古

---

[1] 脱脱：《金史·大臬传》卷80，中华书局1975年版，第1808页。

第七章　金代上京路姓氏、婚姻家庭及人口　　275

伦）、兀颜（乌延）、女奚烈、独吉、黄掴、颜盏、蒲古里、必兰、韩雷、独鼎、尼厖窟（泥庞古）、拓特、盍散、撒答牙、阿速、撒划、准土谷、纳谋鲁、业速布、安煦烈、爱申、拿可、贵益昆、温撒、梭罕、霍域皆封陇西郡。"① 在白号之姓中的完颜氏，因是皇族的缘故而成为金朝国姓。女真族深受汉文化影响，在确定姓氏上自觉汉化，根据汉字音韵反切法，"完颜"二字急读可为"王"，这样既符合"帝王之王"，又符合音韵习惯，因此有很多完颜氏后来改姓"王"。《金史·百官志》记载："黑号之姓，唐括（旧作同古）、蒲察、术甲、蒙古、蒲速、粘割、奥屯、斜卯、准葛、谙蛰、独虎、术鲁、磨辇、益辇、帖暖、苏孛辇皆封彭城郡。"② 黑号之姓多不是女真本姓，是在女真社会发展过程中，逐渐融入女真姓氏中的其他姓氏。如唐括氏是辽朝时期，辽迁西夏党项人于辽国东方，为了防御女真西侵，安置党项人与女真人杂居，以监视女真人的活动。由于东迁的党项人，与女真人生活在一个区域内，使党项人逐渐融入女真社会之中，党项融入女真社会，姓氏即为女真唐括部。

女真姓氏总共有99个，后来又在金代碑刻墓志中，发现10个，这样可知女真人姓氏共有109个。研究发现女真人改汉姓者有59个。例如，完颜氏改汉姓王之外，还有改汪、完、鄢、宛；徒单氏改汉姓杜、单；乌古论改汉姓刘、商；蒲察氏改汉姓李；乌林荅氏改汉姓蔡；奥屯氏改汉姓曹；乌延氏改汉姓朱；温敦氏改汉姓空；夹古，辽代称"加古"、明代称"夹温"，清称"觉罗氏"，后改汉姓仝、佟、童。金启孮《爱新觉罗姓氏之谜》说："爱新觉罗、伊尔根觉罗、西林觉罗、舒舒觉罗、通颜觉罗、阿吟觉罗氏，实即金代的交鲁氏。"③ 赵阿平认为，满族钮祜禄氏起源于对狼的图腾崇拜，此为满族先民狩猎生计的印证。在历史发展的各个时期，这一姓氏的发音有所变化，辽代称"敌烈氏"，金代称"女奚烈氏"，元代称"亦乞烈氏"，明代称"钮祜禄氏"。清代以后，由于受汉文化影响，改汉姓为"钮""郎"二姓。④

在金代女真人姓氏中，往往是在女真姓氏后边，将原有的女真名改成

---

① 脱脱：《金史·百官志》卷55，中华书局1975年版，第1229—1230页。
② 脱脱：《金史·百官志》卷55，中华书局1975年版，第1230页。
③ 金启孮：《爱新觉罗姓氏之谜》，《满族研究》1988年第1期。
④ 赵阿平：《满族语言与历史文化》，民族出版社2006年版，第108页。

汉名。姓是女真姓,名字是汉名。如完颜宗敏,是金太祖阿骨打元妃乌古论氏所生,女真名阿鲁补,后改汉名宗敏;完颜充,女真名梧桐,后改汉名充;完颜昂女真名奔睹,后取汉名昂;夹谷清臣,金上京胡里改路桓笃人,女真名阿不沙,汉名清臣;仆散忠义,上京路人,女真名乌者,汉名忠义;仆散揆,上京路人,女真名临喜,改汉名揆;徒单镒,上京路人,原名按出,改汉名镒;仆散安贞,上京路人。原名阿海,改汉名安贞。

金代上京路女真姓氏,有很多是以所在的部为姓氏。如裴满达女真名忽挞,就是以裴满部为姓氏的。裴满,亦作裴磨中、排磨中、排蛮、排门异、婆由懑,是金代女真重要部落和姓氏之一,属金代女真贵族白号之姓。裴满姓女真人进入中原后,改汉姓为麻。居住在婆多退水(今哈尔滨市阿城区东北裴克图河)的徒单恭,女真名斜也。以徒单部为姓。徒单,亦作徒丹,是金代女真重要部落之一,分布区域很广,主要活动在活剌温水(今呼兰河)、按出虎水(今阿什河)、速苏海水(今黑龙江尚志马延镇东南苇河、亮河一带)等地域,属于金代贵族白号之姓。徒单部因部众庞大分散,乃分两大支系,入中原后,有汉姓杜氏、单氏。如唐括辩女真名斡骨剌,唐括部人,以部为姓,后改汉名辩。唐括亦作唐古、唐兀、同古等。原先是党项族的一支,辽朝时期,契丹统治者一是为分化党项势力,二是用其监督女真人,将其迁移到辽朝东部,令其与女真杂居。后来这支党项人融入女真社会中,成为女真重要部落之一,为女真姓氏中黑号之姓。

第二节 上京路女真人婚姻与家庭

金代上京路女真人的婚姻家庭很有特色。女真人婚姻家庭的发展,经过了从原始氏族社会向封建社会的过渡。女真建国前社会生产力水平较低,婚姻家庭习俗保留了许多原始氏族时期的婚俗。女真建国后,女真贵族自觉汉化,使女真人婚姻家庭改变了原有的传统习俗。一方面家庭成员发生变化,以血缘关系为纽带的大家庭解体;另一方面,婚姻择偶对象拓宽,促进了民族融合与发展。

一 上京路女真人的婚姻

女真建国前女真人的婚姻,受生产力发展水平和地理环境等条件制

第七章　金代上京路姓氏、婚姻家庭及人口

约,保留着原始氏族婚姻习俗,如同姓不通婚。自昭祖石鲁以来,女真完颜部贵族都与异姓通婚。由于政治的需要及旧俗的影响,完颜部贵族与外族通婚,形成了较为稳固的联姻部族。关于女真人婚姻关系,史籍记载最多的是皇室贵族婚姻。《金史·后妃传》记载:"国朝故事,皆徒单、唐括、蒲察、拏懒、僕散、纥石烈、乌林荅、乌古论诸部部长之家,世为婚姻。"① 女真完颜部贵族联姻,即使有较为稳定的联姻部族,有时还是有所限制,即所谓"有国家者,婚姻有恒族",② 到了女真人入主中原后,才逐渐突破了这些联姻限制。渤海人大氏、契丹人耶律氏、汉人刘氏等都有被纳入后宫的。后来逐渐出现了女真人嫁给汉人,汉人嫁给女真人。这种婚姻逐渐增多,在客观上促进了女真族与他族的融合。

女真人的婚姻较多地保留女真建国前氏族制残余,在婚姻缔结方面,姑舅表亲相当普遍。择偶方式既可青年男女自行恋爱,也可长辈代为选择。一般来说贵族子弟的婚姻与政治财产关系密切,多由长辈决定,贫苦人家的子女,在配偶的选择上,一般父母不干涉,多为自行选择。《三朝北盟会编》记载:"其婚嫁,富者则以牛马为币,贫者则女年及笄行歌于途。其歌也,乃自叙家世、妇工、容色,以申求侣之意。听者有未娶欲纳之者,即携而归之。后方具礼偕女来家,以告父母。"③ 这里生动地描写了女真人婚姻缔结情况,介绍了贫富不同的女真家庭,青年男女婚姻求偶方式的不同。洪皓《松漠纪闻》记载:"婿纳币,皆先期拜门,亲属偕行,以酒馔往,少者十余车,多者十倍。……妇家无大小皆坐炕上,婿党罗拜其下,谓之男下女。礼毕,婿牵马百匹,少者十匹,陈其前。妇翁选子姓之别马者视之。塞痕(好)则留,辣辣(不好)则退也。留者不过什二三,或皆不中选,虽婿所乘亦以充数。大抵以留马少为耻。女家亦视其数而厚薄之。一马则报衣一袭。婿皆亲迎。既成婚,留妇氏执仆隶役,虽行酒、进食皆躬亲之。三年然后以妇归。妇氏用奴婢数十户,牛马十数群。每群九牸一牡,以资遣之。"④ 洪浩《松漠纪闻》还记载:"契丹、女真贵游子弟及富家儿,月夕备酒,则相率携尊驰马欢饮其地。妇女闻其

---

① 脱脱:《金史·后妃传》卷64,中华书局1975年版,第1528页。
② 脱脱:《金史·世戚传》卷120,中华书局1975年版,第2613页。
③ 徐梦莘:《三朝北盟会编》卷3,上海古籍出版社1987年版,第18页。
④ 洪皓:《松漠纪闻》,吉林文史出版社1986年版,第28页。

至，多聚观之。间令侍坐，与之酒则饮，亦有起舞歌讴以侑觞者。邂逅相契，调谑往返，即载以归。不为所顾者，至追逐马足不远数里。其携去者，父母皆不问。留数月，有子，始具茶、食、酒数车归宁，谓之拜门，因执子婿之礼。其俗谓男女自媒胜于纳币而婚者。"①

在女真人婚姻中，还有聘礼之说。金初在上京路时期，女真人还处于奴隶社会向封建社会过渡阶段。女真人的婚姻关系，带有奴隶社会色彩。金初上京路女真人的婚姻，处在从妻居向从夫居的过渡时期。聘礼作为赔偿女方氏族损失的一种代价，一般是男子成婚后，需住在女方家侍奉岳父岳母，从事各种劳作，甚至"壻留于妇家执僕隶役，虽行酒进食皆躬亲之"。② 结婚满三年后，男方携妻回到男方家里，女方则以奴隶、牛马相赠。这种从妻居的形式，在女真族婚姻关系当中，时有出现，被保留下来。女真人婚姻的聘礼与回赠，除了男女双方经济原因外，也是双方显示财富的方式。金朝后期，这种攀比财富、讲究排场的现象愈演愈烈，以致朝廷采取行政手段加以约束。到了金代晚期，受汉文化影响，从妻居的婚姻方式基本不存在了。

在女真人婚姻中，有收继婚、偷婚和抢婚等形式。收继婚是女真人原始婚姻习俗残余的表现，金初在上京路这种婚姻现象普遍存在。《三朝北盟会编》记载："父死则妻其母，兄死则妻其嫂，叔伯死则侄亦如之，故无论贵贱，人有数妻。"③《金史·后妃传》记载："旧俗，妇女寡居，家族接继之。"④ 这种婚姻习俗，其目的是保证家庭财产不外流。因此，女真人这种收继后母、寡嫂，抚养父兄的遗孤，是族中男子的权利和义务。金朝入主中原后，与汉族杂居，随着女真人的汉化，收继婚现象逐渐减少后来就消失了。

在女真人的婚姻中，还有偷婚和抢婚习俗。《三朝北盟会编》记载："亦有先与室女私约，至期而窃去者，女愿留则听之，自契丹以来皆然。"⑤ 这种偷婚形式，是女真人原始择偶婚姻残余的延续。抢婚是势力较为强大的女真贵族，用暴力的方法获取女子的一种择偶方式。例如金灭

---

① 洪皓：《松漠纪闻》，吉林文史出版社 1986 年版，第 17 页。
② 宇文懋昭撰：《大金国志·校证》，崔文印校证，中华书局 1986 年版，第 615 页。
③ 徐梦莘：《三朝北盟会编》卷 3，上海古籍出版社 1987 年版，第 17 页。
④ 脱脱：《金史·后妃传》卷 64，中华书局 1975 年版，第 1518 页。
⑤ 徐梦莘：《三朝北盟会编》卷 221，上海古籍出版社 1987 年版，第 1593 页。

北宋后，强行把宋皇室妃嫔和宗室女子，抢回上京作为妻妾。这种野蛮形式的抢婚，到金代中后期基本没有了。金朝统治者为了减少民族矛盾，鼓励女真人与契丹人、渤海人、汉人通婚，这种婚姻择偶方式，促进了女真族与其他民族之间的融合。

二 上京路女真人的家庭

家庭是以血缘关系为纽带结成的基本生产单位。一般的家庭成员，由一对夫妇及其子女组成。也有的家庭由二代和三代人组成家庭，即由父母和子女组成的二代家庭和祖孙三代组成的三代家庭，也有四代家庭，五代家庭很少。金朝建国前，主要是直系血缘关系的小家庭类型。《金史·世纪》记载："生女真之俗，生子年长即异居。"[①] 女真人男子长大后，一般都与父母分开单独居住。《金史·世纪》记载："金之始祖函普，初从高丽来，年已六十余矣。兄阿古乃好佛，留高丽不肯从，曰：后世子孙必有能相聚者，吾不能去也。独与弟保活里俱。始祖居完颜部仆干水之涯，保活里居耶懒。其后胡土门以曷苏馆归太祖，自言其祖兄弟三人相别而去，盖自谓阿古乃之后。"[②] 在以血缘为纽带的家庭，也有兄弟同居构成的家庭。同书还记载："景祖九子，元配唐括氏生劾者，次世祖，次劾孙，次肃宗，次穆宗。及当异居，景祖曰：劾者柔和，可治家务。劾里钵有器量智识，何事不成。劾孙亦柔善人耳。乃命劾者与世祖同居，劾孙与肃宗同居。"[③] 女真族这种小家庭，随着女真社会发展发生了变化，以血缘关系为纽带组成的家庭逐渐解体。金朝统治者为了提高女真人家庭的社会地位，以女真族三百户为一谋克，十谋克为一猛安。这种编排措施，在一定程度上，使女真族家庭享有很多特权。金朝灭辽和北宋后，把在战争中俘获的契丹人、汉人，分配给女真人家庭为奴隶，这些契丹人、汉人成为女真人家庭的附属，这样就使女真族家庭成分复杂了，打破了原先以血缘为纽带的家庭，家庭成员中出现了不同的民族，形成了同居大家庭。

金朝统治者根据女真人家庭田地、房舍，以及牲畜和人丁多少，把家庭划分为不同的等级称户等。金朝户等制度是延续辽朝户等制度，实质是

[①] 脱脱：《金史·世纪》卷1，中华书局1975年版，第6页。
[②] 脱脱：《金史·世纪》卷1，中华书局1975年版，第2页。
[③] 脱脱：《金史·世纪》卷1，中华书局1975年版，第7页。

根据每个家庭的贫富差距来确定户等。金朝采取通检推排的方法，按每个家庭财产的多少和人口数量划等级。《金史·食货志》记载："（大定二十年），止验财产多寡，分为四等，置籍以科差，庶得均也。"① 金朝对家庭划分的户等，随着时间的推移，逐渐发生了变化。《金史·食货志》记载："（大定二十二年）八月，推贫富、验土地、牛具、奴婢之数，分为上中下三等。"② 由原来划分的四等改为三等。金朝划分的户等，尽管制定了以财产和人口多少这一标准来划分，但是对女真族还是有特权的。金世宗认为"猛安谋克户，富贫差发不均，皆自谋克内科之，暗者惟胥吏之言是从，轻重不一。自窝斡叛后，贫富反复，今当籍其夹户，推其家赀，傥有军役庶可均也"。③ 于是召集百官商议，右丞相克宁、平章政事安礼、枢密副使宗尹等都说："女真人除猛安谋克仆从差使，余无差役。今不推奴婢孳畜、地土数目，止验产业科差为便。"④ 从此以后，女真族家庭的特权阶层就不那么明显了，对"汉人家庭和女真人家庭划分户等都要按照家赀"⑤ 来划分。汉人家庭主要依据"田园、屋舍、车马、牛羊、树艺之数，及藏镪多寡"来划分。女真人家庭主要是以土地、牛具和奴婢的多少来划分的。《金史·食货志》记载："括其奴婢之数，则贫富自见，缓急有事科差，与一例科差者不同。请俟农隙，拘括地土牛具之数。"⑥ 金朝以家赀多少来划分户等，主要的目的是为了税收。到了金世宗后期，有的家庭贫富情况发生了变化，这样金朝采取分地区、分民族省份，来确定户等了。原有的户等制度，逐渐被新的通检推排制度所代替，《金史·食货志》记载："止随物推收，析户异居者许令别籍，户绝及困弱者减免，新强者详审增之，止当从实，不必敷足元数。"⑦ 这样，到了金后期户等制度逐渐失去了原来的意义，到后来也就自然消失了。

金代上京路女真人家庭中，每个家庭中的父亲或是丈夫是家长，家庭成员还有妻妾、子女。父亲和丈夫是一家之长，具有一定的特权。首先表

---

① 脱脱：《金史·食货志》卷46，中华书局1975年版，第1038页。
② 脱脱：《金史·食货志》卷46，中华书局1975年版，第1038页。
③ 脱脱：《金史·食货志》卷46，中华书局1975年版，第1038页。
④ 脱脱：《金史·食货志》卷46，中华书局1975年版，第1038页。
⑤ 邢铁：《中国家庭史》（第三卷），广东人民出版社2007年版，第104页。
⑥ 脱脱：《金史·食货志》卷46，中华书局1975年版，第1038页。
⑦ 脱脱：《金史·食货志》卷46，中华书局1975年版，第1040页。

第七章 金代上京路姓氏、婚姻家庭及人口

现在对妻子的特权,《金史》记载:"辽使同干来伐五国蒲聂部,景祖使后与劾孙为质于拔乙门,"① 可见妇女在家庭成员中,必须听从丈夫的。其次,表现在父亲对子女和族人的绝对权力。《金史·太祖纪》记载:"乌雅束柔善,惟此子足了契丹事。穆宗亦雅重太祖,出入必俱。太祖远出而归,穆宗必亲迓之。"② 女真人家庭很多都是一夫多妻制,《松漠纪闻》记载:"女真诸国皆有女倡,而其良人皆有小妇、侍婢。"③《大金国志》记载:"无论贵贱,人有数妻。"④ 这就造成了妇女在家庭中的地位较为低下。《金史·世宗纪》记载:"自古兄弟之际,多因妻妾离间,以致相违。且妻者乃外属耳,可比兄弟之亲乎。若妻言是听,而兄弟相违,甚非理也。"⑤ 在很多女真人家庭中,丈夫不把妻妾当家里人看待,认为妻妾是外人,可见妇女在家庭中的地位是很低下的。妇女在家庭中的地位,随着孩子的出生有所变化。妇女成为母亲、婆婆之后,在家庭中的地位开始逐渐高起来,年长的妇女在家庭中的地位特别高。如金景祖昭肃皇后唐括氏,在完颜家族中的地位就特别高。《金史·后妃传》记载:"世祖兄弟凡用兵,皆禀于后而后行,胜负皆有惩劝。"⑥ 妻妾在家庭中的地位,妻的地位高于妾,妾的地位较低。这一点,从妻妾生子的地位就可以看出来。妻子生子称嫡子,侧室和妾生子称庶子。嫡子与庶子的地位是不一样的,一般情况下嫡子有绝对的继承权,而庶子相对没有继承权。《松漠纪闻》记载:"自固碖以下,皆为奴婢。"⑦ "固碖即宗幹,太祖庶长子,海陵王完颜亮的生父。"⑧ 金太宗吴乞买去世时,完颜宗幹虽是太祖长子,但因为他是庶子没有继承皇位的权利,而由太祖嫡孙完颜亶即皇帝位。从正妻所生嫡子和非正妻所生庶子的社会地位来看,女真人正妻与非正妻的地位有着天地之别。《金史·后妃传》记载:"徒单太后生日,酒酣,大氏起为寿。徒单方与坐客语,大氏跽者久之。海陵怒而出。明日,召诸公主宗妇与太后语者皆杖之。大氏以为不可。海陵曰:今日之事,岂能尚如

---

① 脱脱:《金史·后妃传》卷63,中华书局1975年版,第1500页。
② 脱脱:《金史·太祖纪》卷2,中华书局1975年版,第20页。
③ 洪皓:《松漠纪闻》,吉林文史出版社1986年版,第19页。
④ 宇文懋昭:《大金国志》,崔文印点校,中华书局1986年版,第554页。
⑤ 脱脱:《金史·世宗纪》卷7,中华书局1975年版,第161页。
⑥ 脱脱:《金史·后妃传》卷63,中华书局1975年版,第1500页。
⑦ 洪皓:《松漠纪闻》,吉林文史出版社1986年版,第12页。
⑧ 洪皓:《松漠纪闻》,吉林文史出版社1986年版,第20页。

前日邪。"① 由此可知，在女真人的传统观念里，嫡庶地位差异很大。在家庭子女成员中，一般是有父从父，无父从兄。长子继承父亲担任家长，对兄妹有监护责任。

第三节　上京路人口变化

女真人在建国前，没有户籍制度，人口资料留存很少。金代上京路人口分布情况等问题，目前靠仅有的史料很难说清楚。女真人在伐辽灭宋的战争中，不断迁移上京路猛安谋克户，到新占领的辽、宋地方，使金代上京路人口减少。与此同时，金朝统治者也将在战争中俘获的辽、宋人口，迁往金代上京路，以实金源内地。海陵王迁都燕京后，金代上京路人口急剧减少。世宗、金章宗时期，虽有所恢复，但人口总量还是较少。金朝末年，蒙古军入侵及耶律留哥起义、蒲鲜万奴自立等，上京路处于战乱状态，众多城镇变成废墟，人口发展遭到严重破坏。

一　上京路人口分布

金代上京路地域辽阔，是金代地方行政建置中最大的路，辖境除今黑龙江省全境外，还包括黑龙江以北、乌苏里江以东，今属俄罗斯广大地区，以及今吉林大部地区和朝鲜咸镜南道部分地区。整个白山黑水之间，都属于金代上京路管辖范围。《金史·地理志》载："天眷元年（1138）号上京。海陵贞元元年（1153）迁都于燕（今北京），削上京之号，止称会宁府……大定十三年（1173）七月，复为上京。……府一，领节镇四，防御一，县六，镇一。"② 这则史料记载的领四节镇，与历史事实不太一致。有学者对其提出疑问，认为"上京路条下的五路一个统军司不符合这个条件，一府三州也不完全符合这个条件"③。这属于历史地理研究范畴，此处存疑待以后研究。这里只对金代上京路条下所列府、路、州、县，人口进行介绍。金代上京路地域辽阔，境内有生女真居住地，如蒲与路、胡里改路、合懒路、恤品路等，居住着猛安谋克户。在肇州、隆州、信州等地，女真人与渤海人、契

---

① 脱脱：《金史·后妃传》卷63，中华书局1975年版，第1504页。
② 脱脱：《金史·地理志》卷24，中华书局1975年版，第550页。
③ 王孝俊：《中国人口通史·辽金卷》，人民出版社2012年版，第434页。

丹人、汉人杂居。金朝根据当时人口居住状况，在新占领地区实行府州县制；在原先地方实行猛安谋克制。

会宁府是金初国都，是金初政治、经济、文化中心，聚居着女真、渤海、契丹、汉人等人口，《金史·地理志》记载："会宁府……户三万一千二百七十。"① 在会宁府条下列的会宁县（倚）、曲江、宜春，这三个县没有人口数量记载，看来会宁府条所记载的户数，可能包括这三个县的户数。《金史·地理志》记载："肇州……户五千三百七十五。"② 《金史·地理志》记载："隆州……户一万一百八十。"③ 《金史·地理志》记载："信州……户七千三百五十九。县一：武昌……镇一，八十户。"④ 以上《金史·地理志》记载的上京路府州县总计府州县户为54264户，从《金史·地理志》内容来看，应该是金世宗大定以后，金宣宗贞祐二年以前的户数。至于金代上京路所辖的蒲与、胡里改、合懒、恤品、曷苏馆等5路户数，《金史·地理志》没有记载，但在《金史·食货志》里记载了金代上京路猛安谋克户数。《金史·食货志》记载："（明昌）四年十月，尚书省奏：今上京、蒲与、速频、曷懒、胡里改等路，猛安谋克民户计一十七万六千有余。"⑤ 虽然《金史·地理志》和《金史·食货志》记载的时间，不是同一个时期，前后时间相差15年，但从章宗明昌四年到宣宗二年，金代上京路没有像金初那样，发生大规模的战争和人口迁移，因此，金代上京路人口的发展还是相对稳定的。从《金史·食货志》记载："明昌元年……奏天下户六百九十三万九千……泰和七年十二月，奏天下户七百六十八万四千四百三十八。"⑥ 从这一记载来看，明昌元年到泰和七年，前后18年里人口增长745438户，平均每年增长41413户，增长率为5.55%。如果按照这个增长比例算，《金史·食货志》记载的金代上京路猛安谋克176000余户，从明昌四年到贞祐二年，平均每年增长9768户，前后15年时间里，人口户数增长了146520户，到《金史·地理志》记载贞祐二年府州县户数时，金代上京路猛安谋克户大致应该为322520户。

---

① 脱脱：《金史·地理志》卷24，中华书局1975年版，第551页。
② 脱脱：《金史·地理志》卷24，中华书局1975年版，第551页。
③ 脱脱：《金史·地理志》卷24，中华书局1975年版，第552页。
④ 脱脱：《金史·地理志》卷24，中华书局1975年版，第552页。
⑤ 脱脱：《金史·食货志》卷50，中华书局1975年版，第1121页。
⑥ 脱脱：《金史·食货志》卷46，中华书局1975年版，第1035—1036页。

如果把府州县 54264 户，与猛安谋克户合在一起，金代上京路人口总户数应为 376784 户。

以明昌元年正月"奏天下户六百九十三万九千，口四千五百四十四万七千九百"[①]，可知每户平均人口为 6.549 人；以泰和七年十二月"奏天下户七百六十八万四千四百三十八，口四千五百八十一万六千七十九"，[②]可知平均每户人口为 5.692 人。两次金代家庭人口平均数应为 6.12 人，一般的都是六七口之家。这样也就可以算出金代上京路猛安谋克户的总人口约为 1973822 人；府州县户的总人口约为 332096 人，合计总人口约为 2305918 人。从以上所得金代上京路人口分布情况来看，金代上京路女真猛安谋克户人口，占金代上京路总人口的 85.6%。从中可以看出，金朝统治者虽采用双向人口迁移政策，但到了金代中后期，女真人、渤海人、契丹人、汉人都眷恋故土，大都陆续返回各自的故乡，使金代上京路女真猛安谋克户增多，汉人府州县户减少，揭示了人们反对战争向往和平追求安定的生活环境。

二 人口迁移与变化

随着女真社会的发展，人口呈发展的势头。金初从太祖至海陵王末年，上京路人口数量急剧下降。其原因是金对辽、宋发动战争的结果。金代上京路人口下降，大致分为两个阶段。第一阶段是金军伐辽灭宋时期，自阿骨打起义至熙宗皇统二年（1142）"绍兴和议"止，金代上京路人口迅速下降。在这段时间里，金军不断发动大规模战争，使金代上京路人口锐减。第二阶段从皇统二年至大定元年（1161），由于金源内地猛安谋克南迁中原及海陵王南侵，再次使金代上京路人口下降。

金代上京路人口，随着海陵王迁都，政治中心南移，发生了重大变化。历史上人口数量的增减、空间分布的变化，与政治中心南移有着直接或间接的关系。由于战争的原因，使得金代上京路人口在数量上逐渐减少。从 1115 年至 1186 年的 70 余年时间里，金代上京路地区的人口一直没有停止迁徙。金代上京路人口的迁徙，主要有两种迁徙方式，一是内迁即"实上京"拱卫，充实上京路，使金代上京路人口增加；二是由于政

---

① 脱脱：《金史·食货志》卷 46，中华书局 1975 年版，第 1035 页。
② 脱脱：《金史·食货志》卷 46，中华书局 1975 年版，第 1036 页。

治、军事的原因外迁，使金代上京路人口减少。金代上京路是金朝的大后方，女真族统治者为了加强这里的政治、经济实力，在金太祖、金太宗、金熙宗时期，金代上京路地区始终是金朝重点经营的地方，将伐辽灭宋所得人口迁往上京地区。海陵王迁都燕京后，上京路地区人口开始大规模南迁，不但将猛安谋克户南迁中原，而且还将渤海、契丹等人口南迁，这样就使金代上京路人口急剧减少。金代上京路人口大批南迁，始于天会四年（1126），三上次男根据《金史·食货志》考证，金代上京路大约有12个猛安的女真人被移往华北。海陵王迁都后，担心"上京宗室起而图之，故不问疏近，并徙之南"。① 这种大规模南迁，造成上京路人口急剧下降。金朝对上京路采取双向移民政策，一方面将居住在上京路的女真、契丹、渤海等人口，迁移到中原地区；另一方面，又将从宋朝掳掠来的汉人口，迁到上京路地区。这种对流迁移，形成了上京路各民族杂居的局面，客观上促进了上京路民族融合。

金世宗时期，金朝总人口呈发展势头。从金世宗时期开始，金代上京路人口开始发展。"世宗久典外郡，明祸乱之故，知吏治之得失。即位五载，而南北讲好，与民休息。"② 由于金世宗采取休养生息政策，与南宋讲合停战，以及世宗恢复上京路建置，重视金源地区的发展，使金代上京路人口转变为上升态势。

金章宗时期，章宗"承世宗治平日久，宇内小康，乃正礼乐、修刑法、定官制，典章文物粲然成一代治规。又数问群臣汉臣宣综核名实、唐代考课之法，盖欲跨辽、宋而比迹于汉、唐，亦可谓有志于治者矣"。③ 章宗开明的政治制度，推动了社会经济发展，也促使金朝人口增长。明昌四年（1193）十月，尚书省奏称："今上京、蒲与、速频、曷懒、胡里改等路，猛安谋克户计一十七万六千有余。"④ 到金宣宗贞祐二年，经过笔者考证推算，金代上京路总人口发展到2305918人。金朝末年，由于蒙古军入侵、耶律留哥起义及蒲鲜万奴割据等战乱原因，使金代上京路许多城镇变成废墟，人口再度急剧下降。

① 脱脱：《金史·世宗纪》卷8，中华书局1975年版，第185页。
② 脱脱：《金史·世宗纪》卷8，中华书局1975年版，第203页。
③ 脱脱：《金史·章宗纪》卷12，中华书局1975年版，第285—286页。
④ 脱脱：《金史·食货志》卷50，中华书局1975年版，第1121页。

第八章

金代上京路历史地位与贡献

金上京城是金初的国都,海陵王迁都以后,虽一度去掉京号,但金世宗很快恢复京号,使金上京城成为金朝的陪都。金代上京路较其他的路历史地位特别重要,历史作用特别重大。金代上京路在金朝社会历史发展的地位和贡献,是应该正确认识的问题,这个问题得不到正确认识,势必影响人们对金朝历史的认识。应全面正确认识金代上京路对中华民族的形成,以及对东北边疆建设的历史贡献。正确认识金代上京路的历史地位和贡献,具有重要的理论意义和现实意义。

第一节 上京路在金朝社会发展中的地位

金朝从阿骨打在白城称帝建国,到1234年完颜守绪在蔡州被蒙古所灭为止,前后存在120年。大金国地域辽阔,人口最多时达"四千五百八十一万六千七十九"[①]人,在世界史上可称封建大帝国。金代上京城虽属金朝地方行政建置,但是管辖范围相当广阔,包括今天黑龙江省全境及吉林、辽宁、内蒙古地区一部分,还包括今俄罗斯贝加尔湖及外兴安岭,乃至鄂霍茨克海及日本海和朝鲜部分地区。金代上京路是女真族的发祥地,金初的国都、中后期的陪都,在金朝历史上占有重要的地位。

一 上京路是女真族发祥地

金代上京路是女真人的故乡、肇兴之地。金太祖阿骨打前十世祖,就生活在白山黑水之间。从始祖函普,经德帝、安帝、献祖、昭祖、景祖、世祖、肃宗、穆宗,到太祖阿骨打时,女真族历时二百余年,在白山黑水

---

① 脱脱:《金史·食货志》卷46,中华书局1975年版,第1036页。

之间逐渐统一女真各部，为阿骨打举旗抗辽，建立大金帝国奠定了历史基础。

金代上京路是众多民族聚居之地。《金史·世纪》记载："金之先，出靺鞨氏。靺鞨本号勿吉。勿吉，古肃慎地也。"① 女真族是肃慎族系不同发展阶段的民族，从远古时代起，就繁衍生息在白山黑水之间。肃慎是最早与中原建立联系的民族。早在"虞舜以天德嗣尧"时代，"肃慎宋服"② 开始与中原王朝建立联系。周武王克商时，"肃慎氏贡楛矢、石砮"③，与中原建立密切贡服关系。周景王（前544—前520）统治时期，肃慎与中原的关系进一步明确，《左传》记载："燕亳肃慎吾北土也。"④ 肃慎族系先后经过勿吉、挹娄、靺鞨、女真的演变，他们在历史上，一直生活在金代上京路所管辖的广大地区。《金史·世纪》记载："金之始祖讳函普，初从高丽来，……始祖居完颜部仆干水之涯，保活里居耶懒。其后胡十门以曷苏馆归太祖，自言其祖兄弟三人相别而去，盖自谓阿古乃之后。石土门、迪古乃，保活里之裔也。……女直、渤海本同一家。盖其初皆勿吉之七部也。"⑤ 这则史料充分说明，古老的女真族世代散居在白山黑水之间。女真族完颜部在献祖绥可时，迁居到今阿什河流域，从此开始定居，从事农业生产生活。《金史·世纪》记载："子献祖，讳绥可。黑水旧俗无室庐，负山水坎地，梁木其上，覆以土，夏则出随水草以居，冬则入处其中，迁徙不常。献祖乃徙居海古水，耕垦树艺，始筑室，有栋宇之制，人呼其地为纳葛里。纳葛里者，汉语居室也。自此遂定居于安出虎水之侧矣。"⑥ 女真族迁居到阿什河流域后，改变了原先传统的游牧生产方式，转而开始了农业生产方式。他们学习渤海、契丹的先进文化，使女真族完颜部的社会生产力达到了前所未有的发展水平。女真族完颜部在阿什河流域，经过献祖、昭祖、景祖、世祖、肃宗、穆宗等时期的发展壮大，到太祖阿骨打时期，已经为完成白山黑水之间女真各部统一提供了条件。

---

① 脱脱：《金史·世纪》卷1，中华书局1975年版，第1页。
② 王聘珍：《大戴礼记·解诂》卷11，中华书局1983年版，第216页。
③ 陈桐生：《国语·孔丘论楛矢》，中华书局2016年版，第105页。
④ 左丘明：《左传·昭公》卷22，上海人民出版社1977年版，第1320页。
⑤ 脱脱：《金史·世纪》卷1，中华书局1975年版，第2页。
⑥ 脱脱：《金史·世纪》卷1，中华书局1975年版，第3页。

金太祖阿骨打凭其完颜部九代人，艰苦创业所形成的军事联盟，东征西讨，统一女真各部，建立起了以完颜部为核心的女真军事集团。阿骨打以阿什河流域为中心，于辽天庆四年（1114）9月开始伐辽，在拉林河畔举行伐辽誓师大会后，仅以2500人的起义队伍，在女真族英雄完颜宗翰、完颜宗弼等将领配合下，犹如雄健的海东青，机智勇敢地战胜了一个又一个强敌对手。首先攻占辽朝东方重镇宁江州，然后又在出河店和斡伦泺大败辽兵。辽天庆五年（1115）1月1日，阿骨打在阿什河畔（今哈尔滨市阿城区南白城旧址），即位称帝建立大金帝国。大金帝国的建立，不仅开创了女真族历史上的新纪元，而且也揭开了金代上京路历史新篇章。女真族以少胜多、以小胜大，在灭亡辽国后，金太宗又挥师南下，入主中原灭亡北宋，建立与南宋对峙的大金帝国。金朝海陵王时期，为了加强对中原地区的统治，及出于统一全国的目的，把国都从上京会宁府迁到燕京，遂使金代上京路成为女真族的故乡，金朝的发祥地。

二　上京城金初国都后期陪都

女真族迁居阿什河流域后，由于阿什河流域水陆交通便利，使女真族与外界接触的机会越来越多，特别是与辽国接触的机会增多，极大地促进了女真族经济社会的发展。由于阿什河流域战略地位重要，于是金太祖阿骨打，以阿什河流域为活动中心，逐渐发展自己，发展生产，扩建军队，使阿什河流域成为女真族的大本营。《金史·地理志》记载："上京路，即海古之地，金之旧土也。国言："金"曰："按出虎"，以按出虎水源于此，故名金源，建国之号盖取诸此。国初称为内地，……其山有长白、青岭、马纪岭、完都鲁，水有按出虎水、混同江、来流河、宋瓦江、鸭子河。"[①] 从史料的记载来看，作为海古之地的阿什河流域，有山有水，进可攻退可守，且水陆交通便利，为兵家必争之地。金太祖阿骨打率领女真族军队，在取得宁江州大捷胜利之后，在松花江支流阿什河流域，在后世称为金源内地的地方，建立大金帝国。

金太祖阿骨打在阿什河流域白城地方称帝建国，使白城成为金初的政治中心。虽然当时没有确定正式的府州名号，初称皇帝寨，但由于女真军民都集中在按出虎水，使白城地方成为金初实际意义上的国都。关于金初

---

① 脱脱：《金史·地理志》卷24，中华书局1975年版，第550页。

第八章　金代上京路历史地位与贡献

上京会宁府建都的时间，史料记载较为模糊，说法各异。有说太祖时期只称皇帝寨，到了太宗时期才建都于此，熙宗时期正式命名为上京。笔者认为在太祖阿骨打时期，被称为皇帝寨的地方，已经称为金朝的国都了。《金史·耨盌温敦思忠传》记载："天辅三年（1119）六月，辽大册使太傅习泥烈以册玺至上京一舍。"① 此处记载的上京一舍，绝不是辽上京一舍，就是被当时称为皇帝寨的金上京一舍。辽朝册使到达金上京一事，《金史·太祖纪》记载："天辅三年六月辛卯（1119年7月25日），辽遣太傅习泥烈等奉册玺来，上摘册文不合者数事复之。"② 这两处记载相互印证，说明这件事情确有其事，也就可以证明当时被称为皇帝寨的会宁州也好，会宁府也好，实际已经成为金初的国都了。关于太祖时期初称皇帝寨的白城为金上京都城，《金史》还有一些记载。如《金史·太祖纪》记载："天辅七年六月丙申（1123年7月9日），上不豫，将还上京，命移赉勃极烈宗翰为都统，昊勃极烈昱、迭勃极烈斡鲁副之，驻兵云中，以备边。"③《金史·太宗纪》记载："天辅七年（1123）六月，太祖次鸳鸯泺，有疾。至斡独山驿，召赴行在。……诏曰：朕亲巡已久，功亦大就，所获州部［郡］，政须绥抚，是用还都。"④ 这里指的都是金上京会宁府。《金史·太祖纪》记载："九月癸丑（9月24日），梓宫至上京。乙卯，葬宫城西南，建宁神殿。"⑤《金史·太宗纪》记载："九月乙卯（9月26日），葬太祖于宫城西。"⑥ 这里两则史料都说明，当时金上京会宁府已经是名副其实的国都了。

从太祖、太宗、熙宗、海陵前期等四朝，金上京会宁府名称的变化，可以确定金上京的历史地位。《金史·地理志》记载："会宁府，下。初为会宁州，太宗以建都，升为府。天眷元年，置上京留守司，以留守带本府尹，兼本路兵马都总管。"⑦ "天眷元年（1138）号上京。海陵贞元元年（1153）迁都于燕，削上京之号，止称会宁府，称为国中者以违制论。大

---

① 脱脱：《金史·耨盌温敦思忠传》卷84，中华书局1975年版，第1881页。
② 脱脱：《金史·太祖纪》卷2，中华书局1975年版，第33页。
③ 脱脱：《金史·太祖纪》卷2，中华书局1975年版，第41页。
④ 脱脱：《金史·太宗纪》卷3，中华书局1975年版，第47页。
⑤ 脱脱：《金史·太祖纪》卷2，中华书局1975年版，第42页。
⑥ 脱脱：《金史·太宗纪》卷3，中华书局1975年版，第48页。
⑦ 脱脱：《金史·地理志》卷24，中华书局1975年版，第551页。

定十三年（1173）七月，复为上京。"① 这里可能是在天眷元年时候，金朝正式废掉原辽上京临潢府的缘故，对金代上京路会宁府作为国都名称只是再次声明而已。虽然海陵王废掉上京之号迁都燕京，但金世宗大定十三年再次恢复上京之号，使金上京会宁府成为金朝的陪都，并且将金源内地的蒲与路、胡里改路、合懒路、恤品路、耶懒路、曷苏馆路、乌古迪烈统军司等地方军政建置，划归金代上京路管辖，使金代上京路成为金朝十九路中最大的一个路。

金上京会宁府从金初到金末，除从贞元元年海陵王迁都，到大定十三年金上京恢复京号之外，金代上京路会宁府是金初38年的国都，大定十三年后是金朝的陪都。虽有学者认为"在天眷元年建号上京之前，这个政治中心作为一国之都的地位始终不太明确，都城的政治功能相当弱化。究其原因，除了来自观念层面的障碍之外，还受到其他一些因素的制约，使'御寨'无法真正发挥国都的作用"。② 笔者认为即使当时政治功能相对比较弱化，不能与中原王朝都城政治功能相比，但对金朝来说还是皇帝经常捺钵春水灸剌之地，其政治功能也不能与作为皇帝寨的上京路会宁府相比。因此，无论金代上京路会宁府在海陵王迁都前的金朝国都，还是大定恢复上京之号，把金上京会宁府作为金朝的陪都，其金朝的政治中心地位不容置疑，这就使金代上京路会宁府成为大金帝国的政治、经济、文化中心，在金朝历史发展中具有核心地位，对金朝社会发展起着全局性的历史作用。

第二节　上京路对金朝社会发展的作用

女真人是世居我国东北的古老民族，在建国前，经过很长时间的奴隶制过渡时期。女真族完成从奴隶制向封建制的过渡，是在金代上京路时期完成的。女真人在金代上京路逐渐强大，把都城定在金代上京路治所会宁府，建立大金帝国。金初都城在会宁府38年时间里，太祖、太宗、熙宗、海陵王4位皇帝，都能从华夏观的角度，积极自觉汉化，按中原宋朝国家治理模式，积极改革女真旧俗，使女真族很快由部族制发展到帝王制。女

---

① 脱脱：《金史·地理志》卷24，中华书局1975年版，第550页。
② 刘浦江：《金朝初叶的国都问题》，《中国社会科学》2013年第3期。

第八章　金代上京路历史地位与贡献

真族建国后，政令畅通，集中力量办大事，例如发展农业生产和军事工业，壮大了金国的实力，从而为金朝入主中原奠定了坚实的基础。

一　女真族在上京路完成了封建制过渡

女真族在始祖函普时期，还处在原始奴隶部落阶段。《金史·世纪》记载："金之始祖讳函普，初从高丽来，年已六十余矣。……始祖至完颜部，居久之，其部人尝杀它族之人，由是两族交恶，哄斗不能解。"① 此时女真族完颜部，还处在奴隶部落时期，部落之间经常发生斗殴。《三朝北盟会编》记载："有七十二部落，无大君长，其聚落各酋豪分治之。"② 《北风扬沙录》亦记载："无大君长，亦无国名，散居山谷间，自推豪侠为酋长。"③ 从这两则史料来看，此时女真族还没有形成世袭制，部落酋长通过民主选举产生，还处在原始部落时期。《金史·宗室传》记载："金诸宗室，自始祖至康宗凡八世。献祖徙居海姑水纳葛里村，再徙安出虎水。世祖称海姑兄弟，盖指其所居也。完颜十二部，皆以部为氏，宣宗诏宗室皆书姓氏，然亦有部人以部为氏，非宗室同姓者，遂不可辩矣。"④ 这则史料亦说明，当时女真族处在奴隶制部族时期。《金史·世纪》记载："部有贤女，年六十而未嫁，当以相配，仍为同部。始祖曰：诺，乃自往谕之曰：杀一人而斗不解，损伤益多。若止诛首乱者一人，部内以物纳偿汝，可以无斗，而且获利焉。怨家从之。乃为约曰：凡有杀伤人者，征其家人口一、马十偶、牸牛十、黄金六两，与所杀伤之家，即两解，不得私斗。曰：谨如约。女直之俗，杀人偿马牛三十，自此始。既备偿如约，部众信服之，谢以青牛一，并许归六十之妇。始祖乃以青牛为聘礼而纳之，并得其资产。"⑤ 此则史料描述的是女真始祖时期完颜部落的情形，反映了女真族从母系氏族社会部落已向父系氏族社会部落过渡。

女真族在部落时期，没有固定的居住场所。《金史·世纪》记载："黑水旧俗无室庐，负山水坎地，梁木其上，覆以土，夏则随水草以居，

---

① 脱脱：《金史·世纪》卷1，中华书局1975年版，第2页。
② 徐梦莘：《三朝北盟会编》卷3，上海古籍出版社1987年版，第16页。
③ 陈准：《北风扬沙录》，见《中国野史集成》（第十册），巴蜀书社1993年版，第365页。
④ 脱脱：《金史·宗室传》卷66，中华书局1975年版，第1570页。
⑤ 脱脱：《金史·世纪》卷1，中华书局1975年版，第2页。

冬则入处其中，迁徙不定。"① 女真族发展到绥可时期，开始迁居到今哈尔滨市阿城区境内居住。由于金代上京路生业环境优良，铁矿丰富，且又适合农业生产，为完颜部社会生产力的发展提供了客观条件。完颜部开始教人烧炭炼铁，种植庄稼。《金史·世纪》记载："献祖乃徙居海古水，耕垦树艺，始筑室，有栋宇之制，人呼其地为纳葛里。……自此遂定居于安出虎水之侧矣。"② 按出虎水丰富的矿产资源和可开发的农业资源，使完颜部有社会变革依赖的物质基础，为从部落发展到部落联盟，最终发展到部族，以及完颜部统一女真各部提供了条件，进而促进了女真族从部族制向国家形态过渡。

二 女真族在上京路完成了帝王制转型

女真族在献祖绥可以前，部族内部或部族之间的纠纷，没有法律约束，靠女真旧俗来约束。《三朝北盟会编》记载："杀人剽劫者搭其脑而死之，其仇家人为奴婢，其亲戚欲得者，以牛马财物赎之。其赃以十分为率，六分归主而四分没官。罪轻者决柳条或赎以物贷命者则割鼻以诰之。"③ 完颜部迁居按出虎水之后，献祖绥可改变了原先"夏逐水草、冬则穴处"④，迁徙不定的生产生活方式。完颜部定居按出虎水之后，由于生活在一定的区域内，各部族之间的交往日渐频繁，民事纠纷也日渐增多，这就需要与之相适应的法律行为准则，来保障彼此之间的往来。完颜部发展到昭祖时期，开始改变"生女直无书契，无约束，不可检制"⑤ 的局面，"昭祖稍以条教为治，部落浸强"。⑥ 但是"诸部犹以旧俗，不肯用条教。昭祖耀武至于青岭、白山，顺者抚之，不从者讨伐之，入于苏滨、耶懒之地，所至克捷"。⑦ 昭祖凭借其实力，恩威并施，使女真各部逐渐依附在完颜部之下，为以完颜部为核心的女真部落联盟形成奠定了基础。此时"生女直之俗，至昭祖时稍用条教，民颇听从，尚未有文字，无官

---

① 脱脱：《金史·世纪》卷1，中华书局1975年版，第3页。
② 脱脱：《金史·世纪》卷1，中华书局1975年版，第3页。
③ 徐梦莘：《三朝北盟会编》卷3，上海古籍出版社1987年版，第19页。
④ 脱脱：《金史·世纪》卷1，中华书局1975年版，第3页。
⑤ 脱脱：《金史·世纪》卷1，中华书局1975年版，第3页。
⑥ 脱脱：《金史·世纪》卷1，中华书局1975年版，第4页。
⑦ 脱脱：《金史·世纪》卷1，中华书局1975年版，第4页。

第八章 金代上京路历史地位与贡献

府,不知岁月晦朔",① 当时女真各部落联盟,还属于松散性质的,各部之间时而团结时而分裂,部落联盟还不牢靠。女真部落联盟真正形成,还是在景祖时期。"景祖稍役属诸部,自白山、耶悔、统门、耶懒、土骨论之属,以至五国之长,皆听命。"② 景祖将完颜部族的法令,推行到其他女真部族当中,达到"卒定离析,一切治以本部法令。"③ 至此,以完颜部为核心的女真族部落联盟正式形成。

女真族发展到穆宗时期,以完颜部为核心的女真部落联盟,得到了进一步的发展。穆宗为了管理女真各部,开始颁布法律,《金史·世纪》记载:"初,诸部各有信牌,穆宗用太祖议,擅置牌号者置于法,自是号令乃一,民听不疑矣。……东南至于乙离骨、曷懒、耶懒、土骨论,东北至于五国、主隈、秃答,金盖盛于此。"④ 穆宗统一女真各部信牌,颁布法律,把女真各部都控制在完颜部的管辖之下。《大金集礼》记载:"穆宗孝平皇帝,法令归一,恢大洪业,尽服四十七部之众。"⑤ 穆宗以法令的形式,把女真各部牢牢地控制在自己的掌控之下,加强了各部族之间的联系,使女真各部经济、文化得到进一步融合,为女真从部族制过渡到帝王制奠定了基础。

以完颜部为核心的女真部落联盟的形成,既加速了女真统一的步伐,也为女真建立国家提供了条件和可能。"一个强大的持久的女真部落联盟的形成和发展,促进了各部族间联系的加强,加速了女真各部族走向统一的过程,女真各部族的统一又促进了女真社会在各方面的发展和变革。"⑥ 女真部落联盟的形成,是由家族、宗族、氏族、部落等逐渐发展演变而形成的。这一演变过程是从始祖函普到穆宗时期,经历漫长的历史过程中完成的。始祖函普从高丽来到完颜部,因"部有贤女,年六十而未嫁,当以相配,仍为同部。……遂为完颜部人"。说明女真族当时尚处在母系氏族向父系氏族过渡时期。从始祖函普到完颜部之后,子孙逐渐生息繁衍,逐渐使完颜部成为以血缘关系为纽带的大家族。完颜部从母系氏族

---

① 脱脱:《金史·世纪》卷1,中华书局1975年版,第4页。
② 脱脱:《金史·世纪》卷1,中华书局1975年版,第4页。
③ 脱脱:《金史·世纪》卷1,中华书局1975年版,第15页。
④ 脱脱:《金史·世纪》卷1,中华书局1975年版,第15页。
⑤ 张昕:《大金集礼》卷3,商务印书馆1936年版,第46页。
⑥ 张博泉:《金史简编》,辽宁人民出版社1984年版,第43页。

社会过渡到父系氏族社会后，氏族内部的管理制度发生了变革，氏族内部的领导权发生了转移。《三朝北盟会编》记载："居束沫之北，宁江之东北者，地方千余里，户口十余万，散居山谷间，依旧界外野处，自推雄豪为酋长，小者千户，大者数千户，则谓之生女真。"① 这里明确说明了当时生女真的规模，氏族内部的领导权，掌握在雄豪酋长手里。生女真完颜部自昭祖以后，对偏远地区不服的部族，采取征讨的方式加以吞并。"居处绵远，不相统属，自相残杀，各争长雄。"② 完颜部自昭祖至穆宗，逐渐发展强大，打破了以血缘关系为纽带的家族，逐渐形成了以地面为单元的部族，后来金代以地面来划分各路行政单位，就是在此基础上来划分的。

女真族从血缘关系的部族，发展到地缘关系的部落联盟，并不是血缘关系的部族不存在了，有的部族仍然残存血缘关系。在女真部族或女真部落联盟中，有的有血缘关系，有的没有血缘关系，有血缘关系的部族，逐渐发展演变为宗族。在每个宗族里，都有几个家庭构成。《三朝北盟会编》记载："自来流河，阿骨打所居指北带东行约五百余里，皆平坦草莽，绝少居民，每三五里之间有一二族帐，每族帐不过三五十家。"③ 这里每个族帐就是一个部族。随着完颜部不断征讨和扩大占领地盘的需要，将原先居住在一定地方的宗族，迁移到其他地方。《金史·完颜杲传》记载："杲本名撒离喝，安帝六代孙，泰州婆卢火之族，胡鲁補山之子。……及婆卢火为泰州都统，宗族皆随迁泰州。撒离喝尝为世祖养子，独不得迁，仍居安出虎水。"④ 这样就打破了以血缘关系为纽带的宗族，形成了以地缘关系为主体的部落联盟。以地缘关系为主体、残存血缘关系的女真部落联盟便于征调，这种组织形式，"可以说在氏族内部孕育着国家的雏形"⑤。

女真族从部族制转型为帝王制，是通过设立一系列管理系统来实现的。《金史·兵志》记载："金之初年，诸部之民无它徭役，壮者皆兵，平居则听以佃渔射猎习为劳事，有警则下令部内，及遣使诣诸孛堇征兵，

---

① 徐梦莘：《三朝北盟会编》卷3，上海古籍出版社1987年版，第16页。
② 徐梦莘：《三朝北盟会编》卷3，上海古籍出版社1987年版，第17页。
③ 徐梦莘：《三朝北盟会编》卷4，上海古籍出版社1987年版，第30页。
④ 脱脱：《金史·完颜杲传》卷84，中华书局1975年版，第1877页。
⑤ 张博泉：《金史简编》，辽宁人民出版社1984年版，第47页。

凡步骑之仗粮皆取备焉。其部长曰孛堇，行兵则称曰猛安、谋克，从其多寡以为号，猛安者千夫长也，谋克者百夫长也。"① 孛堇是女真语，其意思是一个部族的族长，通常所说的部长，就是一个部族的头领。《三朝北盟会编》记载："隋阔改作绥赫（绥可），自幼习射……由是邻近每有不平，皆诣所请，遂号孛堇，臣服契丹。"②《金史·礼志》记载："皇五代孛堇，"③ 皇五代是昭祖石鲁，这说明在女真部族中，女真部族头领称孛堇，在昭祖以前就开始了。孛堇作为女真部族的头领，虽管理女真部族内部事务，但当时没有设置官府，还不是真正意义上的官员。女真族正式设置官府当在景祖时期。《金史·世纪》记载："辽主召见于寝殿，燕赐加等，以为生女直部族节度使。"④ 景祖被辽朝任命为生女真部节度使，是女真族完颜部正式设置官府的开始。《金史·世纪》记载："辽主将刻印与之，……既为节度使，有官属，纪纲渐立矣。"⑤ 生女真部节度使属于辽朝设在生女真部的地方行政机构，完颜部凭借辽朝给予的权力，进一步发展壮大完成女真族的统一。

从始祖函普到景祖石鲁，完颜部首领一直由函普子孙担任，改变了女真族首领民主选举产生的办法，函普系父子相继、兄终弟及。《金史·百官志》记载："金自景祖始建官署，统诸部以专征伐，巍然自为一国。"⑥ 辽朝在生女真部设立节度使，为阿骨打建国创造了条件。阿骨打凭借辽朝的势力，统一女真各部，并在生女真节度使岗位上，以都勃极烈称帝建国。女真族建国后，阿骨打对原有的女真部族制度，进行了一系列的改制。阿骨打针对伐辽战争的需要，对原女真内部的孛堇制度进行了改革，在中央实行奴隶主贵族专政的勃极烈制度，在地方实行军政合一的猛安谋克制度。勃极烈制度和猛安谋克制度，是女真族基本国家制度。《金史·太祖纪》记载："（收国元年）七月戊辰（1115年7月23日），以弟吴乞买为谙班勃极烈，国相撒改为国论勃极烈。辞不失为阿买勃极烈，弟

---

① 脱脱：《金史·兵志》卷44，中华书局1975年版，第992页。
② 徐梦莘：《三朝北盟会编》卷18，上海古籍出版社1987年版，第127页。
③ 脱脱：《金史·礼志》卷32，中华书局1975年版，第774页。
④ 脱脱：《金史·世纪》卷1，中华书局1975年版，第5页。
⑤ 脱脱：《金史·世纪》卷1，中华书局1975年版，第5页。
⑥ 脱脱：《金史·百官志》卷55，中华书局1975年版，第1215页。

斜也为国论昊勃极烈。"① 在中央正式设立勃极烈议事会议。《金史·兵志》记载："部卒之数，初无定制，至太祖即位之二年，既以二千五百破耶律谢十，始命以三百户为谋克，谋克十为猛安。继而诸部来降，率用猛安、谋克之名以授其首领而部伍其人。"② 正式设立猛安谋克制度之后，阿骨打在女真部族制基础上建立的勃极烈制度，虽为女真伐辽灭宋发挥了重要作用，但还残留军事民主遗风，还不属于封建帝王制度。张汇《金虏节要》记载："初，女真之域尚无城郭，星散而居，金主完颜晟常浴于河、牧于野，其为君草创，斯可见矣。盖女真初起，阿骨打之徒为君也，粘罕之徒为臣也，虽有君臣之称，而无尊卑之别，乐则同享，财则同用，至于舍屋、车马、衣服、饮食之类，俱无异焉。金主所享惟一殿，名曰乾元殿。此殿之余，于所居四外栽柳，行以作禁围而已。其殿也，绕壁尽置大炕，平居无事则锁之或开之，则与臣下杂坐于炕，伪妃后躬侍饮食，或金主复来臣下之家，君臣宴然之际，攜手握背咬头扭耳，至于同歌共舞，莫分尊卑。"③ 徐梦莘《三朝北盟会编》记载："阿骨打与其妻大夫人者，于炕上设金装交椅而副并坐。……阿骨打云：我家自上祖相传，止有如此风俗，不会奢饰，只得这个屋子冬暖夏凉，更不别修宫殿，劳费百姓也。南使勿笑。"④ 张棣《金虏图经》记载："金虏有国之初，都上京，府曰会宁，地名金源。其城邑、宫室，类中原之州县廨宇，制度极草创。居民往来或车马杂还，皆自前朝门为出入之路，略无禁限，每春正击土牛，父老士庶无长无幼，皆观看于殿之侧。主之出朝也，威仪体貌止肖呼守令，民之讼未决者，多拦驾以诉之，其朴野如此。"⑤ 从以上史料记载可以看出，当时君臣等级淡薄，国人与皇帝可以同川而浴，君臣可以互到对方家里做客。普通百姓也可以到阿骨打居住的地方，看阿骨打处理国事。阿骨打所建立的国家制度，属于贵族间的军事民主制，还没有发展到封建帝王制。

金太宗即位后，遵照太祖遗诏"一依本朝旧制"，推行金太祖既定的勃极烈制度和猛安谋克制度。随着金政权伐辽灭宋，占领地区扩大，金太宗出于统治的需要，在所占领的原辽、宋地区实行汉制。《金史·兵志》

---

① 脱脱：《金史·太祖纪》卷2，中华书局1975年版，第27页。
② 脱脱：《金史·兵志》卷44，中华书局1975年版，第992页。
③ 徐梦莘：《三朝北盟会编》卷166，上海古籍出版社1987年版，第1197页。
④ 徐梦莘：《三朝北盟会编》卷4，上海古籍出版社1987年版，第31页。
⑤ 徐梦莘：《三朝北盟会编》卷244，上海古籍出版社1987年版，第1750页。

记载:"至天会二年(1124),平州既平,宗望恐风俗揉杂民情弗便,乃罢是制。诸部降人但置长吏,以下从汉官之号。"① 这样一来,就出现了两种制度并存的局面,势必影响金朝中央制度。天会年间,中央勃极烈制度发生了变化,金太宗"逐步缩减勃极烈人员的编制。女真勃极烈制的官员死后,不再补任其职"②。例如:天会"三年三月乙亥(1125年4月8日),阿捨勃极烈谩都诃死"。③ 阿捨勃极烈参议国政,死后没有补任。"迭勃极烈"④ 斡鲁,"天会五年十二月乙亥(1128年1月23日),西南路都统斡鲁死"。⑤ 斡鲁死后,太宗也没有补任。"天会八年九月辛酉(1130年10月25日),谙班勃极烈、都元帅杲死。"⑥ 谙班勃极烈是皇位继承人,杲死后太宗也是不补任。《金史·熙宗纪》记载:"天会八年,谙班勃极烈杲死,太宗意久未决。十年,左副元帅宗翰、右副元帅宗辅、左监军完颜希尹入朝,与宗干议曰:谙班勃极烈虚位已久,今不早定,恐授非其人。合剌,先帝嫡孙,当立。相与请于太宗者再三,乃从之。……杲薨,帝定议为储嗣,故以是命焉。"⑦ 谙班勃极烈虚位已久,太宗拖着不补任,其目的是想让自己的子孙即位,但受勃极烈制度制约没有成功。通过补任合剌为谙班勃极烈人选,一是说明作为皇帝的太宗权力有限,还不像中原封建帝王制下皇帝有至高无上的权力。二是说明勃极烈制度下的议政会议权力很大,可以跟皇权抗衡。太宗鉴于此,为了摆脱勃极烈制度的束缚,至天会十年(1132)正式把勃极烈缩减为四人。"四月庚午(4月26日),以太祖孙亶为谙班勃极烈,皇子宗磐为国论忽鲁勃极烈,国论勃极烈宗干为国论左勃极烈,移赉勃极烈、左副元帅宗翰为国论右勃极烈兼都元帅。"⑧ 金太宗效仿中原宋朝三省制,改革金朝中央勃极烈制度。"谙班勃极烈相当于皇位继承人;国论忽鲁勃极烈相当于尚书令;国论左勃极烈相当于宋的左丞相;国论右勃极烈相当于宋的右丞相。"⑨ 金太宗

---

① 脱脱:《金史·兵志》卷44,中华书局1975年版,第993页。
② 武玉环:《金朝中央官制的改革》,《北方文物》1987年第2期。
③ 脱脱:《金史·太宗纪》卷3,中华书局1975年版,第52页。
④ 脱脱:《金史·斡鲁传》卷71,中华书局1975年版,第1633页。
⑤ 脱脱:《金史·太宗纪》卷3,中华书局1975年版,第58页。
⑥ 脱脱:《金史·太宗纪》卷3,中华书局1975年版,第62页。
⑦ 脱脱:《金史·熙宗纪》卷4,中华书局1975年版,第69页。
⑧ 脱脱:《金史·太宗纪》卷3,中华书局1975年版,第64页。
⑨ 武玉环:《金朝中央官制的改革》,《北方文物》1987年第2期。

时期的官制改革，为金朝从奴隶制过渡到封建制迈出了一步，但此时还没有真正形成封建帝王制度。

金熙宗即位以后，继续太宗的改革，加快了封建帝王制步伐。金熙宗为了加强封建君主专制，在中央废除勃极烈制度，效仿中原唐宋封建王朝官制，实行三省六部制。"天眷元年八月甲寅朔（1138年9月6日），颁行官制。……己巳（11月20日），始禁亲王以下佩刀入宫。辛未，定封国制。"① 金熙宗实行的三省制，以尚书省为中心，尚书省的权力高于中书省和门下省。中书省和门下省的最高长官，都是由尚书省尚书令之下的左右丞相兼任。《金史·熙宗纪》记载："（天眷元年）十月癸酉（11月24日），以东京留守宗隽为尚书左丞相兼侍中，……天眷二年正月戊戌（1139年2月17日），以左丞相宗隽为太保、领三省事，……兴中尹完颜希尹复为尚书左丞相兼侍中。"② 这样实质是把中书省和门下省置于尚书省之下，为后来海陵王合并三省，进一步加强中央集权提供了条件。金熙宗在地方着手整顿猛安谋克，《金史·兵志》记载："熙宗皇统五年，又罢辽东汉人、渤海猛安谋克承袭之制，浸移兵柄于其国人，乃分猛安谋克为上中下三等，宗室为上，余次之。"③ 金熙宗废除汉人和渤海人猛安谋克制，实行封建制度下的州县管理等系列改革，使金朝国家权力集于一身，基本实现了封建帝王制。海陵王政变取得皇帝位置后，继续熙宗时期的改革。海陵王为了加强中央集权的需要，于"天德二年十二月己未（1151年1月6日），罢行台尚书省"。④ 还对其他州县和猛安谋克进行了改制。《金史·兵志》记载："至海陵庶人天德二年，省并中京、东京、临潢、咸平、泰州等路节镇及猛安谋克。"⑤ 海陵王为了削弱女真贵族的权力，"天德三年十一月癸亥（1152年1月5日），诏罢世袭万户官"，⑥ 将金初的一些万户路，改制为可以随时调动的流官节度使，这样就使全国上下处于皇帝一人控制之下，最终实现了从部族制到封建帝王制的过渡。

---

① 脱脱：《金史·熙宗纪》卷4，中华书局1975年版，第73页。
② 脱脱：《金史·熙宗纪》卷4，中华书局1975年版，第73页。
③ 脱脱：《金史·兵志》卷44，中华书局1975年版，第993页。
④ 脱脱：《金史·海陵纪》卷5，中华书局1975年版，第96页。
⑤ 脱脱：《金史·兵志》卷44，中华书局1975年版，第993页。
⑥ 脱脱：《金史·海陵纪》卷5，中华书局1975年版，第98页。

第三节　上京路对中华民族的历史贡献

女真人在金代上京路时期，为中华民族做出了两大重要历史贡献。其一是奠定了我国北部疆域，使白山黑水广大地域，成为我国领土不可分割的重要组成部分。其二是促进了中华民族融合，使我国东北边疆众多少数民族，成为中华民族大家庭成员。金朝入主中原后，与中原汉民族融合，建立与南宋对峙的我国北方民族政权，使我国东北与中原连在一起，融为一体，奠定了我国东北部疆域范围。女真族入主中原后，颁布一系列促进民族融合的法律、法规和政策，推动了中华民族的融合与发展，为中华民族形成做出了重要贡献。

一　奠定了祖国东北边疆基础

我国东北白山黑水广大地区，自古以来就是女真先人肃慎人繁衍生息之地。肃慎人在夏商周时期就生活在这里，并与中原王朝建立联系。在"昔虞舜以天德嗣尧"时代，"海外肃慎、北发、渠搜、氐、羌来服"。① 周武王克商时，"肃慎氏之贡楛矢、石砮。"② 从这时开始，肃慎与中原王朝的联系，逐渐密切起来。周景王（前544—前520）时期，周朝已经把东北白山黑水广大地区纳入周朝版图。当时东北白山黑水广大地域，虽然已纳入中原版图，但只是中原王朝与东北各民族政权臣服性质的朝贡关系。

唐代虽然在东北先后设立"勃利州"③ 和"黑水都督府"。④ 但这时还属于羁縻性质的机构，与设在中原内地的州府县行政建制的机构不同。渤海国和辽朝虽然在白山黑水之间建立过一些州、府、县，但这些行政建制主要设在东北地区的南部和西部。渤海是属于唐朝的地方政权，还不属于中央政府直接管辖。真正开发建设东北边疆，真正有效地直接管辖统治，是从金代正式开始的。金朝在东北边疆设置的京、路、府、州、县等

---

① 王聘珍：《大戴礼记解诂》卷11，中华书局1983年版，第216页。
② 陈桐生：《国语·孔丘论楛矢》，中华书局2016年版，第105页。
③ 欧阳修、宋祁：《新唐书》卷219，中华书局2000年版，第4694页。
④ 刘昫：《旧唐书》卷199，中华书局2000年版，第3646页。

行政机构，管理东北边疆。《金史·地理志》记载："金之壤地封疆，东极吉里迷兀的改诸野人之境，北自蒲与路之北三千里，火鲁火疃谋克地为边，右旋入泰州婆卢火所浚界壕而西……。"① 这是金朝东北部疆界，这一记载充分说明我国东北部疆界，在金朝时期已经至于海，北至外兴安岭广大地区。金朝在东北地区，设置金代上京路，下辖蒲与路、曷懒路、胡里改路、恤品路、耶懒路、乌古迪烈统军司等军政机构，卓有成效地管理我国金代东北边疆广大地区。金代上京路管辖的蒲与路治所在"今黑龙江省克东县古城村"②；胡里改路治所在"今黑龙江省依兰县喇嘛甸"③（也有学者认为在小城子古城）；曷懒路治所在"今朝鲜咸境南道咸兴城 5 里处"④；恤品路治所在"今俄罗斯乌苏里斯克城"；⑤ 耶懒路治所在"今俄罗斯滨海边区塔乌黑河流域"⑥。这几个金代上京路管辖的二级路的治所，都是我国东北疆界的历史佐证。根据克东蒲与路故城所在的位置，可以佐证金朝北部疆界已经达到外兴安岭，东部边境已经至鄂霍茨克海以南地区。金代上京路管辖的这些建置治所，不仅历史文献记载明确，而且在这一地区出土的大量历史文物，都充分证明了这些地方是我国固有领土。元、明、清三朝，继承金代疆域沿革，继续对这些地区进行有效的管理和开发建设。如 1689 年中俄签订的《尼布楚条约》，确定外兴安岭以南，整个黑龙江、乌苏里江流域，直至库页岛的领土主权属于中国，应该说是继承了金朝的疆域沿革。金朝开发建设我国东北边疆 120 年，对东北与中原地区的联系加强了，对祖国形成了一个不可分割的有机统一整体，起着承上启下、继往开来的历史作用。

金代上京路对我国东北疆域的形成，历史地位和作用是非常重要的。金朝在金上京路时期，金、宋签订"绍兴和议"后，确定了金在北方、

---

① 脱脱：《金史·地理志》卷 24，中华书局 1975 年版，第 549 页。
② 谭其骧：《中国历史地图集·释文汇编·东北卷》，中央民族大学出版社 1988 年版，第 166 页。
③ 谭其骧：《中国历史地图集·释文汇编·东北卷》，中央民族大学出版社 1988 年版，第 168 页。
④ 谭其骧：《中国历史地图集·释文汇编·东北卷》，中央民族大学出版社 1988 年版，第 166 页。
⑤ 谭其骧：《中国历史地图集·释文汇编·东北卷》，中央民族大学出版社 1988 年版，第 167 页。
⑥ 谭其骧：《中国历史地图集·释文汇编·东北卷》，中央民族大学出版社 1988 年版，第 167 页。

宋在南方的统治区域，使我国南北两朝相对稳定，处于和平发展阶段，双方设立榷场开展商业贸易和文化交流，促进了我国经济社会文化发展。在金宋关系上，金朝始终处于优势和主导地位，特别是在军事上处于主导地位，被元朝蒙古统治者认为，元是继金灭北宋后灭南宋，成为正统的社会基础原因。

金朝从金上京迁都金中都后，不仅对金朝社会发展产生深刻的影响，而且为元朝以金中都为元大都，建立统一的元帝国奠定了基础。海陵王从金上京迁都金中都，为蒙古族建立统一的元朝创造了前提条件，起到了开路先锋的历史作用，为明清两朝定都北京开了先河，奠定了历史基础。从中国历代各族共同开拓疆域历史角度来看，金代上京路为东北疆域形成奠定了基础，也为我国在东北亚视域边疆领土诉求提供了历史依据。

二 促进了中华民族融合发展

女真族在金代上京路时期，伐辽灭宋入主中原，建立与南宋跨淮而治的大金帝国，推动了我国北方各族经济、文化的交流和发展，促进了北方各族的融合，加速了各族封建化的进程。女真族自觉汉化，变夷为夏，使中华民族"不仅在空间上更向北推进，有了新的发展，而且又进一步和中原密不可分割地联系在一起，进而也使中华民族的民族大融合的社会历史内容，提高到了新的阶段"。[①]

女真族在中华民族融合方面的贡献，在金朝初就开始了。女真族在伐辽灭宋过程中，主观上是为了防止所占领地区各族的反抗，把占领地区的大量汉、契丹、奚、渤海等族人，迁往金源内地上京路地区，客观上使各族在金代上京路得以充分融合。金初女真族制定适合金代上京路民族发展的民族迁徙政策，即"实内地"的政策，所谓"内地"就是指金代上京路。《金史·地理志》记载："上京路，即海古之地，金之旧土也。国言金曰'按出虎'，以按出虎水源于此，故名金源，建国之号盖取诸此。国初称为内地，天眷元年号上京。"[②] 金军在伐辽灭宋战争中，不断从原辽和北宋统治区掳掠人口，把他们一批又一批地迁往金源内地。金朝迁徙所降人口，"以实内地"从天辅年间就开始了。《金史·杲传》记载："天辅

[①] 金北人：《金代北疆首脑人物研究》，内蒙古文化出版社1995年版，第5页。
[②] 脱脱：《金史·地理志》卷24，中华书局1975年版，第550页。

元年，女固、脾室四部及渤海人皆来降，……徙之内地。"① 《金史·张觉传》记载："太祖每收城邑，往往徙其民以实京师。"② 《金史·斡鲁古传》记载："乾、懿、豪、徽、成、川、惠等州皆降。……徙成、川州人于同、银二州居之。"③ 金天辅六年（1122），金军攻占了辽中京，奚族投降后又复叛，于是金军于九月庚申（1122年10月6日），再次平定了辽中京附近各叛服不定的各部族，最后"节度使耶律慎思领诸部入内地"④。迁徙到金代上京路。《金史·兵志》记载："及来流、鸭水、铁骊、鳌古之民皆附，东京既平，山西继定，内收辽、汉之降卒，外籍部族之健士。尝用辽人讹里野以北部百三十户为一谋克，汉人王六儿以诸州汉人六十五户为一谋克，王伯龙及高从祐等并领所部为一猛安。"⑤ 金朝将迁到内地金上京路内的各族降民，按照女真族的管理办法编成猛安谋克，与金代上京路女真人一起生活。《金史·兵志》还记载："大定十七年（1177），又以西南、西北招讨司契丹余党心素狠戾，复恐生事，它时或有边隙，不为我用，令迁之于乌十里石垒部及上京之地。"⑥ 《金史·唐括安礼传》记载："十七年，……从行契丹押剌四人，授剌、招得、雅鲁、斡列阿，自辽亡归大石。上闻之，诏曰：大石在夏国西北。昔窝斡为乱，契丹等响应，朕释其罪，俾复旧业，遣使安辑之，反侧之心犹未已。若大石使人间诱，必生边患。遣使徙之，俾与女直人杂居，男婚女聘，渐化成俗，长久之策也。于是，……徙西北路契丹人尝预窝斡乱者上京、济、利等路安置。"⑦ 金世宗采取内迁窝斡余党的办法，让其与女真人杂居，并与女真人通婚，使其与女真人一起生产生活，逐渐与女真族融合在一起，来消除窝斡余党反叛的念头。

金朝灭亡北宋后，采取双向移民的办法，主观上是为了加强对降民的统治，但在客观上促进了北方民族融合。金朝一边把中原汉族人口内迁，一边把金代上京路女真人口迁往中原。金军每占领一处北宋城市，都把该

---

① 脱脱：《金史·张觉传》卷133，中华书局1975年版，第2843页。
② 脱脱：《金史·昊传》卷76，中华书局1975年版，第1737页。
③ 脱脱：《金史·斡鲁古传》卷71，中华书局1975年版，第1636页。
④ 脱脱：《金史·太祖本纪》卷2，中华书局1975年版，第38页。
⑤ 脱脱：《金史·兵志》卷44，中华书局1975年版，第993页。
⑥ 脱脱：《金史·兵志》卷44，中华书局1975年版，第994页。
⑦ 脱脱：《金史·唐括安礼传》卷88，中华书局1975年版，第1964页。

城市的大批汉族人口迁往金代上京路。《建炎以来系年要录》记载:"华人男女,驱而北者,无虑十余万。"①《三朝北盟会编》记载:"男女北迁者,五百人为一队,以数十骑驱之。"②从这两则史料可以看出,金从中原迁移到金源上京路地区的人口数量。如此数量之多的中原汉族人口,迁移到金源内地后,女真人是怎样管理的呢?金朝为了消除新迁移到金源内地汉族人口的反叛,以法律的形式要求女真人与汉族人口通婚。《金史·太宗纪》记载:"诏曰:曷苏馆诸部与新附人民,其在降附之后同姓为婚者,离之。"③禁止同姓通婚在一定程度上减少了汉人与汉人、女真人与女真人通婚。与此同时,金朝还把大批金代上京路居住的人口迁往中原。金朝把金源内地人口迁往新占领的北宋土地屯田,《三朝北盟会编》记载:"今日屯田之处,大名府路、山东东西路、河北东西路、南京路、关西路四路皆有之,约一百三十余千户,每千户止三四百人,多不过五百。"④《大金国志》记载:"凡女真、契丹之皆自本部徙居中州。与百姓杂处,计其户口授以官田,使其播种,春秋量给衣马。……自燕山之南,淮陇之北皆有之,多至六万。"⑤"女真,亦部族耳。后既广汉地,恐人见其虚实,遂尽起本国之土人萋布星列,散居四方。令下之日,比屋连村,屯结而起。"⑥北方大批女真猛安谋克户南迁,居住在中原地区广大农村之间,造成"星罗棋布,散居中原"⑦的局面。女真猛安谋克户与汉人杂居,猛安谋克户散落在中原封建土地制的汪洋大海之中。居住在金源内地的猛安谋克户,也由于汉族和契丹人口大批迁入,而陷于封建庄园的包围之中,封建土地关系从多方面对女真族的奴隶制和授田制发生深远的影响。

这种封建土地关系,促进了北方各族经济、文化不断交流,推动了各族之间通婚、习俗的不断发展,这就从根本上促进了北方各族的大融合,加速和加深了女真族社会的封建化进程。例如:从税制来看,金朝使用的

---

① 李心传:《建炎以来系年要录》卷4,商务印书馆1936年版,第92页。
② 徐梦莘:《三朝北盟会编》卷99,上海古籍出版社1987年版,第729页。
③ 脱脱:《金史·太宗纪》卷3,中华书局1975年版,第57页。
④ 徐梦莘:《三朝北盟会编》卷244,上海古籍出版社1987年版,第1754页。
⑤ 宇文懋昭:《大金国志》卷12,中华书局1986年版,第173页。
⑥ 宇文懋昭:《大金国志》卷8,中华书局1986年版,第126页。
⑦ 赵翼:《二十二史札记·金史》,中华书局1984年版,第629页。

两税法，逐渐发展为纯粹的地税，夏秋两税都纳粟。从币制来看，基本继承北宋旧制，在中国历史上第一次出现了以银锭改铸的铸币，这是中国白银由流通进入法币的开始，是币制史上的一大进步。这两大社会变革与发展，是与各族劳动人民辛勤劳动、互相交流、学习和吸纳分不开的。北方的民族融合，与女真族积极自觉汉化是分不开的。女真族十分重视学习和吸收中原先进的文化，如金军占领北宋都城时，《金史·礼志》记载："金人之入汴也，时宋承平日久，典章礼乐粲然备具。金人既悉收其图籍，载其车辂、法物、仪仗而北，时方事军旅，未遑讲也。既而，即会宁建宗社，庶事草创。"① 从这则史料可以看出，女真族学习中原封建文化是不遗余力的。另外，金朝统治者用尽各种办法网罗辽、宋、渤海有汉文化素养的各种官吏、学士去做官、讲学。这些都为天会四年改女真官制为汉官制奠定了基础。《金史·韩企先传》记载："斜也、宗幹当国，劝太宗改女真旧制，用汉官制度。天会四年，始定官制，立尚书省以下诸司府寺。"②

金代上京路是女真族汉化程度较高的地方。早在金初时期，由于汉、奚、契丹等各族人民与女真族生活在一起，在服饰等各方面生产生活习俗互相熏染，特别是生活在金代上京路的女真、奚、契丹等各族人民，在与汉族长期相处中，他们在生产、生活各方面越来越多地受到中原农耕文化的影响，特别是海陵王的封建改革，倡导女真人学习汉文化，出现了"猛安人与汉人，今为一家，皆是国人"③ 的融合结果。以至到金世宗时期，出现了金代上京路汉化较高的局面。《金史·世宗纪》记载："大定十三年三月乙卯（1173年5月6日），上谕宰臣曰：会宁乃国家兴王之地，自海陵迁都永安，女真人寖忘旧风。……今之燕饮音乐，皆习汉风。"④ 金代上京路汉化的进程，促进和推动了北方各族人民的融合，为中华民族共同体的形成做出了重要贡献。

---

① 脱脱：《金史·礼志》卷30，中华书局1975年版，第691页。
② 脱脱：《金史·韩企先传》卷78，中华书局1975年版，第1777页。
③ 脱脱：《金史·唐括安礼传》卷88，中华书局1975年版，第1964页。
④ 脱脱：《金史·世宗纪》卷7，中华书局1975年版，第158页。

第四节　上京路对金朝的历史贡献

女真族完颜部经过几代人的不懈努力，在金代上京路实现了女真族的统一，为女真人建立大金帝国奠定了基础。女真人在白山黑水之间，积极发展农业生产，为女真社会从奴隶制过渡到封建制创造了条件。女真族入主中原，建立大金帝国，是依赖金代上京路提供的人力和物力，保障了女真族伐辽灭宋的成功以及金朝在中原的统治。

一　上京路为女真族建国奠定了基础

几代女真人为金代上京路地区的开发建设，付出了极大的辛苦，做出了重要贡献。女真族完颜部在金朝建国前，就在祖辈创业的基础上经营金代上京路。金穆宗盈歌时期，完颜部采取了强有力的统一措施。穆宗盈歌发布命令：除函普系完颜部行政长官称"都部长"外，其他各部落联盟长或大部长均不能称"都部长"，且各部都要取消自己原来本部的信牌，统一接受和执行完颜部的信牌。康宗乌雅束时期，女真族完颜部进一步推行了惠民的措施，使女真各部远近归心，逐渐形成了以完颜部为核心的各部统一的凝聚力。到阿骨打建国时期，女真族各部已经达到了前所未有的统一局面。女真族在金代上京路，完成女真各部的统一，不仅为阿骨打建国创造了条件，而且也为女真族后来伐辽灭宋奠定了基础。金太祖阿骨打发动抗辽起义，建立大金帝国，都是在金代上京路完成的。这些重大历史事件，是女真族发展史上的奠基石，从此以后，女真族社会文化迅猛地向前发展，加速了女真族封建化的历史进程，开创了金代上京路历史发展新纪元。

金太宗时期，女真族先灭辽后灭北宋，入主中原建立大金帝国，使金朝统治区域扩大，挺进中原内地。女真族以金代上京路为后方基地和大本营，把中原与金源内地连在一起，使金代上京路源源不断地为女真族统治者提供各种资源，才使女真族在中原站住脚跟。女真族依靠金代上京路为后方基地，实现了伐辽灭宋，建立大金帝国的梦想。因此可以说，金代上京路为女真族建立大金帝国奠定了基础。

二　上京路为女真族汉化提供了条件

女真族原本是游牧民族，自从献祖绥可迁居按出虎水定居后，完颜部开始重视农业生产。《金史·世纪》记载:"献祖乃徙居海古水,耕垦树艺,始筑室,有栋宇之制。"① 完颜部迁居阿什河流域后,改变了过去居无场所的局面,开始了农业生产。由于按出虎水流域适合农业生产,完颜部定居在这一地区,女真族向封建社会过渡才有可能。到阿骨打称帝建国时,女真族完颜部农业生产已经发展到一定水平。《金史·阿离合懑传》记载:"收国元年,太祖即位。阿离合懑与宗翰以耕具九为献,祝曰:使陛下毋亡稼穑之艰难。太祖敬而受之。"② 这则史料说明,当时女真族农业化程度已经较高,金国上下基本上都对农业非常重视,发展农业生产已经成为金初社会发展的基本国策。金军在攻占辽泰州之后,宗雄、宗幹等都把泰州的土捧回金上京让阿骨打看,研究是否适合耕种。阿骨打了解泰州的土质情况后,决定迁移婆卢火家族猛安谋克到泰州屯田,发展泰州地区农业生产。《金史·太祖纪》记载:"遣昱及宗雄分诸路猛安谋克之民万户屯田泰州,以婆卢火统之,赐耕牛五十。"③ 由于金初女真族十分重视农业发展,使金代上京路地区较金朝其他地区农业发展程度高。《金史·食货志》记载:"又谕尚书省曰:上京路诸县未有常平仓,如亦可置,定其当备粟数以闻。四年十月,尚书省奏:今上京、蒲与、速频、曷懒、胡里改等路,猛安谋克民户计一十七万六千有余,每岁收税粟二十万五千余石,所支者六万六千余石,总其见数二百四十七万六千余石。臣等以为此地收多支少,遇灾足以赈济,似不必置。遂止。"④ 金代在全国各地都设置"常平仓",以备饥荒之年,唯独上京路及下属各路不设"常平仓",这充分说明金代上京路农业生产已经发展到较高的水平。金代上京路从金初开始大力发展农业生产,把大批女真、汉族、契丹等人口,固定在一定范围内的土地上,使农民离不开土地,为金朝建立封建土地所有制成为可能。金代上京路地区农业发展的过程,就是女真族从奴隶制过渡到封建制的过程。因此可以说,金代上京路为女真族封建化提供了条件。

三 上京路为女真族发展提供了物质基础

金代上京路是女真族的故乡,是金朝的发祥地、女真族最早经营的地

---

① 脱脱:《金史·世纪》卷1,中华书局1975年版,第3页。
② 脱脱:《金史·阿离合懑传》卷73,中华书局1975年版,第1672页。
③ 脱脱:《金史·太祖纪》卷2,中华书局1975年版,第35页。
④ 脱脱:《金史·食货志》卷50,中华书局1975年版,第1121页。

方。金朝历代统治者都十分重视金代上京路地区的开发和建设。金朝国都在上京路会宁府时的四位皇帝，无论是金代开国之君阿骨打，还是守业之君吴乞买、锐意改革之君完颜亶，以及激进之君完颜亮，都非常重视金源内地上京路地区的开发和建设。海陵王虽然迁都燕京，毁掉上京会宁府一些大型建筑，夷为耕地，但废除了金代上京路地区传统旧体制，改世袭官制为流官制，有利于对金代上京路地区的管理，特别是迁都到燕京（今北京）后，加强对金源地区上京路的管理，发展工农业生产，都发挥了重要作用。金初对金代上京路地区的开发建设，使金代上京路得到了很好的发展，创造了丰富的物质财富。

女真族在建国前，特别重视金源内地的开发建设，使金代上京路工、农业得到了长足的发展。在今哈尔滨市阿城区五道岭发现大量金代采矿遗址和冶炼遗址，是金代上京路地区经济发展水平的重要标志。哈尔滨市阿城区五道岭，有10余处金代矿坑遗址、50余处冶铁遗址，在大多数遗址中都发现有炼铁炉、铁矿渣、炼渣、煤炭、铁块、铁矿石等。金代炼铁技术较为先进，为金代工业发展做出了重要贡献。在金代上京路地区，今天黑龙江、辽宁省、吉林省、内蒙古自治区，以及俄罗斯和朝鲜部分地区，都出土了大量铁制兵器和铁制农具，说明当时金代上京路农业和工业，特别是军事工业，已经发展到较高的水平。金代上经路地区经济社会发展，为金朝创造了丰富的物质财富。女真族凭借上京路的经济发展，增强金初国力，才有可能伐辽灭宋，建立大金帝国。因此可以说，金代上京路为女真族发展提供了物质基础。

四 上京路为女真族培植了文化根基

文化是一个民族发展的灵魂。女真族建国前文化比较落后，《金文雅》说："金初无文字也，自太祖得辽人韩昉而言始文，太宗如卞州取经籍图书。"[①] 阿骨打在伐辽建国过程中，就十分重视女真族文化建设。《金史·完颜希尹传》记载："金人初无文字，国势日强，与邻国交好乃用契丹字。太祖命希尹撰本国字，备制度。希尹乃依仿汉人楷字，因契丹字制度，合本国语，制女真字。天辅三年八月，字成，太祖大悦，令颁行

---

① 庄仲方：《金文雅》序，江苏书局光绪十七年（1891）版，第1页。

之。"① 女真文字的创立,是金代上京路文化发展的一个里程碑。金太宗时期,金朝文化有了很大程度的发展,金代效仿辽朝科举制度,建立金朝科举制度。《大金国志》记载:"金虏虽夷狄中至贱者,初无文物,自侵辽之疆,所在处以科举取士,有沈州榜、平州榜、真定榜者是也。至天会十年,海内小安,下诏如契丹开辟制,限以三岁有乡、府、省三试。乡中曰乡荐,府中曰府解,省中曰及第。时有秀士未愿起者,州县必根刷遣之。"② 金代科举制度的建立,从根本上推动了金代上京路文化发展。金太宗、金熙宗在会宁府城市建设上,特别是宫廷建设上,注意吸纳中原汉文化元素。《金史·地理志》记载:"旧有会平州,天会二年筑,……其宫室有乾元殿,天会三年建,庆元宫,天会十三年建,殿曰晨居门曰景晖,天眷二年安太祖以下御容,为原庙。朝殿,天眷元年建,殿曰敷德,门曰延光,寝殿曰宵衣,书殿曰稽古。又有明德宫、明德殿,熙宗尝享太宗御容于此,太后所居也。凉殿,皇统二年构,门曰延福,楼曰五云,殿曰重明。东庑南殿曰东华,次曰广仁。西庑南殿曰西清,次曰明义。重明后,东殿曰龙寿,西殿曰奎文……"③ 从这则史料就可以看出,金代上京路宫殿建设,从建筑格局和命名都吸纳了中原汉文化元素。这些汉文化元素,对金代上京路的发展产生了重要的社会影响,奠定了上京路文化基础。

女真族特别重视历史文化传承。金太宗即位之初,就把完颜勗从军中调回金上京。《金史·完颜勗传》记载:"太宗嗣位,自军中召还,与谋政事。"④ 完颜勗精通中原汉族文化,在金军占领北宋都城汴梁时,他按照太宗皇帝的旨意,在汴京城皇宫中取回大量历史文化典籍。这些历史文献典籍,对金代上京路文化发展发挥了重要的历史作用。金太宗还让完颜勗修撰金朝国史,《金史·熙宗纪》记载:"三月己未(1141年4月28日),上宴群臣于瑶池殿,适宗弼遣使奏捷,侍臣多进诗称贺。帝览之曰:太平之世,当尚文物,自古致治,皆由是也。"⑤ 完颜勗主持修撰的《祖宗实录》《太祖实录》,是金代第一部民族史,是我国少数民族拓荒之

---

① 脱脱:《金史·完颜希尹传》卷73,中华书局1975年版,第1684页。
② 宇文懋昭:《大金国志·附录二》,中华书局1986年版,第598页。
③ 脱脱:《金史·地理志》卷24,中华书局1975年版,第550页。
④ 脱脱:《金史·完颜勗传》卷66,中华书局1975年版,第1557页。
⑤ 脱脱:《金史·熙宗纪》卷4,中华书局1975年版,第77页。

作，在金朝历史研究中起到了奠基作用，对金朝历史文化的发展产生了重要的影响，是金朝历史文化发展史上的里程碑，在金朝史学史上占有重要的地位。由此可见，金代上京路文化的发展建设，是金代文化得以繁荣发展的根基。

五　上京路为女真族培养了大批人才

人才是事业兴旺发达的根本保证。女真族自世祖时起就重视人才的培养。《金史·太祖纪》记载："世祖与腊醅、麻产战于野鹊水，世祖被四创，疾困，坐太祖于膝，循其发而抚之，曰：此儿长大，吾复何忧？"① 世祖将阿骨打视为女真族的英雄，经常不离左右。阿骨打在伐辽灭宋过程中，特别重视人才培养。金初女真族在人才培养上，主要有两个方面，一是培养女真族能征惯战的尚武精神，二是聘请辽、宋文人教师，教授女真子弟先进的中原文化。女真族完颜部家族集团，是一个善于作战的英雄集体。他们在伐辽灭宋过程中，驰骋沙场，为金朝建国做出了杰出的贡献。女真贵族子弟学习先进的汉文化，金熙宗、海陵王都接受了很好的汉文化教育。女真族接受这些良好的教育，为女真族培养了人才。

金朝为了缓解国家人才缺乏问题，开科考以选拔所需人才。《金史·梁襄传》记载："金起东海，始立国即设科取士，盖亦知有文治也。渐摩培养，至大定间，人材辈出，文义蔚然。"② 女真族从金初开始，就十分重视人才的培养，开设科考，培养人才。《金史·选举志》记载："金设科皆因辽、宋制，有词赋、经义、策试、律科、经童之制海陵天德三年，罢策试科。"③ 金初建立的科考制度，为女真族培养了很多人才。海陵王还对人才培养制度进行了改革，设立国子监，培养所需人才。《金史·选举志》记载："凡养士之地曰国子监，始置于天德三年，后定制，词赋、经义生百人，小学生百人，以宗室及外戚皇后大功以上亲、诸功臣及三品以上官兄弟子孙，年十五以上者入学，不及十五者入小学。……凡试补学生，太学则礼部主之，州府则以提举学校学官主之，曾得府荐及终场举

---

① 脱脱：《金史·太祖纪》卷2，中华书局1975年版，第19页。
② 脱脱：《金史·太祖纪》卷96，中华书局1975年版，第2138页。
③ 脱脱：《金史·选举志》卷51，中华书局1975年版，第1130页。

人。"① 金代在上京路及其下属的几个路，先后设立贵族学校和平民学校，为金朝培养了大批人才。

  总之，金代上京路对金朝的贡献是多方面的，也可以说是全方位的。女真族在金上京路得天独厚的自然环境中，积极进取，锐意改革，发展生产，实现女真族统一，完成了从奴隶制到封建制的过渡，才使女真族建立封建国家成为可能。金代上京路不仅创造了丰厚的物质财富，培育了丰富的文化，还培养了大批人才。女真族入主中原，建立与南宋跨淮而治的大金帝国，使我国东北与中原连在一起，奠定了我国疆域基础。女真族伐辽灭宋，自觉华夏，积极汉化，为中华民族的形成做出了应有的贡献。

---

① 脱脱：《金史·选举志》卷51，中华书局1975年版，第1131页。

附录

金代上京路职官表

上京城及会宁府职官表

序号	姓名	职官名称	民族	籍贯	任职史料	离任史料	备注
1	高桢	同签会宁牧兼同知留守	渤海	辽阳渤海人	天眷初，同签会宁牧。兼同知留守，封戴国公①	改同知燕京留守②	离任时间不详
2	完颜奭	会宁牧	女真	宗室：太祖孙宗杰长子	天眷元年九月甲申朔，以奭为会宁牧，封邓王③	后为上京留守④	具体时间不详
3	徒单恭	会宁牧	女真	女真族徒单部	天眷二年，迁会宁牧，封谭国公⑤	复出为太原尹⑥	"天眷二年，太原尹徒单恭贪污不法。"⑦说明任会宁牧时间很短
4	完颜奭	上京留守	女真	宗室：太祖孙宗杰长子	皇统元年七日，遣上京留守奭告天地社稷⑧	再改燕京、西京⑨	时间很短就改任燕京留守
5	裴满达	会宁牧	女真	女真族裴满部	皇统元年，除会宁牧⑩	居数岁，以太尉奉朝请⑪	以前认为是皇统四年辞职不确

① 脱脱：《金史·高桢传》卷84，中华书局1975年版，第1889页。
② 脱脱：《金史·高桢传》卷84，中华书局1975年版，第1889页。
③ 脱脱：《金史·熙宗纪》卷4，中华书局1975年版，第73页。
④ 脱脱：《金史·宗杰传》卷69，中华书局1975年版，第1604页。
⑤ 脱脱：《金史·徒单恭传》卷120，中华书局1975年版，第2616页。
⑥ 脱脱：《金史·徒单恭传》卷120，中华书局1975年版，第2616页。
⑦ 脱脱：《金史·杨邦基传》卷90，中华书局1975年版，第2006页。
⑧ 脱脱：《金史·礼志》卷36，中华书局1975年版，第832页。
⑨ 脱脱：《金史·宗杰传》卷69，中华书局1975年版，第1604页。
⑩ 脱脱：《金史·裴满达传》卷120，中华书局1975年版，第2615页。
⑪ 脱脱：《金史·裴满达传》卷120，中华书局1975年版，第2615页。

续表

序号	姓名	职官名称	民族	籍贯	任职史料	离任史料	备注
6	完颜宗敏	会宁牧兼上京留守	女真	宗室：太祖子、兀术同母弟	皇统三年，拜左副元帅，兼会宁牧①	九年正月丙午，左副元帅宗敏为都元帅②	
7	唐括辩	会宁牧	女真	女真族唐括部	九年正月丙午之后	九年二月甲寅，会宁牧唐括辩复为尚书左丞③	从宗敏九年正月丙午不兼任会宁牧看，唐任会宁牧仅一个月括辩
8	完颜衮	会宁牧	女真	宗室：太祖孙、海陵王同母弟	皇统九年，为会宁牧④	改左宣徽使⑤	时间很短就改左宣徽使
9	完颜昂	会宁牧	女真	宗室：太祖族弟	东平七年……迁会宁牧⑥	天德初，改安武军节度使⑦	
10	仆散师恭	会宁牧	女真	女真族仆散部	即位……改名思恭。迁会宁牧⑧	倾之，以忧解职。起复为枢密副使，进拜枢密使⑨	
11	徒单恭	会宁牧	女真	女真族徒单部	海陵篡立，复用为会宁牧，封王⑩	天德二年十一月癸未，以会宁牧徒单恭为平章政事⑪	
12	完颜撒改	同知会宁尹	女真	上京纳鲁浑河	天德二年正月，海陵庶人遣使夏国，既还，改同知会宁尹	迁迭剌部族节度使	何时调走无考
13	完颜郑家	上京留守	女真	宗室：世祖孙、完颜昂子	天德间，为右谏议大夫，累迁会宁尹，安化军节度使⑫	改益都尹	改益都尹时间无考

① 脱脱：《金史·宗敏传》卷 69，中华书局 1975 年版，第 1608 页。
② 脱脱：《金史·熙宗纪》卷 4，中华书局 1975 年版，第 85 页。
③ 脱脱：《金史·熙宗纪》卷 4，中华书局 1975 年版，第 85 页。
④ 脱脱：《金史·完颜衮传》卷 76，中华书局 1975 年版，第 1746 页。
⑤ 脱脱：《金史·完颜衮传》卷 76，中华书局 1975 年版，第 1746 页。
⑥ 脱脱：《金史·完颜昂传》卷 84，中华书局 1975 年版，第 1887 页。
⑦ 脱脱：《金史·完颜昂传》卷 84，中华书局 1975 年版，第 1887 页。
⑧ 脱脱：《金史·仆散师恭传》卷 132，中华书局 1975 年版，第 2825 页。
⑨ 脱脱：《金史·仆散师恭传》卷 132，中华书局 1975 年版，第 2825 页。
⑩ 脱脱：《金史·徒单恭传》卷 120，中华书局 1975 年版，第 2616 页。
⑪ 脱脱：《金史·海陵纪》卷 5，中华书局 1975 年版，第 96 页。
⑫ 脱脱：《金史·始祖以下诸子传》卷 65，中华书局 1975 年版，第 1553 页。

附　录　金代上京路职官表

续表

序号	姓名	职官名称	民族	籍贯	任职史料	离任史料	备注
14	完颜晏	会宁府尹	女真	宗室：景祖乌古乃孙、阿离合懑子	海陵迁都，晏留守上京①	正隆二年，例削王爵，改西京留守②	海陵迁都为贞元元年
15	完颜蒲速赉	上京留守	女真	女真族蒲速部	彦敬、志宁闻世宗有异志，乃阴结会宁尹完颜蒲速赉，将攻之③		任职时间不详，可能是从正隆二年至正隆六年
16	白彦敬	主持会宁、蒲与路、胡里改三路事	待考	部罗火部族人	正隆六年，调诸路兵伐宋，使彦敬主会宁、蒲与、胡里改三路事④	改吏部尚书，充南征万户，迁枢密副使⑤	同一年，时间很短就调走了
17	耨盌温敦兀带	会宁尹	女真	女真耨盌温敦部：阿补斯水人	世宗即位，遣使召之……改会宁尹⑥	初定窝斡……边郡以宁，改北京留守⑦	窝斡叛乱平定以后，调北京留守
18	完颜谷英	上京留守	女真	宗室：银叔可子	俄复为东京，历上京⑧	十五年，致仕⑨	大定十三年七月，复为上京，因此谷英可能任职于大定十三年
19	完颜守贞	上京留守	女真	完颜希尹孙	迁北京留守，移上京⑩	坐安置契丹户民部内媵妻，杖一百，除名	因为二十五年，起为西京警巡使。因此任职期间一定在大定二十四年以前
20	完颜乌里也	上京留守	女真		"上京留守完颜乌里也皆起身胥吏"⑪	二十二年八月……以同知大兴府事完颜乌里也先推中都路⑫	乌里也当在二十二年八月前任上京留守

---

① 脱脱：《金史·完颜晏传》卷73，中华书局1975年版，第1673页。
② 脱脱：《金史·完颜晏传》卷73，中华书局1975年版，第1673页。
③ 脱脱：《金史·纥石烈志宁传》卷87，中华书局1975年版，第1929页。
④ 脱脱：《金史·白彦敬传》卷84，中华书局1975年版，第1891页。
⑤ 脱脱：《金史·白彦敬传》卷84，中华书局1975年版，第1891页。
⑥ 脱脱：《金史·耨碗温敦兀带传》卷84，中华书局1975年版，第1884页。
⑦ 脱脱：《金史·耨碗温敦思忠传》卷84，中华书局1975年版，第1884页。
⑧ 脱脱：《金史·谷英传》卷72，中华书局1975年版，第1163页。
⑨ 脱脱：《金史·谷英传》卷72，中华书局1975年版，第1163页。
⑩ 脱脱：《金史·完颜守贞传》卷73，中华书局1975年版，第1686页。
⑪ 脱脱：《金史·阿鲁罕传》卷91，中华书局1975年版，第2025页。
⑫ 脱脱：《金史·食货志》卷46，中华书局1975年版，第1038页。

续表

序号	姓名	职官名称	民族	籍贯	任职史料	离任史料	备注
21	蒲察通	上京留守	女真族蒲察部	中都路胡土爱割蛮猛安人	世宗将幸上京，以通朝廷旧人，命为上京留守，先往镇抚之①	二十五年，除知真定府事②	二十四年七月，会宁尹蒲察通言，其地猛安谋克户甚艰③已经到任
22	粘割斡特剌	上京留守	女真族粘割部	盖州别里卖猛安奚屈谋克人	大定二十八年，为上京留守，赐通犀带及射生马一④	明昌二年致仕⑤	
23	完颜齐	上京留守	女真族完颜部（穆宗曾孙）	上京路人	六年，移利涉军。召见，劳慰有加。诏留守上京⑥	承安二年，致仕，卒⑦	
24	粘割斡特剌	上京留守	女真族粘割部	盖州别里卖猛安奚屈谋克人	明年（明昌三年），改上京留守⑧	承安二年九月癸丑，以上京留守粘割斡特剌为平章政事⑨	第二次出任上京留守
25	夹谷衡	上京留守	女真	山东西路三土猛安益打把谋克人	承安二年，出为上京留守⑩		承安十一月戊申，诏奖谕枢密副使夹谷衡以下将士⑪
26	徒单镒	上京留守	女真徒单部	上京路速速保子猛安人	承安三年，改上京留守⑫	承安五年三月庚辰，以上京留守徒单镒为平章政事，封济国公⑬	
27	完颜承晖	同知上京留守事	女真完颜部	完颜郑家子	初置九路提刑司，承晖东京咸平等路提刑副使，改同知上京留守事⑭	迁临海军节度使。历利涉、辽海军，迁北京路提刑使⑮	大定廿九年六月乙未，初置提刑司，因此承晖改职应在此后不久

① 脱脱：《金史·蒲察通传》卷95，中华书局1975年版，第2107页。
② 脱脱：《金史·蒲察通传》卷95，中华书局1975年版，第2107页。
③ 脱脱：《金史·食货志》卷49，中华书局1975年版，第1096页。
④ 脱脱：《金史·粘割斡特剌传》卷95，中华书局1975年版，第2109页。
⑤ 脱脱：《金史·粘割斡特剌传》卷95，中华书局1975年版，第2109页。
⑥ 脱脱：《金史·完颜齐传》卷66，中华书局1975年版，第1565页。
⑦ 脱脱：《金史·完颜齐传》卷66，中华书局1975年版，第1565页。
⑧ 脱脱：《金史·粘割斡特剌传》卷95，中华书局1975年版，第2109页。
⑨ 脱脱：《金史·章宗纪》卷10，中华书局1975年版，第243页。
⑩ 脱脱：《金史·夹谷衡传》卷94，中华书局1975年版，第2093页。
⑪ 脱脱：《金史·章宗纪》卷11，中华书局1975年版，第249页。
⑫ 脱脱：《金史·徒单镒传》卷99，中华书局1975年版，第2187页。
⑬ 脱脱：《金史·章宗纪》卷11，中华书局1975年版，第253页。
⑭ 脱脱：《金史·完颜承晖传》卷101，中华书局1975年版，第2223页。
⑮ 脱脱：《金史·完颜承晖传》卷101，中华书局1975年版，第2224页。

续表

序号	姓名	职官名称	民族	籍贯	任职史料	离任史料	备注
28	乌古孙兀屯	同知上京留守事	女真乌古部	上京路人	大安初，除同知上京留守事①	大安三年，……迁元帅右都监，转左都监、兼北京留守	
29	徒单镒	上京留守	女真徒单部	上京路速速保子猛安人	大安三年，改上京留守②	大安三年十一月，以上京留守徒单镒为右丞相③	
30	奥屯襄	同知上京留守事	女真	女真奥屯部人	未几（至宁元年），改速频路节度使，兼同知上京留守事④	贞祐二年二月，为元帅右都监，行元帅府事于北京	
31	完颜承充	上京元帅	女真	宗室	兴定元年，承充为上京元帅⑤	上京行省太平执承充应蒲鲜万奴⑥	
32	完颜太平	上京行省	女真	女真完颜部	兴定初，持胜走上京，告行省太平⑦	上京行省太平执承充应蒲鲜万奴⑧	太平投降蒲鲜万奴
33	蒲察移剌都	同知上京留守事、上京等路宣抚使	女真	东京猛安人	贞祐二年，有功，迁蒲与路节度使兼同知上京留守事⑨	改知隆安府事。逾年，充辽东、上京等路宣抚使兼左副元帅。再阅月，拜尚书右丞⑩	
34	蒲察五斤	上京行省、上京留守	女真	女真蒲察部人	兴定元年四月己未以权辽东路宣抚使蒲察五斤权参知政事，行尚书省、元帅府于上京⑪	兴定二年四月，上命五斤遣人以诏往谕高丽，使知兴兵非上国意⑫	辽东被蒙古军占领后，官职自动消失

① 脱脱：《金史·乌古孙兀屯传》卷121，中华书局1975年版，第2646页。
② 脱脱：《金史·徒单镒传》卷99，中华书局1975年版，第2189页。
③ 脱脱：《金史·卫绍王纪》卷13，中华书局1975年版，第294页。
④ 脱脱：《金史·奥屯襄传》卷103，中华书局1975年版，第2276页。
⑤ 脱脱：《金史·阿鲁真传》卷130，中华书局1975年版，第2800页。
⑥ 脱脱：《金史·阿鲁真传》卷130，中华书局1975年版，第2800页。
⑦ 脱脱：《金史·温迪罕老儿传》卷122，中华书局1975年版，第2666页。
⑧ 脱脱：《金史·阿鲁真传》卷130，中华书局1975年版，第2800页。
⑨ 脱脱：《金史·蒲察移剌都传》卷104，中华书局1975年版，第2303页。
⑩ 脱脱：《金史·蒲察移剌都传》卷104，中华书局1975年版，第2303页。
⑪ 脱脱：《金史·宣宗纪》卷15，中华书局1975年版，第329页。
⑫ 脱脱：《金史·宣宗纪》卷15，中华书局1975年版，第335页。

续表

序号	姓名	职官名称	民族	籍贯	任职史料	离任史料	备注
35	夹谷必兰	辽东行省	女真	女真夹谷部人	是日，曲赦辽东等路。以户部尚书夹谷必兰行省于辽东①	兴定二年四月癸丑，以诏付辽东行省夹谷必兰，出谕高丽贷粮、开市二事②	
36	石盏女鲁欢	辽东等处行省	女真	女真石盏部人	诏付辽东等处行省金银符及空名宣勅，听便宜处置③	兴定四年上嘉纳焉。迁昌武军节度使④	兴定四年，辽东失守后为昌武军节度使
37	温迪罕老儿	上京留守事	女真	女真温迪罕部人	为同知上京留守事⑤	蒲鲜万奴攻上京，其子铁哥生获老儿，胁之使招余人，不从，铁哥怒，乱斫而死⑥	

蒲与路职官表

序号	姓名	职官名称	民族	籍贯	任职史料	离任史料	备注
1	阿勒根没都鲁	蒲与路节度使	女真	上京纳邻河人	改肇州防御使、蒲与路节度使⑦	迁骠骑上将军⑧	因为海陵王天德三年改蒲与路万户府为节度使，所以任职时间当在天德三年
2	白彦敬	主持会宁、蒲与路、胡里改三路事	待考	罗火部族人	正隆六年，调诸路兵伐宋，使彦敬主会宁、蒲与、胡里改三路事⑨	改吏部尚书，充南征万户，迁枢密副使⑩	同一年，时间很短就调走了

---

① 脱脱:《金史·宣宗纪》卷 15，中华书局 1975 年版，第 336 页。
② 脱脱:《金史·交聘表》卷 62，中华书局 1975 年版，第 1485 页。
③ 脱脱:《金史·宣宗纪》卷 15，中华书局 1975 年版，第 345 页。
④ 脱脱:《金史·石盏女鲁欢传》卷 116，中华书局 1975 年版，第 2542 页。
⑤ 脱脱:《金史·温迪罕老儿传》卷 122，中华书局 1975 年版，第 2665 页。
⑥ 脱脱:《金史·温迪罕老儿传》卷 122，中华书局 1975 年版，第 2665 页。
⑦ 脱脱:《金史·阿勒根没都鲁传》卷 81，中华书局 1975 年版，第 1818 页。
⑧ 脱脱:《金史·阿勒根没都鲁传》卷 81，中华书局 1975 年版，第 1818 页。
⑨ 脱脱:《金史·白彦敬传》卷 84，中华书局 1975 年版，第 1891 页。
⑩ 脱脱:《金史·白彦敬传》卷 84，中华书局 1975 年版，第 1891 页。

续表

序号	姓名	职官名称	民族	籍贯	任职史料	离任史料	备注
3	纥石烈胡剌	蒲与路节度使	女真	晦发川俺敦河人	累转泗州防御使，三迁蒲与路节度使①	移宁昌军，卒②	大定二年，迁刑部员外郎，因此蒲与路任职时间在此之后
4	蒲察通	蒲与路节度使	女真	中都路胡土爱割蛮猛安人	寻擢蒲与路节度使③	移镇归德军，迁西南路招讨④	大定七年，蒲察通除肇州防御使⑤因此任蒲与路节度使在此后不久
5	高闾山	蒲与路节度使	汉族	澄州析木人	迁蒲与路节度使⑥	移临海军、盘安军、宁昌军。贞祐二年，城破死之⑦	具体在任时间不详
6	乌林荅乞住			大名路猛安人	北京、临潢按察副使，迁蒲与路节度使⑧	未几，以罪夺三官，解职，降德昌军节度副使⑨	崇庆初，戍边有功升一官。所以任职当在卫绍王大安年间
7	蒲察移剌都	同知上京留守事、上京等路宣抚使	女真	东京猛安人	贞祐二年，有功，迁蒲与路节度使兼同知上京留守事⑩	兴定元年，及上京宣抚使蒲察移剌都改陕西行省参议官⑪	

胡里改路职官表

序号	姓名	职官名称	民族	籍贯	任职史料	离任史料	备注
1	徒单克宁	胡里改路节度使	女真	山东莱州人	历宿州防御使、胡里改路节度使⑫	曷懒路兵马都总管⑬	海陵天德三年始设节度使，徒单克宁任职当在天德三年后

① 脱脱：《金史·纥石烈胡剌传》卷82，中华书局1975年版，第1840页。
② 脱脱：《金史·纥石烈胡剌传》卷82，中华书局1975年版，第1840页。
③ 脱脱：《金史·蒲察通传》卷95，中华书局1975年版，第2106页。
④ 脱脱：《金史·蒲察通传》卷95，中华书局1975年版，第2106页。
⑤ 脱脱：《金史·敬嗣晖传》卷91，中华书局1975年版，第2029页。
⑥ 脱脱：《金史·高闾山传》卷129，中华书局1975年版，第2778页。
⑦ 脱脱：《金史·高闾山传》卷129，中华书局1975年版，第2778页。
⑧ 脱脱：《金史·乌林荅乞住传》卷122，中华书局1975年版，第2673页。
⑨ 脱脱：《金史·乌林荅乞住传》卷122，中华书局1975年版，第2673页。
⑩ 脱脱：《金史·蒲察移剌都传》卷104，中华书局1975年版，第2303页。
⑪ 脱脱：《金史·完颜阿里不孙传》卷103，中华书局1975年版，第2281页。
⑫ 脱脱：《金史·徒单克宁传》卷93，中华书局1975年版，第2044页。
⑬ 脱脱：《金史·徒单克宁传》卷93，中华书局1975年版，第2044页。

续表

序号	姓名	职官名称	民族	籍贯	任职史料	离任史料	备注
2	吾扎忽	胡里改路节度使	女真	宗室：婆卢火孙	败窝斡于长泺，战雾凇河，战陷泉，皆有功，改胡里改节度使①	卒②	吾扎忽任胡里改路节度使当在大定初
3	乌延胡里改	胡里改路节度使	女真	曷懒路星显水人	大定四年，授胡里改节度使③	大定七年，改归德军节度使④	
4	温敦蒲剌	胡里改路节度使	女真	隆州移里闵河人	历镇西、胡里改⑤	显德军节度使	
5	完颜赛不	胡里改路节度使	女真	宗室：保活里之后人	泰和二年，转胡里改路节度使⑥	四年，升武卫军都指挥使	

速频（恤品）路职官表

序号	姓名	职官名称	民族	籍贯	任职史料	离任史料	备注
1	完颜襄	速频路节度使	女真	昭祖五世孙	出为东北路招讨都监，迁速频路节度使⑦	移曷懒路兵马都总管⑧	
2	奥屯襄	速频路节度使	女真人	女真奥屯部人	未几（至宁元年），改速频路节度使⑨	贞祐二年二月，为元帅右都监，行元帅府事于北京⑩	
3	完颜阿喜	同知速频路节度事	女真	女真宗室	提刑司奏彰国军治状，迁同知速频路节度事⑪	改归德军，历海、邠二州刺史，皆兼总押军马⑫	阿喜任速频路节度使事，时间当在海陵王时期

① 脱脱：《金史·吾扎忽传》卷71，中华书局1975年版，第1640页。
② 脱脱：《金史·吾扎忽传》卷71，中华书局1975年版，第1640页。
③ 脱脱：《金史·乌延胡里改传》卷82，中华书局1975年版，第1837页。
④ 脱脱：《金史·乌延胡里改传》卷82，中华书局1975年版，第1837页。
⑤ 脱脱：《金史·温敦蒲剌传》卷67，中华书局1975年版，第1581页。
⑥ 脱脱：《金史·完颜赛不传》卷113，中华书局1975年版，第2479页。
⑦ 脱脱：《金史·完颜襄传》卷94，中华书局1975年版，第2087页。
⑧ 脱脱：《金史·完颜襄传》卷94，中华书局1975年版，第2087页。
⑨ 脱脱：《金史·奥屯襄传》卷103，中华书局1975年版，第2276页。
⑩ 脱脱：《金史·奥屯襄传》卷103，中华书局1975年版，第2276页。
⑪ 脱脱：《金史·阿喜传》卷66，中华书局1975年版，第1569页。
⑫ 脱脱：《金史·阿喜传》卷66，中华书局1975年版，第1569页。

续表

序号	姓名	职官名称	民族	籍贯	任职史料	离任史料	备注
4	乌古孙兀屯	同知速频路节度使事	女真乌古部	上京路人	明昌七年，以本兵充万户，……迁同知速频路节度使事①	以忧去官②	任职时间当在承安元年之后

合懒路职官表

序号	姓名	职官名称	民族	籍贯	任职史料	离任史料	备注
1	不刺速	曷懒路都统（曷懒路总管）	女真	隆州纳鲁梅河人	从太祖伐辽，授世袭猛安，亲管谋克，为曷懒路都统③		
2	完颜忽刺古	曷懒路军帅	女真		天会二年五月乙巳，曷懒路军帅完颜忽刺古等言：④		
3	完颜贤	曷懒路兵马都总管	女真	女真完颜部	天德初，改曷懒路兵马都总管⑤	历广宁尹，封广平郡王。改崇义军节度使⑥	任职时间当在天德年间
4	乌延胡里改	同知曷懒路总管	女真	曷懒路星显水人	贞元三年，改同知曷懒路总管⑦	大定四年，授胡里改节度使⑧	
5	完颜撒改	曷懒路总管	女真	上京纳鲁浑河人	为曷懒路都总管⑨	海陵伐宋，授卫州防御使，为武震军都总管	
6	徒单克宁	曷懒路兵马都总管	女真	山东莱州人	曷懒路兵马都总管。大定初，诏克宁以本路兵会东京⑩	契丹平，克宁除太原尹⑪	窝斡遂自泰州往攻济州，……曷懒路总管徒单克宁为左翼⑫

---

① 脱脱：《金史·乌古孙兀屯传》卷121，中华书局1975年版，第2645页。
② 脱脱：《金史·乌古孙兀屯传》卷121，中华书局1975年版，第2645页。
③ 脱脱：《金史·夹谷谢奴传》卷81，中华书局1975年版，第1817页。
④ 脱脱：《金史·太宗纪》卷3，中华书局1975年版，第50页。
⑤ 脱脱：《金史·完颜宗贤传》卷66，中华书局1975年版，第1566页。
⑥ 脱脱：《金史·完颜宗贤传》卷66，中华书局1975年版，第1566页。
⑦ 脱脱：《金史·乌延胡里改传》卷82，中华书局1975年版，第1837页。
⑧ 脱脱：《金史·乌延胡里改传》卷82，中华书局1975年版，第1837页。
⑨ 脱脱：《金史·完颜撒改传》卷91，中华书局1975年版，第2011页。
⑩ 脱脱：《金史·徒单克宁传》卷92，中华书局1975年版，第2044页。
⑪ 脱脱：《金史·徒单克宁传》卷92，中华书局1975年版，第2045页。
⑫ 脱脱：《金史·移刺窝斡传》卷133，中华书局1975年版，第2853页。

续表

序号	姓名	职官名称	民族	籍贯	任职史料	离任史料	备注
7	仆散浑坦	曷懒路兵马都总管	女真	蒲与路挟懑人	贼平，赐金帛。改曷懒路兵马都总管①	徙显德军、庆阳尹	大定三年窝斡平定之后任此职
8	完颜襄	曷懒路兵马都总管	女真	昭祖五世孙	迁速频路节度使，移曷懒路兵马都总管②	授陕西路统军使，赐之尚服、厩马、鞍勒、佩刀③	
9	乌林荅复	曷懒路兵马都总管	女真	东平人	明昌三年，转知兴中府事，久之，为曷懒路兵马都总管④	承安四年，拜绛阳军节度使，卒⑤	
10	夹谷守中	同知曷懒路兵马都总管府事	女真	咸平人	以忧去官，起复同知曷懒路兵马都总管府事⑥	大安二年，为秦州防御使⑦	迁通远军节度使

曷苏馆路职官表

序号	姓名	职官名称	民族	籍贯	任职史料	离任史料	备注
1	胡十门	曷苏馆七部勃堇	女真	曷苏馆人	以为曷苏馆七部勃堇，给银牌一、木牌三⑧	天辅二年卒	
2	钩室	曷苏馆都勃堇	女真	曷苏馆人	以其父所管七部为曷苏馆都勃堇⑨		
3	完颜阿实赉	曷苏馆路孛堇	女真	完颜部人	命南路军帅阇母以甲士千人益曷苏馆路孛堇完颜阿实赉，以备高丽⑩		

---

① 脱脱：《金史·仆散浑坦传》卷82，中华书局1975年版，第1845页。
② 脱脱：《金史·完颜襄传》卷94，中华书局1975年版，第2087页。
③ 脱脱：《金史·完颜襄传》卷94，中华书局1975年版，第2087页。
④ 脱脱：《金史·乌林荅复传》卷120，中华书局1975年版，第2623页。
⑤ 脱脱：《金史·乌林荅复传》卷120，中华书局1975年版，第2623页。
⑥ 脱脱：《金史·夹谷守中传》卷121，中华书局1975年版，第2642页。
⑦ 脱脱：《金史·夹谷守中传》卷121，中华书局1975年版，第2642页。
⑧ 脱脱：《金史·胡十门传》卷66，中华书局1975年版，第1562页。
⑨ 脱脱：《金史·胡十门传》卷66，中华书局1975年版，第1562页。
⑩ 脱脱：《金史·太宗纪》卷3，中华书局1975年版，第51页。

续表

序号	姓名	职官名称	民族	籍贯	任职史料	离任史料	备注
4	拔改	曷速馆军帅	女真	会宁葛马合窟申人	太祖时有战功，领谋克，曷速馆军帅①	皇统四年为兵部侍郎②	
5	蒲速越	曷速馆女直部长	女真	曷速馆苾里海水人	佩金牌，为曷速馆女直部长③		
6	隈可	曷速馆节度使	女真	康宗次室僕散氏生	正隆二年，例夺王爵，改曷速馆节度使④	再改忠顺军节度使	
7	布辉	同知曷苏馆节度使事	女真	曷速馆苾里海水人	世宗即位，除同知曷苏馆节度使事⑤	刑部侍郎斜哥为都统，布辉副之	
8	斜哥	同知曷苏馆节使事	女真	宗室：宗翰孙	累官同知曷苏馆节度使事⑥	大定初，除刑部侍郎，充都统	
9	白彦敬	曷速馆节度使	待考		大定二年五月丁酉朔，以曷速馆节度使白彦敬为御史大夫⑦	不数月，召为御史大夫⑧	
10	神土懑	曷速馆节度使	女真	宗室	大定初年十二月甲辰，神土懑改速馆节度使⑨	战雾淞河，皆有功，改婆速路兵马都总管，卒	大定三年平定窝斡后改婆速路兵马都总管
11	宗浩	曷苏馆节度使	女真	昭祖四世孙	累迁同签枢密院事，改曷苏馆节度使⑩	二十三年，征为大理卿	

---

① 脱脱：《金史·徒单出虎传》卷132，中华书局1975年版，第2823页。
② 脱脱：《金史·徒单出虎传》卷132，中华书局1975年版，第2823页。
③ 脱脱：《金史·合住传》卷66，中华书局1975年版，第1562页。
④ 脱脱：《金史·隈可传》卷66，中华书局1975年版，第1561页。
⑤ 脱脱：《金史·合住传》卷66，中华书局1975年版，第1562页。
⑥ 脱脱：《金史·宗翰传》卷74，中华书局1975年版，第1699页。
⑦ 脱脱：《金史·世宗纪》卷6，中华书局1975年版，第127页。
⑧ 脱脱：《金史·白彦敬传》卷84，中华书局1975年版，第1891页。
⑨ 脱脱：《金史·神土懑传》卷91，中华书局1975年版，第2015页。
⑩ 脱脱：《金史·宗浩传》卷93，中华书局1975年版，第2072页。

肇州职官表

序号	姓名	职官名称	民族	籍贯	任职史料	离任史料	备注
1	阿勒根没都鲁	肇州防御使	女真	上京纳邻河人	改肇州防御使①	蒲与路节度使②	天德三年前任肇州防御使
2	神土懑	肇州防御使	女真	宗室	皇统二年,充护卫,除武器署丞,累官肇州防御史③	大定初,除元帅右都监④	大定元年十月甲子,以前肇州防御使神土懑为元帅右都监⑤
3	唐括乌也	肇州防御使	女真	唐括部人	大定初,肇州防御使唐括乌也⑥		
4	蒲察通	肇州防御使	女真	中都路胡土爱割蛮猛安人	大定七年,蒲察通除肇州防御使⑦	寻擢蒲与路节度使⑧	大定七年十二月戊戌,肇州防御使蒲察通朝辞,赐通金带⑨
5	纥石烈执中	肇州防御使	女真	东平路猛安人	肆傲不奉职,降肇州防御使⑩	逾年,迁兴平军节度使	
6	乌古论仲温	肇州漕运使兼武兴军节度使		盖州按春猛安人	改提举肇州漕运、兼同知武兴军节度使事⑪	改东胜州刺史	
7	乌古论德升	肇州防御使	女真	益都路猛安人	大安初,迁肇州防御使⑫	宣宗迁汴,乞升肇州为节度使,以招讨使兼之	
8	纥石烈德	肇州防御使武兴军节度使宣抚使都提控	女真	真定路山春猛安人	贞祐二年,迁肇州防御使。是岁,肇州升为武兴军节度,德为节度使宣抚司署都提控⑬	围乃解,改辽东路转运使	

① 脱脱:《金史·阿勒根没都鲁传》卷81,中华书局1975年版,第1818页。
② 脱脱:《金史·阿勒根没都鲁传》卷81,中华书局1975年版,第1818页。
③ 脱脱:《金史·阿勒根没都鲁传》卷91,中华书局1975年版,第2015页。
④ 脱脱:《金史·神土懑传》卷91,中华书局1975年版,第2015页。
⑤ 脱脱:《金史·世宗纪》卷6,中华书局1975年版,第123页。
⑥ 脱脱:《金史·徒单克宁传》卷92,中华书局1975年版,第2044页。
⑦ 脱脱:《金史·敬嗣晖传》卷91,中华书局1975年版,第2029页。
⑧ 脱脱:《金史·蒲察通传》卷95,中华书局1975年版,第2106页。
⑨ 脱脱:《金史·世宗纪》卷6,中华书局1975年版,第140页。
⑩ 脱脱:《金史·纥石烈执中传》卷132,中华书局1975年版,第2833页。
⑪ 脱脱:《金史·乌古论仲温传》卷121,中华书局1975年版,第2650页。
⑫ 脱脱:《金史·乌古论德升传》卷122,中华书局1975年版,第2658页。
⑬ 脱脱:《金史·纥石烈德传》卷128,中华书局1975年版,第2773页。

附　录　金代上京路职官表

隆州职官表

序号	姓名	职官名称	民族	籍贯	任职史料	离任史料	备注
1	娄室	黄龙府万户	女真	完颜部人	命娄室为万户，守黄龙府①	天会八年十二月丁丑，完颜娄室薨②	收国元年正月，娄室守黄龙府
2	活女	济州路万户	女真	完颜部人	袭合扎猛安，代为黄龙府路万户③	皇统四年，让谋衍，朝廷从之④	从天会九年至皇统四年在任
3	卢彦伦	利涉军节度使		临潢人	天眷初，改利涉军节度使⑤	未阅月，还，复为提点大内所	时间很短
4	谋衍	权济州路万户	女真	完颜部人	皇统四年，权济州路万户⑥	皇统八年，为元帅右都监⑦	从皇统四年至皇统八年在任
5	僕散浑坦	利涉军节度使	女真	蒲与路挟懑人	皇统九年，迁利涉军节度使⑧	贞元初以忧去官	从皇统九年任职。离职时间无考
6	沈璋	利涉军节度使	汉	奉圣州永兴人	迁利涉军节度使⑨	天德元年，以病致仕	任职时间很短
7	石古乃	济州路万户	女真	完颜部人	天德元年，摄其兄活女济州万户⑩	除滨州刺史，以母忧去官⑪	天德初年任职，时间很短
8	纥石烈胡剌	济州防御使事	女真	晦发川唵敦河人	天德初，历同知济州防御使事⑫	入为监察御史	天德三年闰四月戊戌，监察御史与太医同诊视，无实者，坐之⑬
9	李瞻	济州路转运使	汉	蓟州玉田人	贞元三年，迁济州路转运使⑭	改忠顺军节度使	离任时间不详

① 脱脱：《金史·娄室传》卷72，中华书局1975年版，第1650页。
② 脱脱：《金史·太宗纪》卷3，中华书局1975年版，第62页。
③ 脱脱：《金史·活女传》卷72，中华书局1975年版，第1654页。
④ 脱脱：《金史·谋衍传》卷72，中华书局1975年版，第1654页。
⑤ 脱脱：《金史·卢彦伦传》卷75，中华书局1975年版，第1716页。
⑥ 脱脱：《金史·谋衍传》卷72，中华书局1975年版，第1654页。
⑦ 脱脱：《金史·谋衍传》卷72，中华书局1975年版，第1654页。
⑧ 脱脱：《金史·僕散浑坦传》卷82，中华书局1975年版，第1845页。
⑨ 脱脱：《金史·沈璋传》卷75，中华书局1975年版，第1722页。
⑩ 脱脱：《金史·石古乃传》卷72，中华书局1975年版，第1656页。
⑪ 脱脱：《金史·石古乃传》卷72，中华书局1975年版，第1656页。
⑫ 脱脱：《金史·纥石烈胡剌传》卷82，中华书局1975年版，第1840页。
⑬ 脱脱：《金史·海陵纪》卷5，中华书局1975年版，第97页。
⑭ 脱脱：《金史·李瞻传》卷128，中华书局1975年版，第2762页。

续表

序号	姓名	职官名称	民族	籍贯	任职史料	离任史料	备注
10	独吉义	利涉军节度使	女真	曷速馆人	贞元元年，改利涉军节度使①	大定元年十月辛亥，以利涉军节度使独吉义为参知政事②	任命时间不详，大定元年离任
11	移剌斡里朵	利涉军节度使	契丹	辽五院司人	大定初，再迁利涉军节度使③	改通远军节度使，卒	大定初年任职，离任时间不详
12	完颜福寿	领济州路诸军事	女真	曷速馆人，合住子	复其世袭猛安，寻领济州路诸军事④	大定三年，卒	福寿是大定三年平定窝斡后任此职，大定三年卒于任，任职时间很短
13	乌林荅钞兀	利涉军节度副使	女真	乌林荅部人		大定六年，利涉军节度副使乌林荅钞兀捕逃军受贿，当死⑤	任职时间不详，大定六年因受贿罪处分
14	僕散浑坦	利涉军节度使	女真	蒲与路挟懑人	大定十二年，上思旧功，起为利涉军节度使⑥	复以金紫光禄大夫致仕	离任时间不详
15	刘玑	知济州事	汉	益都人	擢潍州刺史，徙知济州⑦	未几，迁同知北京留守事	任职时间很短，大定初为太常博士，任职时间当在大定中期
16	宗宁	利涉军节度使	女真	景祖后裔；阿离合懑之孙	出知大名府事，徙镇利涉军，俄同签大睦亲府事⑧	明昌元年八月乙丑，以判大睦亲府事宗宁为平章政事⑨	大定十一年十一月丁丑，为贺宋正旦使⑩任职当在大定中期
17	田谷	利涉军节度使	汉	不详	田谷自大理丞累官同知中京留守，终于利涉军节度使⑪		任离职时间均不详，大约在大定年间

① 脱脱：《金史·独吉义传》卷86，中华书局1975年版，第1917页。
② 脱脱：《金史·世宗纪》卷6，中华书局1975年版，第123页。
③ 脱脱：《金史·移剌斡里朵传》卷90，中华书局1975年版，第2002页。
④ 脱脱：《金史·完颜福寿传》卷86，中华书局1975年版，第1916页。
⑤ 脱脱：《金史·后妃传》卷64，中华书局1975年版，第1521页。
⑥ 脱脱：《金史·僕散浑坦传》卷82，中华书局1975年版，第1845页。
⑦ 脱脱：《金史·刘玑传》卷97，中华书局1975年版，第2157页。
⑧ 脱脱：《金史·宗宁传》卷73，中华书局1975年版，第1677页。
⑨ 脱脱：《金史·章宗纪》卷9，中华书局1975年版，第215页。
⑩ 脱脱：《金史·世宗纪》卷6，中华书局1975年版，第150页。
⑪ 脱脱：《金史·孟浩传》卷89，中华书局1975年版，第1981页。

续表

序号	姓名	职官名称	民族	籍贯	任职史料	离任史料	备注
18	乌林达钞兀	济州节度使	女真	乌林荅部人	任职时间不详	大定二十年时,后族济州节度使乌林达钞兀尝犯大辟,朕未尝宥①	
19	完颜谦	利涉军节度副使	女真	昊孙、思忠子	袭父思忠济州猛安、利涉军节度副使	乌林荅钞兀追捕逃军,谦畏其扰,乃酿民财买银赂钞兀。事觉,谦坐夺猛②	大定二十年,因受贿乌林达钞兀而夺官
20	完颜承晖	利涉军节度使	女真完颜部	完颜郑家子	迁临海军节度使。历利涉、辽海军③	迁北京路提刑使	章宗初置提刑司,任职当在明昌初
21	完颜齐	利涉军节度使	女真	宗室:穆宗曾孙、胡八鲁子	明昌六年,移利涉军④	承安二年,致仕	任职很短
22	蒲察郑留	利涉军节度使	女真	东京路斡底必剌猛安人	改利涉军节度使⑤	大安初迁安国军	任职时间当在章宗泰和年间
23	周昂	隆州都军	汉	真定人	起为隆州都军,以边功复召为三司官⑥	大安兵兴,权行六部员外郎⑦	

信州职官表

序号	姓名	职官名称	民族	籍贯	任职史料	离任史料	备注
1	孔敬宗	信州刺史	汉	其先东垣人	历石、辰、信、磁四州刺史,阶光禄大夫⑧		任职时间当在太宗时期

---

① 脱脱:《金史·刑志》卷45,中华书局1975年版,第1020页。
② 脱脱:《金史·完颜谦传》卷84,中华书局1975年版,第1884页。
③ 脱脱:《金史·完颜承晖传》卷101,中华书局1975年版,第2224页。
④ 脱脱:《金史·完颜齐传》卷66,中华书局1975年版,第1565页。
⑤ 脱脱:《金史·蒲察郑留传》卷128,中华书局1975年版,第2768页。
⑥ 脱脱:《金史·周昂传》卷126,中华书局1975年版,第2730页。
⑦ 脱脱:《金史·周昂传》卷126,中华书局1975年版,第2730页。
⑧ 脱脱:《金史·孔敬宗传》卷75,中华书局1975年版,第1720页。

续表

序号	姓名	职官名称	民族	籍贯	任职史料	离任史料	备注
2	乌延查剌	彰信军节度使	女真	银青光禄大夫蒲辖奴子	查剌道出咸平，遂率本部嘔还信州①	世宗即位，充护卫，领万户	
3	蒲察移剌都	信州刺史	女真	东京猛安人	贞祐二年，遥授信州刺史②	有功，迁蒲与路节度使	
4	韩共恕	信州刺史			兴定初，公恕明威将军、信州刺史③	被害	

乌古迪烈统军司（东北路招讨司）职官表

序号	姓名	职官名称	民族	籍贯	任职史料	离任史料	备注
1	挞僕野	乌古迪烈统军司节度使	契丹	乌古迪烈部人	朝廷以挞僕野为本部节度使④		天会二年闰三月己丑，乌虎里、迪烈底两部来降⑤
2	乌虎	乌古迪烈统军司都监		乌古迪烈部人	乌虎为都监⑥		天会年间在任
3	迪烈	乌古迪烈节度使		乌古迪烈部人	迪烈加防御使，为本部节度使⑦		天会年间在任
4	完颜昂	东北路招讨使	女真	景祖弟字黑之孙，斜斡之子	东平七年，迁东北路招讨使⑧	离任时间不详	
5	萧王家奴	乌古迪烈招讨都监	奚人	库党河人	天德二年，改乌古迪烈招讨都监⑨	离任时间不详	

---

① 脱脱：《金史·乌延查剌传》卷89，中华书局1975年版，第1920页。
② 脱脱：《金史·蒲察移剌都传》卷104，中华书局1975年版，第2303页。
③ 脱脱：《金史·温迪罕老儿传》卷122，中华书局1975年版，第2666页。
④ 脱脱：《金史·习古迺传》卷72，中华书局1975年版，第1666页。
⑤ 脱脱：《金史·太宗纪》卷3，中华书局1975年版，第50页。
⑥ 脱脱：《金史·习古迺传》卷72，中华书局1975年版，第1666页。
⑦ 脱脱：《金史·习古迺传》卷72，中华书局1975年版，第1666页。
⑧ 脱脱：《金史·昂传》卷84，中华书局1975年版，第1887页。
⑨ 脱脱：《金史·萧王家奴传》卷81，中华书局1975年版，第1828页。

附　录　金代上京路职官表

续表

序号	姓名	职官名称	民族	籍贯	任职史料	离任史料	备注
6	完颜麻泼	乌古迪烈招讨使	女真		前招讨使完颜麻泼杀乌古迪烈招讨使乌林荅蒲卢虎①		任职时间，当在正隆五年前
7	乌林荅蒲卢虎	乌古迪烈招讨使			前招讨使完颜麻泼杀乌古迪烈招讨使乌林荅蒲卢虎②		正隆五年时，乌林荅蒲卢虎当在任上
8	完颜襄	东北路招讨都监	女真	昭祖五世孙	出为东北路招讨都监③	迁速频路节度使④	大定年间初期
9	尼庞古钞兀	东北路招讨使	女真	曷速馆人	事平，迁西北路招讨使，改东北路⑤	因罪自杀于任上	窝斡平定后任此职，离任时间不详
10	完颜安国	东北路副招讨 东北路招讨使	女真	占籍上京	出为东北路副招讨，未赴⑥	改西北路副招讨	
11	夹谷查剌	东北路招讨使	女真	隆州失撒古河人	九年，出为东北路招讨使兼德昌军节度使⑦	迁临潢尹兼本路兵马都总管	离任时间不详
12	移剌按荅	东北路招讨使	契丹	辽横帐人	以招来边部功，迁东北路招讨使⑧	改临潢尹，卒⑨	任职时间当在大定中
13	温迪罕速可	东北路招讨使			大定二十九年五月戊午，以东北路招讨使温迪罕速可等为贺送宋主即位使⑩		任职时间不详，大概在大定末、章宗初年

---

① 脱脱：《金史·叛臣传》卷133，中华书局1975年版，第2850页。
② 脱脱：《金史·叛臣传》卷133，中华书局1975年版，第2850页。
③ 脱脱：《金史·完颜襄传》卷94，中华书局1975年版，第2087页。
④ 脱脱：《金史·完颜襄传》卷94，中华书局1975年版，第2087页。
⑤ 脱脱：《金史·尼庞古钞兀传》卷86，中华书局1975年版，第1923页。
⑥ 脱脱：《金史·完颜安国传》卷94，中华书局1975年版，第2094页。
⑦ 脱脱：《金史·夹谷查剌传》卷86，中华书局1975年版，第1926页。
⑧ 脱脱：《金史·移剌按荅传》卷91，中华书局1975年版，第2023页。
⑨ 脱脱：《金史·移剌按荅传》卷91，中华书局1975年版，第2023页。
⑩ 脱脱：《金史·章宗纪》卷9，中华书局1975年版，第209—210页。

续表

序号	姓名	职官名称	民族	籍贯	任职史料	离任史料	备注
14	瑶里孛迭	东北路招讨使		北京路窟白猛安陀罗山谋克人	明昌初,授西北路招讨副使。未几,改东北路①	承安元年后,授镇宁军节度使	
15	夹谷清臣	东北路兵马都统制使	女真	胡里改路桓笃人	明昌元年,以本职充东北路兵马都统制使②	二年,拜尚书左丞	任职时间很短
16	仆散端	东北路招讨副使	女真	中都路火鲁虎必剌猛安人	丁忧,起复东北路招讨副使③	承安四年,上如蓟州秋山猎,端射鹿误入围,杖之,解职	任职时间当在承安四年前
17	瑶里孛迭	东北路招讨使		北京路窟白猛安陀罗山谋克人	承安五年,授知广宁府事,俄改东北路招讨使④	泰和六年,卒	离任时间不详
18	承裕	东北路招讨副使	女真	宗室:宣宗子	迁同知临潢府事,改东北路招讨副使⑤	泰和六年,伐宋,迁陕西路统军副使	任职时间当在泰和六年前
19	完颜铁哥	东北路招讨使	女真	速频路曷懒合打猛安人	贞祐二年,迁东北路招讨使,兼德昌军节度使⑥	下狱被害。谥勇毅	被蒲鲜万奴所杀害

---

① 脱脱:《金史·瑶里孛迭传》卷94,中华书局1975年版,第2095页。
② 脱脱:《金史·夹谷清臣传》卷94,中华书局1975年版,第2084页。
③ 脱脱:《金史·仆散端传》卷101,中华书局1975年版,第2230页。
④ 脱脱:《金史·瑶里孛迭传》卷94,中华书局1975年版,第2096页。
⑤ 脱脱:《金史·承欲传》卷93,中华书局1975年版,第2065页。
⑥ 脱脱:《金史·完颜铁哥传》卷103,中华书局1975年版,第2282页。

参考文献

（清）阿桂撰：《满洲源流考》，孙文良、陆玉华点校，辽宁教育出版社1988年版。

白玉奇：《大金国第一都》，黑龙江人民出版社1997年版。

[波斯] 拉施特：《史集》，余大钧译，商务印书馆1983年版。

蔡美彪等：《中国通史》（第六册），人民出版社1979年版。

蔡美彪：《辽金元史十五讲》，中华书局2015年版。

曹宝麟：《中国书法史》（宋辽金卷），江苏教育出版社2002年版。

（清）长顺、李桂林撰：《吉林通志》，李澍田等点校，吉林文史出版社1986年版。

陈高华编：《宋辽金画家史料》，文物出版社1984年版。

陈述：《金史拾补五种》，科学出版社1960年版。

程方平：《辽金元教育史》，重庆出版社1993年版。

程妮娜：《金代政治制度研究》，吉林大学出版社1999年版。

丛佩远、赵鸣岐编：《曹廷杰集》，中华书局1985年版。

宋德金：《金代的社会生活》，陕西人民出版社1988年版。

宋德金等：《中华文明史》（第六卷），河北教育出版社1994年版。

董克昌：《大金诏令释注》，黑龙江人民出版社1993年版。

董万仑：《东北史纲要》，黑龙江人民出版社1987年版。

额尔登泰、乌云达赉校勘：《蒙古秘史》，内蒙古人民出版社1980年版。

干志耿、孙秀仁：《黑龙江古代民族史纲》，黑龙江人民出版社1986年版。

干志耿：《探颐索隐集》，黑龙江人民出版社1993年版。

干志耿主编：《黑龙江省志·文物志》，黑龙江人民出版社1994

年版。

（明）王圻：《续文献通考》，浙江古籍出版社1988年版。

顾宏义、李文整理标校：《宋代日记丛编》，上海书店出版社2013年版。

（清）顾炎武：《历代宅京记》，中华书局1984年版。

郭长海、付珊：《金上京科举制度研究》，哈尔滨工业大学出版社2013年版。

郭黛姮：《中国古代建筑史》（宋辽金西夏卷），中国建筑工业出版社2003年版。

郭克兴辑：《黑龙江乡土录》，高晓燕校点，黑龙江人民出版社1987年版。

韩光辉：《宋辽金元建制城市研究》，北京大学出版社2011年版。

韩茂莉：《辽金农业地理》，社会科学文献出版社1999年版。

韩世明、都兴智校注：《金史之食货与百官志校注》，中国社会科学出版社2005年版。

（金）元好问：《遗山先生文集》，商务印书馆1937年版。

（金）元好问：《中州集》，中华书局1959年版。

何光岳：《女真源流史》，江西教育出版社2004年版。

何俊哲、张达昌、于国石：《金朝史》，中国社会科学出版社1992年版。

（宋）洪皓：《松漠纪闻》，吉林文史出版社1986年版。

（宋）洪迈：《夷坚志》，商务印书馆1937年版。

胡传志：《金代文学研究》，安徽大学出版社2000年版。

胡忌：《宋金杂剧考》，古典文学出版社1957年版。

吉联抗：《辽金元音乐史料》，上海文艺出版社1986年版。

贾敬颜：《五代宋金元人边疆行记十三种疏证稿》，中华书局2004年版。

姜树卿、单雪丽：《黑龙江教育史》，黑龙江人民出版社2002年版。

景爱：《金上京》，生活·读书·新知三联书店1991年版。

景李虎：《宋金杂剧概论》，广东高等教育出版社1996年版。

兰婷：《金代教育》，吉林文史出版社2005年版。

李昌宪：《金代行政区划史》，上海古籍出版社2015年版。

李家瑞：《北平俗曲略》，中国曲艺出版社1988年版。

（金）李俊民：《庄靖先生遗集》，山西人民出版社1986年版。

李龙：《齐齐哈尔历史述略》，黑龙江人民出版社1989年版。

李如森：《中国古代钱币》，吉林大学出版社1998年版。

李澍田主编：《金碑汇释》，吉林文史出版社1989年版。

（宋）李焘：《续资治通鉴长编》，上海古籍出版社1986年版。

李侠、晓峰编著：《中国北方民族货币史》，黑龙江人民出版社1989年版。

（宋）李心传：《建炎以来朝野杂记》，商务印书馆1936年版。

（宋）李心传：《建炎以来系年要录》，商务印书馆1936年版。

李秀莲：《金朝"异代"文士的民族认同之路》，中华书局2017年版。

（清）历鄂：《辽史拾遗》，商务印书馆1936年版。

（明）宋濂：《元史》，中华书局1974年版。

刘浦江：《辽金史论》，辽宁大学出版社1999年版。

刘浦江：《松漠之间——辽金契丹女真史研究》，中华书局2008年版。

（金）刘祁：《归潜志》，中华书局1983年版。

刘森：《中国铁钱》，中华书局1996年版。

（后晋）刘昫：《旧唐书》，中华书局1975年版。

罗福颐：《满洲金石志》，艺文书馆1976年版。

宁梦辰：《东北地方史》，辽宁大学出版社1999年版。

（宋）欧阳修：《新五代史》，中华书局1974年版。

漆侠、乔幼梅：《辽夏金经济史》，河北大学出版社1994年版。

（清）钱大昕：《廿二史考异》，方诗铭、周殿杰校点，上海古籍出版社2004年版。

（宋）確庵、耐庵编：《靖康稗史笺证》，崔文印笺证，中华书局1988年版。

金北人：《金代北疆首脑人物研究》，内蒙古文化出版社1995年版。

［日］三上次男：《金代女真研究》，金启孮译，黑龙江人民出版社1984年版。

沈起炜：《宋金战争史略》，湖北人民出版社1958年版。

（清）施国祁：《金史详校》，中华书局1991年版。

（西汉）司马迁：《史记》，中华书局1959年版。

孙进己、冯永谦：《东北历史地理》，黑龙江人民出版社2013年版。

孙进己、张璇如、蒋秀松、干志耿、庄严：《女真史》，吉林文史出版社1987年版。

谭英杰、孙秀仁、赵虹光、干志耿：《黑龙江区域考古学》，中国社会科学出版社1991年版。

谭其骧：《长水集》，人民出版社2011年版。

陶晋生：《金海陵帝的伐宋与采石战役的考实》，文盛印书馆1963年版。

陶晋生：《宋辽金史论丛》，（台湾）"中央研究院"2013年版。

（元）陶宗仪撰：《南村辍耕录》，王雪玲校点，辽宁教育出版社1998年版。

（明）陶宗仪：《书史会要》，上海书店1984年版。

佟冬：《东北史》（第二卷），吉林文史出版社1998年版。

（清）屠寄：《蒙兀儿史记》，上海古籍出版社1989年版。

（元）脱脱：《辽史》，中华书局1974年版。

（元）脱脱：《宋史》，中华书局1974年版。

（元）脱脱：《金史》，中华书局1975年版。

[日]外山军治：《金朝史研究》，李东源译，黑龙江朝鲜民族出版社1988年版。

王承礼主编：《辽金契丹女真史译文集》，吉林文史出版社1990年版。

王国维：《观堂集林》，中华书局1959年版。

王可宾：《女真国俗》，吉林大学出版社1988年版。

王德朋：《金代商业经济研究》，社会科学文献出版社2011年版。

王庆生：《金代文学编年史》，中华书局2013年版。

（金）王若虚：《浮南遗老集》，辽海出版社2006年版。

王世华：《完颜希尹家族墓地考略》，政协吉林省舒兰市文史资料委员会1996年版。

王禹浪：《金代黑龙江述略》，哈尔滨出版社1993年版。

王禹浪：《金源文化研究》，黑龙江人民出版社2014年版。

（金）王恽：《王恽全集汇校》，杨亮、钟彦飞点校，中华书局2013

年版。

王曾瑜：《金朝军制》，河北大学出版社 1996 年版。

王曾瑜：《辽金军制》，河北大学出版社 2013 年版。

（金）王重阳：《王重阳集》，白如祥辑校，齐鲁书社 2005 年版。

魏国忠、朱国臣、郝庆云：《渤海国史》（修订版），黑龙江人民出版社 2014 年版。

（北齐）魏收：《魏书》，中华书局 1974 年版。

吴松弟：《中国移民史》（辽宋金元时期），福建人民出版社 1997 年版。

吴文治：《辽金元诗话全编》，凤凰出版社 2006 年版。

武玉环：《辽金社会与文化研究》，中国社会科学出版社 2014 年版。

邢铁：《中国家庭史》（第三卷：宋辽金元时期），广东人民出版社 2007 年版。

徐嘉瑞：《金元戏曲方言考》，商务印书馆 1948 年版。

（宋）徐梦莘：《三朝北盟会编》，上海古籍出版社 1987 年版。

（清）徐松：《宋会要辑稿》，中华书局 1957 年版。

（宋）薛居正：《旧五代史》，中华书局 1976 年版。

薛瑞兆：《金代科举》，中国社会科学出版社 2004 年版。

闫凤梧、康金声：《全辽金诗》，山西古籍出版社 2002 年版。

（清）杨宾、方式济、吴振臣撰：《龙江三纪》，周诚望、董惠敏、赵江平标注，黑龙江人民出版社 1985 年版。

（清）杨宾：《柳边纪略》，商务印书馆 1936 年版。

杨朴：《二人转与东北民俗》，吉林人民出版社 2001 年版。

杨树藩：《辽金中央政治制度》，台北商务印书馆 1978 年版。

杨中华：《肇源史海钩沉》，吉林人民出版社 2007 年版。

姚奠中主编：《元好问全集》，山西人民出版社 1990 年版。

（宋）叶隆礼撰：《契丹国志》，贾敬颜、林荣贵点校，上海古籍出版社 1985 年版。

余蔚：《中国行政区划通史》（辽金卷），复旦大学出版社 2012 年版。

（元）宇文懋昭撰：《大金国志校证》，崔文印校证，中华书局 1986 年版。

（元）宇文懋昭：《金志》，商务印书馆 1939 年版。

金毓黻：《东北通史》（上编六卷），五十年代出版社1981年版。

金毓黻：《宋辽金史》，乐天出版社1972年版。

（宋）岳珂：《桯史》，商务印书馆1936年版。

詹杭伦：《金代文学思想史》，成都科技大学出版社1990年版。

张博泉：《金代经济史稿》，辽宁人民出版社1981年版。

张博泉：《金史简编》，辽宁人民出版社1984年版。

张博泉：《金史论稿》（第一卷），吉林文史出版社1986年版。

张博泉、苏金源、黄玉瑛：《东北历代疆域史》，吉林人民出版社1981年版。

张涤云、蒋祖怡整理：《全辽诗话》，岳麓书社1992年版。

张晶：《辽金诗史》，东北师范大学出版社1994年版。

（金）撰人未详：《大金集礼》，商务印书馆1936年版。

（清）张金吾：《金文最》，中华书局1990年版。

赵阿平：《满族语言与历史文化》，民族出版社2006年版。

（金）赵秉文：《闲闲老人滏水文集》，商务印书馆1936年版。

赵评春、迟本毅：《金代服饰》，文物出版社1998年版。

赵琦：《金元之际的儒士与汉文化》，人民出版社2004年版。

（清）赵翼：《陔余丛考》，栾保群、吕宗力校点，河北人民出版社1990年版。

（清）赵翼：《廿二史劄记》，王树民校证，中华书局1984年版。

赵永春辑注：《奉使辽金行程录》，商务印书馆2017年版。

周惠泉：《金代文学发凡》，东北师范大学出版社1994年版。

朱国忱：《金源故都》，北方文物杂志社1991年版。

朱瑞熙、张邦炜、刘复生、蔡崇榜、王曾瑜：《辽宋西夏金社会生活史》，中国社会科学出版社1998年版。

（清）庄仲方：《金文雅》，台北成文出版社1967年版。

（春秋）左丘明：《春秋左传集解》，上海人民出版社1977年版。

后　　记

本书是黑龙江省哲学社会科学研究规划项目："金代上京路研究"（项目编号：12B014）最终研究成果。从2012年立项到现在，历经七年多时间，为了把项目做好，尽可能地搜集资料，一边搜集相关资料，一边实地考察遗址，现在终于完成书稿，课题结项为优秀等级，在书稿付梓之际，本人由衷感到欣慰。

金代上京路是金朝地方行政建置中最大的区划，地域辽阔，管辖今黑龙江省绝大部分地区，还包括今辽宁、吉林、内蒙古自治区部分地区，以及朝鲜北部和俄罗斯远东部分地区。金代上京路虽然是金朝地方行政建置，但其是女真族的发祥地、金源内地，是金朝前期的国都、后期的陪都，是金朝的大后方，为女真人建立大金帝国，及中华民族多元一体，做出了重要贡献。在今天来看，金代上京路地处东北亚核心地区，连接中、俄、朝三国，地缘政治十分突出，因此，金代上京路不仅在中国历史上，就是在世界历史上，也有着十分重要的战略地位。

本书原本想对金代上京路重要历史地理开展研究，撰写几篇论文。可是在研究过程中，发现金代上京路的重要历史地位。因此，就有了以金代上京路整体视角，运用历史学、民族学、考古学等方法，系统研究金代上京路的建置沿革，以及政治、经济、军事、文化等方面内容。分章节阐述金代上京路历史发展过程；论述金代上京路对中华民族形成的贡献；论证金代上京路在金朝历史上的地位；论证金代上京路对我国东北边疆形成的影响；论证金代上京路对世界文化史的贡献。让人们对金代上京路有一个全面、系统的认识。由此形成了《金代上京路研究》这部书稿，这也是书稿拖了这么久的原因。

本课题立项之初的成员，后来发生了很大的变化。有的工作调动，有的退休。课题组成员中，哈尔滨师范大学王久宇教授和黑龙江省社会科学院苗霖霖副研究员，分别撰写了《金代上京路文化研究》和《金代上京路生业环境研究》两部分内容。由于我想把《金代上京路研究》变成专著，因此就没有把他们的成果收入本书。在此，对他们两人表示谢意和歉意。

我之所以能够走上辽金史研究之路，是因为业师陈国良教授时不时地鞭麟笞凤。在陈国良教授的鞭驽策蹇下，一步步走上了辽金史研究之路。因此，在此书完稿之际，首先要感谢业师陈国良教授。还要感谢魏国忠研究员、景爱研究员、李龙教授。三位老师都是陈国良教授的挚友，他们视我为学生，无私地帮助我、鼓励我，使我研究之路越走越远，越陷越深，不能自拔。从中看出了教育的力量，陈国良教授常说，教育本无类，只要用功夫，朽木也能雕。本书稿的完成，要感谢哈尔滨市社会科学院，把这个项目作为其重点社科规划项目，包海春院长审定篇目设计。还要感谢齐齐哈尔市社会科学院、齐齐哈尔大学历史文化学院、黑龙江省社会科学院相关领导，特别要感谢黑龙江省社会科学院历史所赵儒军所长，积极争取纳入黑龙江历史文化工程项目。他们时刻关心此项目研究进程，为完成此项目提供了很多方便，并做出了无私的贡献。在此对他们表示深深的敬意和感谢。

由于项目体量大，不仅金代上京路地域空间广阔，而且包括政治、经济、军事、文化等方方面面，难免挂一漏万，许多有价值的历史信息，肯定还有遗漏的地方，特别是有些学术问题，笔者首次提出来的，或是与以往研究有所不同，在学术上还会存在很大的争议。因此，希望学界前辈和专家学者，多提宝贵意见，以便将金代上京路研究走向深入，为金源文化繁荣与发展，献出自己微薄的力量。

由于研究水平所限，本书一定会存在诸多不当之处，敬请学界同人斧正。

孙文政
2020 年 3 月 5 日于哈尔滨
2021 年 3 月 8 日改稿于哈尔滨